本书系武汉大学欧洲研究中心
"中国—欧盟：欧洲研究中心项目（ESCP）"
研究成果之一

This Book is One of the Research Results Under
"EU-China:European Study Center Programme(ESCP)"
European Study Center, Wuhan University

EU-CHINA
European Studies Centre Programme

欧·盟·研·究·丛·书

EUROPEAN
UNION

"一"与"多"
——欧洲经济、政治、法律协调中的文化背景研究

罗国祥 著

人民出版社

目　　录

1

第一章　从"理念"到理性

一、"欧洲"的来历

"欧洲联盟"并不是一个新概念，而是一个受到古希腊哲学思想影响，数千年来就徘徊在欧洲大陆的一个理想。"从维度、结构，甚至从居民来说，欧洲都不是一个洲。"[①] 被欧洲人称为"历史学之父"的古希腊历史学家赫罗多特斯（Hérodote，公元前482—公元前420）在《历史》（法译本第四卷，第45页）中写道："……欧洲也一样，没有任何人知道它究竟是不是四周环水的一个洲，人们不清楚它的名字的起源，也不知道是谁给它起的名，人们只知道这块地方叫做特里埃纳·欧罗佩（Tyrienne Europé）；和世界上的其他地区一样，它可能本来是没有名称的。但可以肯定的是，'欧罗佩'这个名称来源于亚洲……"[②]遗憾的是，这位"历史学之父"却没有告诉人们"欧罗佩"这个词究竟什么时候、怎样起源于亚洲的。

"欧罗巴"起源的"亚洲来历"却可以在古希腊神话中找到一些"根据"：

> '欧罗巴'是古典世界历史悠久的传说之一的主角。欧罗巴是克里特的霸主（Lord）米诺斯（Minos）的母亲，因而是地中海文明最老的意志的女祖先。它被荷马附带地提到。但是在被认为是叙拉固（Syrracuse）的莫斯库斯（Moschus）所作的《欧罗巴与公牛》中，尤

---

① Bernard Voyenne,*Histoire de l'idée européenne*,Petite Bibliothèque Payot,1964,p. 9.

② Bernard Voyenne,*Histoire de l'idée européenne*,Petite Bibliothèque Payot,1964,p. 9.

其是在罗马诗人奥维德（Ovid）的《变形记》（*Metamorphoses*）中，"欧罗巴"作为一个被众神之父宙斯诱奸的天真公主而长久流传。在与她的侍女们沿着她的祖国腓尼基海岸闲逛时，她被伪装成雪白公牛的宙斯诱拐：

> 渐渐地她失去了恐惧，而他
>
> 敞出他的胸膛供他作处女的爱抚，
>
> 他的角上为她缠绕着花环，
>
> 知道这位公主敢于骑上他的脊背，
>
> 她抚摸着公牛背，不知道她骑的是谁。
>
> 然后慢慢地，慢慢地走下宽阔的、干燥的海滩，
>
> 首先在这位伟大的神掀起的浅波中，
>
> 他那伪装的蹄子走得更远，
>
> 直到他带着他的捕获物进入开阔的大海。[①]

在一些历史学家看来，这个故事其实只是古代人在战争中常见的抢掠妇女事件的一种记叙方式，但总体来说是有一定历史根据的。在《欧洲史》的作者诺曼·戴维斯看来，宙斯拐走欧罗巴的故事说明古希腊先人的头领们（众神之父）确实"将更古老的亚洲文明的成果带到了爱琴海各岛新的殖民地上"。腓尼基属于埃及法老（Pharaohs）的势力范围。欧罗巴的骑乘之旅提供了古代埃及和古代希腊之间的神秘联系。欧罗巴的兄弟卡德莫斯（Cadmus），巡游世界去寻找她，据信是他给希腊带来了书写的艺术。[②] 其实对于古代希腊人来说，当时已经拥有相当高度文明的埃及就是"东方"；而那时还十分落后的"西部"，特别是西北部，还是相当于"处女"的，女性的，因而是可抢掠和开发的地方。所以在古希腊神话中，万神之王宙斯将"她掠到西面的海上"，为她起名为"欧罗巴"。

据考证，"欧罗巴"这个词的确是一个起源于亚洲的名称。古希腊"历史学之父"赫罗多特斯认为，这个"特里埃纳·欧罗佩"是来源于亚洲的一个名

---

① 诺曼·戴维斯：《欧洲史》上卷，郭方、刘北成译，世界知识出版社2007年版，第16页。
② 诺曼·戴维斯：《欧洲史》上卷，郭方、刘北成译，世界知识出版社2007年版，第17页。

称："锡兰人现在把这个地方称作'欧罗巴';它来源于希腊的腓尼基和丽西亚（位于今土耳其东与安塔利亚海湾西部的亚洲古国）的克莱特·阿拉（Crète alla）。"虽然他并没能够考证出这个名称是在什么时候，为什么被叫做Tyrienne Europé 的，但可以肯定的是，对于当时的希腊人来说，"已知的世界位于东方，未知的世界位于西方，静静等待着注定中的被发现"。[①] 那么，当他们的"头人"（众神之王宙斯）发现这块处女地并打算去开发（抢掠她）时，给她取一个东方名字就不是什么令人奇怪的事了。

所以，根据法国著名历史文化学和新闻学教授贝尔纳·沃依埃纳先生的观点，公元前四百多年前的古希腊历史学家赫罗多特斯的观点仍然是今天的学术界研究欧洲历史的重要依据。[②]

首先，从文化发展的先后来看，学界根据众多的考古研究，现在被称为欧洲的这块地方的居民远比亚洲居民开化得晚。在古代希腊人看来，相对希腊文明而言，被我们称为"欧洲"中心地带的这些地方，都是一些荒蛮之地，例如现今的德国、荷兰、挪威、甚至比利时、法国这些欧洲的重要国度，都相对位于"寒冷的北部荒原"，"世界的尽头"，"这块潮湿阴冷的土地是那样的被人们蔑视，以至于无需为它命名。"[③] 由于临近的希腊的高度文明，更由于希腊文明又受亚洲（东方如古波斯文明）的影响极深，那么赫罗多特斯关于欧洲文明甚至名称起源的推测也就有其较强的合理性了。[④] 所以除了在古希腊神话中寻找欧洲这个名称的起源外，至今史学界和文化学界还没有提出新的看法。就连神话和历史参半的，但在西方最有影响的荷马史诗中，都没有提到过"欧洲"这个词。

从辞源学上来看，"欧洲"这个词最早出现在公元前八世纪的古希腊最伟大的教谕诗人赫希奥德（Hésiode，生卒年不详）的教谕诗《神谱》（Théogonie）中。但是，这个名词也仅仅是三千位水泽女神中的一位的名字。然而这个名字却是来自于起源得更早的古希腊神话，也就是那位众所周知的金

① 诺曼·戴维斯：《欧洲史》上卷，郭方、刘北成译，世界知识出版社 2007 年版，第 16 页。
② Bernard Voyenne，*Histoire de l'idée européenne*，Petite Bibliothèque Payot，1964，p. 9.
③ Bernard Voyenne，*Histoire de l'idée européenne*，Petite Bibliothèque Payot，1964，p. 10.
④ 参阅兹拉特科夫斯卡娅：《欧洲文化的起源》，陈筠、沈澄译，生活·读书·新知三联书店 1984 年版。

发碧眼、皮肤白皙的"欧罗巴"(EUROPA)。欧罗巴是海神波塞冬的孙女儿，她是腓尼基梯尔(Tyr en Phénicie)的公主。如上所述，欧罗巴被众神之神宙斯看中，化作白色公牛将她掳去；他们的结合产生的后代繁衍生息，由此诞生了一个"克利特"王国。这个"克利特"王国的文化就是古希腊文化的缘起，也就确确实实的是后来的欧洲文化的起源和摇篮。

但是，"欧罗巴"(Europa)一词又是怎样产生的呢？它其实是闪米特语的OREB或EREB(意为"太阳落山"或"晚上")与OPIA(意为"土地")构成的一个复合名词，意为"太阳落山的地方"，或"西方"；也有人认为是EURUS(意为"大的")和OPS(意为"眼睛")复合而成，意思是"睁大眼睛看着"。应该说这两种意见都有一定的道理，特别是它们很可能使人们能够同时从神学和文化学的角度说明欧洲的起源。但无论从它们中的任何一种意见，或是综合这两种意见，都可以使我们看出，现今被我们称为"EUROPE"或"EUROPA"的这块地方的名称表示这是一个"久远的、神秘的、在其中居住的人们渴望得到光明的地方"①。

当然我们也可以看出，上述观点下的欧洲，只是站在古希腊人的视角上看到的欧洲。因为在生活于温暖的、阳光明媚的地方的希腊人看来，在他们家乡的西边就是黑暗的地方，在这块寒冷的、到处是沼泽，甚至低于海平面的地方，是一个极不适宜人居住的、荒蛮的、寒冷的，连阳光都缺乏(古希腊人大概以为那里永远是个黑暗之地)的地方。那么，那里就一定是个神秘的地方，对一些人来说是可怕的，而对另一些人来说则是充满诱惑的；同时，古希腊的人们便猜测那里的人们一定是渴望见到如希腊那样明媚阳光的(关于"阳光"和"启蒙"对于位于"西方"这个"荒蛮之地"的"欧洲"的重要性，及其在其文化思想史上追求"光明"的"理性"和"新事物"理念的分析将是贯穿本书的一个重点)。

无论是从历史和文化的角度，还是从经济和法律的角度来看，也就是从人类世界的物质和精神的发展来看，欧洲这块土地和在这块土地上生长、生活的人们都有其特殊之处，是对全人类做出了较大贡献的，他们的特殊贡献和发展由于欧洲发展中除了某些确实可能是历史的偶然之外，与其地理气候等自然环境是有着密切联系的。

---

① Bernard Voyenne, *Histoire de l'idée européenne*, Petite Bibliothèque Payot, 1964, p. 11.

二、欧洲的地理环境与欧洲早期文化

许多人论及欧洲经济、政治、军事，特别是"开拓精神"时，都把所有这些在不同的时期受到褒扬或贬斥的行为归结为欧洲（这里主要指西欧）的地理环境使然。这些观点应该有一定的道理。欧洲是一个几乎没有所谓内陆的地方，在这块土地上居住的大部分人群（或民族）都与水和大海有着千丝万缕的联系。久而久之，由于生存和交流的需要，欧洲人很自然地需要向外交流或扩张。但是我们不能忘记的是，作为古希腊文明直接影响下的欧洲文明，其政治的、经济的、文化的甚至军事的"基因"早已经在古希腊时期就在某种程度上得以奠定。许多在古希腊时期形成的政治经济甚至军事上的"规章制度"对欧洲人的影响甚至是直接的和决定性的；这既是一种文化上的传承关系，同时也因为欧洲（主要指西欧）在地理和自然环境上几乎就是一个放大了的古希腊城邦群（或所谓"希腊化世界"）。

我们知道，所谓古希腊文明，其实就是以现在的希腊半岛作为中心而发展起来的文明。这个文明的中心是一个半岛，三面都是海洋，而且半岛上多为不宜耕种的不毛之地。因此古希腊就不像中国那样以农业为主，除了林木果类之外，别无经济强项。所以随着社会的发展，古希腊人的眼光很自然地要投向大海。在地图上我们可以看到，希腊半岛以东的爱琴海上有着许多岛屿，离大陆并非像欧洲离美洲那样遥远，爱琴海上岛屿星罗棋布。人们在爱琴海上的任何地方都可见到海岛，好奇心加上更好地生存的欲望会使他们到新的土地上去寻找新的生活资料，进而向东，向小亚细亚和黑海沿岸发展："希腊民族很早就开始了海上贸易和殖民拓展；殖民是为了解决本土狭小、粮食不能自给的问题；殖民地的开垦和拓殖进一步刺激了工商业的发展。"① 这样，为了自身生活需要或对外贸易需要的手工业、造船业（包括海军武器制造业）、商业、殖民扩张意识（进而逐步形成殖民文化）都会不断地发展起来。古希腊学者希西澳德在《工作与时日》一书中这样描述古希腊中部的彼奥提斯地区工商业发展

---

① 何勤华等：《西方商法史》，北京大学出版社 2007 年版，第 96 页。

的情形:"手工业已从农业中分出,金属匠有了专业,商品生产已经开始,农民在必要时就从事商业,装货出海,获利回家。"①

与相对完全自给自足的农耕文化不同,这种比较重视工商业的文化会使人们比较注重开拓与合作(结盟)。根据易继明先生的观点,重商和开拓的文化精神有利于孕育自然法的思想。② 自然法思想的出现是现代社会政治产生的极重要的思想基础,因为自然法的观念认为,自然法就是对自然规律的尊重和探索,它是"法律和正义的基础"③,只要是生活在这个世界中的人们,都必须服从"逻各斯",也就是说必须服从人和自然的普遍本性或"天道"或"命运";这些所谓"天道"和"命运"的观念逐渐要求人们相互约定,共同遵循某种规则,也就是建立某种道德律;这些道德律在古希腊逐渐构成了一些口传法律,而到了公元前 20 世纪左右,就已经出现了一些成文法,最著名的就是《米诺斯泥版法典》。

古希腊工商业的发展,使得从事这些工作的人构成了两种"人格"或两种"文化基因",因为精细的手工业分工使每个人都有自己的某种专长,这种由个人掌握的技术是其他个体不能达到的,达到这种技术水平的人就会逐渐形成自己的"独立人格";然而专业技术高的人在创造或工作时也不可避免地需要与人合作,因为许多手工业产品并不是一个人能够生产的出来的,如建造房屋、比较大型的船只等;久而久之,希腊人的所谓自然法思想和社会法思想逐渐得到确立,例如著名的斯多葛学派就认为,自然法这种理性乃是法律与正义的基础,不分国家和种族,神授的理性人人都有。以理性为基础的普遍的自然法,在整个宇宙中普遍地有效用,它的要求制约着世界各个角落的所有的人。但由于地缘的或种族、文化的不同,斯多葛学派又认为"对每个人都有两种法律,它自己的城市的法律和世界的城市的法律,习惯的法律和理性的法律。在这两种法律之中,第二种必然具有更大的权威并且必然提供一种各城市的条例和习俗都应与之保持一致的准则。风俗习惯虽各不相同,但理性却是统一的,而且在千差万别的风俗习惯后面应当有某种一致的目的"④。

① 何勤华等:《西方商法史》,北京大学出版社 2007 年版,第 96 页。
② 易继明:《司法精神和制度选举》,中国政法大学出版社 2003 年版,第 114 页。
③ 何勤华等:《西方商法史》,北京大学出版社 2007 年版,第 98 页。
④ 何勤华等:《西方商法史》,北京大学出版社 2007 年版,第 98 页。

在这样的重商社会氛围中，古希腊人不但在小的范围内有着发达的工商业活动，而且从公元前 11 世纪左右起，就出现了古希腊最早的跨地区商品交换①。随后的几个世纪里，古希腊大规模的海外商业活动蓬勃发展；随着对外商业的发展，古希腊人在其东面的埃及，西面的西班牙，东南面的塞浦路斯和地中海对岸的各地建立了大量的海外贸易基地；而这些分布在西欧、北非、西亚的商业基地逐渐成为一个个"纯粹的希腊城"，因为无论是纯粹希腊人建立的商业基地，还是当地人的领袖为了利用希腊人的技术和较高素质的人力资源（如勇敢善战的希腊雇佣兵和精明的希腊商人）而大量"引进"希腊人，都在欧、亚、非三大洲的地界上建成了有着某种希腊特色的"希腊城"。这些城市（如埃及的诺科拉底斯城）和希腊本土的诸多城邦一样，不但拥有当时十分发达的农业和经济作物给手工业提供原料，有先进的有色金属开采和冶炼技术，以及发达先进的造船业等，而且有了相当发达的商业贸易机制和规章甚至商业法。例如，许多集市都是按规定的时间和地点举行的；在集市上，无论是商人还是一般的人，只要有合适的物品，都可以拿到市场上去交易；与此同时，集市期间还有各种节庆活动，比如各种与信仰相关的庆祝或祭祀活动；再或者，人们常常还在这种时候举行竞技大会，例如古代的奥林匹克运动会等。重要的是，在这些交易活动举行到一定的规模时，以物易物的交易就不足以满足交易者双方的需求了。在这种情况下，古希腊于公元前 6—公元前 5 世纪就出现了货币。公元前 5 世纪后半叶，古希腊的贸易中心之一的雅典发布了一条法令，强制相关国家（同盟国或"希腊化"城邦）使用它统一发行的货币。有一块公元前 450 年的石碑铭文就是明证。据说这种碑石曾立在雅典各同盟国城市的市场上，上面写道："倘有人在（雅典帝国境内）各城市制造银币，不是用雅典的币值和度量衡制，而是用别国的币制和度量衡制，根据此前克里阿库斯所提出的法案，必给予他以惩罚并处以罚款。"② 这是世界上首先在一个并非完全统一的国家而是在一个较大的联盟性质的区域范围内使用同一种货币进行的交易。这就使得这个共同体中的商业活动更加规范，从而因更加便捷而更加兴旺发达。可以说，古希腊强行在"希腊世界"推行统一货币的做法和法令，无疑

---

① 何勤华等：《西方商法史》，北京大学出版社 2007 年版，第 98 页。
② 何勤华等：《西方商法史》，北京大学出版社 2007 年版，第 109 页。

对现代欧洲联盟推行统一的欧元起到了某种启示作用。

由于商业活动的繁荣和发展，以希腊为中心的南部欧洲国家、北部非洲国家以及西亚的许多国家，都被视为"希腊世界"，其人员的流动随着商业的往来而大大增加，人们在"希腊世界"的各个国家（或曰同盟国）之间可以自由地往来和就业。著名的古希腊学者色诺芬主张由公民自愿出钱设立基金，用于建造船队，进行海上贸易，所获利润按出钱的多少分红。这样的经济共同体实际上可以说就是后来的所谓股份公司，它为后世许多大大小小的经济共同体积累了经验。色诺芬还认为应该"照顾侨居雅典的外国人的利益，制定保护外国人的制度，使外国人分享适宜于他们分享的特权"。他认为，"这些侨居雅典的外国人大都是工商业者，他们不向雅典国家领取津贴，却缴纳很多捐税，因此能给雅典提供很大的利益"。^① 特别重要的是，色诺芬还主张，无论是本邦还是外邦的商人，都应该公正、迅速地处理他们之间的商务纠纷；国家应该奖励有关法庭中那些最能公正和迅速裁决争端的法官。这样，无论是本邦人还是外邦人，在商务上都是平等的。这无疑对发展商业也有着巨大的促进作用。还值得一提的是，古希腊各城邦之间常常会建立一种介于像今日的主权国家之间，一个大联邦共同体中的同盟国之间的"邦际关系"。在这种关系中，首先要签订所谓"等权协定"，邦际之间相互尊重主权，和平共处；而且，这种等权协定一般都允许对方的公民享有与本国公民同样的公私权利，相互在对方城邦中就业、居住。这种一体化法规一般分为两种形式：一是某一邦单方面地授予部分外邦人一种公民权，类似于今天一个主权国家授予外国籍人士的长期居住权、就业权和参与政治活动的权利；二是虽然名义上还不是国籍的获得者，但实际上在当时的希腊，有许多所谓的外来人在其他的邦住住下来，经过许多世纪，就被认为是希腊人了，反之亦然。

如上已提到的，在古代希腊，由于商业的繁荣发展，逐步产生了各种商业规定和法律，"公元前4世纪，雅典在处理涉及其他城邦有关商业纠纷的案件时，设立了专门的商事法庭，本着平等互利的原则解决纠纷"^②。据周一良、吴于瑾先生的《世界通史》的研究，在庇西特拉图统治时期，雅典还设立了一

---

① 何勤华等：《西方商法史》，北京大学出版社2007年版，第134页。
② 何勤华等：《西方商法史》，北京大学出版社2007年版，第114页。

种巡回法庭，把国家的权力一直延伸到乡村贵族把持的地方。"尽管还不能确定这一司法措施的最初目的是什么，但可以肯定的是司法审判制度在城邦范围内的统一反映出了商事活动对整个城邦统一市场秩序的要求。"① 所谓的"等权协定"实际上是一种基本法，在它的基础上还可以制定许多相关的具体法律，特别是在这个协定的基础上订立一些商业的条约，往往都具有"邦际司法的性质"②，它们规定了不同城邦之间的公民在进行商业往来的一系列事务中所涉及的诉讼程序。这些条约（例如保存最为完整的，至今保留在古格尔蒂城废墟墙壁上的古希腊成文法《格尔蒂法典》）在文本中以相当篇幅规定了希腊世界各邦都应遵守的关于合伙、投机、抵押、担保等内容；这些内容无疑也是后来欧洲乃至世界自由资本主义市场或某种区域性经济共同体商事法规的萌芽；而且，这部法律还以很大的篇幅规定一些关于婚姻、收养、继承、监护等民事法规，为后来的一些国际的特别是欧盟成员国之间的许多关于民事的法律法规提供了借鉴或启发。

与此同时，在古希腊世界中，一方面存在着等级制度，例如神职人员、公民、奴隶的等级区分等，另一方面也还存在着本邦人、外邦人和奴隶之分，特别是还存在着所谓本邦商人群体、外邦商人群体和奴隶商人群体之分。这三个商人群体中的奴隶商人群体在希腊世界的商业活动中起到了非常重要的作用。由于古希腊的所谓奴隶阶层其实许多都是来自于战争的俘虏，他们中的大部分都是很有才能和智慧的人。"在雅典城邦，奴隶的使用范围极广，不仅被使用于手工业、采矿业、建筑业、也被使用于农业、商业贸易。"③ 在雅典的商业活动中，奴隶参与商业贸易时，常常享有较大的自由和相对平等的权利。据英国学者基托的《古希腊人》一书的研究，奴隶在雅典受到相对比较友好和公正的对待；"奴隶与主人之间的友情并不少见……成为奴隶毕竟是一件偶然的事情，许多奴隶都是优雅而明智的人；而且，雅典人非常明白：地位和人是两回事。"④ 那时的奴隶虽然身份低下，但是在工商业活动中常常拥有相当于自由民的地位，有些类似中国旧时的佃农，奴隶主有时会把一些活计或者商品承包

---

① 何勤华等：《西方商法史》，北京大学出版社 2007 年版，第 114 页。
② 何勤华等：《西方商法史》，北京大学出版社 2007 年版，第 114 页。
③ 何勤华等：《西方商法史》，北京大学出版社 2007 年版，第 119 页。
④ 基托：《古希腊人》，转引自何勤华等：《西方商法史》，北京大学出版社 2007 年版，第 119 页。

给奴隶，后者向前者交纳一定的费用，其余的就由奴隶自己支配和享有，所以有些奴隶甚至拥有相当丰厚的财产，成为殷实的富户。"雅典人对奴隶的态度，也使我们能够理解何以雅典奴隶常常被使用于我们想象不到的部门，比如他们可以作为公共建筑的管理员、公共的货币检查员，甚至成为相当于警察的弓箭手"等。① 这种共同体内相对平等的政治、经济和法律的规章制度，对于可被视为扩大版的"希腊世界"的古罗马帝国的公民权制度的影响更是直接的，古罗马时期的奴隶解放制度就是明显的例子："尽管罗马的寡头政治和保守政治倾向，但它却向它的子民提供了诸多提升社会地位的机会，而且是在法律中作了明文规定的。"②

如前所述，从地理和文化意义上说，欧洲（特别是古罗马帝国时期的欧洲及西欧）都可以说是古希腊时期的"希腊化"的一个翻版。

三、地理的欧洲还是文化的欧洲？

如上所述，从地理上看，在欧洲特别是西欧这块陆地上，一方面濒临大海，有着便利的水上贸易和殖民通道，其居民便逐渐形成较为突出的商业文化意识与殖民特性；但在另一方面，就像在希腊半岛上一样，欧洲没有地球上其他大陆的沙漠和戈壁，而是布满大大小小的河流，形成了相当理想的水系，加上其他的地理原因，使得这块土地风调雨顺，气候温和，很少十分极端的自然灾害，是农耕畜牧的好地方……这里的人们因此"性情可爱……"而且这里"到处生长着各种各样的果树，是最伟大的国王真正的猎物"③。欧洲其实就像是一个放大了的希腊，因为事实上，欧洲也只是一个大一些的半岛而以："欧洲半岛根本就不是一个'大陆'：不是独立构成的大片陆地……有近代地理学家曾把她像印度一样，划分为欧亚板块的次大陆。"说它是"旧大陆之角，亚洲的西部之尾。"④ 但是，正因为它是一个很大的半岛，所以它的海岸线就很长，约有37000公里，它的海岛也很多，这样就给那里人们的交通带来了诸多

① 基托：《古希腊人》，转引自何勤华等：《西方商法史》，北京大学出版社2007年版，第119页。
② Paul PETIT, *La paix romaine*, Presse universitaire de France, 1967, p. 277.
③ Bernard Voyenne, *Histoire de l'idée européenne*, Petite Bibliothèque Payot, 1964, p. 12.
④ 诺曼·戴维斯：《欧洲史》，郭方、刘北成等译，世界知识出版社2007年版，第1页。

的便利,"欧洲的海岸线几乎相当于赤道的长度。对于早期人类来说,这可能是最重要的来往方式"①。更重要的是,欧洲半岛的大部分海岸和陆地都处于欧亚大陆最西端的温带,气候温和,雨量适中,给人的印象是在大部分时间里,这里的气候都是"三晴两雨",既有充沛的雨水,又有充足的阳光。这种良好的气候条件使得这个大半岛上的森林茂密,草原丰美,平原肥沃,是一个十分适宜于发展农牧林业和居住的环境;是一个"机会与挑战并存,充满刺激的地方"。因为它"制造了一定程度的压力,需要去认真对待"。② 这就是说,很长的海岸线虽然可以给人们提供航行的便利,但是在海上航行同时也是一种危险的交通方式,若要这种方式变得方便和安全有效,就必须要有足够的智慧和技术来造船和学习在风浪中航行;此外,四季分明的交替性气候,虽然可以给各种农牧作物以生长的条件,但这种生产生活方式既需要耐心,也需要创造和预见能力,因为毕竟气候的四季不可能都是十分有规律地温和与宜人的,人们需要和各种各样的自然灾害作斗争。不过在地理上,由于欧洲特别是西欧的地形都是相对独立和平坦的,欧洲从古罗马帝国时期就开始建成了可以说是星罗棋布、漫长复杂的道路网络;这些道路不仅为人们的物资交换贸易提供了便利,而且也为人们的迁移和定居创造了更便利的条件。所以,欧洲相对便利的交通和旅行条件也是其他较大的大陆所无法相比的。这些条件合在一起,也就使欧洲易于形成相对一致的文化思想体系。"古代丝绸之路上来自中国的商品,需要一年或一年以上的时间穿越亚洲腹地。然而,从无法记忆的年代开始,任何一名合格的有一定进取心的旅行者都能在几个星期之内,或者在几天之内,穿越欧洲。"③ 据英国学者诺曼·戴维斯的研究,自然区域意义上的欧洲可以分为五大部分,这就是我们常说的北欧、东欧、中欧、南欧和西欧。首先,处于欧洲中线上的阿尔卑斯山脉就是"清晰而永久的"北欧和南欧的分界线;但是所谓中欧和东欧,甚至西欧的称谓,与其说是"自然成分",还不如说是历史和文化成分,因为如果真正从地理上看,长达 4000 多公里的欧洲大平原(主要处于阿尔卑斯山脉以北)从欧洲的西端(法国的西海岸)一直延伸到东欧俄罗斯境内的乌拉尔山西麓;我们所说的地理意义上的中欧,最多也只能从

① 诺曼·戴维斯:《欧洲史》,郭方、刘北成等译,世界知识出版社 2007 年版,第 2 页。
② 诺曼·戴维斯:《欧洲史》,郭方、刘北成等译,世界知识出版社 2007 年版,第 4 页。
③ 诺曼·戴维斯:《欧洲史》,郭方、刘北成等译,世界知识出版社 2007 年版,第 5 页。

几何学的意义上说它处于欧洲的中段,因为欧洲实际上是一片东西向的狭长地带;至于现在人们通常所言意义上的南欧,似乎也主要不是指阿尔卑斯山以南的所有欧洲地区,我们通常所说的南欧,主要指的是拉丁语系国家如法国、西班牙、意大利等国家和地区;在这个地区,公元前493年到公元前336年就出现了一次"拉丁欧洲"意义上的一体化时期,也就是古罗马共和国时代的中期所谓的拉丁姆地区,它是以罗马为首的拉丁人城邦和部落之间建立的对抗北面的意达拉里亚人的同盟,这个同盟于公元前493年在拉丁姆平原上形成;同盟规定:"罗马与全体拉丁城市建立永久和平,相互支援,共同对付敌人,均分战利品。"① 而同样处于阿尔卑斯山脉和喀尔巴阡山脉(似乎可视为阿尔卑斯山脉的一个分支)南麓的南斯拉夫、巴尔干半岛等往往不被列入南欧范围,则往往被说成是中欧国家,甚至被说成是东欧国家,而这些国家和地区虽然从地理的东西朝向的意义上说处于欧洲中段,但是它们在文化意义上说确实和地理意义上的东欧的俄罗斯一样属于斯拉夫文化(部分东正教文化和斯拉夫语系文化)圈。所以,对于欧洲的研究,从地理意义上的研究和从政治、经济、文化意义上的研究常常会纠缠在一起,我们就不得不对之有一个较为仔细的辨析。

如果从历史、文化和意识形态上分区的话,我们可以明显地发现,一般都只将欧洲分为东欧、西欧两大部分,或者南部欧洲(拉丁语系欧洲)和北部欧洲(日耳曼语系欧洲)。东欧、西欧两大部分的划分法主要是宗教的意识形态分野法,就是说,从基督教欧洲一分为二起,西欧成为天主教的地盘,东欧则成了东正教的势力范围。此外,西欧往往又被分成文化意义上的北欧和南欧,也就是以日耳曼语系国家和地区为主的西北欧洲,和以拉丁语系国家和地区为主的西南欧洲。这种文化上的分区,对于后来各种形式的欧洲,特别是主要出现在西欧的形形色色的联盟的影响是巨大的,最突出的例子就是如上所述的,人们常常用拉丁语欧洲("基督教拉丁语"的世俗化)来指称南部的古罗马帝国、查理曼帝国、拿破仑帝国,用日耳曼语欧洲来指称北部的日耳曼语系欧洲(欧洲德语区和欧洲英语区为主)。另一方面,我们发现,从中世纪的十字军东征到希特勒德国对西欧、中欧的占领和对东欧的进攻,直到20世纪40年代末

---

① 谌兵、龚雪莲编著:《世界通史》,中国书籍出版社2004年版,第71页。

的西欧经济共同体到 1989 年柏林墙摧毁后欧盟的东扩，往往都是从西到东的一个发展过程。研究这种现象是很有意思的，它说明了一种文化和社会经济发展与地理环境的某种关系。英国学者诺曼·戴维斯（Norman Davies）用了一个很有意思的概念来解释这个现象："文化坡度"。这就是说，欧洲总的地形走势基本上是东高西低，从阿尔卑斯山麓向北部沿海倾斜，另一面则是从乌拉尔峰向法国的大西洋海岸倾斜，但总的递减坡度不大，"每 3000 英里下降 6000 英尺，或者每公里下降 26 英尺——下降率仅为 0.04"[①]。但是，所谓的"文化坡度"却呈反向走势，也就是说，至少从真正的欧洲史（当然我们在这里说的主要是"文明史"而非考古意义上的自然史）开始，"文化坡度"的走势往往都是自西而东的。其原因其实也很简单，地理上的西欧的农耕文化（平地和丘陵）较早地让那里的居民能够定居下来，而定居模式的社会结构往往有助于政治模式的发展，"因此在上一个 4000 年的大部分时间里，人们从平原翻越高山，然后下降到地中海地区，实际上是在进行一场'文化升级'运动"[②]。当代欧盟的官方语言为法语（拉丁语系）和英语（日耳曼语系），都说明了这种影响的深远程度。

在对于欧洲的研究或"定义"问题上，特别是 2005 年法国与荷兰公民投票否决了欧盟宪法条约以来，关于欧洲的定义又引发了在新的基础上的争论：究竟何为欧洲？"欧洲"究竟是一个地理概念还是一个历史（文化）概念？虽然从十字军东征以来，欧洲研究者们大都倾向于欧洲是一个历史概念，因为他们大都认为欧洲是一个以基督教文化为纽带联结起来的历史概念，认为没有基督教文化，就没有今日意义上的欧洲，因为很明显，就连被看做法国大革命思想基础的启蒙思想中，也可以找到不少基督教教义的因子。但是与此同时，也有一些对于欧洲"乌托邦"思想持反对态度的人士认为，所谓欧洲一体化的理想是脆弱的，这不但可以从西班牙、英国、德国、法国等历史上较为强大的民族国家的相互争夺中看出来，对于那些都想在欧洲乃至在世界上称霸的民族国家来说，欧洲只不过是"一个地理概念"（俾斯麦语）[③]；因为，如果说欧洲有一个统一的、一脉以贯之的传统，那么任何一个想要据欧洲为己有的野心家计

① 诺曼·戴维斯：《欧洲史》，郭方、刘北成等译，世界知识出版社 2007 年版，第 9 页。
② 诺曼·戴维斯：《欧洲史》，郭方、刘北成等译，世界知识出版社 2007 年版，第 9 页。
③ 转引自诺曼·戴维斯：《欧洲史》，郭方、刘北成等译，世界知识出版社 2007 年版，第 29 页。

划就难以实现，除非他回到中世纪，重新把基督教抬出来（以摧毁欧洲所有专制制度为己任的拿破仑不就也曾逼罗马逼教皇为其"加冕"吗?)，而且从当今欧洲联盟中试图在欧洲当"老大"的法国、德国等国政府的所作所为来看，欧洲又往往同时被看做一个地理意义上的欧洲和一个历史文化意义上的欧洲，因为只有这样，他们才能集中欧洲的力量以便对付其他的世界超级政治、经济、文化和军事力量。当然我们还可以看到，在欧洲，除了基督教的教义影响（甚至还有儒家思想的影响）下的启蒙主义思想（系统的资产阶级民主思想）外，还有一些重要的思想体系曾一度对欧洲乃至世界产生过很大的影响，这就是从古希腊的柏拉图直到法国思想家圣西门和傅立叶的空想社会主义思想，以及马克思的共产主义思想（"一个共产主义的幽灵在欧洲上空徘徊"），虽然影响了欧洲或者产生于欧洲，但是都不能"等同于"欧洲，都没有构成"等同于"欧洲、使人们将其与欧洲"相提并论"的思想体系，然而它们却又都对借助欧洲"一体化"的政治文化力量来与世界其他力量对抗起到了不可估量的作用（例如所谓"自由、平等、博爱"等所谓的"普世"文化价值观）。但是另一方面，人们往往怀疑英国和俄罗斯这样的国家的"欧洲资格"的现象也说明，不但在欧洲产生的意识形态不一定为欧洲所独有，同时，地处欧洲的一些意识形态也不一定被欧洲人认可，因而使欧洲一体化过程中出现了许多纷争。例如英国与欧洲一体化的若即若离，俄罗斯甚至中欧诸多国家的欧洲身份问题和土耳其的欧洲身份问题，都是欧洲一体化问题中的地理概念与文化概念产生纠纷（虽然我们也清楚地看到其背后的真正问题——经济利益）的显著例子。英国一般来说是一个欧洲大国，但是，虽然从在今日住在法国的诺曼底—不列塔尼人征服英伦三岛（法文中的 grangde Bretagne 的意思就是一个后来发现的"比诺曼底更大的地方"，"大不列颠"就是法文名词 grangde Bretagne 的意译和音译结合的名词）到百年战争，从工业革命、"日不落帝国"到今天拒不加入欧盟体制中最具"统一性"的申根（Shengen）协定和欧元币制，英国在历史上与欧洲都是若即若离的；英国关心的主要是他们在欧洲以外的利益。所以在"9·11"事件以来的反恐战争中，英国甚至被人看做是一个与欧盟核心国家如法国完全不同的国家，一个与大西洋彼岸的美国坚定地站在一起的国家，而不像是一个完全的欧盟成员国。

　　再如中欧地区，其实中欧也是一个被一般的所谓"欧洲历史"看做一个相对独立之"地理概念"的地域，它的历史与"欧洲等于西欧"的历史是有很大区别的，它是一个在精神上完全不同于西欧的独立的历史概念："中欧"。在米兰·昆德拉的笔下，中欧是一个与西欧不同的"精神王国"。在布拉格旧城广场中央，耸立着一座捷克宗教改革家胡斯的塑像。胡斯于 1415 年以"异端"的罪名被判火刑，而他创立的查理大学却在几百年来都一直是捷克最高的学府，培养出了无数的学者英才，其中就有米兰·昆德拉。早在公元六世纪，捷克人和斯拉夫人就出现在中欧地区，逐步形成了后来中欧的捷克、斯拉夫族群统治，以至于产生了与其他欧洲民族不同的捷克、斯拉夫文化，到了 19 世纪末 20 世纪初，操捷克语（11 世纪左右形成）的族群宗教信徒就开始脱离天主教，于 1890 年成立了捷克斯洛伐克公教神长联合会。到了 1920 年，这个宗教集团就完全脱离天主教，成立了捷克斯洛伐克教会（Czechoslovak Church），主张在礼拜仪式中使用本国语言。在第二次世界大战期间，这个教会的许多信徒都是英勇的反法西斯战士，他们的教会被纳粹解散，主教被处死。第二次世界大战以后的 1951 年，在当时苏联冷战思维的影响下，在中欧，也就是在前捷克斯洛伐克和南斯拉夫等国为主的范围内，由莫斯科牧首（东正教地区主教——笔者注）出面创建了捷克斯洛伐克正教会，该教被纳入前苏联意识形态范围内。然而到了 1968 年，捷克政府就已明显表现出与前苏联之间的分歧，导致前苏联的入侵；前苏联解体后，1991 年的科索沃战争，这个地区又一次遭到了"外来的"干预；2004 年，欧盟扩大，捷克、斯洛伐克等国才正式成为欧盟成员国。

所以，连当代欧洲联盟的创始人，当代"欧洲之父"让·莫内也承认："欧洲从来没有存在过，人们必须真正制造欧洲。"[①] 这就是因为，除了从中世纪到 19 世纪初曾经在某种意义上"一脉以贯之"的神圣罗马帝国以外，就从来没有过一个统一的欧洲；欧洲一直处在断断续续的分裂中，在战争中度过了其数千年历史，甚至直至 20 世纪，还有欧洲思想家认为："我们头上的威胁同时是：来历不明，难以预测，不可思议。来历不明：同 1935—1939 年间的情况不同（虽然那时许多有识之士并不相信纳粹的壮大和战争的可能性），现在

---

① 转引自诺曼·戴维斯：《欧洲史》，郭方、刘北成等译，世界知识出版社 2007 年版，第 29 页。

没有威胁的具体化和逐步升级。难以预测：我们无法衡量威胁的现状、重心、可能性和不可能性、被奴役危险的远近，更无法预测核冲突可能出现的时机。"① 因此，从今天的较为统一的欧盟的意义上看，过去那个四分五裂的破碎的欧洲当然只能算作一个"地理概念"而已。

所以，欧洲这个特殊的地理概念，与欧洲这个特殊的"历史概念"是相互影响，互为依存的。一个地域的历史往往与该地域的地理环境有着十分密切的关系，有时甚至决定着它的历史，然而历史却无法改变该地域的地理环境。虽然历史有可能改变该地域的"外部环境"，也就是说它的政治、军事和经济的影响范围。莫内先生所谓"制造欧洲"的意义其实就在于基于地理基础上，在意识形态上制造以一个西欧人一直自负地引以为豪的文化价值观（自由、平等、博爱）"统治"下的欧洲，并且将它推而广之，便可成为未来"世界共和国"的"试点"②，或者至少是为"世界共和国舞台的建立进行的组织工作"③。这就是欧洲发展史上相当一部分政治、经济、文化精英——从柏拉图到马克思，从古罗马帝国到当今欧盟的建设者——出于不同的政治和意识形态观念而孜孜不倦地为之努力的理想。

但是如前所述，欧洲地理环境的特殊性，确实是欧洲历史文化发展的一个重要因素之一。"陆地上的果树和优越的地理环境是远不能满足'最大国王'之欲望的，四面临海的地理环境还使得这里的人们对大海有着特殊的欲望。"④从任何一张世界地图上，我们都可看到，欧洲大陆最中心的地方离大海也不过千余公里，连瑞士这个被认为是"山国"的地方，离大海也只有六百余公里。所以沃伊埃纳说"欧洲是在大海的环绕下长大的"，自然地，它在"长"到一定的时候，就会走出摇篮，走出大陆，走向大海……著名的博得利图书馆中藏有一幅塞巴蒂安·明茨尔著《宇宙志》中的一幅木刻，图中将欧洲刻画成一位头戴王冠，手执权杖的"欧洲女王"，她的四周大部分是海洋；"女王"横卧在

---

① 埃德加·莫兰：《反思欧洲》，康征、齐小曼译，三联书店 2005 年版，第 105—106 页。

② 2007 年 10 月 5 日，法国前总理米歇尔·罗卡尔在比利时首都布鲁塞尔举行的第二届中欧论坛上对记者说（笔者在场）："从经济角度来讲，欧盟一体化已经发展到很深的程度，贸易政策已经一体化了，欧盟成员国里有一半已经统一了货币。目前为止，由 7 个国家组成的欧盟已经成为世界上最重要的经济和金融联合体。"

③ Edition Charles Léopord Mayer, 2003, *Pour une gouvernance mondiale*, Paris, p. 153.

④ Bernard Voyenne, 1964, *Histoire de l'idée européenne*, Petite Bibliothèque Payot, p. 12.

西半球的北面，西班牙是她的头和王冠，濒临着地中海和大西洋，意大利是她的右臂，西西里岛是她的右手，漂浮在地中海上；丹麦是她的左手，横在北海和波罗的海之间；英格三岛是她肩上的飘带，飞舞在大西洋和北海之间；法国（高卢）是她的脖项和锁骨，南靠地中海，北枕英吉利海峡；德国（日耳曼尼亚）是她的胸膛，匈牙利、波兰分别是她的左右臀部，斯克拉文尼亚、马其顿、立陶宛、希腊、利沃尼亚等分别是她的双腿和双脚，浸泡在黑海和地中海中。所以在关于欧洲的"本质"问题上，历来的政治、经济和历史学家中，有许多人都将这种地理位置特性看做是欧洲人对扩张殖民的"理由"或"集体无意识"得以产生的地理因素，因为在狭小并且"荒蛮的"（特别是北欧地区）欧洲，人们仿佛处于黑暗的长夜中，特别是西欧，Occident 这个词在中世纪出现时的意思就是"太阳落山的地方"；到了 13 世纪，这个词演化出了一个形容词，除了指欧洲"科西嘉以西部分"以外，还有一个意思是"价值不大的"；所以那里的人们渴望光明，渴望走出去，到其他的，特别是当时被欧洲的人们认为遍地黄金的东方进行扩张和抢掠。我们知道，虽然中世纪的"十字军东征"是一次"宗教远征"，夺回"圣地"的圣战，但是历史告诉我们，这次战争其实不过是披着宗教的外衣，西欧那些贪婪的教士，特别是那些破落贵族才是这支部队的主力军，他们的目的就是到东方去"发财"。

如此这般的"理由"使欧洲人走出欧洲，到世界各地区抢劫，去殖民。在许多情况下，包括十字军东征在内，欧洲是以"一个形象"，"一个声音"走出去的；十字军东征是团结在基督的周围的欧洲各国的"圣殿骑士"疯狂地杀向东方的掠夺之战；前后 8 次"东征"，持续了近 200 年（1096—1291 年），甚至在欧洲东面的西亚建立了数个基督教王国。虽然在许多情况下，欧洲的各种利益集团也是单打独斗或"钩心斗角"的，它们在对美洲、非洲、亚洲的争夺与抢掠中，尽管各有各的地盘，但是，如西班牙人支持下的麦哲伦对美洲的发现和环球航行，法国的"东印度公司"，直到八国联军对中国的联合侵略，都说明"他们力图要重现一个复杂的总乐谱，还有它具有的一切杂音和它本身无法仿效的交流密码。'欧洲……就像一支交响乐队。'确实有些时候某些乐器只起了较小的作用，甚至是完全沉默下来，但大合奏却存在着"[1]。

---

[1] 诺曼·戴维斯：《欧洲史》上卷，郭方、刘北成译，世界知识出版社 2007 年版，第 16 页。

所谓"本身无法效仿的交流密码"实际上指的就是一种由于地理环境因素引起的一种"生存竞争"中的两大法则——自然意识和社会意识——的集体无意识因素。通过持续不断的这种"演奏"（或者说"叙述"），这种地理因素和文化因素引起的集体无意识就会成为一种"共同遗产"，具有这种遗产的不同人群往往会连在一起，或者成为所谓的民族国家，或者成为某一种特有的文化价值共同体，如所谓"基督教地区"。所以"欧洲，也可以看作是一个地理的'想象物'，在不同时期的地理'想象物'中，生长出不同的欧洲理念，也就是不同的'欧洲观'"①。这些欧洲理念与地理"想象物"之间长期的互动、影响，形成了今天的欧洲文化。所以从某种意义上说，正是这种向外扩张的需要和集体意念造就了欧洲的主流——想象、开拓的"征服"精神、自然法则和社会法则——古希腊精神和古希伯来精神指导下的文化精神。

四、欧洲文明的东方源头

但是这种特殊的文明的起源，特别是人类群体生活（社会生活）所必需的刚性文明（如法律法规等）的因子却被许多学者认为来自于"东方"。美国历史学家威尔·杜兰认为："欧美文明，与其说起源与克里特、希腊、罗马，不如说起源于近东。因为事实上，雅里安人并没有创造什么文明，他们的文明系来自巴比伦和埃及。"② 所以，我国学者何勤华也认为，作为现代文明"公正"和"和平"保障的宪政的最初形式，最早的西方宪法因子诞生在古代近东的巴比伦。古巴比伦最早的法典之一《汉谟拉比法典》的前言部分就已将法典神圣化，使人们对这些世俗的成文法产生一种敬畏感，以达到贯彻法律的目的。这部法律被许多专家学者视为对现代宪法产生了"充分的启示"："这部法典乃是社会安定、政治清明的根据……它是万民的保护者……无论苏马人或者阿卡德人，它均以同等的重视……汉谟拉比之所以要制定这布法典，目的在于勿使强凌弱，在于保护孤儿寡妇……任何受压迫的，都可到正义面前申诉，让他知道，这部法典是有效的。汉谟拉比希望每一个人经由这部法典，知道什么是他的权利……"③ 这部法典中包含的正义观和法律权力观，对欧洲后来的各阶段

---

① Bernard Vouenne, 1964, *Histoire de l'idée européenne*, Petite Bibliothèque Payot, p. 12.
② 转引自何勤华、张海斌主编：《西方宪法史》，北京大学出版社 2006 年版，第 3 页。
③ 转引自何勤华、张海斌主编：《西方宪法史》，北京大学出版社 2006 年版，第 4 页。

的各种色彩的文化都产生过（特别是多种制宪文化）决定性的影响，当然也在某种程度上影响了现当代欧洲联盟的各种规章制度的提出与制定。

东方的古巴比伦文化发展过程中，法律，也就是说各种带强制性的禁忌或成文的或不成文的规定起到了极其重要的作用；比如包括古巴比伦法典中表现出来的法律文化也是影响基督教形成的因素之一，此外，古代巴比伦文学中表现出来的所谓"罪感文化"，又被西方不少学者视为历险主义的温床，"他们认为罪感文化孕育了历险主义的精神。因为根据罪感文化，人的天性是恶的，所以应当对人性、权利和政府怀有天然的怀疑态度和戒备心理。这种罪感文化构成了西方宪法的宗教基础和心理基础。"[①] 惩恶扬善和忏悔罪恶的宗教心理和仪式在这些文学作品中有大量的表现。在目前遍布于世界著名博物馆中的5000 余块泥板上，刻着 29 余部苏美尔神话，其中，巴比伦著名的英雄史诗《吉尔伽美什》是世界上第一部英雄史诗，是公元前 2000 年前的巴比伦人对公元前 3000 年前的苏美尔文学遗产进行加工改造的结果，[②] 在《吉尔伽美什与天牛》中，主人公拒绝了轻浮女神的求爱，女神恼怒地派天牛作恶，吉尔伽美什以正义的名义杀死天牛；在刻着《吉尔伽美什》史诗的 12 块泥板中的前三块上，残留着一首题为《咏受难的政治人的诗》，这首诗以第一人称的口吻，写正直、诚实的主人公遭到神的误解，濒临死亡的边缘，但是他仍然不断地祈祷，终于感动了神；这位诚实的人终于摆脱了各种疾病和不幸，恢复了健康和富足。这个故事的结局意在说明正义的不朽和邪恶终将被正义和诚实所战胜。[③] 这种"罪感"文化直接影响了西方宪政思想的重要源头基督教；"很多西方学者在阐述宪法和基督教的关系的时候，都将宪法的产生归因于罪感文化。他们认为罪感文化孕育了立宪主义的精神。"[④] 罪感文化出现的逻辑出发点是：人之初，性本恶，因此应对人性进限制，人性的个体是一个自然个体，而人类若要以群体的形式存在（事实上对于任何生物来说，没有群体，任何个体的存在几乎都是不可能的），就必须对人的天性进行怀疑和戒备，所以说罪感文化的心理基础实际上也是建立国家、政府，以及各种联盟的逻辑出发点。

---

① 何勤华、张海斌主编：《西方宪法史》，北京大学出版社 2006 年版，第 6 页。
② 郑殿东等：《走进巴比伦文明》，民主与建设出版社 2001 年版，第 150 页。
③ 郑殿东等：《走进巴比伦文明》，民主与建设出版社 2001 年版，第 150—155 页。
④ 何勤华、张海斌主编：《西方宪法史》，北京大学出版社 2006 年版，第 6 页。

这种罪感文化首先成为西方最重要的宗教——犹太教和基督教形成的心理基础:人类的恶性需要被"修理"、"打磨"(法语 polir 的拉丁文词根原意就有"磨光"之意,就是把毛刺或不规整的东西打磨光圆;后来,这个词逐渐演变出"礼貌"、"开化"、"文而化之"等词汇。),因为"文化"、"礼貌"的品质,是人类群居所必需的品质,是各种结社和政府形式建立的先决条件,更是各种跨国跨文化联盟的先决条件。在欧洲,特别是在西欧,这种"罪感文化"影响下的宪政意识(公平正义意识),对于欧洲特别是西欧文化的精神源泉——古希腊文化的影响是巨大的。

古希腊文明是西方文明的发源地,更是历史上各种欧洲联盟和今日的欧盟的最早参照。如前所述,所谓的古希腊不是一个国家或民族概念,而是一个文化概念,是一个以希腊半岛和爱琴海地区为中心,小亚细亚、黑海沿岸、意大利南部,甚至包括一些希腊东面的一些"希腊化"了的城邦群。我们前面讲过,所谓"希腊化国家",其实并不是一个统一的国家概念,而更像是一个"希腊世界",因为所谓的"希腊世界"其实就是以不同的,但是都具有某种"民主"政治形式的城邦群。公元前 12 世纪至公元前 8 世纪的希腊历史,因《荷马史诗》而得名,被称为"荷马时代"。在接下来的许多世纪里,希腊人的海外殖民地所产生的大量殖民城邦以及殖民城邦的"分裂分治",使得这一时期的整个希腊世界出现了数以百计独立的具有主权性质的"城邦国家"。"城邦大约在 600 个到 700 个或 750 个之间。"① 这些城邦都各自以自己的特色建立了不同的政治制度,例如君主制、僭主制、贵族制、寡头制、民主制等;虽然它们之间的政治制度千差万别,但共同的是,它们都逐渐摆脱了血族社会的特色,向"契约为基础"的社会发展。又由于战争,特别是在海外殖民地的不断扩张,移民到殖民地的人们往往以"民主"的方式来决定一些重要的事项,特别出现了"这时同伙的感情会超过血族的感情,而选择一个可靠领袖的办法"②。例如在著名的希腊神话中,迈锡尼国王阿伽门农召集首领们开了两个会议,由大家来决定是继续围困特洛伊城还是撤军;这两个会议一个叫 Assembly,一个叫 Council,也就是后来的"公民大会"和"议事会";在此

① 何勤华、张海斌主编:《西方宪法史》,北京大学出版社 2006 年版,第 20 页。
② 何勤华、张海斌主编:《西方宪法史》,北京大学出版社 2006 年版,第 21 页。

基础上，逐渐发展成为现代国家民主制度中的所谓"众议院"和"参议院"，以及国际民主中的各种联盟委员会等。

今天的人们，尤其是学者们谈论这种"同舟共济"式政治制度的产生时，多以历史学的、政治学的、人类学的等不同的视角进行研究和阐述，其科学性当然应该是可信的。然而实际上，在当时执行着这些制度的人们那里，这些制度的出现和实行，却都是以神的名义来进行的。在希腊神话中，有一位叫做Themis（忒弥斯）的女神，她是乌拉诺斯和该亚的女儿，后来成为了众神之王宙斯的第二位妻子；她为宙斯生了三个孩子，第一个叫欧诺米亚（秩序），第二个叫狄刻（公正），第三个叫厄瑞涅（和平）；这三个孩子的出生，意在谕示忒弥斯是神的意志的阐释者，在众神聚居的神的大联盟所在地——奥林匹斯山上，忒弥斯专门负责维持秩序，特别是负责监管各种仪式的执行，她的形象常常被塑造成一位正义和公平的保障者，一手执天平，一手执宝剑……，[①] 美国学者 J. W. Jones 认为，从"忒弥斯"这个词出现的时候起，"就假定社会是由有思考能力的生物（任何神）组成的，社会中存在着集体意识"[②]。Themis 这个词究竟是先作为一个普通名词，也就是说作为表示秩序、公正、和平的社会政治学意义上的概念而存在的，还是先作为一个代表正义公平的人类群体生活得以正常进行的保障者的专名（神的名字）而存在的，现在已无从考证；也许这二者本来就是不分先后的，因为从文化人类学的视角来看这个问题，人类早期文明中，抽象的概念往往是在人们头脑中产生的同时，就会有一个具体的形象（神话人物）几乎在同时被创造出来，成为这个在人们头脑中尚不十分清晰的概念的具体化，使自己的同类能够很快地接受，起到人类逐步"文明化"的作用。由此可见，欧洲的文明，早在古希腊时代就已经具有十分明显的建立人类共同生活尺度的初衷，并有了人类群体联盟规则的具体监管者的象征人物（神话人物忒弥斯）。

如前所述，欧洲文化是在东方的亚洲文化影响下的古希腊文化的产物。早在两河流域文明时期和尼罗河流域文明时期的苏美尔人的楔形文字和埃及文的象形文字经过不断演进，最后出现了单音节的文字符号。苏美尔人的楔形文字

---

① *Le Petit Robert 2*，S. N. L. Le Robert，1977，Paris，p. 1802.

② 转引自何勤华、张海斌主编：《西方宪法史》，北京大学出版社 2006 年版，第 21 页。

是在泥板上用削尖的芦苇刻画出来的寓意图形，例如"人"就刻画成一个躺着的木乃伊形状，为表示"吃"的字，就刻画出一个人头，他的嘴巴对着一只碗……后来象形文字被简化，形成以线条表示轮廓的线形文字。早期的象形文字成为线形文字，比如"A"的形状在克里特的许多器物上都有发现。这些线形文字后来逐步演变成为字母，成为拼音文字的雏形，出现在古希腊的泥板文书中。

　　欧洲这个特殊的地理环境造成了欧洲的开拓精神，这种开拓的精神一方面培养了欧洲人较发达的理性思维，另一方面又富于想象和浪漫精神。这种观点在欧洲相当盛行，特别是在18、19世纪更是达到了顶峰。沃伊埃纳先生基本上也持此种看法，他认为，欧洲人既不是由其种族，也不是由其语言决定的。因为种族（黑种人、白种人、黄种人）只不过是一个词语，对于民族精神的形成是"毫无意义的"，因为欧洲人并非所谓"纯种"，而是许多种族混合而成：蒙古人、日耳曼人、斯堪的纳维亚人……。至于语言，欧洲的语言构成也很复杂，在两大语系：印欧语系和 FINNO－OUGRIENNE 语系之下，有着许多语言的支系……而且这些支系又在不断地发生着变化。所以他认为：造就欧洲精神的只是"某种精神狂热，某种冒险和组织起来的欲望，某种好奇心，和某种担忧"[1]。也就是说，欧洲的地理环境使得这里的居民对陆地以外的海洋有一种特殊的好奇心，物质需求的不断膨胀会产生巨大的精神和物理动力，会促使人们产生某种忧虑，忧虑现存的物质是否能满足长久的、不断增加的需求，从而对海洋深处那神秘去处产生探索和掠夺的欲望。"远方"、"大海"就像是一种神秘的呼唤，诱惑着这片土地上的居民，诱使他们去进行神奇的发现，疯狂的掠夺。这就是"欧洲精神"，这就是"欧洲人"，他们固执的狂热使他们不断企望着，前进着，尽管他们不断地像尤利西斯那样，在"失败与得救之间摇摆"[2]。因此可以说，尤利西斯精神几乎就是欧洲人的精神。尤利西斯是古希腊神话英雄奥德修斯的拉丁文名字，他是伊萨卡岛之王，是一位聪明、勇敢、果断、坚毅的国王。著名的特洛亚战争中，就是他使用木马计攻破特洛伊人的城池……。战后回国途中，尤利西斯在大海上与惊涛骇浪和妖魔鬼怪进行了英

---

① Bernard Voyenne,1964,*Histoire de l'idée européenne*,Petite Bibliothèque Payot,p. 14.

② Bernard Voyenne,1964,*Histoire de l'idée européenne*,Petite Bibliothèque Payot,p. 14.

勇智慧和坚韧的搏斗，战胜了无数次的惊险，表现了一种十分强悍勇敢精神和永无止境的探索精神，所以贝尔纳·沃耶纳先生说："欧洲人，就是尤利西斯。"[①] 有关尤利西斯的神话故事描绘了"古希腊社会从氏族部落时期到奴隶制萌芽时期的生活图景，赞美了英雄主义的精神。在史诗中，诸神的干预虽然起到了重要的作用，表现出命运的力量，但是史诗赞美了人的勇敢、忠诚，以及向往自由和光明的美德"[②]。如果说尤利西斯的精神在很大程度上代表了今天人们所说的欧洲精神，那么也可以说，在很大程度上，当时"希腊的面孔，就已经是欧洲后来的面孔了"[③]。这也是许多欧洲研究者的观点。希腊是一个半岛，爱琴海像"母亲海"一样环绕着这个美丽的地方，就和地中海、大西洋和北海环绕着欧洲那样。由于地中海相对大西洋来说要小很多，所以在几千年前的古希腊时期，那里就已经是地区性乃至洲际经济文化交流中心之一了。希腊半岛虽然很小，但是地理环境却相当多样，山地、平原、盆地，一应俱全，并且相对自成体系又相互连接。这样就在历史发展的长河中逐渐形成了多样的又相互融汇的政治、经济、文化、法律等观念体系。在这个不算大的地方，"小个子的、皮肤黑黝的地中海沿岸居民、北方来的大个子的白种人……"[④] 都来到这里，或经商，或游历，或途经，或定居，久而久之，就形成了一个"混成的种族"，而非后来有些人所说的什么纯种的希腊人（其实世界上所谓纯种的民族只是相对的，真正纯种几乎是不可能的）。正是这些不断"混成的"人们，他们在不断的"混成"中形成了一种"二元的"甚至多元的"基本"文化精神。

首先是基本的大陆精神。这种精神是更古老的、稳定的、更具宗教意识的文化精神；这里有古希腊神话中的迪奥尼索斯精神，也就是所谓酒神精神。希腊神话中的酒神是个半人半羊的神，他带着九个缪斯（文艺之神）在山林里嬉戏玩耍，自由自在，神魂颠倒，尽显想象创造之能事，所以才被后人尊为文艺之神；这种大陆上山林中的迪奥尼索斯精神也就是一种浪漫的、开放的精神；这种精神使得希腊人和后来受希腊精神极大影响的欧洲人开放浪漫，富于想象

① Bernard Voyenne，1964，*Histoire de l'idée européenne*，Petite Bibliothèque Payot，p. 14.

② Bernard Voyenne，1964，*Histoire de l'idée européenne*，Petite Bibliothèque Payot，p. 14.

③ Bernard Voyenne，1964，*Histoire de l'idée européenne*，Petite Bibliothèque Payot，p. 14.

④ Alain Beitone，2002，*Sciences sociales*，Paris，p. 224.

力和创造，以及具有永无止境的开拓意识等等。

　　另一方面，这个小小的、自由自在的、温馨和谐的小团体又像一个古代陆地上的小家庭，它以迪奥尼索斯为中心，构成了一种"向心的稳定性、一种家庭的温馨，一种城邦的宁静"。[①] 这种精神使得希腊人非常耐心地、持久地从经营以家庭为单位的小团体，逐步扩大到精心组织"城邦"大团体的"共同"（社会的）生活。可以说，城邦和城邦制就是古希腊文化的摇篮。应该说，正是古希腊城邦里的经济组织和社会政治组织制度中的许多因素，总体上构成了当今欧洲（以及所谓整个"西方"）文化"基因"。在古希腊城邦中，从家庭到自然村落之间，构成了一种组织相当严密或"科学"的逐级组合；从生产活动中的各种从业人员，到家庭中的长幼、男女、主仆，都有一整套严格的组织形式进行规范和控制。古希腊实行的是奴隶主民主政治，一方面，奴隶为奴隶主提供了廉价的劳动力，使得城邦的文化繁荣有了雄厚的物质基础。马克思就曾说过："没有奴隶制，就没有希腊国家，就没有希腊的艺术和科学"[②]，"小国寡民"的古希腊城邦限定人口和公民的数量，将城邦内的土地、公民、奴隶、外来居民都按一定比例进行分配和管理：众多的奴隶除吃住以外，没有任何报酬或薪金之类，他们提供无偿的劳动力，创造了丰富的物质财富，不但养活了一批"公民"（自由人）和奴隶主，而且还直接参与了精神文化的创造活动：用于艺术和宗教仪式的雕像、制作奢侈品和各种艺术品的黄金、象牙、玉石等材料无疑都是奴隶们开采的，他们还直接参与和进行艺术创作；罗德岛上有一座高达30米的被称为世界第七的金玉合成的宙斯雕像，这座精美雕像的建造就渗透着许多作为奴隶的技工、石工、象牙雕刻工们的心血和劳动；著名雅典卫城、帕提农神庙、众多的古奥林匹克竞技场、许多露天剧场、音乐堂都是奴隶们建造的；此外，还有许多奴隶从事艺术表演、文学创作甚至充当自由民的教师等等。

　　这样，虽然这种奴隶制度是落后的，不合理的制度，但它却使得一部分"公民"（自由民）过着富足且自由的，自给自足的生活，这种生活使得他们有可能脱离农耕或游猎，进行工商业活动，而工商业则大大地拓展了人们的活动

① Bernard Voyenne，1964，*Histoire de l'idée européenne*，Petite Bibliothèque Payot, p. 17.
② 《马克思恩格斯选集》第三卷，人民出版社1975年版，第220页。

环境和领域，在采矿、炼铁、造船、榨油和酿酒等的过程中，进行着各种各样的、自觉地、有目的的技术革新活动，从这些活动中获取了丰富的自然科学知识。由于这些又被称为"平民"的"公民"（自由民）的社会地位和社会功能处于封建主和奴隶之间，所以他们既不受封建主的管束和太多的剥削，也没有奴隶需要管理和监督，因此是"自由"的，这些人在进行手工业和早期工业的活动的同时，还进行规模大小不等的商业活动，促使了各种工农业产品的流通和更进一步的发展；与此同时，这些工商业的活动和达到的十分"实惠"的结果使得这些人逐渐在意识形态方面开始追求自由民主，在价值观上逐渐转向轻视所谓的贵族血统和头衔，重视经济和科技发展；价值观和意识形态的务实发展又使得这些人逐渐培养起了唯物主义的思维方式，以致产生了最初的唯物主义哲学。所有这些，都由于后来的欧洲统治者——罗马帝国的统治者对古希腊文化的几乎"全盘"的引进而极大地影响了此后欧洲的发展方向和进程。

如上所述，古希腊的奴隶制国家体制是一种奴隶主民主政治。当然奴隶是没有任何社会地位的阶层，自然也就没有任何参与政治的权利，但是当时数量相当大的"公民"（自由民）则拥有一定的民主权利（我们在后面的章节中还会谈到，有些仅具奴隶身份者也会逐渐因其具备的能力而改变奴隶身份，成为"自由民"）。在古希腊时期，就已有不少较为自由民主的政治环境，在许多公共场所，比如但凡在商业繁华的区域，就同时有一些公共的集会场所，可以举行公民大会，自由地讨论城邦的一些重大问题，发表自己对政治的见解，并且有可能得到采纳。不但如此，这样的自由氛围还为其他领域的发展提供了方面和条件，例如当时的许多哲学的、文学的、科学技术的新思想也都是在这样的氛围下相互碰撞，逐渐产生发展起来的。

五、论辩术与理性文化精神

首先，在这种宽松的政治文化氛围下，古希腊盛行论辩批判之风，许多对后世产生极大影响的古希腊思想家都是在当时那种气氛中"培养"出来的：当时十分流行辩论之风，例如柏拉图所主张的所谓"哲学国王"治国的学说，就是在这种"百花齐放，百家争鸣"的学术辩论中脱颖而出，被后世流传的。那时，只要有了什么"意见"，都可以到专用的公共集会场所去向广大公民进行演说，也可以到贵族们的宴会上去讨论各种政治或社会问题，尽其所能地说服别人赞同自己的意见，甚至构成了有名的古希腊"雄辩术"，又由于这种雄辩术可以采取各种机智甚至诡诈的手段和言词诱使观众听众甚至对手同意自己的观点，所以这种"雄辩术"又被称为"诡辩术"；与此同时，这种写作和演说技巧逐渐构建成了一些增强表现力的言语规则和技巧，成为后来所谓"修辞学"的基础成分。这些言辞技巧往往还被运用到其他艺术形式中，例如当时的许多戏剧艺术家，就利用犀利的语言艺术，对社会生活中的各种不遂其心愿的现象进行批判和讽刺，同时也对城邦的社会政治进行有力的监督，无论是城邦的行政长官，还是各种行政机构，还是普通的老百姓，都可以成为批评的对象，当时的所谓"雅典伟人"伯里克利也曾成为戏剧家的批判和讽刺对象；即使有时被批判对象心存怨恨，试图报复，往往也要经过公民大会，公开陈述自己的意见，由公民大会进行裁决。这种古老的民主风气在经过后来的专制后又重新被人们"复兴"，这就是后来所谓"文艺复兴"运动所极力要重新倡导的自由精神。重要的是在古希腊，文化活动得到了包括官方在内的各界人士大力支持。在当时的雅典，修建了全希腊的被视为"建筑与艺术博物馆"的建筑群，也就是雅典卫城。在那里，巨大的露天剧场依山而建，附近还建有竞技场、音乐厅，定期或不定期地举行一些大型的文化活动，特别是一些节庆活动；每举办一次这样的文化活动，都会有富裕的公民和政府当局拿出十分可观的经费来进行资助。如前所述，在古希腊，备受人们青睐的神话人物——文艺之神迪奥尼索斯的祭奠仪式每年都在各地举行，这也是一个极盛大的节庆文化活动，政府或富有的公民除了出资举办以外，甚至还会向公民发放观剧津贴。当时希腊人对文化活动的重视由此可见一斑。

这些政治和文化的频繁的和相对自由的活动，对于形成严密的思维方式、大胆的创新精神、达观的民族性情都是颇有影响的。这就是后来人们以古希腊神话中阿波罗为楷模的所谓"阿波罗精神"；阿波罗精神是兼具开放创新和理性稳定为一体的一种较为成熟的人类精神。在众多的希腊神话人物中，阿波罗是一个比较为我国读者熟知的神话人物。对这位神的传说有许多，较为集中的是认为它是太阳之神：他的头上有一顶发出金光的帽子（也有说同时身体发光）；他照亮万物，给万物以生机，又因为给万物以生机而给人类以希望。阿波罗精神无疑对后来欧洲人的达观、进取、理性的特性的形成起到了较好的启示作用。

所以，在当时的古希腊现实社会中，人们以论辩的方式，有效地培养了这种理性思维方式。雄辩术可以为逻辑学的产生和发展起到锤炼的作用，而且还有助于朴素辩证法的产生和发展。这就为后来的在理性指导下探索科学真理的各种方法论提供了可能性。崇尚理性是认识人类自然和人类各种社会现实所必需的条件，这种理论风气甚至在当时就产生了像柏拉图的"哲学国王"那样的治国理论。虽然这种理论是理想主义的，在现实中未必有效，但是这无疑是促使古希腊历史上出现那些具有较高文化素养的政治领导人的条件之一，那时的许多城邦长官，甚至后来的许多国王，都以聘请科学家、文学家或哲学家作为自己的顾问为荣，虽然其中许多是作为"摆设"，但也有不少人为安邦治国，为社会的发展和自然科学的发展做出了很大的贡献，例如亚里士多德就做过马其顿国王亚历山大的家庭教师；数学家和物理学家阿基米得曾是叙拉古城邦行政长官希厄罗二世的朋友，阿基米得发现的浮体定理就是在这位国王的帮助下成功完善的。在这些政治家的帮助下，学者们开办学园，收徒讲学，又进一步发展了科学艺术。

从政治文化的角度上说，古希腊思想，特别是柏拉图的"理想国"和"哲学国王"的思想，无疑对于后来除了部分时段外一直不断出现的欧洲联盟乃至世界大一统思想来说，都是十分重要的理念启蒙。

就是在这样一种文化氛围中，逐渐形成了古希腊相对先进的社会文化，特别是人文素质培养的良好习俗：为了培养合格的公民，古希腊城邦规定 7 岁以前的儿童主要接受家庭教育：猜单双、玩球、雕刻、学习各种行为礼仪、讲故事等。7 岁以后就到学校上学，学习文法和其他知识，比如算术，还要学习音乐、歌唱、朗诵诗歌等。年满 13 岁就要开始学习各种体育技巧，如角力、竞走、扔铁饼、投标枪、游泳等。到了 18 岁，就要接受军事训练，参加公共集会、戏剧演出，学习法律，参加政治讨论等社会政治生活……各类学校层出不穷，为社会输送着各类人才，他们身体健壮、思想敏锐、语言优美、技艺精湛，为希腊世界的繁荣文化做出了很大的贡献，为后来欧洲思想文化和社会发展史上均产生过重要影响的所谓骑士文化起到了巨大的奠基作用。

古希腊城邦发达的工商业促进了相当开放的对外政策。由于有了较为自由的社会文化和较为务实具体的对外开放政策,人们的开放或开拓意识就逐渐得到强化,他们不但到其他城邦和国家去做生意,而且还到所能到达的世界各国去游历,以"怀疑的精神、批判的眼光"去探究一切事物,并且能够逐渐地以多种角度去考察所遇到的各种问题,特别提倡以"理性"来检验一切。例如亚里士多德就几次来到柏拉图的学园,成为柏拉图的学生;后来亚里士多德到马其顿游历,回到自己的城邦后开办了自己的学园(克利伊昂学园),他对从柏拉图那里学来的知识和在外游历所积累起来的知识进行天才的整合、发挥、提高,创立了对于后来的欧洲甚至全人类的社会、政治、思想文化等人类文明来说极为重要的逻辑学、伦理学、政治学、经济学、文学理论等等。

由于古希腊这种开放豁达、兼收并蓄的文化精神,古希腊的科学家也在向当时东方各国的生产技术和科学实践学习借鉴的基础上,将许多自然科学领域的研究向前推进了一大步,比如建筑学、数学、化学等方面,都有了长足的进展。

与此同时,古希腊城邦的公民们在这样的文化氛围中就又养成了自己特有的文化精神,这就是所谓"城邦至上"的公民精神。城邦在公民的心目中是第一位的,城邦的利益高于一切,这种以城邦集体利益为最高利益的"公民精神"在本质上是"先于个人和家庭"[1] 的。以理性为人生发展道路之指导的古希腊人认识到,强大富足的城邦是每个公民个人幸福的保障,雅典"伟人"伯利克利曾经说过:"每一个人在整个国家顺利前进的时候所得到的利益,比个人利益得到满足而整个国家走下坡路的时候得到的利益要多。一个人在私人生活中,无论怎样富裕,如果他的国家被破坏的话,也一定会陷入普遍的毁灭中;但只要国家本身安全的话,个人有更多的机会从私人的毁灭中恢复过来。"[2]

六、"泛希腊共同体"与欧洲思想文化

上文引述的伯利克利的这段名言其实就是当时"泛希腊共同体"(La

---

[1] 朱来常:《文化是明天的经济》,改革出版社 1991 年版,第 27 页。
[2] 宋瑞芝主编:《外国文化史》,湖北教育出版社 1994 年版,第 177 页。

communauté panhéllénique）得以建立的理论基础。希腊发达的农业、手工业、造船业、特别是商业的发展，都使这里的人们"不由自主地"产生向外扩张的"念头"；雅典这个古希腊城市就是这种"念头"实现之杰作的象征，那里有当时最好的市政设施和"民主制度"，是当时许多更小行政单位"联合体"的所在地。建立这样一个联合体，首先是对外扩张的需要：在这样一个联合体的力量支撑或"鼓励"下，曾出现了一些有名的民主改革家和征服者，例如著名的希腊"七贤"之一梭罗（Solon，公元前 640—公元前 558）在做雅典执政官时，于公元前 590 年就取消了当时严重影响经济发展和社会公平的所谓"人头税"，改革了雅典基本法（宪法），取消分四个等级交纳"取得选举权税"的惯例，使其民主制度得到进一步完善。在对外扩张开拓方面，人们往往会提到皮提亚斯（Pythéas，活动于公元前四世纪，生卒年不详），他是希腊最早的航海家、地理学家和天文学家之一，据说就是他在北大西洋上航行时发现了被称为"图勒"（THULE）的海岛，也就是今天的爱尔兰；这在当时是件了不起的事情；据说他还到过许多斯堪迪那维亚国家和现今波兰北部沿海的一些地区，探索希腊周围这个欧洲大陆的幅员和风土人情、地理、气候、物产等情况。

同时，古希腊时期的人们建立民主公平社会联合体和对外探索扩张的活动，既是一种"优越意识"所致，同时又是一种"忧患意识"所致。因为，一方面，古希腊人十分看重自己这个"泛希腊联合体"的优越的政治、社会、经济、法律制度，甚至也为其多样的地理气候环境而自豪或庆幸，因为他们认为正是这些因素使他们得以经历复杂大考验，由此获得丰富的治理社会和环境的经验，进而获得"成熟的城邦治理经验"，有可能成为他们周围的这个巨大的陆地的中心，构成为一个巨大的"联邦体"（FEDERATION）；同时另一方面，古希腊人又面临着地球上其他强势文化的威胁，也就是来自东方的威胁，这种威胁"促使他们联合起来"。而"他们相互间深深的种族、语言、宗教意识，他们之间或多或少相同的、融合的思想意识无疑极大地方便于这种联合"[①]。希腊神话传说中，盗取天火造福人类的普罗米修斯神的第二个儿子安非克提翁就建立了一种联邦议会制度，在这个联邦中，领地内十二个成员邦各自派出二名议员，构成联邦议会，会

---

① Bernard Voyenne，1964，*Histoire de l'idée européenne*，Petite Bibliothèque Payot，p. 18.

议经常在阿波罗神庙里举行，虽然议会的全会很少举行，但这个"议会的常务委员会却雷打不动地每年举行二次"①。当然，他们的这种议会与当今西方议会不同，也与现在的欧盟议会不同，当时他们这个议会的"主要使命"是"确保信仰的自由与完整性，保护宗教圣地，肯定宗教的至高无上性，反对种族对立"。但是值得注意的是，"这种共同的信仰"逐渐"轻松地过渡为政治秩序的组织"，古希腊最著名的喜剧作家阿里斯托芬在他的喜剧《LYSISTRATA》中借主人公的口对他的同胞们说："你们，在奥林匹亚，在 THERMOPYLES 和 DELPHES 生活的人们，你们要用同样的圣水浇灌圣坛，不要再用你们的纷争分裂希腊，而是要团结起来，反对野蛮人。"（《LYSISTRATA》第 1130 段）

反对"野蛮人"，其中一个重要的条件就是格物致知的思维能力、文而化之的行为方式和理性的世界观；这些后来欧洲人引以为豪的能力或素质，都是在古希腊时期奠定的。众所周知，在有关人类社群的特性与共性的关系上，是古希腊哲学家苏格拉底首先在个人理性和社会理性方面作了明确的区分，并指出了这两者之间的相互关联性，这使得后来许多西方思想家和思想流派在这两个问题上作了无数的探索；又由于有了这些探索产生了许许多多的政治、经济、法律、外交、甚至军事方面的理论和实践；各种各样的政治、经济、军事同盟在欧洲，在全世界都层出不穷，演出了许多生动活泼的"活剧"。后来的柏拉图的理念说和关于哲学国王治理下的"共和国"（汉语中常见的译文是"理想国"），就是一个在理性指导下格物致知，以良知进行国家治理的一个理想。但我们看到，这虽然是一个理想，可是它却开创了一种新的思维，甚至是后来的基督教一神教学说（l'idée d'un Dieu universel）的理论基础："在基督的启示之前，是一种普世父亲说（paternité universelle），是他们奠定了普世博爱的基础。"② 而我们知道，无论是法国大革命还是当今西欧的许多政治观念，其中包括各种政治、经济、文化的国际组织，直至所谓全球化，甚至包括当今的国际文化交流的宗旨中，普世博爱的理念都是最基础的。

总之，古希腊时代，就已给当今欧盟的政治、经济以及法律的一体化，留下了不可磨灭的痕迹。如上所述，柏拉图的"理想国"在原文中其实就是"共

---

① Bernard Voyenne, 1964, *Histoire de l'idée européenne*, Petite Bibliothèque Payot, p. 22.

② Bernard Voyenne, 1964, *Histoire de l'idée européenne*, Petite Bibliothèque Payot, p. 22.

和国",只是翻译成汉语时根据这种共和国的"理想"程度而译成"理想国"罢了。因为真正深究起来,我们就可以看到,关于柏拉图的理想国的外延和内涵都可以被看做"共和"体制的设想(译作"理想国"当然也是没有问题的,因为从当时的实践来看,这确实还是一种"乌托邦"式的国家理想)。首先从外延来看,这个词的拉丁译文"RES PUBLICA"意思是"公共的东西",作为一种整体,这个词的意思是指一种"政治组织,在其中,政权的权力由社会主体联合构成、拥有和行使"(法国《拉鲁斯》辞典)。至于这个词的内涵,我们则可以直接从柏拉图的《理想国》中找到答案。

我们先来看柏拉图"理想国"中的社会结构理想模式。

在柏拉图看来,一个"好的"(理想的)城邦,应该是由哲学家进行统治的、由武士来保卫的、由工匠(往往是奴隶)在其中进行劳作的国度。这三个阶层不但分工明确,而且对它们各自的精神状态和道德上都有明确的要求(或描述):统治者是理性的,武士是需要勇敢的,而劳动者则是贪婪的;在性情品行方面,统治者应是睿智的,武士应该是正直仗义的,而劳动者则应该是"克制"的。这种类似"克己复礼"般的观点是否一定是反民主的呢?这在西方的柏拉图研究中是相当有争议的。柏拉图对当时所谓的"民主"其实是持批评态度的。希腊文中的"民主"写作"demokratia",是"démos"(群众)和"kratein"(统治)两个词复合构成,意为"一种政治体制,在其中,人民群众自己行使其至高无上的权力,无需通过任何代表性中介机构"(《拉鲁斯》辞典);所以柏拉图认为民主是一种"意见统治",也就说一种靠先入之见的言语来统治,也就是一种无能。很明显,柏拉图那时所说的民主和我们现在所说的民主的概念的有很大区别。其实我们知道,所谓的"民主"从古到今有着无数的解释,所谓的民主政体也是各不相同的。特别是法国大革命之前,"民主"的讨论比现在还要多,还要复杂,法国著名的启蒙主义思想家、法国大革命思想的先驱、现代民主法制体制的理论先驱孟德斯鸠在许多著作中都阐述过这个问题,在其著名的哲理小说《波斯人信札》中更是以十分形象生动的"穴居人"的故事告诉人们:没有任何约束的生活会使人们有一种"不可承受之轻"①。柏拉图的所谓"哲学国王",就是要选出最有领导才能(能理性地判断

---

① 这里引用的不是孟德斯鸠在《波斯人信札》中的原话,但《波斯人信札》中那位被推选为君主的老人(一位在"穴居人"中享有崇高威望的老人)的著名演讲的含义与昆德拉的话却有异曲同工之处。

处理国家事务）的人来统治（或管理）城邦；而这并不会影响柏拉图式城邦的"共和"性质，因为"哲学国王"是理性的代表者，而所谓理性，就是公众认同的普遍意见（柏拉图称之为"理念"——即普遍真理）。而所有这些争论，显然对于今日欧盟究竟应该建成一个类似美国这样的具有实体性国家政权般的"合众国"，还是松散的、保留各成员国国家主权的"邦联"的几乎无休止的争论也是有某种影响的。

第二章 "性善"、"性恶"说与欧洲法律中的"契约"文化背景

一、欧洲的"善""恶"记忆

实际上，在任何人类社会，在任何人类群体的"灵魂"（意识形态意义和价值观方面的）中，都或多或少有一些应得到共同遵守之规则，有了这些规则的约束才使人类的群居生活成为可能，遵守之，便被称为"善"，违背之，便被称为"恶"。对这种观点还有一种解释是，随"性"为"恶"，抑"性"为"善"，从人类发展的初期而言，越是社会化程度高的人群，其抑"性"的规则越多，这就是为什么世界上许多文明中的圣贤们都有关于类似"克己复礼"之思想理论的原因。为什么在很多情况下，特定环境中的人们往往会有"不可承受之轻"的感觉？为什么欧洲人在经历了太多的相互争斗后，在很早就开始了建立一个正义、公平、团结的共同体（各种社会团体、国家，以及各种各样的跨国联盟等）的理想甚至实践呢？这都是因为很早以前，不仅在欧洲，而且在世界上许多文明中就有人对人性中的"善"与"恶"的"利"与"弊"进行深入地分析与研究。

对于人性进行分析，特别是注意到人性有"善""恶"之分，这其实就是人类文明的开端，就是"教育"的开端。按照古希腊先贤毕达哥拉斯和柏拉图等人的观点（现在许多人也是这样认为，如法国当代教育理论家 Fernando Savater 也持这样的观点），认为教育就是"抚养"和"培训"相结合，既要培训孩子的生活能力，强其筋骨（体育），学会各种必需的生存手段，而且还要培养"道德伦理"，培养孩子的"民事责任"观念，"对所在共同体、传统和价值观的认同"①。

---

① Fernando Savater，1998，*Pour l'éducation*，Payot，pp. 71-76.

这种教育的模式是：家庭——"俱乐部"（club——本意为"汇聚"）、体育锻炼、集会……那时的希腊年轻人大多是在"集会"上接受教育，有点像今天的听讲座；毕达哥拉斯和柏拉图都是这样的讲座的主讲人；而且他们都认为，"讲座的内容不应仅仅局限于西西里岛，而应该涉及雅典城邦所面对的所有问题"①。目的是把听众培养成为"公民"，即具有"城邦"（cité）意识的居民。早期基督教徒（néophytes）的教育观也是"在家庭中，孩子就开始习得，或者开始习得最基本的说话、洗澡、穿衣、服从大人、保护幼小（也就是学会与不同年龄的人交往）、参与集体游戏、遵守游戏规则；如果其家庭是严格按教规进行宗教活动，还要做祈祷，并能根据其所在的共同体的原则从最原初的意义上去区分善与恶，等等……这样，早期基督教徒就或多或少地成为了社会的一员"②。被称为西方道德哲学创始人的古希腊学者苏格拉底认为，人们应该把目光从自然界转向人类自身，特别是对人自身的心灵的认识。苏格拉底认为，人的心灵的内在原则是美德。在他看来，美德"分有"了"善"的绝对概念（普遍的、真正的知识），所以美德就具有一种客观性和普遍性，人的任意行为是不能构成"善"的。在著名的《美诺篇》中，苏格拉底借自己的对话者美诺的口，认为美德有许多种类，比如正义、勇敢、节制、智慧、尊严；男人的美德在于出色地管理城邦的事务，女人的美德在于管好家务，如此等等。但是，这些美德都是个别的美的种类，而不是美德本身；美德本身应该是对真理的掌握（美德即正确的知识）。可以说，苏格拉底的"美德即知识"的观念对于欧洲乃至人类的重要性是不言而喻的。虽然我们在现当代世界上（包括欧洲）的各类"联盟"的各类结盟文件中尚未找到苏格拉底的直接引语，但是可以肯定的是，欧洲乃至全人类形形色色的"联盟"的理念，无一不是为了人们（或某些群体中的人们）生活得更加美好（甚至法西斯式的各种联盟也带有此目的）而联合起来，依照各自的资质、能力或所处自然或人文的地位而为共同的利益而各司其职。其实从历史的总体上看，世界上每一次或大或小的联盟，往往都会直接或间接带来或导致人类文明的一次进步。这些个别的、形形色色的联盟后面隐藏着的就是苏格拉底首先提出的普遍原则：人类不断地认识自

---

① Fernando Savater，1998，*Pour l'éducation*，Payot，pp. 71-76.

② Fernando Savater，1998，*Pour l'éducation*，Payot，pp. 71-76.

己,就会不断地产生出新的美德,最终真正地认识自己,对"城邦"的现状和政治概念进行分析,"他相信,对某一概念的真正理解只有借助于每一阶段都能自我证成的辩论才能实现。为确保这一点,分析应采取与他人讨论的方式……要保证双方在辩论过程中的每一阶段达成一致的意见"①。可以说,如果没有这样的"普遍善"的理念(当然不仅仅在古希腊才有这种理念产生,中国哲学中"人之初,性本善"的命题就是与此相似的关于人类社会发展理论中的著名论断)是很难产生出统一的国家政体,更难出现现代意义上的民主国家,更难想象能出现超出民族国家的,向着"和谐世界"前进的各种超国家超民族的联盟。

在古希腊智者们的各种"善""恶"理论之后,《圣经》文化出现了,基督教在吸收了古希腊文化的一些精华之后构建了现今基督教的"善""恶"观,这对欧洲文化的影响也是巨大的,与古希腊文化一起构成欧洲文化的两大来源。《圣经》文化具有严格的二元说教性质,《圣经》对人类的肯定和否定构成了欧洲发展史上的"善"、"恶"宏大叙事,并通过这种宏大叙事展现了至高无上之上帝耶和华的"至善"、"至尊"和无比强大的威力,也展现了他的"圣子"耶稣以及忠实信徒们之"善"和他的敌人以及撒旦们的"恶"。在《圣经》中可以看到,形形色色的"善"和"恶"其实可以分为四大类型:行善者—受惠者、行恶者—受害者。在这样一个二元的宏大叙事结构中,善与恶、是与非、美与丑、曲与直都泾渭分明,情节也十分简单。这种二元对立结构的主题常在人物和情节的略作转换中不断被重复,达到了"潜移默化"的说教目的。此后,从法国文学乃至欧洲文学的起始如武功歌、骑士文学,尤其是十字军骑士文学,路易十四时代的古典主义文学,直至20世纪的许多战争文学作品中,这种"善"、"恶"的二元结构都是十分明显的,其故事情节无不围绕"善"与"恶"、"正义"与"非正义"这两大意识形态性很强的主题进行;其人物形象也主要分为"我者"即"自己人"、同胞、同志和"他者"即形形色色的敌人这样两大类。这些人物的行动元结构形式主要也是一种二元结构,即"施动"—"受动"结构,而这些行动元的审美内容大多分布在两个对立的指示维度上,服从于说教主题。作品中的"我者"与"他者"自行其是,"自言自

---

① 转引自何勤华、张海斌主编:《西方宪法史》,北京大学出版社2006年版,第31—31页。

语",各有各的"话语",俨然一群巴别塔的建造者。这种"善""恶"二元结构的人际观在大部分时间里影响着几乎整个西方文学艺术和伦理价值观的发展历程。法国著名作家马尔罗的战争小说《希望》就是一部这样的小说。作者写了这样一段故事：一队法西斯抓了六百多名妇女和儿童并把他们关押在一座城堡里。共和军包围了城堡后，派了一位神甫进去和法西斯谈判，希望他们释放妇女和儿童。法西斯没有答应，只同意在城堡下的中间地带进行谈判。谈判开始了，双方各执己见，相持不下，因为双方在争吵中同样使用的诸如"理想"、"劳动者"、"集中营"、"正义"等词汇具有完全不同的意义，双方完全无法沟通和理解。"双方相距约十米"，却"好像隔着圣界，站在各自的界线内和对方争论"。作者发出这样的议论："这群人两个月来一直在互相残杀，对话是困难的；一种莫名其妙的幽灵使法西斯分子绕着城堡的廊柱转来转去；民兵们则在街垒附近徘徊。双方害怕相互接近，因为一靠近就要讲话。"[①] 这就是说，法西斯的意识形态和反法西斯的意识形态赋予了诸如"正义"、"理想"等文字代码以不同的，甚至互不相容的意义。

　　而以《圣经》为其基本教义的基督教精神，则在两千多年来一直是欧洲人（绝大多数信基督教）奉为精神支柱的一种精神力量和文化"元典"，很多基督教徒，很多欧洲人甚至认为基督教文化就是欧洲文化，基督性就是欧洲性，这在欧洲漫长的历史中直至在现在的欧盟内，都是一些人心中是牢不可破的信念。而且严重的是，这种文化具有极强的排他性。我们注意到，这种以基督教教义划线的"善""恶"二元论造成了欧洲历史无数的悲剧，信基督教教义便为"善"，否则便是"恶"者；直至"理性至上"的现当代欧洲，甚至在当代欧洲一体化建设中，也都在起着潜移默化的作用。

　　当然，欧洲和其他"西方"（欧洲文化传统影响下的）国家的许多现代作家（如很多现代派作家）在作品中表现上述的形形色色的意识形态差异性和不可沟通性并不都是在基督教"善""恶"二元的观念基础上来阐释人类文化排他性的，而是有其更加深刻的寓意；他们试图向人们表明，正因为社会现实（如政治），甚至人类心灵交流的工具（如语言）在这个世纪里（其实在其他许多世纪甚至未来）显得那么荒诞，也就是说和人们的终极关怀，即人类的共同

---

① André Malraux，1985，*L'Espoir*，Gallimard，Paris，p. 210.

追求幸福、自由、平等的崇高理想即"善"的追求是那么的格格不入，因而值得我们去思考，去突破，以在普世人道的意义上去奋斗和创造（当代欧共体的创始人之一让·莫内就认为欧盟是"制造"出来的）。

这种现象也使许多学者感到担忧。法国文化学家托多罗夫在多部著作中指出，或因政治意识形态，或因"记忆的滥用"①，人们的社会角色常常令人尴尬，对社会的依附和反抗的并存又令他们十分无奈；而且更令人担忧的是，由于对"恶"的记忆，人们一方面依附于某一种意识形态，而另一方面则反对甚至打击依附于另一种意识形态的他者，并常常津津乐道于此，因而形成了形形色色的"宏大"叙事："善"则是绝对地善，"恶"则是绝对地恶；"恶"绝对是十恶不赦的，"善"则必须对"恶"者进行无情打击，就像对撒旦，对凶恶、野蛮的"吃人妖"那样。更为严重的是，对"恶"的记忆制造了许多新的"恶"者，例如新近的"邪恶轴心说"就将某些国家列入"恶"的行列，"善"与"恶"泾渭分明且势不两立，所以两者的关系只能是"施动者"与"受动者"，或"行恶者"与"受害者"的关系，而且由于"受害者"受了行"恶"者的"害"，所以必须消灭行"恶"者，如此，"善"、"恶"宏大叙事便可悲地恶性循环不已。

在基督教文化中，大凡谓"恶"，人们大多会想到撒旦，是人们或唯恐避之不及，或欲置诸死地而后快的一个"他者"形象。人们唯恐避之不及，是因为他会像对亚当、夏娃那样，"诱惑"人们作恶；人们欲置"恶"于死地而后快，是因为他有可能危及"我者"的生存或利益。在西方（欧洲）一系列的宗教文学，乃至后来在某种意义上受这种文学的影响，以"上帝"名义话"善"、"恶"的一系列文学作品中，与"我者"利益相冲突，或与"我者"的意识形态相背离者，统统被划入"恶"之列，必被口诛笔伐。而文学作品在这种战斗中起着巨大的作用，它或秉承自身之主位文化的"律令"，或为自身社会集团的利益而记录"我者"的得失，或不断地"记忆"曾受过的"恶"之"害"。总之，它在不断地重复"恶"之恶行，以达到抑"恶"扬"善"的目的。

令人更为担忧的是，虽经数百年形形色色的革命，如宗教革命和民主革命，在某种程度上对"善"、"恶"二元价值观的非理性有了较清醒的认识，民

---

① 茨维坦·托多罗夫于 1995 年出版了《记忆的滥用》一书。

主和非民主的界限似乎代替了"善"与"恶"的界限。和几乎令20世纪全人类均为之奋斗的各种意识形态一样，所谓的"民主"、"自由"之类的神话在20世纪，尤其是冷战结束后并不长的时间里却又受到了"善"的诱惑，所谓"正义"、"人道"、"和平"之类的美好口号被重新赋予了浓厚的"善"的色彩，用以对付"正义"、"和平"、"人道"者们认定的非正义、非人道、非和平者。而且，这样的"善""恶"区分也往往使得欧洲人，从以基督教划线到启蒙主义以后产生的所谓"自由、民主"划线（以此区分"善"、"恶"）的欧洲（西方）话语几乎完全获得了定义权，人类民主本来的代表者如联合国组织常常会被西方话语剥夺发言权。这样，所谓的"正义"、"和平"、"人道"均成了西方文化霸权的载体，甚至在不经意中暴露无遗的宗教情结的诱惑（美国总统布什曾在"9·11"事件后第三天就说过要"组织一支十字军"去打击恐怖分子）下，向"恶"者们宣战。这不能不说是一种人类文化发展史上的倒退，是一种非常令人担忧的现象。

所幸的是，这种"善"的最新诱惑暂时还未再次波及"善"、"恶"宏大叙事最大载体的文学艺术，而且，不但有托多罗夫这样有真正良知的学者已预感并正在为制止这种倒退而行动，写出了《我者与他者》、《记忆的滥用》、《并不完美的花园——法国的人道主义》、《恶的记忆与善的向往》等著作，批判以欧洲道德价值观划线的非理性思维方式和政治社会观念。此外我们也看到，如法国政府这种本身便是西方文化产物的政治实体也在诸多有良知的"文人学士"的启发下（当然也还有许多其他原因），开始站出来制止这种极其危险的"文化间的战争"苗头，呼吁文化间的对话，呼吁一种"文明的全球化"，而不仅仅是全球的欧洲化或是美国化；"9·11"事件后不久，法国总统希拉克就在联合国教科文大会上的演讲中说："我不是那种颂扬过去的人，不是根据我们的所有恶的渊源来看全球化的人。过去不曾有过对文化的应有尊重，今天则没有对霸权主义的由衷憎恶。我们应回忆回忆那些征服和殖民行为，它们常常是以暴力、以军事力量或其他的强制形式，心安理得地将自己的宗教信仰和思想体系强加给殖民地的人民。"① 也诚如托多罗夫在《恶的记忆与善的向往》中所

---

① 雅克·希拉克：《另一眼光看二十一世纪》，《世界报》2001年10月16日第一版。

言:"人们应该能在不将自己当作善之化身的情况下抵制恶。"① 这里的关键在于"正确地运用记忆","正确的记忆是服务于正义事业的记忆,而不是导致重蹈覆辙的记忆"。② 如此,我们有理由哪怕是有些理想主义地相信,尽管世界是多样的,世界文化是多样的,不同类型的社会集团和不同个体的话语是多样的,但如果我们真正地具有人类民主精神,即承认上述差异性,而不是霸道地、非理性地推行希拉克总统所批评的"排他文化的全球化",那么,人类的巴别塔就不是宿命的③。只有不断地致力于倡导人类所有存在活物的一律平等,不同文化间才能展开真正的对话,而不是以欧洲一体化或是美利坚合众国来作为全球化的模板或标准。

上述"善"与"恶"的辨析,正是许多世纪以来欧洲历史发展中所经历过的,以无数的鲜血和生命为代价逐渐形成的。对这种"善"与"恶"的逐步达到的正确认识,可以说也是从古希腊哲学到基督教教义,从欧洲启蒙运动到欧洲发展过程中,特别是欧洲一体化过程中,许多有识之士十分注重的"理性"(道德理性和自然理性)而逐步形成的正确的文化价值因素。

二、欧洲"政治知识"与理性

柏拉图认为"共和国"才是一种理想的政治体制。因为"共和国"的国王是具有理性思维的智者。在柏拉图看来,政治是一种知识,是一种关于政治目的的知识。"共和国"中哲学国王的政治目的就是要让那些"具有才智与真正的信仰的理性头脑"的人来治理国家。④ 所谓"理性",也就是要人们从过去的蒙昧中走出来,以理性之光来照亮人类面对的这世界的本来面目(其中当然包括人与人,人与这个世界、这个世界中各种因素之间的各种实际关系):柏拉图著名的"洞喻说"表明,在那个时代,人们就像一群一直被缚在岩洞中,而且从来就背对阳光的奴隶;这些人从来没有见过洞外真正的世界,而整天见

---

① 茨维坦·托多罗夫:《恶的记忆与善的向往》,瑟伊出版社 1989 年版,第 134—135 页。

② 茨维坦·托多罗夫:《恶的记忆与善的向往》,瑟伊出版社 1989 年版,第 134—135 页。

③ 罗国祥:《"宿命"巴别塔——论"善""恶"宏大叙事》,载《世界文学》2002 年第 2 期,第 308 页。

④ 柏拉图:《理想国》,庞曦春译,九州出版社 2007 年版,第 309 页。

到的只是黑暗的岩洞里的样子，甚至对自己的了解也只是被洞外阳光反射到洞壁上的样子，也就是说，这些人看到的"现实"不是真正的现实，而是被黑暗遮蔽过的现实的那个样子。在这样的状况下，人的所思所想当然不可能是"理性"的，也就是说不符合客观道理和事实的。只有当这些人走出岩洞，见到阳光时，也就是说受过教育后在能见到实际的现实世界，才能看清事物（包括自己在内）的本来状态，才会有获得"理性"的机会。柏拉图认为人从总体来说是善的，但每个人之中往往也有恶的成分，特别是那些"孩子、妇女、奴隶和所谓自由民的下等人构成城邦的大多数人口，他们显然经历着各种各样的欲望、快乐和痛苦"[①]。只不过一般来讲善的成分比恶的成分为多。但是真正地持有理性者则需要受教育即有"文化"者才有可能具备："反之，那些具有才智与真正的信仰的理性头脑所引导的简朴而有节制的形式，则只能在少数一些人那里才能碰到，这些人因为天性及后天的教育而被赋予了优秀的品质。"[②]可是，在这种"理性"的哲学家国王统治下的"共和国"里却没有提倡民主，柏拉图对于"民主"甚至是持批评态度的。为什么"共和国"里的哲学家国王的倡导者还对"民主"持批判态度呢？其实，柏拉图所批判的，正是在相当长的时间里被理解为每一个个体都按自己的本性行事的所谓民主，这样的民主实际上是人人按其动物性的一面来行事的无政府主义状态，而柏拉图主张的是一种在"理性"指引下，按人类社会发展的规律来建设人类社会的"共和"制。而我们知道，直到 20 世纪中叶的第二次世界大战结束前，甚至后来出现并在相当程度上一直持续到现在的冷战思维，都是某种唯"本性"论的观念的引申。比如宗教冲突中的双方均认为自己的教义是代表上帝，或者都认为己方的"上帝"才是真正的人类福音的来源，是必须不惜一切包括自己生命来予以捍卫的；而他者的宗教教义则是谬误的或邪恶的，是必须予以毫不留情的打击和消灭的。再如，比宗教战争更糟，但却也许会比宗教战争持续得更久的人类物质利益集团和种族或民族（国家）之间的战争，其实更是一种随"性"的行为，因为这类战争一般都是为了抢夺他人或他集团的利益，或者是为了保护自己，保护自己集团的利益不受他人或他集团的抢夺而进行的战争。虽然我们知

① 柏拉图：《理想国》，庞曦春译，九州出版社 2007 年版，第 309 页。
② 柏拉图：《理想国》，庞曦春译，九州出版社 2007 年版，第 309 页。

道后者是"正义"的(虽然也可以说是随"性"的,但是可以容忍而且是必须的),但如果没有前者的随"性",这后者的不得已的随"性"也是可以避免的。所以从某种意义上说,这种持续时间也许更久的"恶",也是必须对之进行思考,以"善"或"和"(联合、建立共同体等形式)来使人类更加"理性"。也许由于上述随"性"的和不得已而进行战争的因素的综合,在不同意识形态之间的冲突和战争也曾十分激烈,而且这种冲突还远未结束,意识形态的冲突与战争往往是披着比前两者的利益更"崇高"("阶级利益"、"自由民主"等)外衣的"恶",对于人类的危害同样是巨大的。对于这些问题的思考,也包括了对各种"联盟"、"共同体",甚至"世贸组织"之类的人类共同利益的保障性理念及其机制的思考。

所以,我们在这里要讨论的欧洲"共和"制政治文化的起源,以及这种"共和"的思想对后来欧洲历代的"大一统"欧洲理想和实践的极大影响。在今天的欧洲,已经有许多人士和学者专家在深入地研究柏拉图时代就已开始注意到的"政治知识"。

前面说过,所谓"政治"其实就是一种实现政治目标的知识,虽然也就是一种"技术",一种权力的组成、运作以便达成特定目的的系列过程,但是用柏拉图的话说,政治应该是用理性指导的知识,以达到使人们生活在一个"和谐社会"中之目的。柏拉图的"和谐社会"中最主要的是强调社会的公正性,人人都应维护这种公正性;然而若要达到这一目的,首先需要城邦中的每一个成员都有一个"和谐的内心世界",也就是需要每一个人在自己内心的"欲望"和"理性"之间达成"和谐",才能进一步构成一个"内在的和谐"① 的社会,"政治思想从希腊人开始。它的起源同希腊精神中沉静而清晰的理性主义思想联系在一起"②。我们知道,对亚里士多德而言,政治学"必定是整个社会的伦理学,这个社会由于某种共同的道德目的而聚集起来,它必须确定这个社会的'善',能最佳地成全这种'善'的社会结构,以及能最好地获得它的行为"③。虽然如厄奈斯特·巴克这样的一些学者认为古希腊时期的"政治思想

---

① 柏拉图:《理想国》,庞曦春译,九州出版社 2007 年版,第 349 页。
② 柏拉图:《理想国》,庞曦春译,九州出版社 2007 年版,第 349 页。
③ 厄奈斯特·巴克:《希腊政治——柏拉图及其前人》,卢华平译,吉林人民出版社 2003 年版,第 1—8 页。

就与我们的现代思想方式之间有了某些区别。把国家定义为一个以实现美德为目标的伦理共同体，必然意味着某种区别于现在大多数流行观念对国家与个人之关系的看法"①。因此我们认为，亚里士多德与柏拉图的不同点在于，柏拉图认为"下等人"少有理性，因此需要制于人，而哲学国王（上等人）拥有理性，因此应该制人；而亚里士多德认为，作为一个社会，无论是统治者还是被统治者都应该具备理性即具备"社会的伦理"，他说："统治者要是不能克己复礼，正义自持（守法奉公）固然无法治理，而被统治者要是缺乏这些品质，他又怎能循规蹈矩而服从统治？……根据自然而为统治者和被统治的人们就应该同样具备相同的道德品质，"② 但是如果我们再进一步追溯道德的本质时，就可以发现，道德本身在某种意义上说是与自然法则一样科学的一种社会的科学法则，只不过它往往因时、因地、因人（群）而异罢了，它是有一定科学规律可循的，如亚里士多德就已经"把作为个体的某种静态心理状况的德行，同作为社会中人的动态能力的德行区分开来"，这就是说，作为生理心理学的"个体静态心理"已经被当时的思想家们从"社会中人的动态能力的德行"中分离出来，把后者作为一种政治"知识"或"科学"来研究，也就是说，在理性思考的基础上做一些"想象"，提出"理想"的目标（理想国），然后再根据对于"人性"之自然的"理性"思考（人既可以是"恶"的，也可以是"善"的），找出合适的办法：制定合适的"政策"、"法律"、"法规"、"道德"等，以便达到"理性"共处之目的，比如柏拉图明知奴隶制不合理、不公正，但他仍然主张奴隶制等等，都是一种类似于自然科学的"知识"所致；有了正确科学的政治知识，就能有效地"行政"，反之则达不到有效行政的目的。当然，这种政治的知识并不是绝对意义上的自然科学般的科学，而是一种与艺术也相关的知识，所以法文中的"政治"（Politique）一词也有政策、策略之意。所以"希腊人极富灵活性的气质有时让他们极易适应某个治国之才的创造性活动，尽管这种适应可能并不持久"。但同时，"他们的立法者就像使用标尺和圆规的建筑师那样工作"。政治对于希腊人来说，尤其是对希腊政治家们来说，就往往都把自己想象为"立法者"，也就是"绘出——作为他们思想的第一步——应做

---

① 厄奈斯特·巴克：《希腊政治——柏拉图及其前人》，卢华平译，吉林人民出版社 2003 年版，第 8 页。

② 亚利士多德：《政治学》，吴寿彭译，商务印书馆 2007 年版，第 38—39 页。

之事的完整蓝图,接着拟定出恰当的路线:沿着它们,即使理想被证明为不可实现,既定的和现实的存在也能得以重建。"①

总之,古希腊人对于政治的种种观点,种种定义和实践,都为后来欧洲乃至全人类的政治学说打下了很好很坚实的基础,更为欧洲后来的种种"一体化"政治理想的一步步的"设想"和"计划"提供了很好的条件。

在古希腊文化直接影响下形成的古罗马帝国,就基本上是在实践的意义上进行了欧洲的政治、军事、经济、法律、文化等方面的一体化实践。如果说柏拉图的"共和国"制度只是一种乌托邦理想,那么亚里士多德的《政治学》中提出的关于"城邦政治"的观念,则是比较实际的"宪政"思想。可以说,亚里士多德是西方政治学的真正创始人,他的两部政治学著作:《雅典政治》和《政治学》是西方政治学学科重要的必读文献。和中国春秋时代的大思想家荀子一样,亚里士多德认为人类生来就有"合群的性情,是自然倾向于城邦生活的动物"②。他认为,城邦是一个政治团体,其起源就是人类多个个体自身因自身生存需求而建立起来的最小型的社会联盟形式——家庭。但是,随着社会经济文化的发展,例如商品交换的需要,超出家庭的社会活动如祭祀、娱乐活动的需要等,就出现了多个家庭住所组成的联合体,进而组成村社、再进一步就构成更高级和完备的政治体系——城邦。根据亚里士多德的定义,城邦是"为了要维持自给自足生活而合成的一个有机的独立体系"③。这样一个"联合体",其主要特色不是一个严格的国家整体,而是一种公民个体的联合体,是公民"共同生活"的组织;这个共同体的规章制度并不是像现代国家那样拥有严格的法律体系,而是与现当代的许多国家或地区联盟那样为了共同的价值观(或生活方式),尤其是共同的经济利益而共同协商制定的一些规则。因为和许多现当代的"联盟"一样,共同的文化传统或文化价值观是古希腊城邦"共同生活模式"的重要纽带或凝聚因素。在亚里士多德的政治学说中,城邦公民才是联盟的主人,"公民身份意味着对主权国家的参与,它被限定在安逸和有能力的阶层。他们的安逸来自于拥有大量的奴隶;并且相应地,社会财富的生产

---

① 厄奈斯特·巴克著:《希腊政治——柏拉图及其前人》,卢华平译,吉林人民出版社 2003 年版,第 12 页。

② 转引自何勤华、张海斌主编:《西方宪法史》,北京大学出版社 2006 年版,第 41 页。

③ 亚里士多德著:《政治学》,吴寿彭译,商务印书馆 1997 年版,第 109 页。

者因为缺乏空闲和政治能力也必须被排除在公民身份之外"①。与其社会伦理理论自相矛盾的是，亚里士多德不仅歧视"非希腊的""野蛮人"（外邦人），将他们排除出联邦公民之列，认为他们只是一些会说话的工具，此外他还歧视妇女，认为她们是一些肢体不全的人，因此不能参与城邦的政治活动（管理城邦）。就像现当代欧盟成员国的资格要求一样，特别是1989年以后东欧国家加入欧盟时的"欧洲身份"要求一样，要想作为希腊城邦的公民，也就是说若想获得参与城邦政治的"公民"资格，其本人必须出生于"希腊世界"，同时还需要拥有相应的财产，否则也不足已成为城邦的公民。

此外，在公民与城邦的关系上，亚里士多德认为公民仅仅是作为城邦的一员而存在，公民必须服从于城邦，而不是城邦服从于公民。也就是说，古希腊城邦的联盟政体是一个整体优先的政体，不是像现当代欧盟那样的较为松散的"邦联"，而是相对完整统一的"联邦"，他形象地打比方说："以身体为例，如全身毁伤，则手足也就不成其为手足，脱离了身体的手足同石制的手足无异，这些手足无从发挥其手足的实用，只在含糊的名义上大家仍称之为手足而已。我们确认自然生长的城邦先于个人，就因为［个人只是城邦的组成部分］，每一个隔离的个人都不足以自给其生活，必须共同集合于城邦这个整体才能满足其需要。"② 我们知道，今日欧盟成员国在关于是否需要一部统一的宪法，也就说是将欧盟建成一个较为松散的"邦联"还是建成一个有着统一法律的实质性国家政体的问题上，亚里士多德关于古希腊城邦整体的论说，和后来相继出现的相关论说（如霍布斯的政治观），无疑对于后者，即主张盟应该是一个拥有一部统一宪法的"宪政派"欧洲人的思想（如欧盟宪法制定的发起人，前法国总统吉斯卡尔·德斯坦和持同样观点的欧洲政要和公民）是有着直接或间接之影响的。

三、自然法则与欧洲的法制观念

地缘政治学是一种探讨基于空间分布等地缘因素来经营政治的手段及方

---

① 亚里士多德：《政治学》，吴寿彭译，商务印书馆1997年版，第39页。
② 转引自何勤华等：《西方宪法史》，北京大学出版社2006年版，第43页。

法，常常以地缘因素为依据来进行政治、经济、社会、军事、外交、历史等方面的分析。"地缘政治"（Geopolitique）这个词汇虽然出现比较晚（1924年），但是某一区域的政治和该区域的自然环境之间的关系，却是自有政治学思考和研究以来就存在于各种各样的政治学说和政治实践中了。最典型例子就是国家的形成：一个在自然地理环境上相对相互连接或依存的一些地区和人群就常常构成一个民族和国家。无论是上述的古希腊城邦还是后来的罗马帝国直至现在的欧洲联盟政治，都应该说是一种十分典型的地缘政治实践。

地缘政治的出现，从哲学的意义上说，当然是所谓自然法则使然。所谓自然法则，按照斯多葛学派的观点，就是将自然理性注入人心的道德法。这就是说，"自然"是一种理性体系，是一切事物的逻辑和秩序；这种秩序在社会中按照其所应该的方向或规律发展。这种自然法一旦成为了人的意识，就成为了人类必须遵守的自然法。同时，斯多葛学派认为，人就其自然天性而言都是一样的，所有的人，包括奴隶在内，就都享有与自然天性同在的自然权利。这种思想对于后来法国启蒙主义思想运动和法国大革命中叫响的天赋人权说的影响是很明显的。自然法则对欧洲政治经济文化发展过程起到过和仍然起着重要的作用。自然法则对政治的影响一方面是"地缘政治"的出现和发展，另一方面是原则上说"放之全人类而皆准"的"自由、平等、博爱"等政治理念的理论基础。

如前所述，欧洲自然法则思想的发展，当然与欧洲的地理历史环境有着一定的因果关系，但在发展中，人的主观因素或文化本身的因素逐渐会起到相当的作用，自然因素和达到一定程度的人文因素会相互作用，推动历史的发展。如果说西方文化或西欧文化就是在上述古希腊文化影响下逐渐形成的文化样式。那么在它影响下的古罗马文化却是在意大利的台伯河两岸蓬蓬勃勃地发展起来。公元前900年左右，在规模宏大惨烈的"蛮族入侵"之后，有一批古希腊人入侵到了意大利的南部和西西里岛。这些希腊人（在希腊文化熏陶下发展起来的伊达拉利亚人）在意大利南部建立了完全希腊化的城邦，在那里新建了具有相当高水平的冶金业、工商业、建筑业和雕刻手工业等；特别是他们带去的根据希腊字母形成的拼音文字，使得罗马人从他们那里学到了许多宗教、文学艺术、神话知识和由此产生的思想文化概念，并逐渐影响到意大利全境，逐渐构建成为发达的古罗马文化。也就是说，古希腊文化成为了古罗马文化的源头。著名的古罗马时期的军事民主制度就是受到古希腊贵族会议和公民会议影响而形成的。罗马王政时代的第六位王赛尔维乌斯·土里乌斯的著名改革就是以雅典政治家梭伦的改革为样板进行的，他打破了以前的氏族等级界限，只按财产的多寡来将服兵役的男人分成六个等级，以经济关系代替了以前的血缘关系，对于促进帝国的经济发展起到了很重要的作用：平民只要通过自己的劳动和智慧，获得了更多的财富，就能和贵族平起平坐，并且能获得一定的政治权利。不但如此，根据公元前 367 年的著名的《李锡尼—贺拉提乌斯法案》，罗马废除了债务奴隶制，平民可以和贵族通婚；更为重要的是在这个时期，平民会议成了最高的立法机构。所以这个时期的罗马帝国通常被称为古罗马共和国。

这种相对比较民主的制度实际上也是在自然法则思想的基础上形成的，在古希腊早期唯物主义哲学家如赫拉克利特、德谟克利特和伊壁鸠鲁的朴素唯物主义哲学的影响下，古罗马杰出的唯物主义哲学家卢克莱修（约公元前 99—公元前 55 年）以其著名的六卷本《物性论》，初步揭示了物质自身的发展规律，认为"万物皆起源于物质，万物皆借物质而存在"。

诚如一些欧洲（特别是法国）的一些地缘政治学者所言："全球化既不能消除不平等，也未能消除冲突，而是使它们全球化了。有了联合国，形成了一个全球性的制度体系的草图，以及一个全球性的特殊'星系'；然而各国之间还是必须根据其各自的逻辑，各自所面临的问题来相互协调。"[①]

古罗马帝国的中心主要是在南欧。南欧的特殊自然环境对形成古罗马的一些政治、经济、法律等都应该是有一定联系的；这种共和制度在当时的世界上也许也是少见的，不过明显的是，这种独特性（"共和"政治体制、准资本主义的自由经济体系等）在后来影响到了全欧甚至全世界。

从古罗马时代起，欧洲人就在其特殊的地理气候环境及这些因素影响下形成了种种风土人情、社会习俗乃至该地区居民的心灵状况和思维方式等；建立了相应的政治、经济、法律，甚至宗教学说。但是，古罗马共和国和罗马帝国这两个横跨了十几个世纪的"统一体"对于欧洲文化的构成具有不容置疑的独特的作用；在西方的许多历史著作和其他许多著作中，都可以见到诸如"罗马

---

① Pierre Varrode,2003,*L'Atlas géopolitiaue et culturel* Dictionnaire le Robert,Paris,p. 6.

世界"和"罗马和平"（如各种所谓欧洲"永久和平"论等）的概念，有的学者干脆就以"罗马和平"作为其著作的名称，如法国著名古代史学家 Paul PETIT 的著作《罗马和平》（*La Paix romaine*，法国大学出版社 1967 年版）。另外持此观点的典型代表还有如英国历史学家诺曼·戴维斯，诺曼·戴维斯先生认为："罗马世界具有一种内聚性品质，希腊文明或其他任何一种文明，还是现代文明都不具备这种品质。"[①]

那么，这种"内聚性品质"究竟是什么呢？众所周知，无论是古罗马共和国还是罗马帝国，都有着一种极为有效的（即使是在"民主"的形式下）控制机制。首先，古罗马世界这个"统一体"是"通过陆地征服集结而成的"。罗马人在走出意大利半岛时，就像希腊人走出希腊半岛时一样，到处征战，将许多"本土"以外的地方变成自己的"世界"。不过罗马人与希腊人不同的是，希腊人的征战主要在海上，他们的希腊世界于是就成了围绕着地中海的一个"环湖般的"世界，其范围并不在欧洲的主要版图内，而罗马人的主要兴趣却是在陆地上，"希腊世界的关键所在是高桅帆船；正如罗马的霸权主要依赖于能征惯战的陆军军团一样。希腊人钟情于大海，罗马人则热爱土地"。相对来说，罗马人居住的罗马附近的地理环境更适宜于定居的生活和农耕，"为了解释罗马现象，人们不得不强调那种近乎动物本能的'土地欲望'"[②]。拉丁平原上肥沃的土地不但使罗马人习得了定居和农耕的习惯和技能，而且习得了出色地管理一个以"土地为本"的社会，除了很重要的稳定社会的各种美德和责任感外，更为重要的是罗马世界的社会中还"涌现出在军事组织和政府管理方面富有天才的罗马人"，"种地的人造就了最强壮的人和最勇敢的战士"。[③] 所以，在古罗马时期，人们除了种种"和平"稳定、"和谐"安康所需要的各种禀赋之外，十分重要的是他们崇尚勇武的秉性，"罗马的强横比希腊的精巧更有吸引力"。在古罗马时期，人们对于武力的崇拜表现在战争时期的赫赫战功和非战争时期的各种竞技（如斗兽竞技，著名的科洛姆竞技场被人们公认为古罗马文明的象征）。我们今天所说的古罗马时期给今天留下的丰富的社会、政治、经济，特别是法律方面的遗产，比如欧洲的自由民主精神，除了古希腊的影响

---

① 诺马·戴维斯：《欧洲史》，郭方、刘北城等译，世界知识出版社 2007 年版，第 117 页。
② 诺马·戴维斯：《欧洲史》，郭方、刘北城等译，世界知识出版社 2007 年版，第 116 页。
③ 诺马·戴维斯：《欧洲史》，郭方、刘北城等译，世界知识出版社 2007 年版，第 116 页。

以外，与欧洲地区相对风调雨顺、物产丰富等对于人类来说较为易于生存的地理自然环境有关：人们（指"自由民"——即后来的所谓"公民"）即使在失去了封建领主的"保护"，没有了一切外来的生存手段的情况下，仍然可以在远离封建领主统治范围之外的地方找到较为理想的生存环境，以至于形成了后来"自给自足"的，欧洲资本主义文明发展的主要力量——"城市"市民阶层；由于文化（古希腊文化）的影响和自然环境（南欧相对优良的地理气候环境）的结合，导致了后来的"人生而自由"的民主民权观念。这样的观念又逐渐使得南欧形成了形形色色的"共和"制国家，直至现代民主意义上的法国大革命后的各种共和制的民主国家制度。这种结果虽然不能完全归结为自然环境的决定作用，但无疑在这二者之间是有一定联系的。因为虽然欧洲的自由民主和资本主义经济（自由经济）与古希腊的政治文化影响有关，但是如果在地缘上希腊与欧洲没有那么紧密的联系（邻近人群之间的接触如战争、外交、经贸和其他接触）的话，在当时的交通、通信等条件的限制下，没有相邻的地理自然环境条件，是很难使一种文化影响到另一种文化的；所以，欧洲之所以成为古希腊朴素原初的自由民主思想、政治理想和实践的影响下的"果实"，无疑是与两者相互连接的地缘因素和相对近似的地理自然环境相关的。孟德斯鸠认为："如果精神的气质和内心的感情真正因不同的气候而有极端差别的话，法律就应当和这些感情的差别以及这些气质的差别有一定的关系。"[1] 所以欧洲17、18 世纪许多哲学家、思想家和文学家都十分流行到其他各国进行各种类型的考察或游历。哲学家必须要到不同的国度去游历，以便了解不同国度的社会文化，这样就使得至少欧洲各国的文化得到较大程度上的交流。顺便说明一下，我们说古罗马文化受到古希腊文化的影响是全方位的，在文学艺术方面更是十分明显。首先是在神话故事的传播方面，罗马神话中的许多人物和故事都可以在希腊神话中找到几乎是一对一的原形。可以说，古希腊人的神祇就是古罗马人的神祇：宙斯——朱庇特、米涅娃——雅典娜、朱诺——赫拉、德米特（地母）——色雷斯（丰收之神）、维纳斯——阿芙洛狄忒、涅普敦——波塞冬、美久利（国际贸易之神）——海尔梅斯……。

重要的是，神话的承接往往会导致思维方式的承接。古罗马人对希腊人思

---

① 孟德斯鸠：《论法的精神》，张雁深译，商务印书馆 1997 年版，第 227 页。

维方式的承接也是全面的：卢克莱修（约公元前 99—公元前 55）对希腊理性思辨的研究，他接受和继承了赫拉克利特、德谟克利特和伊壁鸠鲁的唯物主义哲学，其代表作《物性论》发展了古希腊人的原子论，认为人的精神与物质是不可分割地联系在一起的。在这一点上，卢克莱修的思想甚至影响到了后来的笛卡尔[1]、甚至现代哲学中的许多哲学家（如所谓知觉现象学等）[2]。同时，根据《物性论》的观点，既然人的精神与物质是不可分的，那么当人的躯体死亡以后，人的灵魂当然也就随之毁灭。这就使得所谓灵魂来世受惩罚的宗教迷信说法不攻自破，让人们根据现世的情况去生活，从而有利于人类此世此生能力和理想的实施，有利于人的身心健康和人生的幸福。[3]

当然我们也清楚地看到，自然地理环境对欧洲人的性格、行为方式、思维方式，直至欧洲的政治、经济、法律制度的形成有一定影响，但是反过来，欧洲早期（包括从古希腊"引进"的文化和各种思想）理念和政治、经济、法律制度等也影响着欧洲后来的文化。这就是在休谟那里得到了比较完整地总结的"制度习俗决定论"与孟德斯鸠的"地理环境决定论"之间的互补性。而这种"互补性"也使我们看到，在古罗马帝国时期就开始形成了欧洲"大一统"思想的源头之一："万国法"中的社会法规思想渊源。

四、《万国法》与欧洲的法制观念

以上讲的是古希腊文化（尤其是从神话中体现出来的思维方式）对罗马帝国时期思想上巨大影响的一般情况。那么，古罗马时期这些总起来说是文化进步的因素对于今天欧盟经济法律方面的启示作用又有哪些呢？

在西方的不少文献中，都把古罗马看做一个"统一体"，也可以说，古罗马帝国就是今天欧盟的"模具"，按法国当代诗人佩居的说法，古罗马帝国为基督教准备了一张巨大的温床。但当代欧洲思想史学家沃伊埃纳提醒我们，不能仅仅从诗人的文学语言来理解古罗马帝国对欧洲之形成的影响，还要从地理、政治、经济、法律、文化和军事等方面进行考察。

---

① 参阅笛卡尔，1999，*Les Passions de l'Ame*，Librairie philosophiaue J. Vrin，Paris。
② 参阅莫里斯·梅洛-庞蒂：《可见的与不可见的》，罗国祥译，商务印书馆 2008 年版。
③ Bernard Voyenne，1964，*Histoire de l'idée européenne*，Petite Bibliothèque Payot，p. 22.

　　罗马帝国作为一个颇具规模的帝国，是否已基本覆盖了欧洲的版图呢？只要我们找来古罗马地图，就可以看到，虽然它远远没有覆盖今天人们所谓欧洲的全部版图。但从文化上讲，今天欧洲（主要指西欧）的一些主要的国家，已经在那个时候成为了这个大帝国的一部分，其中甚至还包括了今天亚洲西部和非洲北部的一些地区。更重要的是，如前所述，关键在于古罗马帝国在将基督教变为国教后，基督教教义中关于人道主义的一些内容逐渐被罗马帝国的统治者利用，逐渐演变成一种旨在建立欧洲大一统的普世主义（Universalisme）思想理念："这个民族（指主要在罗马帝国地域范围内居住的所谓"拉丁居民"——笔者注）虽然明知自己没有能力践行普世主义理想，但它至少是普世主义的首倡者。"① 而且我们看到他们在欧洲历史的实践中也的确做了不少有利于"普世主义"的具体贡献，特别是法制方面的贡献，成为欧洲一体主义发展过程中重要的一环。

　　古希腊文化中的理想主义成分，如柏拉图在《理想国》中提出的有关理念，不但在思想文化上对后世有巨大的影响，而且在实践上也为这些理念的逐步实现提供了一些较为适用的思维方式。无论是在亚里士多德这样的唯物主义思想先驱的著作中，还是在像柏拉图这样的理想主义思想先驱的思想中，我们都可以找到一些有助于形成辩证唯物主义思想的因素，虽然当时尚无人明确提出后来人们所说的辩证唯物论的思想，但上述两种思维方式对后来的人们辩证地思考人类自身，甚至人类与自然之间的关系等大问题时必然会产生较大的影响。辩证唯物的思维方式不但有助于人的身心发展，更重要的是既能够在政治、法律、文化方面提出一些前人没有提出和尝试的思想观念，而且能够促使提出和建立更加实际、更加完善的规章和制度，使社会更加合理健康地往前发展。这些对于欧洲一体化乃至建立和谐的人类社会新秩序都是十分有意义的。

　　古罗马的理性文化使得其许多法律制度的制定也建立在理性的基础上。古罗马法律并非古代常见的习惯法，而是相对先进的成文法。

　　罗马法中最早的一部成文法早在公元前 450 年前后就已制定。由于古罗马早期的法律是习惯法，裁决或量刑的标准不一，行政和执法者可以随意解释法律，徇私枉法之事也时有发生，百姓怨声载道。罗马的统治者感到需要有一部

---

① Bernard Voyenne, 1964, *Histoire de l'idée européenne*, Petite Bibliothèque Payot, p. 20.

相对固定的，不能随意改变的法律。于是在公元前454年派人到希腊雅典，考察梭伦新法，然后成立了一个"十人委员会"，对以前的习惯法进行增删后变成成文定型的法律。这个委员会后来制定出了十条成文法，即所谓《德拉古法典》。在罗马广场行公布后，平民们认为法律的内容对于平民不公平，于是迫使执政官重新组织了一个"十人委员会"，对《德拉古法典》进行修改，最后总括为共包括十二个条文的成文法律。当局还下令将这个法律刻在十二块铜板上，立于元老院前面的广场上。所以这个法典就叫做《十二铜表法》。这部法律规定保护私有财产，对平民利益的保护也作了适当的规定，例如限定了高利贷的最高利息率，给予无力还债者一定的宽限期等；此外这部法律还对刑律、财产继承、家庭关系等司法程序作了相应的具体规定。使得罗马的政治、经济、社会发展活动得到了进一步的规范，从而推动了各方面的发展。

但是，随着古罗马工商业和对外贸易业的发展，各种对外对内的关系变得越来越复杂，《十二铜表法》逐渐显得不能适应新的形势。例如，那时有许多外国人在罗马做生意和从事其他生计，他们犯了法需要被审判，但是由于他们是外国人，罗马的法律不能对他们进行审判；那时一般情况下都是这些外国人自己携带本国的法律，所在国再成立一个专门的审判机构，根据该法律对当事人进行审判。这样的司法程序不但十分复杂，不利于操作，而且很多法律与罗马的法律很不一样，适用的条款很少。所以罗马当局为了顺利发展和扩大对外贸易以及政治经济的扩张，于是制定了一部《万国法》，适用于罗马人和非罗马人。《万国法》实际上就是人类历史上第一部"国际法"。作为文化的一种表现形式，这部《万国法》在人类文明的发展史上确实是一个很重要的里程碑般的文件。不过从本质上说，这部法律文本的哲学意义大于其法学意义；因为《万国法》并不是一部严格的司法实践意义上的法律文本，而是一个基于理性思考的产物，即是基于自然法观念的法律原则。所谓自然法，按照斯多葛派的观点，就是"将自然理性注入人心的道德法"①，如前所述，"自然"是一种理性体系，是一切事物的逻辑和秩序；这种秩序在社会中按照其所应该的方向或规律发展。这种自然法则一旦进入了人的意识，也就成为了人类必须遵守的自然法。值得注意的是，在拉丁文中，"法"的意思的表达形式是 jus，意思是

---

① 转引自转引自宋瑞芝主编：《外国文化史》，湖北教育出版社1994年版，第275页。

"公平合理"，就是说，自然法则指导下的法律对人人都是一样的，公平的。更为重要的是，这种自然法与其说是自然法则下生存着的人类的权利，还不如说是在这种法则下生存着的人类的义务。古罗马著名哲学家和演说家西塞罗就说过："真正的法律是与自然相调和的真理，它包括宇宙，永不变更，永无止境……吾人不能反对它，改变它，废止它，不能利用任何立法来解除对它的义务……这种法无分罗马与雅典，无分现在与未来——对任何国家或时代都有并永久有效……不遵守的人就是否认他的本身和本性。"①

如上所述，这样的一个古罗马共和国（公元前509—公元前29年），已经实际上在欧洲尝试践行着普世主义的理想，也就是说，业已开始尝试今天欧洲联盟的一些一体化的体制形式。古罗马共和国时期形成的《万国法》被后来的罗马帝国（公元前27—公元476年）所沿用，所以在罗马帝国的治下，仍然有一些"一体化"的举措，这种一体化当然与今天的欧盟有着巨大的区别。应该指出，古罗马名为"共和国"，但它政治性质中又有着一些帝国主义因素；特别是公元前一世纪末，恺撒独裁，屋大维建立元首政治后就成为了罗马帝国。

罗马帝国将基督教改造成了适应帝国政治、经济、法律、文化、军事、外交需要的宗教。首先，基督教是一种神教，只有一位"天父"，这位天父的"造物"——人类当然就应该以同样的方式，在同样的条件下生活。这样看来，在同样的经济、政治、社会、文化条件下的人们在同样的一位"天父"的意志指导下生活就是天经地义的。然而问题在于，罗马帝国并不是世界的全部，基督教的"天父"也并不是所有人类的"父亲"，因为就在离罗马帝国不远的东方，就在罗马帝国之内，就有并不承认基督为"天父"的人类。于是帝国主义的理论就在基督教的保护下产生了，或者说基督教就在罗马帝国的保护下帝国主义化了。而且，即使是在国内，不信基督者也是敌人（上帝的敌人）。以至于"在好几个世纪里，帝国主义的理念都在欧洲政治中占统治地位"②。在罗马帝国以后的欧洲经历的好几个世纪里，"任何一个有能力的头目，或者是一个风格特异的冒险家，都有可能以一种有创建的纪律，将自己的意志或仅仅是自己的统治欲强加给欧洲"③。查理曼大帝、"首领"奥通（OTTON LE PREMIER）、

---

① 转引自转引自宋瑞芝主编：《外国文化史》，湖北教育出版社1994年版，第275页。

② Bernard Voyenne, 1964, *Histoire de l'idée européenne*, Petite Bibliothèque Payot, p. 28.

③ Bernard Voyenne, 1964, *Histoire de l'idée européenne*, Petite Bibliothèque Payot, p. 28.

"大胡子"胡斯（BARBERROUSSE）、查理·五世（CHARLES-QUINT），再后来的拿破仑、希特勒……，都是罗马帝国时期自相矛盾的"普世主义"的继续。以至于在当代欧盟建立以来的许多年里，仍然时不时地有各种各样的与"普世主义"的理念风马牛不相及的"声音"，不少学者仍然以所谓"基督性"来作为是否能成为欧盟成员国的条件，如在土耳其加入欧盟的问题上，就不断地受到这方面的干扰，尽管土耳其在地理上也有一小部分属于（虽然只是一小部分）欧洲，并在历史文化上与欧洲有着千丝万缕的联系。在欧盟的对外政策中，不时暴露出某种帝国主义的遗风，在某些时候，则使人觉得是一种帝国主义在对抗另一种帝国主义：第二次世界大战后，面对如何托管德国的问题，帝国主义的美国和后来被称为"社会帝国主义"的苏联都虎视眈眈，试图利用自己强大的政治、军事、经济实力控制欧洲。面对这两大帝国主义的威胁，丘吉尔和戴高乐都提出过建立欧洲联盟的构想，虽然当时任何一种欧盟的构想均未明确指出这一点，但在实际上，建立一个强大的政治、经济、军事联盟以对抗其他地区或意识形态的帝国的潜意识始终是存在的，2008年法国担任欧盟轮值主席国时提出的一系列主张，也都充分地显示了这一点。丘吉尔早在1944年就在英国下议院的演讲中指出："再一次看到一个强大、独立和友好的法国尽早崛起，是……英国国家和英联邦以及帝国的利益之所在。"[①] 而大西洋对岸的美国总统则在1945年对丘吉尔说："我一直怀着忧虑和怀疑的心情注视着雅尔塔会议后斯大林态度的发展。我深深意识到这种危险的情势不仅会危及目前的事态和在雅尔塔会议上达成的协议，而且会危及旧金山会议和未来的世界合作。"[②] 早在1942年，反法西斯（特别是反德国法西斯）战争正激烈之时，戴高乐将军就已经向欧洲人发出邀请，"以务实的、持久的方式联合起来。"1945年，第二次世界大战结束，戴高乐将军很快就告诫欧洲人，一个相互敌视的欧洲是危险的，特别是这个危险是来自北美洲的新的超级大国——美国；当然戴高乐将军的"大欧洲"梦并不是像神圣罗马帝国、亨利四世、圣·皮埃尔神父那样的以"基督精神"为"凝聚点"的大欧洲，而是"务实的"，即"循序渐进地在经济、科学技术的层面进行'事实上的团结'"，建立一个不损

---

① 严双伍：《戴高乐与雅尔塔会议》，载《法国研究》2006年第1期，第10页。
② 严双伍：《戴高乐与雅尔塔会议》，载《法国研究》2006年第1期，第10页。

害成员国主权的邦联性质的联合体；戴高乐将军还敏锐地看到，欧洲联盟的前提，是法国和德国这两个过去的仇敌之间消除隔阂，建立起牢固的"法—德"轴心；只有这样才能使欧洲真正团结起来，从而使欧洲成为世界的一极。更为值得人们思考的是，戴高乐将军除了拒绝美国人的马歇尔计划的经济"入侵"、"北大西洋组织"的军事控制以外，在欧洲一体化建设的问题上，还对一个反法西斯战争时期对法国抵抗运动起着生死攸关作用的英国不甚重视，只是"不排除有一天时机成熟时，参与到欧洲联盟之中"（丘吉尔的前任张伯伦则毫不重视法国在欧洲事务中应有的作用）。可以说，欧洲后来的建设，至少在"欧洲议会"出现之前，基本上是在戴高乐将军的这种设计（务实的、经济的和科学技术的"共同市场"）基础上进行的。

因此，从古罗马的《万国法》到建立现当代欧洲联盟的各种设想和法则中，自然地理因素对欧洲的政治、经济、文化一体化建设的影响都是巨大的，是有一定的唯物主义因素和现实主义考虑的。欧洲从古到今的"一体化"建设历程，都在不同程度上体现了这一规律。

当今的欧盟、北美自由贸易区、亚太经合组织、东盟等地区性的联盟，给人们的感觉也都是十分务实的，也就说其联合的主要目的是在政治、经济、法律等方面，确实似乎是"自然"和"社会"法则使然。但是实际上，我们如果从更加深层的意义上看，这些联盟其实又都是在某种地理环境和文化环境方面都有着一定趋同性的基础上组织起来的，或者说至少这些因素起着重要的作用。欧洲的联盟同样如此，文化上的认同在联盟圈内各类成员的心理上同样起着十分重要的纽带作用。

第三章 人本主义、"基督性"与"欧洲认同"

一、人本主义与欧洲

《欧盟宪法》第 3 章第 280 款规定："（联盟）在尊重成员国民族和地区特性的同时致力于各成员国文化的繁荣，同时凸现联盟的共同文化遗产。"那么，欧洲的"共同文化遗产"是什么呢？这个遗产就是从古希腊传承下来的世俗人道主义和来源于基督教的所谓基督教精神，欧洲人称为"基督性"（chrétienté）。又因为基督教本来是一种犹太教（基督教的第一部圣经《旧约》即以希伯来语写成），所以这两个欧洲思想文化的源头被人们称之为"两希"源头。欧洲文化中的哲学、文学、艺术、宗教等，无不处处彰显着这两个源头的特征，它们都潜移默化地对后来在欧洲发展起来的启蒙主义思想（自由、平等、博爱精神的思想基础）产生过影响。虽然这其中，特别是基督教精神中实际上也有许多反人道的因素，但是，无论是古希腊的世俗人道主义，还是基督教人道主义，在所有有关欧洲一体化的观念和实践中，都在相当的程度上有着这两种不同的人道主义文化理念作为其思想文化背景。

首先，以柏拉图为代表的古希腊教育家和思想家影响下的几个世纪的世俗人道主义和哲学教育奠定了古希腊文明的"理想的人的文明"[①]（civilisation de παισεια）。这就是说，教育并不是宗教和伦理意义上的说教，因为人类的发展和进步不仅仅是懂得如何按照一定的规则来生活，与人和睦相处等，而是要提高人的素质，发展自身与自然（包括人与人之间）竞争的能力，"教育的目的是发展

---

① H. Marrou, *Histoire de l'éducation dans l'Antiquité*, p. 139.

人的所有官能,即体能和智能"①。这说明,古希腊的教育精髓是世俗的、人道主义的,注重人的身心全面发展,强调人的尊严而不是神的尊严,强调的是人的发展特别是个人的全面发展。也可以说,古希腊教育中强调的世俗人性教育是欧洲从古至今各种"人权"理念,也就是所谓"人的尊严"理念的源头之一。无论是在古罗马共和国的法律、启蒙主义思想运动的各种理论和法国大革命《人权宣言》,还是《欧盟宪法条约》中(我们还可以提及1948年的《世界人权宣言》),都明显强调"人的尊严"。例如《欧盟宪法条约》第二部分的前言第一款就规定:

1. 人的尊严不可侵犯,她应受到尊重和保护;

2. 任何人都享有生存权;

3. 任何人都不能被判死刑和被判处决;

4. 任何人都享有完整的生理权和心理权;

5. 在医学和生物学领域,尤其应该遵守:

    A. 个人在法律范围内享有自由的情感和表达情感的权利;

    B. 禁止进行人种改良,禁止优生选择;

    C. 禁止人体或器官制造,尤其不能以此赢利;

    D. 禁止克隆人类。

    然而,虽然古希腊世俗"人道主义"是人类发展史上的一个巨大的进步,但其局限性也是显而易见的。从今天的角度看,当时的"人是一切事物的中心和尺度"的思想观念不但是片面的而且有害的,是具有当时明显历史痕迹的。如前所述,当时的人被分为几类,只有城邦的居民,也就是所谓的"公民"才配享有受教育权和一系列的"公民权","必须指出的是,在这种局限于城邦的且等级森严的观念中,只有'公民'才有选举权和接受基于理性观念上的教育的权利,而被看做'活工具'的奴隶、外国人,还有一般意义上的妇女,都是被排除在外的……"②。这在当时也许是必需的或"无奈之举",但是如果人们

---

① Louis Cartou,Jean-Louis Clergerie,Annie Gruber Patrick Rambaud,2000,*L'Union européenne*,Edition DALLOZ,Paris,p. 3.

② Louis Cartou,Jean-Louis Clergerie,Annie Gruber Patrick Rambaud,2000,*L'Union européenne*,Edition Dalloz,Paris,p. 3.

深入研究分析，这种思想观念不但在古希腊文明后的许多世纪中的欧洲普遍流行（法国的教育制度中，男女享有同样受教育权利的法律竟然在法国大革命一百多年后的1904年才有了明文规定），即使在今天的欧盟各种法律规定中，各种歧视无论是在思想观念中还是在法律中都普遍存在：只有欧盟国家的公民才能在欧盟中跨国工作，有许多奖学金也只有欧盟成员国的学生才能申请，外国人只有在所在国合法居住满规定的时间以后（欧盟中各国规定不尽一致）才有权获得长久居住权……如此等等。就连现在被普遍认可和流行的所谓"欧洲公民"的正式定义，也是欧洲共同体基本形成几十年后的1984年的欧洲理事会枫丹白露会议上才正式被提出确定的。[①] 而此前的欧洲共同体一般来说主要是一个经济上的共同市场而已。从某种角度来说，从古希腊直至今天的欧洲文化理念，包括似乎"进步"了许多的欧盟文化理念，从本质上说仍然是一种"精英"文化理念，并非一个真正的"民主"的文化理念；还有一个明显的例子就是：并非只要是一个欧洲国家就有资格加入欧盟，而必须要在其国民生产总值、市场经济程度、法律等各方面的条件都达到欧盟规的标准，才有资格提出加入欧盟。可见，欧洲人引以为豪的人本主义思想及其所谓"自由、平等、博爱"精神并非如一些人所认为的那样"放之四海而皆准"，而是有一定局限性，是应该具体问题具体分析的。欧洲人本主义传统对于今天欧洲一体化建设的影响，仍然在相当程度上受到政治和经济等"功利"因素的影响。

二、人本主义与基督教

这种世俗的，往往又是带有功利色彩的人道主义精神到了古罗马帝国时期，帝国统治者们将原始基督教变成国教之后，将本来是人本主义的教义作了根本性的修改，同时结合古希腊人道主义精神中有关"社会人"的观念，逐渐构成了后来人们称之为"基督教人道主义"的观念。所谓基督教人道主义的观念则是此后直至今天人们所说的"基督性"（la chrétienté）的基础理

---

① Louis Cartou, Jean-Louis Clergerie, Annie Gruber Patrick Rambaud, 2000, *L'Union européenne*, Edition Dalloz, Paris, p. 3.

念，加上古罗马帝国时期社会科学和自然科学方面发展的影响而逐渐形成了更为先进的欧洲文化，特别是"到了罗马帝国的后期，基督教给已在帝国中普及的宗教带来了一种新的哲学。基督教带来了前人没有的新的观念，照亮了古希腊人道主义在心智和理性方面发展得还不够的官能。它在信仰的基础上建立了人的生活，在古文化上不仅增加了一种新的道德价值观念，而且增加了一种'新的内在生命的意义'"。① 也就是说，基督教将罗马帝国里的"公民"领上了不同于古希腊人道主义的理念，也不同于早期基督教教义的精神之路。

罗马时期形成的，有利于欧洲大一统思想的文化基础主要有两个。

其一是卢克莱修（约公元前 99—公元前 55）在研究、接受的基础上发展了赫拉克利特、德谟克利特和伊壁鸠鲁的唯物主义哲学。其代表作《物性论》发展了古希腊人的原子论，认为人的精神与物质是不可分的，当人的躯体死亡以后，其灵魂当然也就随之毁灭。认为人们应该根据现世的情况去生活，从而有利于人类此世此生能力和理想的发挥和实现，有利于人的身心健康和人生的幸福。

其二是在古罗马帝国时期形成的那些有关社会法则的思想和实践。这些思想和实践是将改造过的基督教和相关的世俗习惯法则结合起来，形成了后世所称的"基督性"之一。如前所述，从文化上讲，今天欧洲（主要指西欧）的一些主要的国家，已经在那个时候成为了这个大帝国的一部分，其中甚至还包括了今天亚洲和非洲的一些地区。更重要的是，如前所述，关键在于古罗马帝国在将基督教变为其国教之后，基督教教义中关于人道主义的一些内容逐渐被罗马帝国的统治者利用，演变成一种旨在建立欧洲大一统的普世主义（Universalisme）思想理念："这个民族（指以罗马帝国为主要地域范围内居住的所谓"拉丁居民"——笔者注）虽然明知自己没有能力践行普世主义理想，但它至少是普世主义的首倡者。"② 而且在实践中也的确做了了不少有利于"普世主义"的具体贡献。

可以说，所谓基督性，其实也就是古罗马帝国利用宗教，在宗教的幌子下

---

① Louis Cartou, Jean-Louis Clergerie, Annie Gruber Patrick Rambaud, 2000, *L'Union européenne*, Edition Dalloz, Paris, p. 4.

② Bernard Voyenne, 1964. *Histoire de l'idée européenne*, Petite Bibliothèque Payot, p. 20.

推广的帝国的政治理想和实践。

我们可以在基督教的教义中看到一种明显的人道主义思想，这是得到学界普遍认同的一种看法（当然还有其他的看法，例如认为基督教反人道、反人权的观点）。费尔巴哈认为，基督教人道主义"既反对'《旧约》圣父意识'的君主式上帝，又反对世俗人道主义的绝对化的人，而是将上帝与人的关系理解为相互谐和的关系：人们'渴望一位人格式的上帝。但是，这种对上帝的人个性的渴望，只有当其确是对一个人个性的渴望，只有当其确以一个人格性来满足自己时，才是真正的、认真的、深刻的渴望'"[①]。上帝爱人，而其爱人的集中体现就是使人的自由和创造得到最好的发挥，使人类社会实现最大的人道。在这里的"人的神化"就不是绝对的，而是与"神的人化"相结合的，也就是在神的关照之下的人，这样就能避免出现所谓"超人"，即不受任何约束、将他人当做垫脚石的"人神"。这种基督教人道主义的"福音"可以克服纯自然人性中"恶"的部分，但是这一部分人性中仍有相当大的非"文明"成分，因为其中极其明显的个人主义的因素是不利于人类群体生活也就是社会生活的，而人类又是一种不得不群体生活的高等动物；这样，人类就必然会发展起理性的一面，而要发展人的理性因子，外在地强加一种"善"的道德观念或者信仰，就是一种很重要的措施保障。所以我们认为，所谓的基督教人道主义实际上并非纯宗教的理念，而也是某种意义上的，在欧洲长期存在的政教合一的政治社会管理理念；所谓基督性，则更是历代"大一统"欧洲思想（查理曼、路易十四的"君权神授"、拿破仑受教皇加冕……甚至欧盟对其首都地处欧洲但信奉伊斯兰教的土耳其的排斥……）的"政教合一"的文化背景、文化理由或文化"借口"。

但无论如何，"基督性"在很长的历史阶段中都起到了"大一统"欧洲理念和实践的"黏合剂"，或更准确地说起到了"凝聚力"的作用。所以沃耶纳先生认为所谓基督性从来都不是一个"事实"，而"毋宁说是一个神话"，但是同时他也承认所谓基督性"是一种召唤，一种指导思想，一种意愿。我们在其中可以发现我们已经无数次地明确过的一个新例子，即：欧洲的统一原则不是自然地理的统一和机械的统一原则，而是精神统一的原则。这种原则的力量本

[①]　费尔巴哈：《基督教的本质》，荣震华译，商务印书馆 2007 年版，第 201 页。

身，当它被用于统一的时候，它就很少露出它粗暴的一面，而是相反采取一种低姿态，以心灵的和精神的联结为主"①。

然而我们认为，从古罗马时代后期开始"有形"的基督性逐渐综合了罗马帝国社会精神文化、经济、政治、法律等因素后得以更突出地彰显出来，特别是从查理曼大帝的所谓"神圣帝国"（Le Saint-Empire）开始，一个以基督精神为其精神支柱的大帝国形成了。尽管这个帝国并不是一个稳定持久的国家，也没有长期稳定的政权，但是在历史上，从试图恢复罗马帝国雄风的加洛林王朝到拿破仑的大帝国，甚至希特勒的第三帝国，都曾统统被人们称为"神圣帝国"；这个不同时代和背景下建立的欧洲大帝国基本上都包括了法国、德国、奥地利、意大利等国的领土，虽然比古代罗马帝国的疆土要小，但是这片土地上的人们绝大多数都信奉基督教；而且更重要的是，刚刚建立起加洛林王朝的时候，这片土地上生活着的今天的法兰西、德意志和意大利民族尚未形成，他们生活在这片土地上，政治上受着同一个君王的统治，精神上则同样以基督教作为自己的精神支柱。特别是在法国大革命之前的"神圣帝国"，无论这块土地上的政治家们在政治上有多么不同，他们在基督性这一点上都是共同的，所以，2000年，以著名欧洲研究专家路易·卡尔图（LOUIS CARTOU）为首编著的《欧盟》一书中，就把中世纪的欧洲看成是一个"文化的共同体，政治的分裂体"②。

至今在欧洲人中仍然家喻户晓的英雄史诗《罗兰之歌》，就是描写当时这个帝国的君王查理曼大帝带领自己的子民，以基督的名义，向上帝的敌人即不信基督而是信奉伊斯兰教的巴斯克人不断讨伐的"可歌可泣"的英雄故事；此后，无论是英法百年战争中英法双方，三十年宗教战争的各方，还是稍后亨利四世历经磨难的"登基"和改革过程，直到其欧洲一统的"大计划"的提出，也都是以"基督的名义"进行或因此而引起的。

这种"基督性"总是促使这些雄心勃勃的君王推行欧洲大一统计划，成为其行动的动力或借口。查理曼大帝就是这个"基督大一统"理想最早的实践者之一。

---

① Bernard Voyenne,1964,*Histoire de l'idée européenne*,Petite Bibliothèque Payot,p. 20.

② Louis Cartou,Jean-Louis Clergerie,Annie Gruber Patrick Rambaud,2000,*L'Union européenne*,Edition Dalloz,Paris,p. 4.

三、"以基督的名义"统一欧洲

古罗马帝国衰败后,欧洲有过一场混战。其间,有一位七世纪奥斯特拉斯(AUSTRASIE)宫廷中叫兰登·德·佩平(Pépin de Landen)的宫廷总管得到一笔巨额财产,其后人又在其基础上不断地增加,该家族实力也就越来越强大。公元732年,ABD—ER—RAHMAN(一位伊斯兰酋长)进攻罗亚尔河岸地区,直接威胁"高卢圣徒"的墓地,在"基督教欧洲身上插了一刀"①。兰登的孙子,即后来的矮子佩平之父查理·马代尔奉教皇之命抗击入侵,在今天法国的普瓦捷一带摆开战场,痛击入侵者。这就是著名的普瓦捷大捷。在这次战争中,查理·马代尔联合了当时的法兰克人、凯尔特人、伊白莱斯人(IBERES)、萨克森人,一起抗击侵略。这是欧洲历史上第一次组成的联合军事行动(第一支欧洲意义上的"联军"),也可以说是第一次欧洲联盟的尝试。因为虽然上述的几个民族尚未完全形成今天意义上的几个欧洲大国,但后来以这几个民族为主要居民的国家就已经在相当于现在这几个国家的土地上居住,更为值得注意的是,他们都是基督徒,而且是在基督教教皇的召唤下联合起来,并且他们抗击的又都是基督教的敌人——伊斯兰教徒,这就更加凸显了这次战争或这次联合行动的"基督性"。这样,基督教又得到了一个"天才的冒险家"(即后来的查里曼大帝)的保护,而这个(和以后这一类的)冒险家又借用基督教,不断扩大和加强欧洲的大一统计划和对外进行扩张(如后来的"十字军东征"、耶稣会士东方传教等)。所以沃耶纳先生又认为"罗马(指罗马天主教教廷——笔者注)只能寻找一个西方(指西欧——笔者注)的帝国保护伞,不无道理地把自己看做受保护者"②。

应该说,这种所谓的保护或者扩张和影响中,最为冠冕堂皇者就要算宗教文化。因为欧洲历史上的哲学、文学、艺术,甚至政治、经济、法律等几乎无一不受到欧洲的主流宗教——基督教的影响,许多国王如果不信基督教,甚至不信"正宗的"基督教(天主教),就常常连国王也做不成:法国著名的国王

---

① Bernard Voyenne,1964,*Histoire de l'idée européenne*,Petite Bibliothèque Payot,p. 36.

② Bernard Voyenne,1964,*Histoire de l'idée européenne*,Petite Bibliothèque Payot,p. 38.

亨利四世就为了当上国王而不得不"暂时"皈依天主教。欧洲历史上的很长时间里，基督教和国王都是"共同执政"的，甚至国家的政治实际上只是在基督教控制之下的政治。即使是基督教的分支，如宗教改革后出现的新的教派，也必须在"正统的"教派的名义下才能获得承认。所以如亨利四世这样伟大的政治家，往往也会暂时"屈服"，弃绝"异端"，皈依"正宗的"天主教，先获得政权后，才开始进行名正言顺的宗教政治改革。

亨利四世是法国新教的领袖，在亨利三世去世后，本来可以继承法国的王位，但是因为占统治地位的（特别是在巴黎）天主教派的反对，所以尽管他在政治上和军事上都十分优秀，[1] 但是巴黎的天主教"神圣联盟"（La Sainte-Ligue）仍然于 1593 年在巴黎召集三级会议，企图选举一位信奉天主教的女王，幸而在这时，西班牙王室也企图以与法国王室的联姻关系而宣称对法国王位有继承权，在天主教神圣联盟成员占据多数席位的三级会议出现分歧时，亨利四世果断地抓住时机，宣布皈依天主教，遂立即得到巴黎天主教的认可，正式成为法国国王。接着，他在率领法国军队苦战三年，大败西班牙军队后的 1598 年，立刻颁布了法国乃至欧洲史上划时代的政治文件《南特敕令》（L'Edit de Nantes）。这个敕令首次在欧洲承认不同教派的平等地位：（1）新教徒在全法国境内获得了信仰自由；（2）新教徒与天主教徒一样享有在任何领域内的就业权；（3）在业已存在的法院（Parlement，兼有现代政治中的议会和法院的职能）中设立合议庭，分别由信仰天主教和新教的法官组成；（4）新教徒有权举行教士会议，宣示自己的政治诉求；等等。[2] "《南特敕令》确实是一个很聪明的举动：它在一个一般国家都还处在非宽容政体的时代将宗教和平与自由给予了法国。"[3]

然而，虽然《南特敕令》对于在以后造成一个"人权"、"自由、平等、博爱"、"民主自由"等理念为其文化基础的欧洲具有极为重要的意义，但是我们也看到，这种"自由、平等、博爱"的"基督性"仍然是十分明显的，所谓"多元"只是在基督教基本教义上的不同阐释，特别是基督教内部的多元而已。

---

① Malet-Isaac-Béjean, 1964, *Histoire(cours complet)*, Librairie Hachette, Paris, p. 245.
② Malet-Isaac-Béjean, 1950, *Histoire(cours complet)*, Librairie Hachette, Paris, p. 249.
③ Malet-Isaac-Béjean, 1950, *Histoire(cours complet)*, Librairie Hachette, Paris, p. 250.

四、"罗马法"——人格权与财产权

然而，在此之前的古罗马共和国时代，"公民的意志就是法律"，因为那时基督教还没有传到帝国的中心罗马。"公民"是这个"共和国"的"主人"。更重要的是，在那个所谓共和国制度的帝国里实行的"罗马法"中，特别是有关就业和财产等法规中，有许多都是涉及非公民即奴隶的。因为古罗马共和国名为"共和国"，但它同时又实行奴隶制。不过由于古罗马帝国的商品经济相当发达，所以其奴隶制也不是一般意义上的奴隶制，而是十分复杂的，有利于向比较民主的制度发展的奴隶制。

古罗马的奴隶分为三类：一是"物化奴隶"。顾名思义，物化奴隶就是像一件工具或其他物件的人，有时，物化奴隶的地位还不如其他动物或者物件，属于生产资料之列；奴隶主对于他们的生死没有任何责任，因为连他们的身躯本身以及所生子女，都是奴隶主的财产。二是"分居奴隶"。分居奴隶享有一定的自由，奴隶主授予他们一定的"特有财产"，分居奴隶对这些特有财产拥有管理经营权，有时甚至还拥有所有权，因为虽然从法律上讲他们是没有财产所有权的，但实际上许多这类奴隶拥有"准财产权"，也就是说，许多奴隶主不但赋予"分居奴隶"以一定的财产管理权，而且在实际上让他们拥有一定的财产支配权。三是"被释奴隶"。对于各种有过或有着特殊贡献的奴隶，奴隶主可以"解放"他们，使他们拥有与其他奴隶不同的地位，例如在财产和人身方面有一定的自由和权利，但由于他们仍然不能担任官员等只有贵族和"自由民"才能担任的公职，所以仍然被划入奴隶之列。

在古罗马共和国，奴隶虽然在法律上没有任何权利（包括人权），但在许多情况下古罗马奴隶的实际社会地位要比一般而言的奴隶高许多，这种现象是当时罗马帝国经济比较发达的产物，它对以后在欧洲联盟的各种法律的制定中具有极大影响的所谓《万民法》的出现起到了极大的促进作用。

由于经济发展的需要，有一些奴隶主便将自己拥有的数量巨大的奴隶进行分类管理，其中值得一提的是挑选一些奴隶作为"授产奴隶"。比如当时在和希腊的战争中俘虏的一些希腊人，按当时的习惯，这些俘虏就成为罗马人的奴隶，但是由于他们在被俘前是一些受过良好教育的有知识有能力的人，所以其中许多希腊俘虏被罗马人挑选出来成了"授产奴隶"。这些人虽然从法律上讲没有主体资格，但是成为"授产奴隶"以后，他们就在宣誓效忠或交纳一定贡物给奴隶主以示隶属关系以外，就可以拥有自己的家庭、财产、工作，而且能够直接参与社会生活和经济交往活动，有些"授产奴隶"还拥有"体面"的工作甚至自己的奴隶。古罗马的绝大部分奴隶没有完整的法律人格，但是他们的生存状态和社会地位却常常不低，有的甚至比贵族生活的还好。

在奴隶中命运最为悲惨的是长年工作于矿山里的奴隶和那些在角斗场与同伴相互残杀或被喂给野兽以供贵族取乐的奴隶们。在矿区的奴隶被成群结队地组织起来，晚上被绑在一起；而角斗的奴隶在等死神降临前则被严格看管在所谓的居室内。相对来说，负责放牧的奴隶状况要比矿工和参与竞技角斗的奴隶好得多。

家仆奴隶的待遇应是最好的了。由于与主人联系密切，他们得到了较为仁慈的待遇，并且还有机会捡回一些主人家不要或遗忘的物品以补贴生活。纷繁的城镇生活对家仆奴隶的生存状况也十分有利，为他们提高自己的社会地位提供了机会，因为，如果一个奴隶懂技术，主人可能会准许他找一份兼职工作，或经营一些产业，但要按以一定的比例付给主人利润。最终如果他的主人过于狠毒而不允许其恢复自由，他就可以用钱来赎身，而后跻身于数量不断增长且日益富裕的自由民的行列。

在城市里，贵族家庭中的私人奴隶掌管着各种职务；在农庄中的奴隶生活条件则很差。无论在城市还是乡村，同一个家庭中的奴隶都可以分为很多种，生活情况的差异也相当大，这完全视主人对该奴隶的情感及奴隶本身的才能而定。其中的差异性可由舒适的生活到最卑微的仆役，甚至到农庄最下层的戴着锁链的苦力。有些阶层较高的奴隶还可以拥有自己的奴隶，而且几乎是独立的，他们是主人吐露心声的对象、密切合作的伙伴，并可能成为主人的朋友。

奴隶在古罗马社会的待遇是非常多样化的，有的被主人割去舌头，有的被随意地买卖，有的在生病的时候得到主人的问候，有的被主人释放、给予财产、成为自由人。但作为一种社会制度，奴隶制度意味着残酷的压迫和奴役。在古罗马共和国和帝国时期，在意大利和各个行省都存在奴隶制。在屋大维统治时，意大利人口中大约有35％是奴隶。自由民的各阶层都对奴隶进行剥削。中小奴隶主拥有几名到几十名奴隶，大奴隶主所拥有的奴隶可以有成百上千人之多。战俘始终是罗马奴隶的重要来源。

奴隶这样一个毫无人权、备受凌辱的阶级的存在毒化了罗马文化,在自由人中间培育了一种否认和剥夺社会中一部分人人性的丑恶心态:在罗马举行的凯旋式中,一般都陈列将要被处死或将要成为奴隶的战俘。奴隶的身份在罗马社会被认为是等于"社会死亡"。死亡和沦为奴隶对自由人来说并无多大差别。在与罗马的战争中,常有战败者为避免成为奴隶而集体自杀的事件发生。

但是到了奥古斯都时期,奴隶的数量急剧增加,奴隶的解放也到了前所未有的规模,以至于他规定了奴隶获解放的年龄限制(30 岁以上),还降低获准恢复自由的奴隶人数与所拥有奴隶数的比例,一般为 5∶1。

"即使有这些限制,在安东尼时代仍有大量奴隶获得自由,那时罗马城的大多数居民可能都是奴隶出身。这种现象很难解释,一些历史学家对此感到很困惑。他们最终把这归于一种乐善好施的风尚(这种风尚流行的时间相当长)。的确,奴隶主中曾流行用温和的态度对待奴隶,但没有迹象表明有谁认为奴隶制是错误的,即便有人这样认为,也只是停留在哲学和宗教的层面,他们只是内心认可却绝不会将其转变为现实。有些奴隶主允许有技术的奴隶赚钱养活自己,这样既可以减少花费,还能得到那些已恢复自由的奴隶们的感谢和支持。

罗马奴隶之恢复自由并不是无条件的:他们还必须继续为前任主人工作,这种雇佣关系往往会延续很长时间,三代以后所有奴隶与奴隶主在法律上的依附关系会自动解除,他可以从事任何行业(古罗马的正式自由民身份在历史上是绝无仅有的)。在克劳狄乌斯统治时期,很少有人能够获得自由民的身份,但是后来许多官员和商人都是获得自由的奴隶出身。尽管如此,他们也会像其他暴发户一样,不可避免地遭到外国人耻笑。"[①]

五、《公民法》

在罗马共和国时期,还有一部法律更多的是针对罗马共和国之"公民"的,这就是《公民法》(附带说明,这里的"公民"其实按字面本身应译作

[①] 纳撒尼尔·哈里斯:《古罗马生活》,卢佩媛、赵国柱、冯秀云译,希望出版社 2007 年版,第 43—44 页。

"市民"，因为这里指的是住在"城邦"（Cité）里的居民（Citoyen），也就是"市民"。无论古希腊还是古罗马共和国的"共和"制度即民主制度，其实都是在居民相当集中的"城邦"中实行的；到了法国大革命时期，才沿袭古代共和制中的Citoyen这个词的政治学含义，用来指称"一个国家中享有民事与政治权力的成员"）。《公民法》最初只是一个习惯法，在"公民的意愿就是法律"的原则基础上，公民们通常会就城邦的集体事务进行集体讨论，提出议案，然后由元老院通过后公布实行。此外，在遇到一些贵族与平民的利益发生冲突的问题时，就由以贵族和平民共同组成的百人队会议来讨论决定。但是由于当时从贵族中选出的执政官常常十分武断专横，使平民的利益受到很大的损害，而当时发达的平民经济（平民的古代罗马经济实力的主要创造者）使得平民不会屈服于执政官和百人队的压力，于是便自行组织了自己的"平民会议"。平民会议排除贵族参加，并且选出自己的"保民官"作为自己的代言人。贵族统治者为了整个政治经济的稳定发展，承认了平民的这些合理的要求。但是由于没有成文法，包括执政官在内的高级官员们可以任意解释法律，司法不公现象严重，所以作为弱势群体的平民和一部分贵族特别是医学和法学家们都主张要有一部成文法。如前所述，约在公元前454年，罗马派人到雅典考察研究梭伦新法后，成立了"十人委员会"，参考梭伦新法对罗马习惯法进行了修改，制定了《十二铜表法》。这部法律对刑律、财产继承、债务关系、家庭和司法程序等，都作了具体规定。

《十二铜表法》虽然在某种程度上对平民（公民）的权益作了一定的保护，对贵族的武断和专横作了一定限制，但是其实质仍然是一个贵族统治的法律，所以平民阶层一直对此持不满态度，并不断地进行维护自身权益的斗争。公元前494年的所谓"撤离运动"就是一次标志性的平民运动。这一年，由于罗马当时正在对外用兵，平民趁军情紧急之机全副武装集结起来，离开罗马城，开赴阿芬廷山冈，宣称要另立新邦。这时贵族统治者们慌了手脚，不得不承诺在政治上对平民做出让步，于是就出现了平民举行没有贵族代表参加的"平民大会"，选举代表自己利益的"保民官"的政治活动，其中的一些具体政治诉求在后来成为了罗马《公民法》的一些具体条款。公元前448年，执政官瓦勒里奥和贺拉乌提斯当政时，制订了《瓦勒里奥—贺拉乌提斯法案》，正式确定平民大会的决议具有对于全体罗马人均适用的法律效力。这样，就连贵族也必须参加平民大会,平民大会于是也就具有了公民大会的性质,并作为国家重要的政治活动,以法律的形式正式确定下来,成为"共和"政治体制的重要体现。随后,在公元前 367 年通过的《李悉尼—绥克斯图法案》、公元前 326 年通过的《波提利阿法案》、公元前 278 年通过的《霍腾西阿法案》等,使平民取得了更多的政治权利。特别重要的是,这些法案废除了所谓债务奴隶制,平民还获得了允许和贵族通婚等平等的权利。平民与贵族在法律面前的平等,是古罗马共和国的最大特点,也是后世各种共和体制,包括法国大革命设计的共和体制,欧洲共产主义的设计者们如圣西门、傅立叶甚至后来欧洲联盟的设计者们所参考的样板。对于现代的欧洲联盟,罗马法中的所谓《公民法》也有着十分重要的启示作用。

罗马的《公民法》虽然只是一部罗马公民的法律,但它对罗马公民的约束和保护采用的是"属人主义"而不是"属地主义",也就是说,只要是罗马公民,无论其在什么地方,都会受到罗马法律的保护和约束,今天世界上普遍实行的法律中大都采用这种方式,可见罗马《公民法》对后世法律的影响之深远。但是当时罗马的这个法律有一个很大的问题,这就是,"属人主义"的法律无法对罗马所征服的那些居民(也就是日益增多的罗马殖民地的居民)进行约束和"保护",也就是说,一般非拉丁人即使是在罗马的管辖下的自由人(奴隶除外),也不能被赋予罗马公民的权利。因为这时的罗马帝国实际上是由众多的或多或少自治的成员国组成的邦联国家;由于这些成员国具有各自在社会文化等方面的差异性,特别是法律方面各不相同,所以罗马与它们之间开始逐步签订一些条约,规定相互之间的一些义务和责任。在发生争议时,罗马统治者则通过"最高裁判官"的审判实践和颁布的告示来对这一部分人进行约束或者保护。这种所谓的"裁判官法"制虽然灵活、适应性强,但是由于罗马征服地的扩大,罗马本土和其他被征服的居民之间的矛盾日益突出,于是罗马统治者开始制定更加广泛但集中的法律:"第二次皮尼克战争(Second Punicwar)之后,罗马已进入以新阶段,即罗马帝国已成为以世界帝国。此时之所谓法律,既非惯行,亦非条约,只是罗马统治者的意志。"[①] 这些法律经过不断修订,终于构成一部较为完整的法律,这

---

① 刘达人、袁国钦著:《国际法发达史》,胡娟勘校,中国方正出版社 2007 年版,第 38 页。

就是著名的《万民法》。

虽然这部罗马《万民法》适用于罗马帝国邦联之间，以及这个邦联内部的一些法律问题，但它却不是一部公法（jus gentium）。"《万民法》是否即为国际法，在学者间议论颇多，但大致来说，《万民法》乃规律与友好国之外来居民的法律，纯粹是罗马的国内法，因其既不以国与国为对象，故不得成为国际法。"① 但是，《万民法》在多数情况下被视为一种古罗马势力所及范围内的各民族熟悉的、跨文化的法律，由于这部法律在其逻辑出发点上将其制定归因于一种所有人共同的自然理性（naturalis ratio），所以叫做《万民法》。例如为了债务关系（包括购买、租赁、经营管理），人们依据信任（fides）和守信的义务，适用于所有人而不依赖其种族或者宗教归属。而这种相互信任的基础不仅是因为罗马统治者的集中统治力量所致，更主要的是上述的所谓"自然理性"使然，这种自然理性同时会产生人与人之间的"诚信"。这种由人类的"自然理性"说产生的人类"诚信"道德诉求对于后世欧洲乃至世界的影响都是深远的。1999 年，由德国学者莱茵哈德·齐默曼（Reinhad Zimmermann）和英国学者西蒙·惠特科（Simon Whittaker）主编的《欧洲合同法中的诚信原则》的上篇"背景介绍"中，用了整整一章（第二章）来介绍"罗马合同法中的诚实信用"，其中第四节介绍了从"信义"（fides）到"诚实信用"（bona fides）的演变过程及两者的发展和区别，"信义被理解为信守诺言，而诚实信用则被用来确定订立合同的内容。信守诺言是任何法律交往的前提，因此西塞罗称其为正义的基础。比较而言，诚实信用并不直接作出履行，而是通过要求当事人诚实地行事来影响作出履行的方式"②。上述两位学者认为："欧洲的个别司法正在回归到真正统一的欧洲风格之中。欧共体委员会通过的指令对成员国国内法律体系的核心领域产生了深刻的影响。"③ 1978 年，由丹麦学者 Ole Lando 先生为首的欧洲契约法委员会即开始工作，至 2002 年终于完成了一项题为《欧洲合同法原则》的研究（尚未成为一项欧共体条约），该《原则》中强调的

---

① 刘达人、袁国钦著：《国际法发达史》，胡娟勘校，中国方正出版社 2007 年版，第 38 页。

② 莱茵哈德·齐默曼、西蒙·惠特科：《欧洲合同法中的诚信原则》，丁广宇等译，法律出版社 2004 年版，第 61—62 页。

③ 莱茵哈德·齐默曼、西蒙·惠特科：《欧洲合同法中的诚信原则》，丁广宇等译，法律出版社 2004 年版，第 4 页。

诚信原则"是构成欧洲合同法的共同核心部分……诚信的概念源于罗马法"①。由此可见古罗马文化对后世欧洲的发展所起到的巨大作用。

罗马《万民法》虽然是奴隶制社会文化的产物，但是由于它是以处理协调古罗马当时的私有制和简单商品经济社会中的一些问题而制定的，所以对保护私有制和简单商品经济的一切重要关系作了较为详尽的规定，已经是一部体系比较完备，立法的规程比较合理严谨，而且能够适应社会变迁的需要的法律；在保护私有财产，调整商品经济关系方面为后世提供了"一种现成的法律形式"。其中，自由人在私法范围内的平等地位、契约以双方当事人同意为主要条件和无限制所有权等，都对后世的欧洲乃至全世界的市场经济社会的法律体系产生过重大的影响。

古罗马共和国和古罗马帝国政权崩溃后，罗马法仍一直影响着欧洲各国和包括今日欧盟在内的各种不同形式的欧洲联邦或邦联，特别是在欧洲法制文明的发展过程中，在"物权法"和"人权法"方面更是具有基石般的作用，这就是古罗马法中的所谓"对物的诉讼"（Action in rem）和"对人的诉讼"（Action in personnam）的区别，它们是欧洲乃至世界物权和债权划分的重要理论依据，后世各国的私法例如在《拿破仑法典》中都有所借鉴。罗马法对所有权的定义就是所有者"对物的最完全的支配权"，这一条款对占有、使用、收益、处置等方面的定义经常被直接引用，而《拿破仑法典》中的相关条款又或直接或间接地影响了后来世界各国的私法，特别如债权法对1900年的《德国民法典》的影响。这部民法典也直接采用了罗马法中关于权利主体所从事的旨在设定、保护、变更和消灭民事法律关系的各种"适法行为"的必备条件和原则。其他还有如"无因管理"、"不当得利"、"监护"、"遗嘱继承"和"遗赠"、"违约责任"、"侵权"行为的"规则"原则等等，都是直接来源于罗马法的。②"众所周知，在调整一般合同的《法国民法典》条款中，法国自然法学派的罗马法学者多玛（Domat）和波蒂亚（Pothier）的观点占统治地位。我们总是可以在超越了古代文献中特别区别的当代法律中找到多玛的影响。"③ 在罗马法

---

① 莱茵哈德·齐默曼、西蒙·惠特科：《欧洲合同法中的诚信原则》，丁广宇等译，法律出版社2004年版，第61—62页。

② 转引自霍政欣：《法国的不当得利法律制度研究》，载《法国研究》2006年第1期，第11页。

③ 莱茵哈德·齐默曼、西蒙·惠特科：《欧洲合同法中的诚信原则》，丁广宇等译，法律出版社2004年版，第61—62页。

中，"不当得利"被称为"返还诉权"，它"以请求给付特定债之标的物为内容，属于准契约的一种"。这个概念经过长时间的演变、修改，于近代被概括为"不当得利请求权"，在《法国民法典》中，法国的不当得利法律制度对"废债清偿的构成要件"、"废债清偿的当事人"、"废债清偿返还的客体"等都作了详细的定义。更值得一提的是，1998年，英国当代著名的政治学学者约翰·罗尔斯（Johin Rawls）完成了一部影响很大的著作《万民法——公共理性观念新论》，他在其中借用古罗马法的自然法则设想了一种"现实的乌托邦"①，试图建立一个"世界政府——我指的是一个统一的政治体制，由中央政府正式行使合法权力……许多不同种类的组织受制于万民法的裁断，用以规范它们之间的合作，履行某种其所承认的义务"②。这种思想在法国学者皮埃尔·卡蓝默先生的新作《经济学新论》（*Essai sur l'oeconomie 2009*）中得到响应，认为应该建立一种"以新的全球治理形式以适应新的人类生存环境"③，还"经济"一词的原意（古希腊文的"经济"一词是 oikos 即"家园"和 nomos 即"规律"二字构成的复合名词，意为"以一定的规律经营家园"，与汉语中"经济"一词的"经世济民"之意有异曲同工之妙）。

六、罗马法与"神圣罗马帝国"

西罗马帝国灭亡后，各"蛮族"国家先后兴起，逐渐构成了一个"神圣罗马帝国"。这是一个以日耳曼民族为主的西欧和中欧的封建帝国，由于它其实是由一些承认"皇帝"为最高权威的公国、侯国、伯国、宗教贵族领地和自由市（最初是一些自由民自发地联合起来建造的居所，并在其中进行手工制作，生产一些日常生活用品，进行商业活动等。这种开始也许是独立孤单的居所逐渐扩大为市镇，有些还实行了自制）。公元962年，萨克森王朝的奥托一世在罗马受教皇约翰十世加冕，成为罗马的"监护人"。但这个以日耳曼民族为主

---

① 约翰·罗尔斯：《万民法——公共理性观念新论》，张晓辉等译，吉林人民出版社2003年版，第38—39页。

② 约翰·罗尔斯：《万民法——公共理性观念新论》，张晓辉等译，吉林人民出版社2003年版，第38—39页。

③ Pierre Calame, 2009, *Essai sur l'oeconomie*, Editions Charles Léopold Mayer, Paris, p. 193.

的联邦性质的帝国直到 1157 年才被授予"神圣帝国"的称号，"神圣罗马帝国"的称谓则始于 1254 年，其实它的真正的全称是"德意志民族神圣罗马帝国"，或者"日耳曼民族神圣罗马帝国"。之所以在日耳曼人占统治地位的大帝国中特意加上"罗马"二字，首先就是由于日耳曼族统治者对古罗马帝国的强大怀有十分的敬意。无论是公元前 6 世纪—公元前 1 世纪的罗马共和制国家，还是此后的元首制国家（罗马帝国），罗马国家都是后来的法兰克王国查理曼大帝时期的加洛林王朝（这个王朝统一了今天的德国、法国、荷兰、瑞士、意大利北部、奥地利西部、西班牙东北部等地）的"样板"。从 1254 年直到 1806 年延续近 600 年的漫长历史时期，"神圣罗马帝国"的统治者们都自认为其帝国是古罗马共和国和帝国的延续，又由于"日耳曼民族罗马帝国"查理四世颁布"黄金诏书"，实行帝选侯制度之后与基督教教会分享政权，所以又在国名上加上了"神圣"二字，成为了一个政教合一的，在管理体制上相当于欧洲联邦的一个政权。

在这样一个自认为是古罗马共和国和帝国延续的政体中，在各方面，尤其是在治国的措施，如治国中至关重要的法律法规方面继承发展罗马法就是很自然的事了。

七、日耳曼法与财产法团体主义

公元五世纪中叶，西罗马帝国逐渐崩溃，在这片土地上兴起了东哥特王国、西哥特王国、法兰克王国、汪达尔王国和勃艮第王国等封建王国；这些王国的统治者多为日耳曼人，故后来形成了一个日耳曼民族帝国。这些王国大多数是从原始社会直接转型为封建社会的，所以一方面，原来的日耳曼"蛮族"习惯法在国家的治理中起着很大的作用；另一方面，作为征服者的日耳曼统治者又让被征服者（罗马人）的"自由民""仍保持其自由，相互间仍得以自由生活在其罗马法之下"①。像中国历史上那些"鞑虏"入主中原一样，作为征服者的日耳曼"蛮族"人在文化方面却被罗马人在很大程度上同化了，他们接受了罗马的语言文字。在这种情况下，古老的日耳曼"蛮族"习惯法在新的帝

---

① 孟罗·斯密：《欧陆法律发达史》，姚梅镇译，中国政法大学出版社 1999 年版，第 86 页。

国内实行的过程中，由于与罗马法和基督教教会法并行，经过了许多碰撞、修改、完善，特别是通过掌握成文的罗马法和基督教教会法的法学家们的整理和修改，旧的日耳曼习惯法也有了如《尤列克法典》、《耿多伯的法典》、《萨克森法典》、《巴伐利亚法典》、《萨利克法典》等"蛮族法典"的成文法典，形成了正式的"日耳曼法"系列法。

日耳曼财产法中的所谓"团体主义"的主要特征是"双重所有权"。"双重所有权"把统一土地所有权分为"上级所有权"和"下级所有权"，就是说，一块土地有两项所有权，一项属于领主，领主对这块土地拥有所有权和处分权；另一项属于耕作人，耕作人只拥有使用权和收益权。日耳曼财产法虽然是当权的野蛮人的习惯法，但是它受古典罗马法的影响也是显而易见的，古典时期罗马法中就有"一切共有的物"的概念。具体来说，这些概念包括："其一，各共有人的份额如何确定？其二，各共有人如何进行共有物的管理？其三，共有物衍生的利润如何分配？"①

日耳曼法中没有"物"的抽象概念，更不像罗马法将物区分为"有体物"和"无体物"，它只有关于"财产"的笼统概念。按照财产的目的来划分，日耳曼法中的财产一般可以分为五类：(1) 一般财产，即指人们为一般生活目的（包括法定代理人代理权范围内的为完成代理义务而结合的权利或法律关系）而存在的财产总称；(2) 结合财产，即继承人自己的财产与继承的财产的结合体；(3) 部分财产，即一般目的之外，依特别目的而结合的财产，如破产财团清算财产、世袭财产；(4) 独立财产，即以独立的目的结合的，从一般财产中独立出来的财产（独立财产一般适用特别法规）；(5) 集合财产，即为特殊目的，归属于众多主体的财产的一部分结合而为一财产，如合伙财产、共同继承财产等。

事实上，财产作为一种手段就是权利和义务的总和。因此，"财产"一词，在日耳曼法中就有几种含义：(1) 财产是由过去、现在和将来存在的众多的权利和法律关系构成的单一体；(2) 构成财产的权利或法律关系必须具有金钱的价值，如商人的客户关系、劳动者的劳动力，虽然可以用金钱来估价，但却不是权利或法律关系，而无法构成法律上的财产；(3) 财产也包括债务，这是一

① 孟罗·斯密：《欧陆法律发达史》，姚梅镇译，中国政法大学出版社 1999 年版，第 166 页。

种消极的财产；（4）财产结合的契机在于人，财产具有单一的存在性和同一性。这样，日耳曼法实际上承认了财产的客观存在，使之具有单独的价值和意义。

我们可以看到，日耳曼法中的财产和权力与其"属地"相关程度极大，"在经历了一个封建时代各地具有很多相似特点的过程之后，原有赖于隶农人身承担的义务终于与他们所享有的财产连接起来了。因此，我们也就把隶农所享有的那块土地叫做领地劳役制土地，而在领地服劳役的义务最好还是看做是一块领地劳役制土地的使用权所附带的"①。虽然这种"属物主义"是一种封建社会的一种"义务本位"的社会观念的产物，但是"在法律构造中为后世也提供了一定程度的理论指导，如前文所提到的对第三人利益的保护与交易安全的重视问题。"②。这种意识形态上看起来"落后"的法理，却在实践中悄悄地以各种形式出现在欧洲甚至全世界的各种法律法规中，如在许多国家的土地、自然资源国有化制度、贸易保护制度中都有所借鉴。具体来说，"日耳曼财产法的团体思想也影响了教会伦理，而诺曼底公爵则将这一思想带到了不列颠岛，并最终成为其传统之一。当然，促使这一思想成为传统的因素就是：王权的作用在英国得到加强，而在欧洲大陆则被削弱；因为缺乏一个稳定而强有力的中央集权，团体主义很容易分崩离析。所以，也正如我们所看到的，在欧洲大陆发展起来的日耳曼法虽然未得到很好的保存，但却在英国普通法传统中得到了发扬光大。甚至有人直接说'英美法属于日耳曼法'，是'相对地比较最纯的日耳曼法现代版'"③。也许正是在这种意义上，将欧洲各国中世纪以来的共同文化渊源仅仅归结于希腊哲学、罗马天主教教会的社会伦理的看法是不够全面的，更何况，日耳曼法的很多规则和理念也都融入了罗马法，并通过罗马法传递给了大陆法国家。欧洲联盟法中的许多法律规定，都在一定程度上有着日耳曼法的影子。所谓"欧洲联盟法"，实际上就是一个约束和协调联盟内各成员国之间的权益，保护本联盟权益不受外来势力的影响的法律，例如欧盟法中关于"货物流通自由"的法律中，就规定："成员国所制定的一切贸易规则，

---

①　伊·拉蒙德、W. 坎宁安：《亨莱的田庄管理》，高小斯译，王翼龙校，商务印书馆1995年版，第5页。

②　伊·拉蒙德、W. 坎宁安：《亨莱的田庄管理》，高小斯译，王翼龙校，商务印书馆1995年版，第5页。

③　易继明：《论日耳曼财产法团体主义特征》，www.iolaw.org.cn。

如果阻碍欧共体内贸易，不论是直接的，还是间接的，也不论是事实上的，还是潜在的，均被认为具有相当于数量限制效果的措施。"① 这个规定看起来并非团体主义的，因为它规定了贸易数量的不可限制原则。但是，这种不受限制性质只在欧洲联盟内部才有效，对于欧洲联盟之外的其他社会团体来说，欧盟就像是一个庄园那样在贸易方面受到这个联盟内部的法律的保护。除此以外，直至现当代的世界上形形色色的"反倾销"规定和实践中的许多商业案例中，都可以见到日耳曼财产法团体主义的影响。

但在中世纪，这种影响主要表现在罗马法复兴上，经过种种罗马法的复兴运动，许多西欧国家都接受了罗马法，虽然程度有所不同；西欧大陆国家受影响程度要大一些，英国受影响则小得多。进入资本主义时期以后，法、德等国都以罗马法为基础，结合本国实际情况，先后制定了民法典，形成了民法法系。英国继续受到罗马法影响，只是没有全面接受罗马法，而是借鉴了罗马法的一些原则和制度。通过西方国家的法律，罗马法的影响扩大到亚、非、南北美洲各国，包括日本和旧中国在内。

八、基督教的传统价值观与欧洲联盟的政治、经济、文化秩序

如前所述，古罗马统治者为了帝国的安定而容忍并十分重视基督教在政治、经济、文化领域中的作用，是因为古罗马帝国虽然本来有其"很正式"的罗马宗教（古罗马神话），但这种宗教是由官方僧侣阶层把持和举行仪式的，并且这种仅仅以民族的神话为宗教教义主体的宗教是不能全面解决人类精神问题的。古罗马神话之于古罗马的拉丁民族，与古日耳曼神话之于日耳曼民族一样，只是民族崛起的一种兴奋剂；这种兴奋剂不能像真正的宗教那样致力于"让绝望的人们有希望，苦难的人们有憧憬，悲观的人们有安慰，没有尊严的人们有尊严。"② 也许神话对胜利者和处于社会中的"安逸"地位的人们以更强的鼓励或者约束，但是对于失败者和"在现实中没有尊严者"却缺乏关怀

---

① 易继明：《论日耳曼财产法团体主义特征》，www.iolaw.org.cn。
② 胡斯者·L. 冈察雷斯：《基督教思想史》（第一卷），译林出版社 2008 年版，第 18 页。

（或应对）。而基督教则是在这一重大精神问题上已经有一个相当完善的体系；除了也许主要是针对社会强者的"爱他人"、"禁欲"、"理性"外，基督教的教义很大一部分都是对"下层"的弱者（包括"罪人"）的"拯救"（或心灵的慰藉）。《圣经》教导人们"要尽心、尽性、尽意地爱主你的上帝。这是诫命中的第一，且是最大的。其次也相仿，就是要爱人如己。这两条诫命是法律和先知一切道理的总和。"（参见《新约·马太福音》）；《圣经》还在关于"禁欲"和"理性"要求方面对人的生物性欲念进行抑制，要求人们按照神允许的理性方式生活，例如著名的"六诫"几乎就是一个相当完整的"道德法"：（1）孝敬父母；（2）不可杀人；（3）不可奸淫；（4）不可偷盗；（5）不可作假证陷害人；（6）不可贪恋他人的房屋，也不可贪恋他人的妻子、奴婢、牛驴、并他的一切所有。尤其重要的是，基督教教义使那些处于社会下层的人看到希望，"早期基督教吸收信徒不分阶级、种族、等级。信徒入教后相互帮助、救济，关系非常密切。其教义主张人人平等……"①。

　　基督教教义作为这样一种"普遍关怀"的宗教教义，也就是说，无论对强者还是弱者，无论是对富人还是穷人，无论对哪一个民族的人，无论对男人还是女人，基督教教义都要求以完全平等的爱心去对待，用同样的"诫命"（法律）去约束，以同样的"理性"去启发。这是"分崩离析"的罗马帝国维持社会稳定和发展的十分有效的"治理"软方案，一旦这样的具有实际治国功能的基督教教义成为了统治者执政方略中的一部分，这个宗教就会成为这个政权的一种软实力或"文化国力"，这种文化国力不仅可能对内成为所谓"凝聚力"，而且也可能对外产生影响力，使国家的对外政治、经济、文化，甚至外交、军事等能力得到调整、增强。这就需要将世俗的法律神圣化，这也是宗教改革，特别是路德宗教理论的一个重要观念："律法是上帝的意志，这可以从人所共知的自然律中看出来，也可以从体现自然律的诸如国家制度和家庭制度中看出来，并且可以从上帝意志在启示里的明确表达中看出来。"② 所以，马克思关于"人创造了宗教，而不是宗教创造了人"的论断也许不仅仅是说"宗教是被压迫者生灵的叹息"③，而也可能指统治者或特定社会状况下社会的管理者采

---

① 叶胜年：《西方文化史鉴》，上海外语教育出版社 2002 年版，第 104 页。
② 胡斯都·L 冈察雷斯：《基督教思想史》（第三卷），陈泽民等译，译林出版社 2008 年版，第 49 页。
③ 《马克思恩格斯选集》（第一卷），人民出版社 1972 年版，第 1 页。

取的一种措施。

无论从政治、经济、文化、法律，甚至军事、外交等方面，基督教的传统都对欧洲在上述诸方面的发展起到了举足轻重的作用。

成为古罗马帝国主要精神支柱后的基督教使欧洲甚至许多其他地区成为欧洲基督徒的"一统天下"。如前所述，基督教在获得生存发展权以后不久，就在与世俗政权的"合一"中逐渐发展成为"一教专制"的宗教。其实我们也可以看到，在基督教本身之中，就已可以发现导致这一结果的因素：上帝是唯一的。但值得注意的是，基督教教义中的"道成肉身"的秘密实际上在于"上帝出于慈悲化身为人；可见，在他成为实在的人以前，他就已经在自身之中是一位属人的上帝了。"① 这样，在罗马帝国中领取政府津贴进行专业的基督教教义宣讲工作的"圣职"人员——僧侣们本身就使人感觉到他们就是上帝的代表，由他们主持的基督互教教义宣教活动，举行的各种仪式如洗礼、宗教婚礼、祈祷、接受忏悔等仪式就具有了神圣的象征意义，是"唯一至高无上的"。

这两种因素：一个形而上（唯一上帝的普世性、"宇宙性的光荣及伦理的充足性"）；一个形而下（各种由教士主持的仪式的不可怀疑和不可侵犯性）的"基督性"导致了基督教的排他性，因为要维护上帝的唯一性，就有很大的可能使基督教的专业工作者和利用基督教的政治家们产生排除其他宗教的念头。

欧洲历史证明，无论基督教教义、基督教教义的"世俗化"、文艺复兴还是启蒙时期萌芽的理性主义和"人权"文化精神，都有着明显的"欧洲"或西欧特征，而且无一不与基督教教义有着某种关联。因此实际上，基督教在西方尤其是在欧洲数千年的不断重复，使得"我们——每一个愿意忠实于由听觉得来的信仰的基督徒——的听觉注定要对神的道有一种负责任的回应……"② 无论教权和欧洲世俗政权与官方理论之间的关系如何地复杂难言，但有一点似乎是肯定的，这就是直至今天的欧洲，以基督教文化为主导的欧洲文化精神仍然起着重要的作用，它对欧洲的政治、经济、文化起到的作用是一种在价值观、道德观上根深蒂固的"文化力"的作用。

---

① 费尔巴哈：《基督教的本质》，容震华译，商务印书馆 2007 年版，第 87 页。

② 谢大卫（David Lyle Jeffrey）：《圣书的子民——基督教的特质和文本传统》，李毅译，中国人民大学出版社 2005 年版，第 348 页。

第四章 "以基督的名义统一世界"
——基督教传统对欧洲和欧盟的影响

一、基督教的犹太源头

基督教起源于犹太教，犹太教是一个起源于今日中东地区的宗教，相较而言，这个并非起源于欧洲的宗教比起当时相当强大的欧洲的罗马帝国来说，根本就是不值一提的。与此同时，犹太教在起初也是一个十分封闭的宗教，它禁止向非犹太人传播基督教。而当时，地处欧洲的古罗马帝国很早就征服了犹太教的诞生地——朱迪亚（包括今天巴勒斯坦南部地区以及约旦的西南部地区）；犹太人不服罗马人的暴政，经常武装反抗；罗马人则不断地进行血腥的镇压；所以当时的巴勒斯坦地区就已经是一个流血冲突、暴政、腐败和瘟疫不断的地区，使那里的犹太人生活在水深火热之中。由于罗马帝国的强大和暴戾，犹太人只能以一种幻想的方式来寄托自己的灵魂和肉体；这种幻想就是希望有一个拯救犹太人于水深火热之中的救世主。当时在朱迪亚一带就流转着关于弥赛亚（"救世主"）的预言：世界末日即将来临，所以救世主也就即将来临；救世主（弥赛亚）是一位"公正意志"的代表者，他将进行一场审判，所有的罪人都将受到惩罚。这个预言于是成了相信这个预言的犹太人的宗教信条和教义。犹太教就这样诞生了。这个宗教的信徒分为两个派别：其中一派很激进，他们为了迎接自己民族救世主的到来而武装起来，准备从肉体上消灭罪人（罗马统治者和不按救世主的教导而犯了罪的人）；而另外一派则属于"温和派"；这一派主张以对精神而不是对肉体的手段来消灭罪人（拯救罪人），使罪人得救；所

以他们立足于建设一个公正博爱的精神王国。这一派的领袖就是一位于纪元
(公元)年前后生活在加利利南部拿撒勒的年轻人——耶稣。"凡是不了解基督
的人也不会了解在隐秘中受难的上帝。因此,他宁愿要善行而不要苦难;要荣
耀,不要十字架;要刚强,不要软弱;要智慧,不要愚蠢;一般地说,要善不
要恶。"①"这些人就是使徒称之为'基督十字架的仇敌'的人,因为他们憎恨
十字架和苦难,而爱善行和善行的荣耀。这样,他们就把十字架的善说成恶,
而把行为的恶说成是善。"② 这样,罗马总督比拉德就"十分焦虑",他逮捕了
耶稣,将他钉死在十字架上。耶稣死后,他的弟子们继续着他的事业,逐步完
善和发展着他的理念,并着手建立基督教组织。

但是,如前所述,最初的基督教只是犹太人的宗教,其教义只能传授给犹
太人。但有一个使徒改变了这种状况,这个使徒就是保罗。保罗是最早跟随耶
稣的使徒之一,他具有希腊文化和犹太文化的双重文化背景,于是他成为了后
来向非犹太人传播基督教"福音"的最佳人选。公元49年,由于当时其实已
经有许多非犹太人的基督教信徒,不同文化背景的信徒共同信奉一个基督;但
是他们之间在是否要严格遵守各种犹太礼仪的问题上发生了许多分歧。这一
年,基督教领袖们终于在保罗等人的促使下,在耶路撒冷会议上采纳了保罗等
人的意见,区别对待"信仰"与"文化"的关系。"外族"信徒就可以在遵守
本族文化传统习惯的同时信仰基督教了。

这样,原本不是产生于欧洲的基督教就因为这最早的文化"宽容"而得以
在以欧洲为主要领地的罗马帝国国民中得到了广泛的传播,并最终成为了欧洲
最主要的宗教并几乎在此后2000年里主导着欧洲的文化。大体说来,基督教
在欧洲的传播发展基本可以分为以下几个阶段:

1. 公元100年左右。基督教借助罗马帝国发达的"罗马大道"和当时在
罗马帝国内通行的拉丁文,大量翻译特别是宣讲或"讲述"圣经,因为基督教
《圣经》是以一个个教谕性小故事组成。

2. 公元100—500年左右。这一个阶段的罗马帝国正处在重大的转折时
期:一方面,帝国的疆土越来越大,显得十分繁荣昌盛;另一方面,整个罗马

---

① 胡斯都·L.冈察雷斯:《基督教思想史》(第三卷),陈泽民等译,译林出版社2008年版,第
41页。

② 胡斯都·L.冈察雷斯:《基督教思想史》(第三卷),陈泽民等译,译林出版社2008年版,第
34页。

帝国却变得骄奢淫逸、世风日下，精神道德上面临极大的危机。当时的罗马帝国中流行着伊壁鸠鲁学派的享乐主义、理性主义和所谓的"犬儒主义"等。总之人们没有一个"主导"的思想支柱。在宗教方面，那时的罗马帝国中只流行一种"精灵崇拜"式的原始宗教，"无法提供高尚的精神道德准则"。在这种情况下，一方面，基督教的部分宗族和阶级强调平等、博爱、节制和谦卑等美德就成了罗马帝国中广大信众首选的精神支柱；另一方面，基督教却由于是一个犹太教而受到罗马统治者的残酷迫害和打击。但也在与此同时，一些罗马统治者也敏锐地看到了基督教教义的社会政治价值。公元313年，罗马皇帝君士坦丁在米兰下了一道诏谕，宣布停止禁止基督教的宣讲，停止对基督教徒的迫害，宣布"灵魂的绝对自由"，特别重要的是，"米兰诏谕"允许基督教徒拥有和国内其他宗教平等的法律地位。这个诏谕虽然并没有将基督教明确定为国教，但是在实际的政治、经济、文化和社会生活中，基督教受到了罗马统治者越来越明显的重视：基督教的圣职人员有了相当丰厚的津贴，君士坦丁大帝在耶路撒冷等地建造了宏伟的基督教堂，并且亲自下令将礼拜天（上帝创世的第7天）定为法定假日；甚至连罗马军队的军徽也由过去的老鹰改成了十字架。基督教成了整个欧洲南部和中东一带最有影响的宗教。君士坦丁大帝给了基督教以生存发展的权利，但他却要求干预教会的事务，为后来遍及欧洲的政教合一和诸多的政教纠纷留下了可能性。

　　3. 公元500—1500年。从公元四世纪开始，强大的罗马帝国逐渐走向衰败，因"罗马已失去了原来那种作为世界中心的地位，现在只不过是被民族主义搞得日益分裂的欧洲的一个政治因素而已。"[①] 从公元408年开始外族（"蛮族"）人就开始不断入侵罗马帝国，在此后的几十年间，东哥特人、汪达尔人、法兰克人、勃艮底人、盎格鲁—萨克森人都在这块土地上建立起了独立的"蛮族"王国。公元455年，汪达尔人入侵罗马城，将罗马城的财物文物洗劫一空，罗马的居民仅仅剩下7000多人，罗马皇帝也成了有名无实的傀儡，不但没有过问政治的权力，甚至"几乎没有行动自由"。[②] 公元476年，日耳曼人首领篡位，西罗马帝国灭亡，开始了"蛮族"统治下的欧洲历史。

---

　　① 胡斯都·L. 冈察雷斯：《基督教思想史》（第二卷），陈泽民等译，译林出版社2008年版，第335页。

　　② 诺曼·戴维斯：《欧洲史》（上卷），郭方、刘北成译，世界知识出版社2007年版，第398页。

然而当强大的罗马帝国处在"分崩离析",罗马皇帝甚至连罗马城都无法控制和保护的时期,基督教的罗马教皇却使这个十分混乱的帝国得到了部分安宁,直至使欧洲逐渐恢复了秩序。原因就是因为那些先后入侵罗马帝国的蛮族统治者中,有许多人早已接受了基督教的信仰。这些主要来自欧洲其他地方的"蛮族"人虽然野蛮凶悍,然而他们对教皇却很尊重。于是,这时的基督教就起到了在精神上教育、控制"蛮族"人的作用,从而在某种程度上达到了欧洲和平、稳定的目的。我们知道,当时这些"蛮族"人还没有自己的文字,虽然他们也有自己的宗教、神话,还有各种各样的法律法规(习惯法),但是没有文字,这些前文明的因素就都停留在初级阶段,较难得到广泛的传播和发展完善;而基督教的教义则是以较先进的文明的载体——希伯来文和拉丁文写成(和翻译成)文字和进行宣讲的。要教化这些蛮族是一项艰巨的使命,一方面要把基督教的信仰介绍给他们,另一方面还要教育这些人。所以在接下来的一千年中,基督教在这双重使命上有着辉煌的成就。在蛮族颠覆罗马帝国后五百年,欧洲的新兴国家几乎都成了基督教国家。在古罗马帝国(古罗马共和国和古罗马帝国)崩溃后的几百年中,基督教对欧洲文明保持继续较稳定发展是十分重要的一个因素:尽管那时欧洲也有许多战争,但是基督教的教义及其衍生出来的欧洲主导文化精神却一直被传承下来。

在整个中世纪的欧洲,基督教无论是在政治经济还是文化生活中,都扮演着十分重要的角色,几乎同时承担了"宣讲中心"、"教育中心"、"文化中心"的三重角色。例如,基督教修道院最初只是接受虔诚的"出家"教徒,但后来随着教会作用和影响的扩大,基督教的修道院逐渐成了面向所有信众的学校,接受那些愿意学习基督教教义,但并非终身"献身"圣职的信徒来求学;由于那时并没有世俗的学校,所以基督教修道院就成了欧洲人唯一接受正规文化教育的机构。基督教宣教活动不仅使大量的宗教文献和政治历史文献(政教合一的宗教史也是政治、经济、文化史的重要组成部分)和各种文化典籍得到传抄保存和流传;有些出身于"蛮族"教士们甚至还为"蛮族"们创造了自己的文字,他们将民间拉丁语和日耳曼土语进行整合,演变出了一种"罗曼语"(langue romana)并且逐渐用这种语言来讲授基督教的教义和教"蛮族"将领们如何支持基督教教会的活动。① 甚至后来基督教徒们所进行的,在政治、经

---

① 叶胜年:《西方文化史鉴》,上海外语教育出版社 2002 年版,第 150—151 页。

济和军事上"无善可陈"的十字军东征，从文化解读来说都是一个十分重要的东西文化交流的过程，因为十字军东征时许多西欧人士第一次接触到文化水平很高的希腊及伊斯兰文化，不但促进了东西文化交流，更重要的是十字军运动使西欧人有直接接触到了"久已失传"的希腊文化。于是一种"寻文化之根"的运动就在13、14世纪开始在西欧迅猛发展，这就是著名的"文艺复兴"运动。重要的是，这种对希腊自由民主精神的"复兴"的确使欧洲的文明进程又进入了一个崭新的阶段；如果没有文艺复兴，就很难说一定有后来的宗教改革，也很难说一定就紧接着有后来的一系列欧洲人道主义、启蒙主义、资本主义、工业革命等的迅速发展。所以不同的时代和出于不同目的的欧洲建设过程中，都在不同的程度上强调"欧洲性"与"基督性"的自然联系，强调在基督性的基础上联合起来，组成一个稳固的邦联甚至实质性的联邦国家。当代欧洲问题研究专家汤姆·吉布林（Tom Giblin）认为，应该"勾画出成员国共同的历史和政治文化，因为，如果不懂得成员国共同的历史和政治文化，我们就不会明白为什么欧洲的事情会发展到这样一个状况"。① 因为，现当代"欧洲经济一体化的创建者们同样也看到了这样的经济共同体是以一个坚固的欧洲价值观所支撑的，它只能通过民主参与、共同的法律和更加交融的深深的文化理解之上"。② 而《英国百科全书》在"教会史"中是这样描述基督教的："它全然是由广泛分散各地的会众集合而成，但被认为是同基督合一的团体，一同皈依上帝的一个民族。这个理想的统一表现在许多方面。各基督徒社团之间的互相往来是很活跃的。旅行的基督徒一定会受到他们同教信徒的热情欢迎和款待。各教会之间使者和书函自由往来。传教士和布道士来往各地络绎不绝。各种各样的文献，包括福音书和使徒书信在内，流传很广。因此，统一的感觉在各方面得到了表现，基督教世界广泛分隔的各部分的发展，多少接近于一个共同的形式。"③

这种"统一的感觉"除了是宗教信仰方面的，同时它还是在政治、经济和文化方面的共同点结合而构成的；如前所述，世俗权力机关即各朝各代的欧洲各国的王权和基督教教权的结合，因为欧洲现代政治，即法国大革命之前的欧

---

① Jef Van Gerwen 等主编：《基督徒思考欧洲》，法国工人出版社1997年版，第9页。
② Jef Van Gerwen 等主编：《基督徒思考欧洲》，法国工人出版社1997年版，第9页。
③ Jef Van Gerwen 等主编：《基督徒思考欧洲》，法国工人出版社1997年版，第9页。

洲政治制度大都是"政教合一"的制度，就连最早革命，在欧洲最早建立现代意义上的共和国的法国，其"政教合一"的制度也竟然仅仅在1906年才被宣布干净彻底地废除。在欧洲历史上，世俗政权为了自身的利益，对基督教的利用是十分明显的，基督教在成为罗马帝国的国教后，原本是"普世共济"的基督教逐渐开始变得专制和不宽容，逐渐开始实行一教专政，从十字军东征到后来无数的宗教战争和更多的宗教迫害事件，都说明基督教最初的教义被篡改，特别是被欧洲历代的政治家们篡改了："可是，如果不讲新教教义，如果只讲天主教教义，那么我们又如何解释福音书的一度失声？⋯⋯我们又如何解释对于基督教真谛的背叛让人们受到死亡威胁时感到的那种苦恼⋯⋯"① 虽然我们不完全同意以上的观点，但从历史上看，这种观点应该说还是有一定道理的。因为尽管有着各种各样的基督教的改革，但是基督教的基本精神却在一代又一代的欧洲人中间根深蒂固地传了下来，这无疑是有其正面的、符合普遍人性之理由的。

基督教教义与欧洲的建设，在古希腊时代就有一个很有意思的关联现象：在单个的城邦内部，往往实行的是"共产共妻"的原始共产主义制度（我们将在稍后讨论这个问题），国家（城邦）与国家之间却缺乏足够的沟通，更不用说结为联盟了。这是因为一方面，那时的政治、经济、文化等方面都没有提出这个要求，也更不用说关于共同生存发展关系中的系统法理了。那时，除了在某个具体的族群或城邦内已有相当系统的个人和集体、个人和个人之间的关系规则外，人们还没有关于国家与国家之间关系的规则或法律问题的概念。基督教传入欧洲之后，人们才渐渐发现了《圣经》中种种对于群体生活的更有意义的理念，比如人与人之间的平等概念（它导致后来的人们思考个人与代表国家的个人——统治者之间的关系等）、族群与族群、国家与国家之间的关系的概念等。基督教传入希腊和古罗马帝国后，希腊文化及其影响下的罗马文化中的契约和法律意识中的"大同"（后来的自由民主甚至"共产主义"的思想）与基督教中的神授的世界"大同"秩序理念逐步融合，形成了古希腊罗马时代对后世的欧洲甚至全世界产生了巨大影响的"契约"（个人之间、国家之间的联

---

① Mgr J. Lestoquoy，1964，*La vie religieuse en France du VII au Xxe siècle*，Edition Albin Michel，Paris，p. 108.

盟或非联盟状态下的）思想和法律思想。

首先，在基督教的教义中，人和世界都是由上帝创造出来的，因此人和自然（世界）都应该由上帝来主宰，首先当然是人应该受上帝的主宰。《圣经》中就规定了一系列上帝的禁令和命令，这些诫令最初虽然只是在信众中流传和执行，但由于基督教作为欧洲大部分居民的主流意识形态长达 10 多个世纪，而且基督教会还作为准欧洲范围内的政权之一，基督教教义中的许多训诫已经成为欧洲人集体无意识中的重要内容。比如《圣经》作为基督教教义的经典，首先强调的就是人与人的互敬互爱的精神和平等的精神："……我从前向亚伯拉罕、以撒、雅各显现为全能的，……我与他们坚定所立的约，要把他们寄居的迦南地赐给他们。"（《出埃及记》，第 5 章，第 2—4 节）同时，圣经也常常记载和平时期保护外国（邦）人的事例：摩西躲避法老，逃往米甸地居住。（《出埃及记》第 3 章，第 15 节）摩西甘心和"那人同住；那人把他的女儿西坡拉给摩西为妻"。西坡拉生了一个儿子，摩西给他起名叫革舜，意思是："因我在外邦作了寄居的。"（《出埃及记》，第 3 章，第 21—22 节）《利未记》中，神有更加明白的指示："若有外人在你们国中和你同居，就不可欺负他。和你们同居的外人，你们要看他如本地人一样，并要爱他如己，因为你们在埃及地也作过寄居的。"（《利未记》，第 19 章，第 3—34 节）虽然我们清楚地知道，这种精神在实际上只是在基督教信徒的范围得到了某种程度的实践（对"异教徒"则是残酷的战争和屠杀，后来对基督教的"叛教者"也同样），但是总体来说，基督教真谛中蕴涵的平等、博爱精神是得到了较为系统的传承的，经过了从基督教诞生以来其实就并未间断过的各个时代的思想家、政治家（他们中许多人都是虔诚的基督教徒）的不断地发展创新，到了法国大革命集大成，就提炼生成出了"自由、平等、博爱"的现代民主制度的基本理念，所以一直到当代《欧洲联盟宪法》中，对于（当然是指欧洲联盟内的）"人的尊严"（La Dignité）的尊重，仍然是这部宪法中的精髓所在：

联盟的定义与目标：

Ⅰ—1：联盟的建立

1. 欧洲公民及其国家自愿建设他们自己共同的未来。本组织旨在建立欧洲联盟，该联盟成员致力于达到共同的目标。为达到这些目标，各成员国应进行政治协调，以共同的模式来运用各成员国贡献给联盟的力量；

2. 联盟对所有尊重欧洲价值观并致力于共同将其发扬光大的欧洲国家开放。

Ⅱ—2：欧洲价值观

1. 欧洲联盟建立在对人类尊严、自由、民主、平等、主权国家、人权，包括对少数族群个人权利的尊重的基础上。共同体社会中成员国的这些共同价值观的特点是多元性、无歧视、宽容、公正、团结和男女平等。

在欧洲历史上多有出现的国际联盟的构建，其实也与《圣经》有着某种联系。据《圣经》记载："便雅悯人剥夺外乡人的权利，杀死了利未人的妾。以色列人的所有部落因之联合起来，攻打便雅悯人。"（《士师记》，第19—20章）在《撒母耳记》中也能读到：以色列的第一个国王扫罗在亚扪人来攻打时，将一对牛分送各个部落，以此号召所有这些部落一同抵抗。扫罗还发话："凡不出来跟随扫罗和撒母耳的，也必这样切开他的牛。"（《撒母耳记（上）》，第11章，第7节）事实上，在古希腊时期，虽然已经有一些部落与部落之间（城邦与城邦之间）结成某种形式的联盟，但是那时的联盟均只是口头的缔约；而在基督教教义中，却可以看到以文字的契约代替口头契约的方式；文字契约的神圣性极大地高于口头的契约，更加具有约束性、规范性和稳定性。"摩西十诫"就是一种以文字的形式确定下来的契约形式。《圣经·出埃及记》20：1—17种记载："上帝吩咐这一切的话说，我是耶和华你的上帝，曾将你从埃及地为奴之家领出来。"这样，上帝进一步与他的信徒缔约：

第一条（第3节）除了我以外，你不可有别的上帝。

第二条（第4—6节）不可为自己雕刻偶像，也不可作什么形像仿佛上天，下地，和地底下，水中的百物。不可跪拜那些像，也不可侍奉它，因为我耶和华你的上帝是忌邪的上帝。恨我的，我必追讨他的罪，自父及子，直到三四代，爱我，守我诫命的，我必向他们发慈爱，直到千代。

第三条（第7节）不可妄称耶和华你上帝的名，因为妄称耶和华名的，耶和华必不以他为无罪。

第四条（第8—11节）当记念安息日，守为圣日。六日要劳碌做你一切的工，但第七日是向耶和华你上帝当守的安息日。这一日你和你的儿女，仆婢，牲畜，并你城里寄居的客旅，无论何工都不可作，因为六日之内，耶和华造天，地，海，和其中的万物，第七日便安息，所以耶和华赐福与安息日，定为圣日。

第五条（第 8 节）当孝敬父母，使你的日子在耶和华你上帝所赐你的地上得以长久。

第六条（第 13 节）不可杀人。

第七条（第 14 节）不可奸淫。

第八条（第 15 节）不可偷盗。

第九条（第 16 节）不可作假见证陷害人。

第十条（第 17 节）不可贪恋人的房屋，也不可贪恋人的妻子，仆婢，牛驴，并他一切所有的。[①]

由此可见，《圣经》对于欧洲的国家学说，特别是法文化的影响是巨大的。从以上的例子可以看出，无论是对于后来的欧洲出现的私法、公法，还是更晚后出现的国际法（或各种国际法），《圣经》的启发作用都是十分明显的。

二、查理曼大帝与神圣罗马帝国

如前所述，在古罗马帝国（古罗马共和国和古罗马帝国）崩溃后的几百年中，基督教对欧洲文明继续较稳定发展来说是一个十分重要的因素：尽管有许多战争，但是基督教的教义以及衍生出来的欧洲主导文化精神却一直被传承下来。在整个中世纪的欧洲，基督教无论是在政治、经济，还是文化生活中，都扮演着十分重要的角色。

基督教的三个"中心"的巨大作用，使得将基督教教义作为立国之本的"野蛮人"即日耳曼人统治的帝国之上需要加上一个神圣的光环，所以将"日耳曼民族罗马大帝国"改称"日耳曼民族神圣罗马帝国"，主要目的就是突出基督教作为国教的国家意识形态特征。这个大帝国的第一位皇帝就是著名的查理曼大帝。

查理曼大帝曾经有一个绰号："伟大的野蛮人"。这位"野蛮人"皇帝的

---

① 参见张九宣编：《圣经故事》，中国社会科学出版社 1987 年版，第 116—117 页。

"故事"和"历史"（无论是拉丁语系还是日耳曼语系中，"故事"和"历史"都是同一个字：histoire，因为欧洲的史学在近代之前均很不发达，不少所谓历史其实都是从传说即"故事"中推断而来）成为研究欧洲史不可或缺的材料。所以至今人们只知道查理曼出生在今日德国的亚琛，这个在今日只有 20 多万人口的小城市，在当年却是查理曼大帝"统一欧洲"之伟大实践的见证，在著名的亚琛大教堂，曾经有 30 多位德意志国王在那里受加冕礼；查理曼统治欧洲（包括今日的法国）时期，被法国文化史学家基佐称为"法国文明史上的第二个伟大时期"，因为在"查理曼在位期间……战争以及政治上的种种盛衰兴废之事，为数多得无法计算且又光辉夺目。"[1]

公元八世纪左右，欧洲（主要指西欧）并存着好几个王国，其中法兰克王国的前身墨洛温王朝（Moerovingian Dynasty）的影响最大，它的地盘主要包括奥斯特斯亚（Austrasia），也就是今日的法国东北部、比利时和德国西部等地；纽斯特利亚（Neustria），也就是今日法国斯海耳德河与卢瓦尔河之间的地区和苏瓦松地区等地，以及勃艮底（Burgundy）和法国南部的罗纳河流域。而且，法兰克王国还是当时属今日法国西南部平原上的所谓阿基坦公国（Aquitaine）、今日德国南部的巴伐利亚公国（Bavaria）的宗主国，对其影响和控制都是很有力的。总之，法兰克人的这个王国（法兰克王国）"地大物博"，"法兰克王朝欣欣向荣。在一系列惊心动魄的远征中，丕平的儿子查理曼——'查理大帝'把它的统治延伸扩张到了大部分的中欧和西欧地区。法兰克军队越过比利牛斯山脉南进，……查理曼在其他地区的成功却令人瞠目。莱茵河以东地区、阿雷曼尼、图林根和巴伐利亚很快被收复。远北的萨克森人经历了 30 年的艰苦抵抗后，在公元 804 年最终被征服。阿尔卑斯山南部，整个伦巴第王国在公元 774 年被征服。在中欧，具有 200 年历史的阿瓦尔王国于 8 世纪 90 年代被摧毁。公元 800 年时，查理曼的军令从大西洋传到易北河，从波罗的海送到了罗曼。"[2]

查理曼正式执政后，立即表现出了非凡的政治家和军事家的卓越才能，他通过征战逐渐成为伦巴德人、托斯卡纳人、萨克森人的国王。公元 800 年受罗马教皇利奥三世加冕。这就意味着查理已不再单纯是作为征服者的日耳曼蛮族

---

① 基佐：《法国文明史》（第二卷），沅芷、尹信译，商务印书馆 1999 年版，第 103 页。

② 约翰·斯蒂文森：《欧洲史》（公元前 2500—1000），董小黎译，中国友谊出版社 2007 年版，第 164—165 页。

国家的国王，而是日耳曼—罗马人的皇帝，并且是"上帝认定"的罗马皇帝的合法继承人；查理曼的使命已不再单纯是管理日耳曼国家的政治行政，而是管理包括宗教事务在内的整个西欧基督教世界。因此，查理曼帝国的国际地位空前提高，隔着海洋的苏格兰和东方的非基督教国家阿拔斯王朝都先后和查理曼帝国建立了邦交关系，甚至东罗马帝国也承认查理曼的皇帝地位。查理称帝后，极力强化中央集权统治。为了加强对庞大国家的有效统治，他任用贵族和主教进行统治，同时继续推行封建采邑分封制度。帝国境内的所有官员和主教（包括修道院长），一般都要从皇帝那里领受采邑即封土，成为皇帝的封臣；同时，作为接受采邑的条件，他们都要向皇帝宣誓效忠。帝国的中央政权除由皇帝亲信组成的枢密会议外，还有贵族大会，每年召开一至二次贵族大会，讨论中央重大决策。为了管理地主，中央经常派遣巡按使监督地方。地方设若干伯爵区，皇帝任命伯爵或主教进行统治，伯爵拥有行政、司法、税收和军事等大权，形成以国王为首的伯爵、主教等教俗大封建主，再下是中小封建主，构成一系列的封建等级制度，"过往的财产也全部来自地方，由地方政府代表国家收税。以采邑封地的大小决定征兵数量和税收的多少……"[1] "查里曼不遗余力地重申他的宗教目标，变本加厉地推行他的既定方针。"[2] 他利用教皇利奥三世，为他"奉上了罗马皇帝的金冠"。查理曼[3]是中世纪一位雄才大略的君主，"查理曼身上有三种基本特征：我们可根据下列三种观点来看他：第一，把他看做一个战士和一个征服者；第二，把他看做一个行政长官和立法者；第三，把他看做一个科学、文学艺术和一般智力发展的保护者。他对外通过武力、对内通过政府和法律，行使巨大的权利；他希望而且事实上也的确对人类本身和人的思想也像对社会那样发挥了作用。"[4] 和历史上许多优秀的政治家一样，查理曼大帝在内政外交（军事）方面几乎是同时进行的，在查理曼的政治生涯中，军事扩张是首要的，他一共进行了"五十三次远征"，即：1次对

---

① 约翰·斯蒂文森：《欧洲史》（公元前2500—1000），董小黎译，中国友谊出版社2007年版，第166页。

② 约翰·斯蒂文森：《欧洲史》（公元前2500—1000），董小黎译，中国友谊出版社2007年版，第166页。

③ 查理（Charles）是名字，加上由拉丁文 manus（巨头，大王）演化而成的 magne，成为Charlemagne（查理曼），也就是"大王查理"的意思。

④ 基佐：《法国文明史》（第二卷），沅芷、尹信译，商务印书馆1999年版，第103页。

阿基坦人；18次对萨克森人；5次对伦巴第人；7次对西班牙的阿拉伯人；1次对图林根人；4次对阿瓦尔人；2次对布列塔尼人；1次对巴伐利亚人；4次对易北河彼岸的斯拉沃尼亚人；5次对意大利的萨拉森人；3次对丹麦人；2次对希腊人。[①]

我们从这个统计数字中可以看出，这些战争并非一般的部落与部落之间的纠纷和相互的掠夺，而是"有计划有目的的战争，是被某种统治意图所激发起来的，被某种需要所驱使的战争"[②]。在这所有共计五十三次（当然还有一些规模较小的战争未计入）的"远征"中，远征对象最多的是萨克森人。所谓萨克森人，就是中世纪前期开始一直不停地入侵欧洲南部的阿拉伯人，他们一般从地中海沿岸如西班牙、法国海岸登陆，攻击"基督徒"，所以在许多的欧洲史诗和其他和文学作品的记载中（如著名的英雄史诗《罗兰之歌》），查理曼大帝及其骑士们都是"上帝的战士"，他们对萨克森人的战争被称为"圣战"。传说他们一共有十二位，加上查理是十三位，正好是耶稣十三位弟子的数字，所以他们都被称为"圣骑士、圣武士、圣殿武士"。从历史的角度上说，他们中也有不少实际上应该是中世纪早期的游方骑士，这些如塞万提斯的小说《堂吉诃德》中的主人公那样的、多数为贫穷潦倒的贵族游方骑士，他们中许多都是基督徒，在查理曼大帝针对"异教徒"的战争中起到了十分重要的作用；他们平常无所事事，到处云游，处处展示他们的勇武、慷慨、潇洒，多才多艺多情的"骑士"战时就成为一支有效可怕的武装力量；后来的十字军东征中的所谓"圣殿骑士团"就是以这一类骑士为样板建立起来的。他们的"故事"和"历史"被列入了基督教的正史，也被文学作品所描述和记载（中世纪的所谓"行吟诗人"走乡串市，从封建城堡到帝王宫廷，到处传唱的大多是这类骑士的传奇故事和事迹）。虽然我们知道查理曼大帝对于基督教的"忠诚"是基于国家政治的利益，但在表现形式上他的确是十分"虔诚"的基督徒；在他的执政过程中，宗教事务和政治事务的处理往往同时进行。这个强有力的皇帝也是基督教愿意借助的人物。所以公元800年，罗马教皇为查理曼举行了加冕礼，以示"君权神授"；基督教于是依托这个强有力的皇帝而得到了空前的加强。基佐写

---

① 基佐：《法国文明史》（第二卷），沅芷、尹信译，商务印书馆1999年版，第105—106页。
② 基佐：《法国文明史》（第二卷），沅芷、尹信译，商务印书馆1999年版，第105—106页。

道："这位大王凭着他从上帝那里得来的智慧采取一个决定，大家便都照办。"① 据说，"他是一切事务的中心和灵魂；说会议要开会了，说会议要议事了的是他；忙着国家事务、提出法律、批准法律的是他；在他身上存在着意志和冲动；一切事物都发源于他，为的是回到他那里去。"② 就是在这样的情况下，查理曼实际上主管了所有的行政事务和很大一部分宗教事务，但宗教事务似乎是查理曼十分关注的；据基佐的研究，仅仅由查理曼的一个顾问、丰特奈尔修道院的院长安吉西斯编辑的查理曼颁发的法令法规中，涉及宗教事务法规的第一卷就有 162 个条款，而涉及"世俗"事务法令的第三卷却只有 92 个条款。

除了教皇外，查理曼大帝身边的许多有才干的主教都成了他的顾问，他们帮助查理曼处理许多宗教事务和民事，而且那时的许多教规涉及的也不仅仅是宗教事务，同时也涉及"尘世"事务，因为那时几乎横贯欧洲的查理曼大帝国已经是一个政教合一的国家，所以"宗教法规并不单单是指那些与教士和神职人员有关的条款，而是指那些与信徒、与基督教国家广大人民以及它与教士事务的关系有关的那些条款。因此，它是以仅仅涉及教士社会、涉及教士相互之间的教规法规截然不同的。"③ 值得指出的是，查理曼在处理这些"政教合一"的事务时，实际上已经对基督教的成规做了一些实质性的修改，例如在公元794 年颁布的"牧师会法规"第 40 节中就有这样的规定：

"任何人都不要认为，向上帝祈祷只能用三种语言（大概是拉丁语、希腊语和德语——基佐注），因为上帝是被人们用各种语言来赞美的，一个人如果他向上帝要求的是正当的事，他的祈祷和言语师会被听到的。""说教任何时候都应说得使普通人都能完全听懂。"④

这些法规从根本上说是不符合此前基督教的法规的，所以就在查理曼大帝去世后的许多个世纪里，教士们布道就只能用拉丁文，特别是罗马教廷的官方用语，直至现在也是用拉丁文的。所以我们可以说，其实在查理曼大帝的统治下，教会法规的改变中有许多"自由思想的性质"，它对于基督教的普及和"世俗化"，对于包括世俗社会在内的整个欧洲社会的道德修养都有很大影响。

---

① 基佐：《法国文明史》（第二卷），沅芷、尹信译，商务印书馆 1999 年版，第 148 页。
② 基佐：《法国文明史》（第二卷），沅芷、尹信译，商务印书馆 1999 年版，第 115 页。
③ 基佐：《法国文明史》（第二卷），沅芷、尹信译，商务印书馆 1999 年版，第 148 页。
④ 基佐：《法国文明史》（第二卷），沅芷、尹信译，商务印书馆 1999 年版，第 148 页。

所以那时颁发的大量的教规法规，都是为了对整个教会和国家在此之前的混乱状态进行整顿："这种法规在牧师会议中占着最大的地位，而且必然是如此的；主教们都是查理曼的主要顾问；他们在大会中占的席位最多；他们的事情总是受到照顾。因此，这些大会通常都被看做宗教会议，他们制定的法规往往被传送到教规集子里去。……加罗林族上台时，过去很强大的主教派贵族往往全处于解体状态。查理曼重新把它组织起来；在他的手下，它恢复了已经丧失的一致性和完整性，并在许多实际中成为教会的主要统治者。"①

所以，所谓的"牧师会法规"中实际上包含着许多世俗政治法规：例如用以保证皇帝的命令在所辖范围内得到贯彻的法律和规定（包括封授爵位、任命主教、百人长等）；司法方面的一些法律和规定，如司法行政、地方法院的开庭和庭期，各种有关司法方面的礼仪；治安法律法规，如关于地方各行省的治安、军队的治安、教会、商人、乞丐、公共场所、宫廷等治安的各种规章和法律；在查理曼的治下，有不少在当代看起来是道德范围内的一些习俗或规定，在当时却被列入了治安的范围，例如当时的治安法规里有这样一个条款："关于流浪的乞丐，我们规定，我们每一个子民都必须赡养家里的穷人，不论在自己的封地上还是在自己家里，都不能让他们到其他地方去行乞。如果看到不亲手干活的乞丐，谁也不应想到给他们一些东西。"② 在刑事法规和民事法规方面，查理曼也都尽量地利用基督教的一些教义来达到对帝国进行有效统治，例如在他的所熟悉的"蛮族法典"中，关于惩罚和抑制犯罪的法规是十分严厉的，但是查理在他所颁布的法规中，就在"各处增加新的条款，一般而论，其目的是在于减轻古代法规，特别是施加在奴隶身上的刑罚的严酷程度。然而在某些场合，他不但不减轻而且还加重了刑罚，例如，当刑罚成为他手中的一种政治工具时"③。这里说的"当刑罚成为他手中的一种政治工具时"指的就是利用基督教和"异端"宗教的相互排他性，在对于被他征服的非基督教国家和民族进行十分严厉的统治，比如对于他的夙敌萨克森人，如果被征服的萨克森人改信基督教后所"崇拜的旧习俗的复发都会被判死刑"④；此外，对于本来

---

① 基佐：《法国文明史》（第二卷），沅芷、尹信译，商务印书馆1999年版，第149页。
② 基佐：《法国文明史》（第二卷），沅芷、尹信译，商务印书馆1999年版，第145页。
③ 基佐：《法国文明史》（第二卷），沅芷、尹信译，商务印书馆1999年版，第147页。
④ 基佐：《法国文明史》（第二卷），沅芷、尹信译，商务印书馆1999年版，第147页。

信仰基督教，但是在原"蛮族"影响下的一些习俗，查理曼一旦觉得它们会危及其帝国社会的稳定，他也会立刻在基督教教义中找一条教规，对世俗中的一些社会现象进行规范，例如，在与国家社会秩序极为相关的家庭秩序问题上，查理曼在基督教的影响下，果断地废除了原蛮族习俗中的一些关于家庭的原始习俗：一个男子可以任意"娶一个妇女或者抛弃一个妇女"，而且几乎不需要举行任何结婚仪式；查理也很快认识到，这种婚俗会使"个人道德和家庭情况方面发生极大的混乱"。所以，查理曼在基督教的"煽动"[①]下，在民事法规方面以基督教教义的标准，对于关于婚姻、家庭以及相关的一些风俗习惯进行了改革，并作了许多具体明确的规定，"因此，民事法规非常关心风俗习惯和家庭生活方式的改革……有大量的关于婚姻条件、长幼之序，丈夫对妻子的责任、媳妇的本分等等的条款插进了他的法规"[②]。

如前所述，查理曼的许多宗教法规均与国家治理相关，特别对于基督教教义在国民道德修养方面的作用更是青睐有加；据说查理曼本人（那时的许多王公贵族也均如此）"出于为帝国培养人才的考虑，下令教会和寺院办学，并罗致僧侣学者，在宫中建立起学校。他还派人收集和抄写古代抄本，以便增加人们的知识……此外查里曼还大兴土木，从拉文那和罗马拆除古建筑中的石柱，用以装潢首都阿亨的宫殿和教堂……虽然加罗林文化水平不高，但和以前一段时间相比已有所改进。随着学校的建立和文化的普及，不仅读书的人越来越多，艺术创作也有了一定程度的进步。"[③] 但我们知道，查理曼的一切作为都是以国家的治理作为最终目的的，其中当然也包括人文科学方面的种种事务。在这个问题上，我们必须提到一个人，他就是查理曼大帝身边著名的"顾问"之一阿尔昆（Alcuin），这是一位盎格鲁—拉丁语诗人、教育家和教士。阿尔昆是一个出生在英国的学者；英国当时的"智力状况又与欧洲大陆不同；文学艺术和学校比任何其他地方都更繁荣"。为了使自己的王国得到更好更快的发展，查理曼不但努力把著名人士吸引到自己的国家来，而且在任何地方发现了他们，他就会去保护和鼓励他们，所以实际上查理曼是欧洲第一个"文学艺术的保护人"（mécena，这在后来的欧洲宫廷中成为一种时尚，许多国王都以此

---

① 基佐：《法国文明史》（第二卷），沅芷、尹信译，商务印书馆 1999 年版，第 147 页。
② 基佐：《法国文明史》（第二卷），沅芷、尹信译，商务印书馆 1999 年版，第 148 页。
③ 叶胜年：《西方文化史鉴》，上海外语教育出版社 2002 年版，第 140 页。

为荣，如著名的法国国王弗兰索瓦一世、德国的费德烈二世等）；而且查理曼对这些人实行"来去自由"的政策："追随他来到高卢的博学之士希望回到本国去时，他也决不冷淡地对待他们。"① 在查理曼接手神圣罗马帝国的统治权时，整个帝国的"智力活动"（指各类学校、文学艺术、科学如星相学、哲学、词语、语法、修辞、法学、诗歌、自然史、史学典籍的整理，甚至圣经的解释等等）都十分混乱，阿尔昆帮助查理曼建立了许多公立学校、组织各方面的学者进行宗教的和世俗的古文献修订校正，特别是对于从公元六世纪到八世纪这一段时间里由一些庸才和骗子抄写出来的文献中，阿尔昆发现了许多的残缺和被歪曲的地方；这些都由他和他的学生们进行了精心的研究和完善，他"恢复各种手稿、从而可以可靠的材料供学习研究"之用。对于阿尔昆的这些工作成果，一般都被编入查理曼大帝颁发的"道德法规"之中，比如一些类似于劝告、提示或纯粹的道德箴言，例如"贪欲就是想占有别人的东西，和不让别人也有一份我们自己拥有的东西；按照使徒的话来说，就是万恶之根源，因此，应该小心加以避免"②。在论及基督教教义基础上之道德的社会政治功能时，阿尔昆十分精辟地说："每一个人必须设法尽其所能为上帝服务并按照他的箴言行事；因为皇帝不能以必要的小心分别监视每一个人，或是使每一个人永远循规蹈矩。"③ 不过，在查理曼看来，人们如果不识字，不懂得如何正确地思考问题，不懂得惧怕上帝，那么仅仅靠过去"蛮族法规"的那些强制性的，哪怕是十分严厉的惩罚，也往往"防不胜防"，导致社会的腐败和动乱。所以源于基督教的许多道德标准，也就是《圣经》中"一些禁止或强制人做何事的经文"就被引进了法规："朕谨通知皈依上帝的你们，朕与朕的顾问们一致认为，在蒙基督之恩托付给朕管理的各主教辖区和各寺院中内，必须注意，不仅要严守纪律、并按照我们神圣宗教的规定来生活，而且还应对一切在上帝帮助下愿意和能够学习的人，按照各个人的能力，在各种文科知识方面予以教育……因为成为一个有道德的人虽然比成为一个有学问的人更重要，但有了知识会导致善……"④。

---

① 基佐：《法国文明史》（第二卷），沉芷、尹信译，商务印书馆 1999 年版，第 155 页。
② 基佐：《法国文明史》（第二卷），沉芷、尹信译，商务印书馆 1999 年版，第 143 页。
③ 基佐：《法国文明史》（第二卷），沉芷、尹信译，商务印书馆 1999 年版，第 143 页。
④ 基佐：《法国文明史》（第二卷），沉芷、尹信译，商务印书馆 1999 年版，第 161 页。

当然，查理曼围绕基督教教义实施的这一系列政治、经济、法律、科学技术、文化教育等方面的措施，都是为了一个目标：使他的帝国越来越统一，越来越大，越来越强。对于查理曼来说，国家强大的一个非常重要的标志就是领土的扩大。如前所述，查理曼其实就是现在的法国人的皇帝，同时更是现在的德国人的皇帝，因为他更多的是一个日耳曼人，法国著名的欧洲思想史学家贝尔纳·沃耶纳在《欧洲思想史》一书中引用了一位名叫弗罗瑞斯（Florus）的基督教神父的话说："法兰克民族在世界上光辉夺目，外国纷纷派来使节；本身就是各王国之母国的罗马城，也常常服从于这个民族……而（查理曼的）帝国也将罗马城作为它的城堡和进入创世之天的钥匙……然而在（查理曼）死后，一个如此统一的帝国被分成了三份……人们不再视他为皇帝……不再视他的帝国核心为核心。"① 沃耶纳教授认为，这个所谓"帝国核心"指的实际上就相当于今天的法国和德国；今天的这两个国家在当时实际上也已形成统一于"神圣罗马帝国"的欧洲大部分地区的"轴心"。而在 20 世纪中期的第二次世界大战结束后仅几年的 1950 年 5 月 9 日，时为法国外交部长的罗伯尔·舒曼（舒曼本人就是出生在德国的法国人，同时又是一个虔诚的基督教徒，并受托马斯哲学的影响很深），"他长久以来就在梦想着促成德法之间的和解"②。他的梦想始于 1950 年 4 月去莫泽尔河边的一个几百人的小镇 Scy-Chazelle 去"寻根，去感受他的双重文化之根"的前一天，部长办公厅主任交给了他一份材料，对他说，"您看看吧，好极了！"原来这是一份由前"自由法国"第一届内阁成员，战后成立的以共同利用能源为目标的法—英协调委员会主席让·莫奈向戴高乐将军呈交的建议书；此建议书认为，没有法—德之间的和平，就没有欧洲的和平，而且这种和平应该以一种有利于两国相互间的主权独立但是在经济上则采取一体化方式进行联合。③ 就这样，现在的欧洲联盟的前身——"欧洲煤钢共同体"（CECA）就开始筹建，1950 年 5 月 9 日，舒曼举行记者招待会，发表了一项声明，提议"把法国、德国的全部煤钢生产置于任何一个其他欧洲国家都可参加的高级联营机构的管制之下"，"各成员国之间的

---

① Bernard Voyenne，1964，*Histoire de l'idee europeenne*，Petite bibliotheque Payot，Paris，6e edition，p. 42.

② Yves Marc Ajchenbaum，2004，*L'Europe 25 Pays une Histoire* Librio，Paris p. 9.

③ Yves Marc Ajchenbaum，2004，*L'Europe 25 Pays une Histoire* Librio，Paris p. 9.

煤钢流通将立即免除一切关税"。舒曼的这一声明，通常被称为"舒曼计划"。根据舒曼的建议，1950年6月20日，法国、联邦德国、意大利、比利时、荷兰、卢森堡六国在巴黎开始谈判。六国达成协议，于1951年4月18日签订了为期50年的欧洲煤钢联营条约。这就是对于今天的欧盟来说具有奠基作用的著名的"舒曼计划"，虽然表面看起来是那样的具有"戏剧性"，但实际上这是从古代以来就已具雏形的，在历史上屡次出现又屡次消失，最终又再次出现的以德、法，或其他欧洲强国为主导的欧洲一体化尝试。所以沃耶纳教授在《欧洲思想史》一书中说，以法—德为核心的神圣罗马帝国（在查理曼治下时也称"查理曼帝国"）的"版图在那个时代一直到文艺复兴，就是一个从北到南的欧洲，从现在的德国北部的一些小海岛到今天意大利南部的地中海，从欧洲的左端到东段的现在的南斯拉夫，都是查理曼帝国的领土"[①]，这样一个占据了欧洲主要国家的大帝国的皇帝，就在公元800年圣诞节那天的罗马城得到了基督教教皇的承认。那天，罗马的圣彼得大教堂里灯火辉煌。利奥三世教皇在此为统治着包括现今的德国、法国、意大利、南斯拉夫、西班牙等各国领土在内的法兰克王国的国王查理加冕为"罗马人皇帝"。就和后来以革命的名义统一大部分欧洲土地时的拿破仑在罗马受教皇加冕一样。后来有人评论说："查理大帝认为信仰需要知识，他说：'对我们和忠诚的朝臣来说，基督指定的、我们所信赖的主教管区和修道院的管理不应满足于常规的奉献生活，而应教育那些从上帝获得学习能力的人，根据各人不同的能力施教，这将有很大的好处，有利于政权……'。"[②] 可以说，查里曼对基督教采取的是一种利用的态度，虽然在许多中世纪的文学作品，特别是史诗中（如法国著名的英雄史诗《罗兰之歌》中），他的形象都是一个虔诚的基督徒。

如前所述，查理曼大帝的精明（或伟大）之处在于他虽然意识到要在西欧重建罗马帝国的光荣与秩序，离开教会的合作是不可想象的，但是他绝对不是一位真正的所谓"基督教皇帝"（也许这类帝王从来就没有过），他只是为了掌权的需要而非常出色地利用了基督教，他能够把原日耳曼在"蛮族"时期的许多原始民主制度和基督教教义有机地融合，使一个据说包括欧洲全部的诺大帝

---

① Yves Marc Ajchenbaum,2004,*L'Europe 25 Pays une Histoire*,Librio,Paris p. 9.
② 赵敦华：《基督教哲学 1500 年》，人民出版社 2007 年版，第 192 页。

国中的许多民族、宗教教派都能够统一在他的麾下，例如他一方面以武力和其他一切手段使原先的"野蛮的"日耳曼或其他异教徒（如萨克森教徒）皈依基督教，一方面又继续保留原"蛮族"的许多民主政治的形式，比如所谓的"三月校场"或"五月校场"会议。这是一种日耳曼民族古代的军事民主制度，一种古代的军事代议制机构，由全体军事人员参加，目的是分配战利品，并不定期地召开全体会议，蛮族国家成立以后逐步改成每年一次，有贵族和大领主参加；查理曼把它改名为"民众大会"，类似于今天的"国民大会"。查理曼不但让这种政治制度继续下去，而且还让教士们也参加。这样做的结果是，基督教的人道主义道德精神和"蛮族人"的原始的民主制度得到了相互的补充，形成了一种基督教道德和古代民主制度的较好结合。虽然在查理去世后，这一切由于他的三个孙子的分裂，导致了帝国的分裂，而且在后来的许多世纪里，欧洲大地上发生了无数各种各样的战争，其中最主要的当然也是宗教战争和民族战争，造成了欧洲人民无穷的灾难。但是，我们终于在 20 世纪的后半叶看到了欧洲在联合和一体化方面有了很大的发展，虽然 2005 年的欧洲宪法公投中出现了在欧盟中的两大成员国——法国和荷兰公民投票否决了欧盟宪法，欧洲的一体化进程受到了挫折，但是总的看来，由于欧洲各国，无论是政治家还是一般公民，无论是国家之间的"热战"还是意识形态斗争（如冷战时期的所谓"东方"、"西方"——共产主义世界和资本主义世界）中的双方，都理性地认识到有必要团结起来，共同发展，彻底结束一千余来年宗教的、政治的、意识形态的、民族的纷争与战乱。查里曼大帝时期的一位重要的基督教哲学家约翰·斯格脱·爱留根纳（John Scotus Erigena，810—877 年）就认为："灵魂作为种属不是独立的实体，只能作为心灵的概念与个人的灵魂相分离。个人灵魂是相互分离的实体，既有种属的共性，又有自身的特殊性……个人灵魂是个别的，但有共同属性。"① 可以说，这种神学哲学思想对于欧洲一体化中"一"与"多"关系的解释和影响是不可忽略的。

三、欧洲宗教战争对欧洲的政治、经济和文化意义

如前所述，基督教本来是起源于欧洲以外的宗教，但是当它被罗马统治者

---

① 赵敦华：《基督教哲学 1500 年》，人民出版社 2007 年版，第 194 页。

利用不久后,便开始"反客为主",在罗马帝国内外实行了残酷的"一教专制";"罗马人接纳了多以希腊文创作的圣经著作。基督教徒社区由长者(后来由牧师)领导,并且由罗马政府任命……政府开始赞助基督教徒,免除了他们的赋税。基督教教堂开始变得富有……异教在当时也很活跃,但后来被镇压。善于辩论的基督教徒,如圣奥古斯丁,发展了精深的教义,捍卫了基督教。结果,在古罗马,基督教的很多传统教义得到了阐释,这其中包括原罪、永远纯洁的圣母玛丽亚、地狱中永恒的惩罚……基督教中的禁欲主义倾向变得更加明显。"① 基督教原本的平民教会的本质被彻底改变,变成了统治者用以对百姓进行精神控制的工具。基督教从此后逐渐发展成为欧洲最重要的,绝大部分时间和空间上的最大最重要的宗教。

在精神上消灭他者的同时,基督教还与世俗政权一起,开始在政治、经济、社会文化、军事等方面全面的"统一"行动,实行专制政治。越来越强大的基督教教会在这时已经具有了很强的组织性和系统性,和罗马帝国的世俗权力机构几乎完全平行地设置了基督教会的权力机构,刘达人和袁国钦先生在起《国际法发达史》一书中说:"中世纪政治是两元的,即教皇操灵界,皇帝主世俗。而罗马教皇在政治上俨然具有强大的政治势力……不仅欧洲诸国皆崇加特利教,而受罗马教会的支配,即南渐之条顿族亦复改宗而沾其教化。在此宗教的统一之下,罗马大有非皇帝之罗马,不啻为罗马教皇之罗马矣。"② 基督教在欧洲的影响力和实际权势越来越大,逐渐成为一个"统治着整个欧洲的精神帝国。"③ 公元1075年,罗马教皇格里高利任教皇期间,就采取措施全面控制神圣罗马帝国皇帝:他命令帝国皇帝亨利四世放弃任命境内各教会主教的权力,经过一番斗争,最后皇帝失败,基督教教权的影响和实际权力到了登峰造极的地步。

虽然在绝大多数情况下,欧洲的世俗政权与基督教教权之间主要是一种"既斗争又勾结"的关系,表面看来教皇似乎总是凌驾于欧洲帝国或各王国世俗政权之上,但主要的目的还是比较一致的,这就是,为了共同的政治、经济

---

① 纳撒尼尔·哈里斯:《古罗马生活》,卢佩媛、赵国柱、冯秀云译,希望出版社2007年版,第187页。

② 刘达人、袁国钦:《国际法发达史》,胡娟勘校,中国方正出版社2007年版,第41页。

③ 刘达人、袁国钦:《国际法发达史》,胡娟勘校,中国方正出版社2007年版,第41页。

和文化的利益而"政教合一",一致对"外"。这种关系在十字军东征运动中就表现得十分突出。"十字军东征促发了西欧深刻的变化。东征不仅动用了大量的物资和人力,让西方社会各阶级卷入了向远东巴勒斯坦的征战,也是西欧基督教徒第一次向境外大扩张。"①

11 世纪的西欧(神圣罗马帝国)在经济和社会方面的发展都很快,但是在封建分封制度下的各地封建领主中有许多人因为糜烂骄奢的生活,使得世袭的财富日益显得捉襟见肘,入不敷出,以至贫困潦倒,史称"佩剑贵族"(例如唐·吉诃德那样只剩下一个贵族头衔的"穷光蛋贵族");与此同时,由于当时的继承制度只赋予长子以继承权,非长子的许多贵族子弟在父母去世后失去了优越的生活条件;而这些贵族子弟虽然平日里习惯于"衣来伸手,饭来张口",但他们的"贵族教育"对他们的要求却是"文武双全",既要知书达理,又要武功出众,只有这样才配得上贵族的称号;所以这一阶层的男子往往虽然又穷又酸,但另一方面却一般来说都凶悍勇武,野心勃勃。与此相反,当时不少被"解放"的奴隶或自由民或被允许脱离城堡,或逃离城堡,到封建领主的势力范围之外选一处合适之处建屋垦地,开设工场,生产日常生活用品等;这些人后来成为了有钱人,他们的居住地也越来越繁荣,地盘也越来越大,成为了"城市"(后来的所谓"市民"、"资产阶级"的称谓由此而来)。这些人有了钱,就希望在政治上有地位,希望有对于他们自己地盘的自治权;而当时在政治上有地位就需要先有贵族的头衔,所以这些有钱的平民就利用当时贵族制度的腐败,花钱购买贵族头衔,成为"穿袍贵族"。上面提到的"大商人"所指的主要就是这些人。

遍及西欧大陆的这两类掠夺意识和掠夺能力均很强的社会群体,在 11 世纪这个特殊的时刻,与欧洲的基督教教会和神圣罗马帝国世俗政权的对外扩张掠夺的"需要"一拍即合,最终推动欧洲"共同"地向外进行了长达近 200 年之久的征战、交流、学习和掠夺。

"从圣奥古斯丁开始,似乎就有某种圣战情结牵动着西方上层人士的思绪。"② 公元 300 年左右,罗马皇帝戴克利先(Diocletian)曾发起了一场对基

---

① 约翰·斯蒂文森:《欧洲史》(1001—1848),董小黎译,中国友谊出版公司 2007 年版,第 244 页。

② 约翰·斯蒂文森:《欧洲史》(1001—1848),董小黎译,中国友谊出版公司 2007 年版,第 24 页。

督教徒的迫害事件：基督教徒被命令交出所有的与基督教相关的一切物件，许多基督徒因不愿意交出而被逮捕、折磨和杀害。针对这种残酷的迫害，基督教徒中的"多纳徒主义者（Donatism）"主张用武力阻止其教徒交出圣物，最终导致"帝国对多纳徒派所采取的暴力步骤，开始时就受到大多数非洲主教的支持，终于也得到了奥古斯丁这个希坡主教的支持"[①]。奥古斯丁甚至由此"发展了有关正义战争的理论，这是他从西塞罗以及安布罗斯和其他人那里引申出来的。根据奥古斯丁的主张，如果战争是本着正义的目的——即建立和平——而进行的；如果战争是由政党的当局领导的；如果甚至在杀戮之中也存在着善良的动机，那么，战争就是正义的。"[②] 所谓"圣战情绪"与这种思想有着相当大的关系："这一切，和'上帝的和解'不谋而合。"[③] 东、西罗马帝国虽然分裂成所谓"拉丁的"西罗马和"希腊的"东罗马，但是它们的国教同为基督教（虽然也有所谓用希腊文传教的东正教与用拉丁文传教的天主教之别），但都信仰"我主耶稣"这一根点上却是共同的。所以，当1095年土耳其人进攻东罗马时，"拜占庭皇帝亚历克修斯一世派代表向教皇乌尔班二世请求军事援助，对付入侵的土耳其人。"[④] 在这种情形下，长期存在于西方罗马帝国的信徒，特别是专事军事的骑士阶层中向往和对圣地的崇拜（如骑士传奇中不无真实性的"寻找圣杯"的冒险追求），逐渐演变成为骑士们对上帝的"和解"谕示的狂热响应，"11月，教廷在奥弗涅地区的克莱蒙召开宗教大会，乌尔班号召西方基督徒武装起来实现东、西方教会的重新统一。乌尔班把这些有利因素融为一体。对勇士们还有额外优惠——他们将因忏悔而免罪，死者更可直接升入天。除了精神上的报酬外，还有机会得到大量的战利品。"[⑤] 就这样，一场为了在欧洲范围内的基督教东西两派"统一"的战争（基督教徒进行的最

[①] 胡斯杜·L. 冈察雷斯：《基督教思想史》（第二卷），陈泽民等译，译林出版社 2008 年版，第 22 页。

[②] 胡斯杜·L. 冈察雷斯：《基督教思想史》（第二卷），陈泽民等译，译林出版社 2008 年版，第 22 页。

[③] 胡斯杜·L. 冈察雷斯：《基督教思想史》（第二卷），陈泽民等译，译林出版社 2008 年版，第 244 页。

[④] 胡斯杜·L. 冈察雷斯：《基督教思想史》（第二卷），陈泽民等译，译林出版社 2008 年版，第 244 页。

[⑤] 胡斯杜·L. 冈察雷斯：《基督教思想史》（第二卷），陈泽民等译，译林出版社 2008 年版，第 244 页。

大一次"圣战")开始了。1097年,西罗马的东征十字军"联军"在东罗马的君士坦丁堡集结,于1099年攻占了"圣地"耶路撒冷,他们甚至在耶路撒冷等地建立了几个"十字军国家",成为西欧诸多基督教国家继续向东扩张和掠夺的根据地。1146年,以法国、德国、西班牙和英国的"基督战士"组成的第二次十字军却接连打了两次败仗,"圣地"耶路撒冷等地被埃及的苏丹撒拉丁占领。1190年,英国国王查理、法国国王腓力二世、德皇腓特烈·巴巴罗萨分别带领各自的十字军队伍再征东;这次东征由于三国军队协同不力,战事不利,最终只好和撒拉丁达成了一个休战合约。1198年,战事重起,"这次十字军征战完全是赤裸裸的商业利益争夺。威尼斯商人寡头决定利用战争打击自己的商业劲敌。1204年4月13日,第四次十字军东征并来到君士坦丁堡城下。随后三天,这座世界上最富有的城市被洗劫一空,千年帝国首都从此再没有恢复昔日的繁荣。"①

这里对一共进行了八次的十字军东征稍作描述:

十字军远征参加者的衣服上缝有用红布制成的十字,由此称为"十字军"。十字军东侵前后进行了八次。

第一次十字军远征(1096—1099年),参加的约有10万人。骑士十字军兵分四路,1097年会合于君士坦丁堡,旋即渡海进入小亚细亚,攻城夺地,占领了塞尔柱突厥人都城尼凯亚等城,大肆掳掠,于1099年7月15日占领耶路撒冷,接着按欧洲国家模式,在地中海沿岸所占地区建立若干封建国家。十字军横征暴敛,促使人民不断起义,政权动荡不定。

第二次十字军远征(1147—1149年),是在法国国王路易七世和"神圣罗马帝国"皇帝、德意志国王康拉德三世率领下进行的。塞尔柱突厥人于1144年占领爱德沙,是这次远征的起因。出动较早的德意志十字军在小亚细亚被土耳其人击溃。法国十字军攻占大马士革的企图也落了空,故这次远征未达到任何目的。

第三次十字军远征(1189—1192年),是在"神圣罗马帝国"皇帝红胡子腓特烈一世、法国国王奥古斯都腓力二世和英国国王理查一世率领下进行的。

① 约翰·斯蒂文森:《欧洲史》(1001—1848),董小黎译,中国友谊出版公司2007年版,第245页。

腓特烈率其部队，沿上次远征的陆路穿越拜占庭。法国人和英国人由海路向巴勒斯坦挺进，途中占领了西西里岛。由于十字军内部矛盾重重，此次远征也没有达到目的。德意志十字军（最初约 10 万人）一路上伤亡惨重，冲过了整个小亚细亚，但红胡子在横渡萨列夫河时溺死，其军队也就随之瓦解。腓力占领了阿克拉（阿克）港后，于 1191 年率部分十字军返回法国。理查在叙利亚取得了一定的成果，攻占了塞浦路斯，并建立了塞浦路斯王国，之后于 1192 年与埃及苏丹撒拉丁签订和约。据此和约，从提尔（今苏尔）到雅法的沿海狭长地带归耶路撒冷王国所有，耶路撒冷仍然留在穆斯林手中。

第四次十字军远征（1202—1204 年），是由教皇英诺森三世组织进行的。十字军开进拜占庭帝国，先后攻陷两座城池，并在其领土上建立起了几个国家。

第五次十字军远征（1217—1221 年），是奥地利公爵利奥波六世和匈牙利国王安德烈二世所率十字军联合部队对埃及进行的远征。十字军在埃及登陆后，攻占了杜姆亚特要塞，但被迫同埃及苏丹订立停战协议并撤离埃及。

第六次十字军远征（1228—1229 年），是在"神圣罗马帝国"皇帝腓特烈二世率领下进行的，这次远征使耶路撒冷在 1229 年暂回到基督教徒手中，但 1244 年又被穆斯林夺回。

第七次十字军远征（1248—1254 年）和第八次十字军远征（1270 年），是法国国王"圣者"路易九世先后对埃及和突尼斯进行的两次远征，但两次远征均遭失败。

然而重要的是，十字军把东罗马帝国的货币制度，和阿拉伯人的商业概念（如支票、信用状、股份公司组织）带回西欧，为几乎整个欧洲日后蓬勃发展资本主义铺平了道路。

十字军东侵在客观上打开了东方贸易的大门，使欧洲的商业、银行和货币经济发生了革命，并促进了城市的发展，造成了有利于产生资本主义萌芽的条件。东侵还使东西方文化交流增多，在一定程度上刺激了西方的文艺复兴，阿拉伯数字、代数、中国的航海罗盘、火药和棉纸，都是在十字军东侵时期内传到西欧的。

与皇权达成了"协议"的基督教，在这个时候又变成了"异教徒"的迫害者，在意大利、西班牙和英格兰，异教徒的庙宇被强行折毁；在罗马，丘比特的庙宇被关闭，古罗马信仰的经典《古罗马神言集》被付之一炬，到了公元5世纪上半叶，克莱索斯沱大主教便毫不夸张地宣称，古代作者和哲学家的书籍已经在地球上销声匿迹了。在文化与信仰上对异端进行迫害的同时，这时的基督世界已经开始构筑一个世俗的权力世界。教会的势力渗入到全国各地，每一个村庄、每一个行政单位中都会有相应的教会组织，都会有一位宗教领导人作为与地方行政官同等权力的教士，都有一套完整的宗教法规和细则，人人都须遵守，如若不然就会被教会开除，甚至被判处极刑。特别是，教会还有自己的军队——圣殿骑士团。按照这样的精神法则和这样的政治军事文化组织体系，欧洲的基督教会日益强大起来，逐渐成为一个统治着整个欧洲的精神帝国。在格列高利七世任教皇时期（1073—1085年），教皇的权力达到一个高峰，当时，教皇因册封权问题与法国皇帝亨利四世之间发生了一场争斗。皇帝企图废黜教皇，但教皇开除了皇帝的教籍并解除了隶属他的诸侯的效忠义务。结果，法国皇帝迫不得已到卡诺萨堡向教皇悔罪。皇帝身着麻衣，赤脚在该堡庭院的雪地里等候赦罪达三天之久。而随后的十字军东征，更为教皇检验和扩大自己的权力提供了一个绝好的机会。

如前所述，十字军之所以能顺利组成，充分表明欧洲已经有了一种共同的精神，有了一种共同的文化基础。在多达八次近200年的东征过程中，教皇不仅确立了他在欧洲作为精神领袖的地位，而且确立了他在世俗世界中的权力地位，他通过为各国皇帝举行加冕礼而在某种意义上成为"太上皇"。他可以对那些不服从教皇意诣的国王给予开除教籍的处分。1177年，皇帝弗里德里希·巴巴罗萨也在威尼斯跪在教皇亚历山大三世面前，承认他精神上的无上权威，并向他宣誓效忠。

于是教会系统所确定的教会制度、法规和细则，特别是违反教规时的处罚规定等，不但在教会内得到执行，也在世俗社会上得到了实行。到了12世纪，教会垄断了社会上的大部分权力，首先它牢牢掌握着对教义的解释权，这就等于教会变相地掌握了立法的权力，因为基督教已经成为"国教"，成为意识形态的独尊。其次是它拥有自己的法庭，不但涉及神甫的案件归教会法庭审理，而且修士、学生、十字军人、寡妇、孤儿和无依无靠的人都归他管理。再者，教会不但有巨额的各种事业收入，而且还向臣民收取一种"什一"教税。这样，以教皇为首的教会，已经成为欧洲大地上的一个在物质上也十分庞大和富裕的精神帝国。

基督教会如此迅速地兴起，使我们不得不思考这样一个问题：教会为什么要不惜牺牲——牺牲信徒的生命和异教徒的生命来构建一个基督教世界？这首先要从它的教义说起。按照乔·韦尔斯的说法，耶稣的宗教是宗教的宗教，它揭示了所有宗教的本义，即人类原本是一体的，"爱是人类共同发展的本源"。基督教不仅坚信和宣扬爱的力量，而且为人们设计了一个天国。天国里没有特权，没有剥削，也没有行恶的借口。凡是被上帝接纳进天国的人，上帝都一律平等看待，毫无区别，因为他的爱是不分高低的。而对于耶稣来说，他创造的教义，又很容易从中产生出政治意图来。因为无论他的天国是在什么地方，在人们心里建立到什么程度，那么外在的世界就会革命化并更新到什么程度。这种思想在圣奥古斯丁的《上帝之城》中有着明确的表达，他使人们认识到把世界建成一个神学的、有组织的天国的可能，圣奥古斯丁认为，这是"天命"注定的信奉者的精神社会。"罗马人提供的最好的概念，是一种'世界国家'的概念，自然的普遍法则，人类平等，四海之内皆兄弟……而普遍公民权的某些概念已经变成用来伸张正义的口号（不管是真诚的或虚伪的），以'人道'、'全人类'或'国际社会'这个近来持续转变的模糊之名被使用着。"[1]

无疑，这个理想也多多少少也是西欧教廷的理想，而且他们以为他们已经找到了这个"统一的看法"，那就是耶稣的教义。

在中世纪，基督教的影响也表现在对古罗马法的复兴上，虽然这次复兴运动名义上叫做"基督化"运动。经过这次所谓的"基督化"运动，许多欧洲国家都接受了罗马法，虽然程度有所不同；西欧大陆国家接受的程度要大一些，英国的接受程度则小得多。进入资本主义时期以后，法、德等国都以罗马法为基础，结合本国实际情况，先后制定了民法典，形成了民法法系。英国继续受到罗马法影响，只是没有全面接受罗马法，仅借鉴了罗马法的一些原则和制度。

从 13 世纪起，在以基督教为其精神支柱的欧洲，或者说由于查理曼大帝而开始的所谓"基督精神"（或译"基督性"）已从内部开始衰败。

首先，基督教"正宗"的代表罗马教廷长期以来就和东罗马的"东正教"

---

① 安东尼·派格登等：《西方帝国简史——迁移、探索与征服的三部曲》，徐鹏博译，天津人民出版社 2007 年版，第 29 页。

有很深的矛盾和分歧。东西罗马帝国的对立起源于公元325年，君士坦丁大帝在东方的拜占庭建造了一座大教堂，供奉智慧之神索菲亚，后来，这个教堂就作为东方基督教——正教（由于作为正教主教所在地的拜占庭——"第二罗马"和莫斯科——"第三罗马"均地处东方，故称"东正教"）宫廷教堂，成为同罗马教廷抗衡的宗教中心；这个基督教支系的势力范围扩大到了俄罗斯、巴尔干和东南欧。所以拜占庭（由于君士坦丁大帝将这个城市定为东罗马帝国的都城，故改名为"君士坦丁"——即今日土耳其的伊斯坦布尔），这个城市的主教很自然地成为了基督教会内部的第二号人物，其地位仅次于"老"罗马教皇。在迁都后不久，君士坦丁堡的主教被升格为大主教。这是很久以来罗马教皇们反对的，因为如果君士坦丁堡主教获得这种地位，就将改变基督教会业已形成的等级制度。但是，公元381年，第一次君士坦丁堡公会议仍然在君士坦丁大帝的坚持下宣布了如下信纲："最后，戴克里先皇帝为了维持帝国的安定，将帝国分成为东西两半，继任者君士坦丁大帝更进一步作出区隔。君士坦丁大帝在324年于博斯普鲁斯海峡岸边的拜占庭城建立东边的'新罗马'，以希腊文取名为君士坦丁堡（意指君士坦丁之城）。"① 本来一体的基督教也就分成了拉丁基督教（名为天主教）和希腊基督教（名为东正教）。尽管教皇达马苏斯一世和格列高利一世拒绝承认这个结果，后来的罗马教皇也都尖锐地反对（教皇利奥一世拒绝接受这个分裂，指责它非法并且和无效，因为这一决定是在罗马教皇特使缺席的情况下作出的），但是"在公元312年的穆尔芬桥战役中，君士坦丁大帝打败了对手马克森斯……他的胜利（照他后来的说法）完全归因于他当时在天空看到一个十字架，上面写着'赖此获胜'。后代的历史学家免不了将这次战役视为神迹。"②

四、基督教的分裂与"世俗化"

尽管有这些分歧，人们在习惯上还是把基督教看做一个相对连贯的整体。

---

① 安东尼·派格登等：《西方帝国简史——迁移、探索与政府的三部曲》，徐鹏博译，天津人民出版社2007年版，第33页。

② 安东尼·派格登等：《西方帝国简史——迁移、探索与政府的三部曲》，徐鹏博译，天津人民出版社2007年版，第33页。

那么，我们也可以按这样的意见，把在基督教影响下发展起来的欧洲视为一个精神整体。如果我们按照这种意见，把在基督教精神统治下的欧洲看做是一个文化相对统一的欧洲，从精神上说是一个整体的话，那么我们也可以看到，几乎从基督教被分裂为东、西两大教派以来，基督教和"基督教的欧洲"就开始面临宗教和政治的分裂了："据史家记载，公元1000年前夕，欧洲人以为世界末日将至……以致人心惶惶，不可终日，生产情绪低落，赴罗马朝圣者络绎于途。其实，这种在宗教至上国家产生的精神危机，主要是与当时的基督教教义上的分歧有关，而且我们可以看到这个分歧在著名的《马太福音》中就已初见端倪：在耶稣被问是否应当向罗马纳税时，基督说出了这句著名的话，'恺撒的物当归给恺撒，上帝的物当归给上帝'（《马太福音》）。"这其实就是导致后来产生"大宪章"和一系列"政教分离"的基督教政治哲学，从某种意义上说，基督教教义的世俗化源自圣经的起源本身，它不但是"政教分离"和"政府权力神圣性"的思想基础，而且更是后来欧洲现代民主自由运动的思想基础；因为基督教的政治哲学认为"上帝赋予人自由的意志。这就是说，虽然人的自由意志包含着恶的可能，但却服从上帝的公正这一最高的善。为了显示上帝惩恶扬善的公正，必须赋予人意志自由，让他们承担自己选择的责任"①。

这就是我们常常提到的所谓基督教民主，基督教人道主义精神的思想基础。它的价值在于，使人们不再认为所有不信上帝的人都是邪恶的人，都是敌人，所有不信基督的国家都是邪恶的国家。而是以一种全新的态度对待"异教徒"（不信基督的或信仰其他上帝的人）及世俗秩序和国家；基督教政治哲学的这种因素的发现和发展，也使中世纪的古罗马帝国社会中许多古希腊和古日耳曼蛮族社会原有的原始民主自由思想得以在基督教的罗马大帝国中继续和发展，甚至于许多封建制度甚至奴隶制下的许多规章制度在现当代的欧洲都能有所延续。因为对西方宗教权和世俗权二元统治下的欧洲（西方），"上帝之城"和"世俗之城"是同等重要的。这种观念奠定于圣奥古斯丁的《上帝之城》："上帝之城与世俗之城的区分的意义不只是解释一个历史事件，它包含着一个完整的国家和社会学说……两种爱组建了两座城，爱自己、甚至藐视上帝者组

---

① 赵敦华：《基督教哲学1500年》，人民出版社2007年版，第152页。

成地上之城；爱上帝，甚至藐视自己者组成天上之城；前者荣耀自己，后者荣耀上帝。"① 奥古斯丁的贡献在于他不但主张提供在"世俗之城"的现实生活中享受"光亮、夜晚、空气和水以及保持、遮盖、治疗、美化身体所需要的一切"②。而且强调理性的灵魂对于"地上之城"中生活者的必要性："非理性灵魂的和平是欲望的平静与和谐，理性灵魂的和平是知识与行动的和谐，身体与灵魂的和平是有序与和谐的生活以及生命物的健康，人与上帝的和平是信仰服从永恒律的秩序，人与人的和平是有序的合作，家庭和平是当权者与从属者的有序合作。社会和平是公民间类似的合作。"③

存在于《马太福音》中的，被后来的诸多思想家不断解释，为"世俗政权"的神圣性提供理由的基督教政治哲学思想，对于欧洲后世的许多世俗化进程和新教改革，都起到了十分重要的作用。

从耶稣说"恺撒的物当归给恺撒，上帝的物当归给上帝"到罗马教皇为查理曼大帝加冕并授予他"神权"，就已说明从基督本人到后来的许多主教或教皇，都已经对世俗权力予以承认，并让世俗政权"代表"上帝来行使权力，使得世俗国家的存在有了宗教的合法性；这既有利于世俗政权对一般国民进行有效的统治，又有利于遏制教会权力的无限泛滥；但与此同时，由于君权系"神授"，所以世俗政权也不能僭越神权。这样，这既有利于世俗的国家统治者和国民进行世俗的种种活动：政治、经济、法律、教育、科学技术等实用（世俗的）活动，又不至于没有作为人类来说必不可少的精神支柱，而且还能给予世俗的人类生存之物质条件的创造以巨大的活动空间（神也授予其那样行动——创造物质条件的权力）。

基督教政治哲学的这种二元论倾向对于欧洲的影响是巨大的，后世的许多政治，比如在欧洲导致了无数论战和杀戮的关于"政教分离"，关于欧洲一体化或联盟中的许许多多的邦联和"联邦"、有关欧盟制宪（比如关于《欧洲宪法》公投等）的分歧等，或多或少都与基督教政治哲学二元论相关。这种二元论从神权与世俗政权之间的关系平衡，到后来演变成（世俗化）为民众与代表民众行使管理权的政府之间的平衡关系的争论，直至今天的欧洲一体化中的许

---

① 赵敦华：《基督教哲学 1500 年》，人民出版社 2007 年版，第 160 页。
② 赵敦华：《基督教哲学 1500 年》，人民出版社 2007 年版，第 160 页。
③ 赵敦华：《基督教哲学 1500 年》，人民出版社 2007 年版，第 160 页。

多分歧，特别是所谓"欧洲宪法之争"，等等。我们将在后面的章节中较为详细地分析这些现象和问题。

五、"基督精神"世俗化与欧洲的文艺复兴

学界习惯于将欧洲中世纪后期开始的那场对于古代思想的复兴叫做"文艺复兴"，因为中世纪基督教严厉的禁欲思想和教规使得整个中世纪的欧洲成为了"蒙昧的欧洲"（亦译"黑暗的欧洲"），人们感到极其压抑和痛苦，所以十分怀念古代人的，特别是古希腊、古罗马时代的朴素的自由民主之风。于是一些有识之士（例如彼特拉克和但丁）呼吁恢复古代人的自由精神，反对对人类进行无谓的束缚，废除那些不必要的繁文缛节等。当然在此之前就已经有人开始了这方面的尝试，甚至从查理曼大帝执政时就开始了，查理曼就曾在他颁布的法令中写道："说教任何时候都应说的使普通人都能完全听懂"，"任何人都不要认为，向上帝祈祷只能用三种语言（大概是拉丁语、希腊语和德语——基佐注），因为上帝是被人们用各种语言来赞美的，一个人如果向上帝要求的是正当的事，他的祈祷和言语是会被听到的。"许多人开始用研究古代文学的方法来研究圣经，发掘圣经中的人文主义的精神，他们将圣经翻译成本民族的语言，导致了宗教改革运动的兴起。路德甚至是按照自己的理解来"创造性"地翻译圣经，例如对圣经中的"神召"一词的翻译，路德就把它译成了"职业"，这就完全把圣经里的"神召"一词的精神内涵"上帝分配给的任务"世俗化了；按照马克斯·韦伯的观点，路德要让人们认为从事一项职业（人们的世俗活动——大多为生产和生活活动）是上帝安排的一项任务，或者更确切地说，是上帝安排的唯一任务。在以后的发展过程中，正统的路德派更多地强调这一点。

在中世纪后期，这种已被冠以"文艺复兴"之名的"世俗化"运动是以崇尚古希腊、古罗马时代的艺术作为其表现形式的。众所周知，古希腊、古罗马时代的艺术（特别是造型艺术）是以歌颂人体美为特点的，认为人体比例是世界上最和谐的比例。这在中世纪基督教主流观点看来是亵渎神灵的，但文艺复兴的鼓吹者则和古希腊、古罗马人那样认为人体是圣洁的，而且按照一些宗教改革人士的观点，人作为上帝的造物应该是完美的而不是邪恶的；人体既然是上帝的完美的造物，那么它就应该是受到赞美而不是抑制。所以当时许多的人

体艺术，甚至于许多的圣经人物也被文艺复兴的艺术家们从人体美的角度进行表现；在欧洲文艺复兴时代留下来的许多建筑物上，也有许多人体美观念的应用；此外，这一时期的许多绘画和雕塑艺术（其中也有许多应用于建筑物），虽然仍是以宗教故事为主题，但是其背景甚至主要场景都出现了许多普通的人，神灵形象的光环逐渐消失，与普通人无异，"将神拉到了地上"。这就是为什么人们将恢复古希腊、古罗马共和国时代的人与神的较为完美地和谐相处的时代的运动称之为"文艺复兴"的原因。因为那个时代是人性最完善的时代，虽然也是尊重神的时代，但同时更是尊重人的时代。欧洲文艺复兴时代的先进思想者们"复古"的主要意图和贡献是要求像古代那样尊重人性，而不是像"黑暗的"中世纪那样压制人性。这其实也是近代西方所谓"人道主义"的本意，是近代西方自由民主思想的来源之一。

中世纪后期这场"世俗化"运动，实际上是欧洲文明发展史上的一个必然结果。世俗化对于人的生理需求的解放，促进了手工业和商品经济的极大发展；而所谓的"复兴"其实是一次对知识和精神的空前解放与创造。

当然我们已经知道，文艺复兴另一个重要原因是 1453 年奥斯曼土耳其帝国攻陷君士坦丁堡，东罗马帝国灭亡。这时，许多受到东方文化影响，但是却保留着古罗马帝国精神的人才逃回意大利，带回了东方的新鲜思想和艺术，特别是在罗马开办学校，教授希腊语，介绍东方文化，也在相当大的程度上促使了文艺复兴运动的形成。

"文艺复兴人文主义肯定人的独立性，和他在文化创新、科学和艺术领域的自由。此中包含着真理，因为最基本的诗人的创造力应该跨越中世纪基督教加在它的道路上的障碍和限制。"① 这个运动确立了人文主义的精神内涵，对于后世欧洲各种民主自由运动产生了决定性的影响。

这场与欧洲文明的发展关系重大的"世俗化"运动，其实在欧洲大陆西北面的岛国——英国出现得更早。今日法国北部的布列塔尼人于 1066 年开始渡海进入今日的英国土地，不久后，一位布列塔尼人成为了英国的国王，所以英国现在有一个名称叫"大不列颠"（"不列颠"其实与"布列塔尼"——Bretagne是同一个字，只是因为这块土地比欧洲大陆上的布列塔尼大一些，所

---

① 诺曼·戴维斯：《欧洲史》（上卷），郭方、刘北成等译，世界知识出版社 2007 年版，第 474 页。

以在前面加上了一个"大"字而已)。那位布列塔尼人成为英国的国王后，逐渐开始建立中央集权的政权，加上本地盎格鲁—撒克逊人原有的一些有效的统治方法，使英国逐渐强大起来，在公元1199年，英国国王已经成为欧洲最有权力的国王。当英王约翰在公元13世纪初即位之后，由于宫廷内部的权力之争（当时人们认为约翰杀害了与他争夺王位的"不列颠的"亚瑟）和对外战争（公元1214年英、法争夺诺曼底之战）失败，使得早已对约翰的专制制度不满的英格兰封建贵族纷纷起来反对他，特别是要求限制他的绝对王权。1215年6月10日，英格兰的封建贵族在伦敦聚集，挟持英格兰国王约翰。约翰被迫赞成贵族提出的《男爵法案》(*Articles of the Barons*)。同年6月15日，约翰在《兰尼美德（Runny Mede）法案》盖上王室的印章。最后王室秘书将国王与贵族间的协议正式登录，即成为最初的大宪章，并将副本抄送至各地，这就是《大宪章》。

这里值得一提的是《大宪章》中的所谓"安全法"。根据该条的规定，由二十五名贵族组成的委员会有权随时召开会议，具有否决国王命令的权力；并且可以使用武力占据国王的城堡和财产。大宪章要求王室放弃部分权力，及尊重司法过程，接受法律的限制。

《大宪章》确立了一些英国平民享有的政治权利与自由，改革了立法和司法制度，限制了国王、王室及官员的权力。但是，该宪章内大部分的内容在亨利一世时所颁布的《自由宪章》(*Charter of Liberties*)中就已存在了，《大宪章》大量地借用了《自由宪章》的内容。比如《自由宪章》中就已规定了国王如何对待教会及贵族的一些条款，给予了教会及贵族一定的权力。最初的《大宪章》有六十三条，其中大部分是针对13世纪时宫廷里的一些事务，例如限制皇室狩猎范围等。

《大宪章》主要是重申王国贵族的封建权利和防止国王侵夺这些权利，并对国王的权力进行了一定的限制。主要内容有：

第一，教会的自由和权力不可侵犯；

第二，宣布了国王不可擅自征税的原则，强调除传统捐税贡赋外，任何赋税的征收都必须得到"全国人的一致同意"；

第三，应承认伦敦及其他城市拥有自由和习惯之权；

第四，赋予国民一定的权利，其中较为重要的有被协商权、享有人身自由的权利、监督国王与反抗政府暴政的权利等。[①]

根据这些条文的规定，国王若要审判任何一个人，只能依据法律，而不能以他的私人好恶来进行。这个条文的意义在于，它规定了王权的范围，废除了王权的专制，衍生了人权的概念，限制了王权，向君主立宪制度迈进了一步。由于这个宪章在约翰死后的多次重新发布，使它成为了永久的法律；《大宪章》亦成为了日后英国宪法的基石。

如果说英国的"大宪章"运动是以反对和限制王权为特征的"世俗化"（更重视人而不是仅仅重视神），那么法国在这同一阶段中，其"世俗化"则直接表现在与神权的冲突上。法国是基督教世界（主要指欧洲）唯一在历史上多次"挟持"教皇，将"神权"置于世俗政权之下（虽然名义上听命于神权）的国家。中世纪的罗马教廷已经十分腐败。本来基督教是中世纪欧洲人主要的心灵支柱，他们无论内心还是表面，对于教会礼规都非常重视。然而随着工商业的发展和教会的实体化，教会和教士们也拥有很多财产（常常是掠夺所得），庞大的教产和专制的教权，使得许多神职人员甚至主教乃至教皇神职人员的道德松懈，教会中的丑闻不断地发生。教会内部不时爆出以金钱购买神职，有些神父甚至连十戒与主祷文都不清楚；有的神职人员甚至主教不时爆出性丑闻；有时，教会为了缓解财政方面的负担，居然贩卖赎罪卷以敛财。

与此同时，罗马教廷和王权之间的矛盾也在加深，由此也在政治上逐渐开始腐败。例如1241年，罗马元老奥尔西尼为了自身的地位和利益，强迫十位红衣主教将他中意的人选为教皇，可是这些红衣主教不愿意听命于他，于是奥尔西尼就将他们五花大绑，关在窗户紧闭的寺庙里百般折磨，直至他们按照他的旨意选出教皇。但新教皇任职16天便死了，结果造成了其后的两年中罗马教皇缺位。在这种情况下，世俗的王权就有了许多可乘之机，他们常常利用宗教政权的腐败来达到自己的目的。1285年，法国国王菲力普四世下令在法国境内向教士们征收财产税。当时的罗马教皇 Boniface VIII（1294—1303年）立刻进行干预，反对向教士征税。于是法国国王就联合当时在经济上也相当强大的英国，共同对教皇进行"经济制裁"——停止向罗马运送黄金和其他货币，而且还把教皇派驻法国的主教抓了起来；教皇决定启用已经沿用了几个世

---

① 何勤华、张海斌主编：《西方宪法史》，北京大学出版社2006年版，第312页。

纪的教规，将菲力普四世驱逐出教；不料菲力普四世不但没有害怕，更没有像200多年前的罗马皇帝亨利四世那样像教皇屈服（1075年，教皇格里高利七世（Gregory VII）趁日耳曼神圣罗马帝国国内局势未稳，颁布了教皇专制的教令，根据这个教令，任何世俗政权都不再有权任命各级主教，而且皇帝的立或废也要由教皇决定），而是召集了所有的日耳曼主教会议，宣布废黜教皇。接着，法国国王干脆在法国阿维尼翁（Avignon）自设教廷，让法国大主教当了新教皇，称为克莱蒙五世（Clement V）。

然而，这种改变只是世俗王权和宗教教权之间的争斗，教廷搬到了法国，但教会的腐败并没有得到遏制，反而变本加厉，愈演愈烈。更为严重的是，法国国王和罗马教廷之间的斗争愈演愈烈：罗马不承认法国的教皇，并自选了一个教皇乌尔班六世（Urban VI），当然法国也不承认这个罗马的教皇，于是基督教内便有了两个教廷和两个教皇。更有甚者，1409年，罗马组成了一个主教委员会，宣布两个主教都无效，并选出了第三个教皇；三个教皇同时并存，相互攻击诋毁。基督教的神圣性就这样遭了毁灭性的打击，罗马天主教的教义也遭到了许多质疑。基督教真正意义上的复兴，恢复基督教真谛，按当下各方面的状况对这个宗教进行改革势在必行，也可以说，恢复基督教原初的真谛，随着社会现实的变化对教义进行必要的改革，这实际上也是欧洲思想文化史上的一个十分重要的进程，它对欧洲的政治、经济、科学技术的发展的作用都是决定性的。基督教的世俗化由于社会历史的发展而起，而宗教世俗化又对欧洲社会进步、科学技术的发展起到了推波助澜的作用。

1535年，哥白尼（Nicolaus Copernicus，1473—1543年）用"四个九年的时间"完成了长达六卷的科学巨著《天体运行论》。如前所述，中世纪是一个黑暗蒙昧的时期，在当时的科学领域盛行亚里士多德—托勒密的地球中心说，这个学说被基督教改造成为基督教教义的支柱。然而，当时一些具有进步思想的哲学家和天文学家都对这个复杂的体系产生了怀疑。哥白尼在意大利时，就研究过大量的古希腊哲学和天文学著作。他赞成毕达哥拉斯学派的治学精神，主张以简单的几何图形或数学关系来表达宇宙的规律。哥白尼还从古希腊人阿利斯塔克等人的著作中发现他们就已讨论过地球绕太阳转动的问题。受到古希腊朴素唯物主义思想影响的哥白尼认为整个宇宙的支配力量是太阳，各个天体都有其自身的运动规律，但都是围绕太阳转动，从而系统地批判了地球中心说，建立了当时来说是最先进的太阳中心说。不过哥白尼担心遭到教会的反对和迫害，迟迟不愿将《天体运行论》公开出版，而且还特别从物理学的角度为太阳中心论可能遭到的非难预备了答案。尽管这样，这本书也只是在哥白尼临死之前（1543年5月24日）才在病床上见到了《天体运行论》的样书。太阳中心说极大地影响了欧洲的学术界（当时还没有真正意义上的"科学界"，因为当时的所谓"科学"都是附属于宗教，一切科学研究活动都是为了论证上帝的存在和教义正确性），极大地危及到教会的思想统治。所以哥白尼迟迟不敢出版这部著作。但是实际上，由于当时教廷已被法国控制，在这一段时期，基督教会内部还是相对自由的，所以哥白尼终于在朋友的劝说下出版了一篇《短论》来介绍日心说的要点。当时虽然教廷反对出版这本著作，但是也有不少人，其中包括一些主教都主张出版这本书。此外，当时的教廷被法国控制，并不像以后那样反对新的思想，所以当时其实有条件出版哥白尼的这部著作，但是哥白尼本人还是一直不愿意这么做，其中重要的一个原因就是哥白尼一直想解决自己的理论体系中尚留的缺陷，不想贸然出版而导致外来的批评。但是后来，《天体运行论》仍然被列为禁书（公元1616年）。尽管这样，由于后来的优秀的思想家和科学家如开普勒、伽利略、牛顿等人的工作和不断地斗争，哥白尼的学说不断获得胜利和发展。

哥白尼的学说不仅改变了那个时代人类对宇宙的认识，而且从根本上动摇了欧洲中世纪宗教神学的理论基础。从此自然科学便开始从"神学中解放出来"，科学的发展便开始"大踏步前进"。

而几乎与此同时，欧洲在工商业（其实其中也包含着基督教的扩张，例如十字军东征）发展成果的推动下，各行各业的对外扩张活动蓬蓬勃勃地开展起来。航海业更是得到了空前的发展：信仰基督教的犹太人航海家哥伦布就对教会关于"天圆地方"的学说十分怀疑；他认为之所以帆船向大海启航后，船身由下而上渐渐消失的原因正是因为地球是圆的。为了印证这个"想法"，哥伦布于1492年至1493年从西班牙出发，打算一直向西航行，直至再回到西班牙。可是最终哥伦布却在无意中发现了美洲。虽然哥伦布并未达到自己想达到中国等地的夙愿，但是从那以后，西方终于走出了中世纪的黑暗，开始了新的一系列向外扩张行动，使西方业已兴起的新的文明向全世界进行扩张，"给欧洲商人带来巨大的利润……扩大基督教王国的目标也推动着欧洲人去探索更为广阔的世界"①。在陆地上，马可波罗在更早的时间里就到了中国，发现了亚洲这个比欧洲大得多的地方，发现了"比基督教世界繁荣得多"的国家和文明。马可波罗的经历"极大地改变了他的同胞们的地理观念，预示着更多更广的探险。应该承认，基督教的世界也许已经不再是全世界，也许不再是唯一的文化。"② 也是在这一段时期，欧洲出现了托钵修会（又称乞食修会——Les Ordres mendiants）。此修会规定会士必须家贫、不置恒产、以托钵乞食为生。他们云游四方，活动在社会各个阶层，"他们更加具有基督教的深度，比一般的所谓虔诚更具有自觉性"③。他们以一种比较特殊的方式，从某种意义上又使基督教回到了最初的"穷人的"，"自然自由"的真谛。

综上所述，从查理曼大帝开始，到法国国王及其他国王对罗马教廷的对抗，几乎从基督教成为罗马国教后就一直没有中断过；他们为了坚持或"复兴"古代基督教的真谛而不断斗争；欧洲的人们从陆地和海上的冒险、科学、商业活动中逐渐发现基督教许多理论都不可信；再加上基督教本身的日益腐败对教会声誉的损害，欧洲中世纪后期的基督教"世界"已经土崩瓦解，"一个'世俗的'领域已经十分明显地出现了，它对于宗教本身的权威已是无可争议的。基督性死了。"④

那么，这个"世俗的领域"究竟是什么样的领域呢？在沃耶纳教授看来，它就是此后许多欧洲人引以为傲的"欧洲理念"。不过同时沃耶纳教授认为："然而这种悖论只是表面的，因为，一个欧洲，或者毋宁说，一个欧洲理念出现了，欧洲理念在基督性的骨灰上重生，它被吁请接替基督性。"⑤

六、"基督性"与"欧洲性"的两难定义

沃耶纳教授之所以在这里使用了"悖论"一词，是因为无论基督教的"世

---

① 杰里·本特利、赫伯特·齐格勒：《新全球史》（下），魏凤莲、张颖、白玉广译，北京大学出版社 2007 年版，第 636 页。

② Bernard Voyenne, 1964, *Histoire de l'idée européenne*, Petite Bibliothèque Payot, p. 52.

③ Bernard Voyenne, 1964, *Histoire de l'idée européenne*, Petite Bibliothèque Payot, p. 53.

④ Bernard Voyenne, 1964, *Histoire de l'idée européenne*, Petite Bibliothèque Payot, p. 53.

⑤ Bernard Voyenne, 1964, *Histoire de l'idée européenne*, Petite Bibliothèque Payot, p. 53.

俗化",还是欧洲联盟(或一体化)的"现实"目的,都无法完全地离开"基督性"的理念。如前所述,无论人们如何地批判"基督性",也不得不承认,从古罗马时代开始,经过两千多年的风风雨雨,起起落落,欧洲直至今天仍然"拥有"的"先进"的自由民主运动,其实早已在基督教的《圣经》中就有了雏形。虽然我们不能说这是全世界最早的较完善的政治哲学思想,但它确实是欧洲自由民主思想的基础之一;这就是所谓西方文明中著名的"两希"论观点,即是说,"希腊"和"希伯莱"(基督教起源于希伯莱的犹太教)两大思想源头对欧洲文明的决定性影响。但是,欧洲真正的民主自由思想,以及现代意义上的"共和"政治制度,却又是在与基督教统治下的种种"蒙昧"的复杂关系中发展出来的。我们所说的基督教专制与蒙昧和现代自由民主制度(而且是从某一国、某一地区的较完善的民主自由制度到某一大洲如欧洲的联盟,直至建立超国家、超民族的自由民主制度等等设想)之间的这种"复杂关系",就是沃耶纳教授所言的"悖论":这两者既不是截然不同,又不是截然相反;"欧洲性"既非"基督性"又不是非"基督性","基督性"既非"欧洲性"又不是非"欧洲性"。这种"是"与"非"之间的纠缠,就使得直至今天的欧洲一体化中出现种种问题,如所谓"邦联"与"联邦"的争论,欧盟东扩的问题,既与欧洲相关又不是"欧洲的"土耳其这样的国家加入欧盟的问题等等,引起了许多争论和纠纷,无法得出结论,也似乎更无法较快地解决这些问题。因此我们认为,欧洲一体化中出现的这类问题,实际上就是欧洲文化发展中出现的问题。面对这些问题,如果不研究它的文化背景,即这个联盟形式产生的种种政治、经济原因之外的更深层次的文化精神原因,我们就无法全面地理解欧洲一体化中出现的各成员国之间除了政治、经济原因以外的既"团结"又"分裂"的历史和现状,在许多对内对外问题上既"一致"又"分歧"等等问题;更无法对欧洲联盟自身的种种问题进行卓有成效的研究和预测,无法正确把握这个当今世界"重要一极"的政治、经济、文化、军事外交等状况的动向。

可以说,早在基督教被引进罗马帝国,被定为国教时,欧洲思想界的宗教与世俗之间的既非此亦非彼的悖论就出现了,只是到了中世纪后期,欧洲反对基督教又源于基督教的"世俗化"的运动走向了更加快速的轨道,形式也有了更大的变化而已。总之就如沃耶纳教授所言,"欧洲理念在基督性的骨灰上重生,它被吁请接替基督性"。

　　欧洲思想文化发展史上的上述悖论状况，在法国的"美男子菲力普"统治时代提出的欧洲联盟理念和设想（计划）中最早较为明显地暴露出来。

　　13世纪末14世纪初的欧洲，是一个"比起现代的欧洲来说更加'现实主义的'欧洲，各强国几乎没有时间去考虑那些虚无缥缈的事情。"[①] 这里的所谓"虚无缥缈的事情"指的就是以十字军东征为标志的那些为捍卫"基督性"（至少战争发起者是那样宣称的）而进行的长达100多年的战争，所以学界认为"美男子菲力普"主持的最后一次十字军东征，无论出于什么动机，其结果都是"结束十字军东征"，结束这种"虚无缥缈事情"的一次行动。[②]

　　而又正是这个结果，使得这位强悍的君王产生了在"基督性的骨灰上"建立一个世俗的"欧洲合众国"（Les Etats-Unis Européens）的念头。

　　和许多这类情况一样，"美男子菲力普"建立这个"欧洲合众国"的念头来源于他的一位得力助手皮埃尔·杜布瓦（Pierre Dubois，1250—1312年）。杜布瓦本是诺曼底的库塘斯行政长官法庭的宗教案件法官，由于曾是巴黎大学教授托马斯·达甘[③]和斯热尔·德·布拉邦[④]的学生，皮埃尔·杜布瓦是一个"十分有思想的"人，甚至"有些疯狂"，他的思想和抱负就是帮助当时欧洲强力的君王"美男子菲力普"建立一个世俗的欧洲霸权政府。但是遗憾的是他仅仅处于一个远离欧洲和法国政治中心的诺曼底地区的一个小城，所以他不得不采取了许多"手腕"，比如写一些惊世骇俗的文章，特别是针对教皇的诏书写一些"激进并带着恶意"的文章，以便引起当局的注意（这种现象在欧洲思想史上十分常见），可是这些方法均未奏效；后来"也许是因为一篇更有学术性的抨击圣殿骑士团的小册子"[⑤] 引起了法国国王菲力普的注意，于是皮埃尔·杜布瓦当上了国王的"高级政治战略顾问"。正是在他的建议下和帮助下，菲力普国王采取了向教士收税，在法国的阿维尼翁自设教廷，自立教皇克莱蒙

---

　　① Bernard Voyenne,1964,*Histoire de l'idée européenne*,Petite Bibliothèque Payot, p. 53.

　　② Bernard Voyenne,1964,*Histoire de l'idée européenne*,Petite Bibliothèque Payot, p. 53.

　　③ Thomas d'Aquin，法国神学家和哲学家，1252—1259年在巴黎大学任教，欧洲思想史上第一位将亚里士多德的哲学用于神学解释的哲学家。

　　④ Siger de Brabant，法国神学家和哲学家，在欧洲思想史上首次指出"双重真理"问题，即在哲学上看来是真理的东西，在神学上看却是谬误。据说此人曾是但丁的老师。其主要神学和哲学贡献是"极其理性"地评论亚里士多德的《政治学》。

　　⑤ Bernard Voyenne,1964,*Histoire de l'idée européenne*,Petite Bibliothèque Payot, p. 55.

五世等等将教会权力甚至教廷掌控在自己手中的措施。

上述这些无论在当时还是后来的欧洲历史上都不能不说是惊人之举的成功，却还都并非皮埃尔·杜布瓦最大的抱负，他的最大抱负是建立一个欧洲联邦。

七、"既不要教皇也不要皇帝"的"世俗的"欧洲联邦

1306 年，皮埃尔·杜布瓦编制了一个"雄心勃勃的"计划：《收复圣地——政治总协约》(De recupération de la Terre Sainte, ambieusement sous-titre《traité de politique générale》)。严格地说，皮埃尔·杜布瓦的这个欧洲联邦（协约组织）的建设计划其实主要是将当时的主教大会圣公会（Le Concile）世俗化，也就是说，将在教会内部实现相对民主、类似现代政治体制中的人民代表大会的制度世俗化，目的是保证欧洲的长久和平。但值得指出的是，在"要教皇还是皇帝"的两难选择中，杜布瓦的回答是："既不要教皇也不要皇帝"。他认为，如果选择教皇的话，那也只能让他待在那个精神世界里，也就要让教会彻底改革，让教会"现代化"，也就是要让信仰留在纯粹的精神领域；如果选择皇帝的话，除非这个皇帝是英明的法国国王，否则皇帝就与一头凶恶的野兽无异；而且，虽然皇帝应该是至高无上的君主，但在人格上，其他人也和他一样，所以不能把至高无上的管理权交给一个早已"行将就木"的（喻指不称职的或名存实亡的）皇帝。那么，是否需要领导人呢？杜布瓦认为：需要。但是需要这些领导人相互和谐相处，因为他们都是有很大的自由和很大的权力的人，这就更需要他们之间的和平共处精神而不是水火不容的关系。"欧洲的和平只能是欧洲各王国之间和谐相处基础上的和平，若要欧洲各王国和谐相处，那就需要一个好的宪法来进行约束和协调。"① 也就是说，在所谓和谐的王国与王国之间的关系，君王对其子民的"仁政"（Le Bienfait）之外，必须要有一种对每一个国家（国家主权），每一个个人都有约束力的法律，杜布瓦将称之为"威胁"（Menace），指建立一种相互制约（威胁）的机制。他写道："为了得到和平，使和平长久，仅仅宣扬仁政是不够的。应该用适当的

---

① Bernard Voyenne, 1964, *Histoire de l'idée européenne*, Petite Bibliothèque Payot, p. 56.

宪法来预防可能出现的战争。应该组织一个国际的仲裁机构。"① 毫无疑问，杜布瓦的这个欧洲联盟的计划是历史上的第一个欧洲联邦计划，更是欧洲"宪政"第一个计划，特别是一个"不需要任何外来保护的各王国的联合体"②。然而我们也看到，杜布瓦这个历史上"第一个欧洲联盟"的设想仍然有着许多的矛盾之处：虽然他的理论似乎很"世俗"甚至"民主"（既不要教皇，也不要皇帝），可是他却给这个欧洲共和国起名为"基督教共和国"③；他为这个欧洲联盟成员国之间的"国际仲裁机构"的法官选任规定的条件是：（他们）"应该由世俗的法官组成，入选条件不是他们地位的高低，而是看他们是否'谨慎、专业和忠诚'"④，可杜布瓦又认为："教廷应该有最后的权力——上诉法院应该是在圣城"⑤。

然而，虽然这个充满矛盾的"第一个欧洲联盟"的设想最后并没有受到"美男子菲力普"的重视。但是"无论怎样，杜布瓦的《收复圣地——政治总协约》都在思想界保留着一个永恒的地位，这个地位既由于它的优点受到指责，也由于它的弱点受到指责"⑥。杜布瓦的这个宝贵的"第一个欧洲联盟"计划实际上只有几份手抄本（那时欧洲还没有发明印刷术），其流传似乎并不广（只是收录在了后来由 Bongars 编辑的 *Gesta Dei Per Francos* 的第二卷中，第 316—361 页），直到 19 世纪，杜布瓦的这部作品才由 Wailly 和 Renan 再次"发现"。

尽管如此，杜布瓦的《收复圣地——政治总协约》对当今欧洲一体化的影响仍然是相当大的："杜布瓦的这个文本具有十分隐蔽的生命力。它的主要思想往往是以口头流传的方式在某些政治思想领域中传播。以至于我们无法准确地说出这种流传的广度和深度，但是十分可能的是，这个欧洲联盟计划的大部分都直接或间接地启发着人们。"⑦ 杜布瓦的欧洲世俗化思想得到了许多学者的赞扬，称他的思想是一种"实验政治的科学"，将他称作"科学派"（Scien-

---

① Bernard Voyenne，1964，*Histoire de l'idée européenne*，Petite Bibliothèque Payot，p. 56.
② Bernard Voyenne，1964，*Histoire de l'idée européenne*，Petite Bibliothèque Payot，p. 56.
③ Bernard Voyenne，1964，*Histoire de l'idée européenne*，Petite Bibliothèque Payot，p. 56.
④ Bernard Voyenne，1964，*Histoire de l'idée européenne*，Petite Bibliothèque Payot，p. 56.
⑤ Bernard Voyenne，1964，*Histoire de l'idée européenne*，Petite Bibliothèque Payot，p. 56.
⑥ Bernard Voyenne，1964，*Histoire de l'idée européenne*，Petite Bibliothèque Payot，p. 57.
⑦ Bernard Voyenne，1964，*Histoire de l'idée européenne*，Petite Bibliothèque Payot，p. 57.

tifique——欧洲 17—18 世纪的所谓"古今之争"和启蒙运动中"唯心"和"唯物"的派别之争中的"今"派)。如前所述,"美男子菲力普"对教会进行的一些带有宗教改革色彩的措施都是在杜布瓦的启发甚至直接策划下实施的,杜布瓦是"教会改革的鼓动者",同时还是"教会独身主义的强烈反对者",就是说,他是主张教士结婚,过世俗生活的;他还主张在教育中男女一律平等(这里顺便指出,在法国,直到 1860 年提出的关于在中学里不分男女教授自然史的法案居然还被认为是"不洁"的教育法案)。还有,杜布瓦还主张各国人民应该将自己的民族语言作为正式的、广泛的、文学艺术的语言,因为那时,除了拉丁语以外,所有的民族语言都被看做下层人的语言,是不能登大雅之堂的。总之,"这位'魔鬼般的人'的思想可谓'一言难尽',他的思想设计一切:教育、法律、当然还有政治。"①

八、百年战争与"新欧洲"

基督教欧洲的"世俗化"虽然在欧洲社会、政治、经济、科学技术、思想文化、文学艺术等方面都具有深远的进步意义,但在整个基督教欧洲(甚至整个基督教世界——包括地中海沿海地区、部分中东地区等)的基督教意识形态统治崩溃以后,留下了在各领域的,历时也相当长的"空白"时间。如前所述,这一个历史阶段,一切领域的一切事务和思想都是在既非此亦非彼的状态下持续着;教皇地位的下降,基督教精神支柱的崩溃,使得基督教欧洲的鼎盛时期的和平繁荣景象荡然无存;各国国王纷纷拥兵拥财自重,甚至挟持教皇,或者自立教廷。

这种混乱状态实际上也在某程度上造成了欧洲史上历史最长的一次战争——英法百年战争。

我们知道,北欧维京人(Viking)从公元八世纪起就开始侵扰欧洲沿海尤其是法国的诺曼底地区(当然其足迹也遍及从欧洲大陆至北极的广阔疆域,欧洲这一时期被称为"维京时期"),维京人的称谓也很复杂,有一种说法认为其可能是来源于古代北欧人的古北欧语语言,"vik"意思是"海湾","ing"意

---

① Bernard Voyenne,1964,*Histoire de l'idée européenne*,Petite Bibliothèque Payot,p. 57.

思是"从……来",这样就构成了一个复合名词 Viking,意思是在海湾中从事某种事务,"vikinger"则是在海湾中从事这些事务的人;另一种说法认为是来源于古英语"wíc",意思是"进行贸易的城市",因为后来部分维京人定居到不列颠岛,并确实是以与当地人进行贸易为其特色的。维京人由于长期侵扰法国海岸而被法国人称为"维京海盗"。卡洛林王朝时期,这些北欧人在法国海岸的布列塔尼—诺曼底定居下来,和当地人一起建立了诺曼底公国。1066 年,诺曼底人渡过英吉利海峡,占领了英格兰岛,所以英国还有一个名称叫做"大不列颠"(Grande Bretagne,也就是"大布列塔尼"),此后法国的这一部分人成为了英国的统治阶层,时间长达 150 多年。由于这些人同时统治着英格兰和诺曼底,所以他们既是法国人又是英国人(不是指所谓"国籍",而是指其领土属地)。这种状况终于导致了后来的英法百年战争。

1328 年,法国国王查理四世去世,由于他没有男性继位者,法国的王位就没有了继承人。法国贵族会议只好推举查理四世的侄子腓力为国王,称腓力六世。然而这时,一位法国王室公主的儿子却正好就是英国国王(爱德华三世),他对法国领土早已垂涎已久,于是凭借自己是法王查理四世的外甥,向法国发难,声称自己才是法国王位的合法继承人。这个王位继承之争在没有战争的情况下明争暗斗了近十年后,腓力六世于 1337 年 5 月 24 日宣布收回英属领地基恩;爱德华三世当然知道这是腓力六世故意向他发出的挑战,于是干脆一不做二不休,在同年 10 月对外宣布:法国国王由他自己兼任,并悍然亲自率领军队进攻法国。这时,由于各自的原因,特别是出于各自的经济利益,欧洲由于这场王位之争引起的战争而分成了两大阵营。当时神圣罗马帝国的诸侯和佛兰德斯站在英国一方,而苏格兰和罗马教皇则支持法国。英法百年战争就这样开始了。

战争开始时,法国军队仗着自己"强悍的高卢铁骑兵和弗拉芒步兵"[1] 根本不把英国军队放在眼里,然而他们不知道英国军队弓箭队的厉害。结果法国军队在战争开始时节节败退,丧失了许多土地和城市。可是不久后,欧洲中世纪那场著名的黑死病却毫不留情地袭击了英国;英国的人口从此前的 400 多万人降到疾病过后的 250 万人左右,英军士兵也因遭此瘟疫袭击而大量死亡。黑死病给英国人心理上的打击也是巨大的。人们惶惶不可终日:在短短一年之

---

① Pierre Miquel,1976,*Histoire de la France*,Librairie Arthème Fayard,Paris,p. 113.

内，英国著名的坎特伯雷大主教职位竟然因为黑死病而三次易主，最短者任职仅仅 6 天。由于各地的主教频繁死亡，英国人十分看重的感恩仪式也被迫停止。后来，随着瘟疫的肆虐，甚至出现制作一件首饰换了几个工匠最后还是半成品的情况；有的案件尚未开审，原告和被告都双双死去；新婚夫妇蜜月没度完就含泪永别……英国陷入到空前的恐慌中。在这种情况下，爱德华三世再也无力顾及同法国的争斗，"在教皇的调停下，英法之间这场不可理解的战争暂停了 7 年"①。英法两国于 1360 年签订《布勒丁尼和约》，英国宣布放弃对法国王位的要求。此后的英国陷入了政治经济和社会的混乱，用了五十余年时间才又逐渐恢复元气，并于 1413 年重新向法国开战。英国军队重展雄风，连败法军。1419 年 9 月，法国王太子查理与勃艮第公爵约翰在抗战问题上发生争执，约翰被查理手下的骑士杀死；勃艮第派系于是投靠了英国，合力进攻查理。在勃艮第派的援助下，英军很快就占领了法国的大片领土。法国被迫于 1420 年 5 月 21 日和英国签订了《特鲁瓦和约》。该和约宣布法国为英法联合王国的一部分，英国国王亨利五世担任法国摄政王。1429 年初，英军围困了巴黎南面的奥尔良城，继续向法国国王查理七世施压。奥尔良是法国南北交通的战略重镇，一旦失守，整个法国南方都很难固守。在这极端危急的时刻，一个年仅 17 岁，名叫让娜·达克（人称"圣女贞德"）的法国牧羊女主动请战，带领法军英勇战斗，解了奥尔良之围，接着又乘胜前进，打败英军。可是后来她却被那些宫廷贵族和查理手下的将军们出卖给了英国侵略军，在卢昂城下被当做"巫女"处置。1431 年 5 月 29 日，贞德备受酷刑之后在卢昂城下被活活烧死，她的骨灰被投到塞纳河中。这时贞德还不满 20 岁。贞德之死激起了法国人民的极大义愤和高度的爱国热情。1436 年法军收复巴黎，1441 年收复香槟，1450 年夺回曼恩和诺曼底……1453 年 10 月 19 日，英军在波尔多投降。这场断断续续地进行了 116 年的百年战争终于结束。

百年战争虽然是一场两败俱伤的战争，但是它却使得野心勃勃，穷兵黩武的英国开始清醒，于是在相当长的时间里放弃了向欧洲大陆的渗透，转向了海上的对外扩张和国内的政治、经济、科学文化的发展，成为了一个海上强国。而法国则乘势大肆进行陆地扩张，成为了当时欧洲大陆的霸主。

---

① Pierre Miquel,1976,*Histoire de la France*,Librairie Arthème Fayard,Paris,p. 113.

更为重要的是，百年战争的结束，也就标志着欧洲中世纪的结束。

由于各种各样的"世俗化"运动，欧洲基督教教权和相应的"意识形态"的解体和崩溃，欧洲各国的"自由民主"意识、民族主义（有时也译"国家主义"）意识兴起，而民族主义的兴起，正是欧洲继"基督教欧洲"之后长达数世纪分裂状态的开始。然而另一方面，又由于基督教教权的逐步削弱，使欧洲各国得以从政治、经济、科学技术、文学艺术方面发展自己。首先，百年战争中的英法两国的领土之战，就使得这两个欧洲最有影响力的两个国家在政治和军事上都有了长足的进步；在政治上，交战双方的一切活动，都不像此前的许多政治军事活动那样受到罗马教廷的左右。在军事上，特别是在军事科技上，法国的最后胜利除了归功于法国人民和军队的英勇抵抗外，很重要的是法国军队使用了热兵器（火药枪等）。这种状况使得双方的武器装备和战术思想都经历了缓慢而深刻的转变，战争的过程也促使了交战双方进行战争体制的调整。"1453 年，法国人从失败中恢复过来。英法两军又在卡斯提翁对阵。这时的法国军队早已不是阿赞库战役时期的法国军队了，他们装备了轻型火炮且训练有素，他们很轻易地战胜了英国人。"[1] 法国在这个关键的方面走在了英国人的前面，从而引起一场不仅限于法国，而是遍及欧洲甚至更广范围的政治、经济、科学技术的根本的变革。

九、军事思想的变革与欧洲的发展

几乎可以这样说，正是火药使得欧洲中世纪晚期上升的资产阶级得以从远处轰击以前接触不到的要塞，从而加速了封建统治的崩溃。火药使得步兵变得与骑兵一样重要，火枪比弓箭打得更准更远，每一名装备了热兵器的最平庸的士兵都具有很强的战斗力。更为重要的是，这一发明也使工业革命和思想革命获得了新的动力。欧洲这场以先进生产力结束的英、法之间长达百余年的战争虽然给欧洲带来了无数的灾难，但与此同时，它也导致了世俗政权在脱离了教权的情况下进行各种政治、经济、军事和科学文化的活动。

在政治上，欧洲各国已不再像过去那样为了宗教理由而战（在此前，至少

---

① Pierre Miquel,1976,*Histoire de la France*,Librairie Arthème Fayard,Paris,p. 127.

在表面上是如此)。在百年战争中,虽然我们知道法国的民族英雄——"圣女"贞德在宗教法庭以"女巫"罪被判处火刑,但是我们也知道英、法两国其实均为自身的政治利益和经济利益而战。并由于两国的战争,使欧洲国家基本上分成了两大阵营,而且在地缘因素方面显得很突出,尤其是法国在取得了百年战争的最终胜利后,英国的势力退出了大陆;大陆上的许多国家基于地缘的原因选择了向法国靠拢,从而使得法国在某种意义上成了欧洲(西欧)大陆的首领。地缘政治的突变刺激了欧洲社会的一系列变革:一系列由技术革新尤其是火器的改进以及印刷术的应用引发的变革:"指南针和用于武器的火药是中国人的发明,他们经阿拉伯人的手传到了欧洲……这两项发明使海上的远航成为可能,使'热兵器'从 15 世纪起开始逐步改变着战争的模式。"[1]

在中世纪前期,虽然也不是没有战争,但是总的来说,所谓的骑士和贵族生活的主要模式是悠闲的吃喝玩乐,讲究礼仪举止,就连生死攸关的决斗中,也有一套严格的礼仪要求;以至于直到现在的欧洲所谓绅士风度,或多或少仍然带着中世纪贵族骑士的遗风。当然正像西班牙著名作家塞万提斯的小说《唐·吉诃德》中描写道那样,中世纪后期,骑士制度受到了越来越明显的批评、嘲笑和唾弃。自从例如法英百年战争那样的为"世俗"利益的战争开始后,贵族骑士式的悠闲和矜持很快就变得像唐·吉诃德那样令人不齿,取而代之的是粗野豪放、狡诈精明。这种在过去的宫廷贵族们看起来是"下贱"、"卑鄙"的"贱民本性"(法语中的 Vilain 一词在中世纪时既是一个名词也是一个形容词;用作名词时就指的是当时的农民、自由民、和贵族相对的平民等等;而当这个词被用作形容词时,就是"恶劣的"、"肮脏的"、"丑恶"、"卑鄙"、"可耻"、"下流"、"不光彩的"等等的意思)反而越来越大行其道。虽然我们今天对这些源于表达中世纪下层百姓的粗野豪放、狡诈精明性格的修饰语也常常会颇有微词,然而实际上,我们在哲学上、在社会文化发展史上津津乐道的所谓人文主义,又确乎实实在在的是对这些下层人民上述"禀性"的发扬光大,"人应该比过去更像人,也就是说,人不仅仅需要德行,而且需要知道得更多,也需要行动和创造……需要将科学、智慧和行动按照自然的方式联系起来"[2]。

---

[1] Pierre Miquel,1976,*Histoire de la France*,Librairie Arthème Fayard,Paris,p. 210.

[2] Pierre Abrahan Roland Desne,1971,*Manuel d'histoire littéraire de la France*,Editions sociales,Paris,pp. 437-438.

　　在欧洲，和在世界上其他地方一样，政治和军事上的要求常常带来科学技术的革命性发展。英法百年战争一百多年进进退退的拉锯战，除了一些特殊原因如"圣女"贞德这样的特殊的军事将领和军心民心因素以外，决定战争胜负的往往是其军事装备的先进或落后。由于"世俗化"以后的许多战争都直接与世俗国王的利益相关，各国都直接地、不遗余力地发展军事力量，改革旧的军事体制、千方百计发展新式武器等等。例如英法百年战争开始时，英国就由于雇佣一些惯匪海盗，将他们编成类似于现在的正规军的职业军队（当然这些职业军人一旦不再被雇佣，就又会造成许多其他的社会问题，例如这些除打仗以外无其他谋生手段的职业军人会产生抢劫甚至谋反等问题），加上他们手里的新式武器（大弓箭）的威力，在军事上就明显地占着优势。而法国方面在战争开始时却仍然沿用落后的骑士兵役制，也就是说，政府平时没有任何武装力量，只是在战争发生后，才由各封建领主带领他们手下的骑士前来参战。这样的国防体制是很成问题的，它不但容易造成指挥混乱，而且在中世纪，各封建诸侯也往往是在战时乘机闹分裂和独立；这样也可能因为政治上的分裂出现军事上的大转折，比如兵员、后勤补给、战略要地丧失等十分严重的问题。英法百年战争中，法国就因为国王和勃艮第地方封建领主发生矛盾，勃艮第封建贵族反叛而导致法军大败。

　　因此法国较早地抛弃封建分封制的落后的军事体制，开始创造性地建立正规军。1445年，法国查理七世发布贡巴涅敕令，建立了一支12000人的常备军队，比意大利政治军事家马基亚维里提出建立正规军的主张早半个多世纪（马基亚维里1498年才出任佛罗伦萨共和国第二国务厅的长官，兼任共和国执政委员会秘书，负责外交和国防。1505年才促使佛罗伦萨通过了建立"国民军"的立法）。这支常备军直接由国家招募、供给、训练和指挥，极大地提高了作战效能，从某种意义上说，是法国最后取得百年战争胜利的关键之一。后来的欧洲各国纷纷效仿（马基亚维里就在其著名的政治理论著作《君主论》中论及了君主制中十分重要的国家常备军的建立），常备军制度就渐渐地取代了原始、落后的雇佣军军事体制。

　　如前所言，军事领域的革命往往会带来或促进政治领域的革命，因为军事领域的革命，比如从冷兵器时代到热兵器时代的转变，会使得战争的激烈和残酷程度大大增加，组织一场战争需要更加统一有效的政治体制作保障。这样，军事体制的变革就必然地深入到政治领域。所以欧洲百年战争中出现的根本性的军事体制的变革，也是使得欧洲政权逐渐由教会（特别是罗马教廷）的控制逐渐转变为被各国国王的"世俗"政权所控制的原因之一。军事斗争的需要要求国王的（民族国家的）政权更加强有力，直至实行中央集权制，只有这样，才能使赢得战争胜利的许多因素得到保障，特别是兵员和武器辎重等方面的保障；因为要在兵员、武器装备和其他辎重方面做到强有力的保障，不但需要科学技术，而且需要财政、社会行政体制方面的配套措施。这些措施的落实，由于欧洲社会政治制度的沿革因素（国王或者封建贵族的武器、粮食、日用品和其他生活中的必需品大都来源于当时属于"平民"阶层的手工业、制造业者和商人等），代表国家政权的国王和下层的城市工商业界就必然加强联盟：由于从奴隶制时代就流传下来的"自由民"制度，使得这一时期的国王们无论愿意与否，他都不得不对新产生出来的这个有钱、有科学技术和经商能力的阶层让步，而且常常是采取保护褒扬的方式。这就使得战争工具和一切有利于战争的科学技术、财经和工商业等得到了十分有力和迅速的发展。在这一时期，由于英法百年战争的经验教训，使得欧洲许多国家关心军事力量的增长超过了其他领域，特别是在军事工业方面的发展更是突飞猛进，并且带动了航海业和商业的长足发展。

科学技术的发展，使得欧洲各国的国力大增，从而又有利于他们发展海上贸易和扩张。那时候欧洲人已经能够造出 600 吨到 800 吨的大帆船，而不是过去的 150 吨到 200 吨的长型单层甲板帆船，航程和抗风浪能力都大大增强。特别是中国的指南针和尾舵（以前欧洲人使用的是边舵）经由阿拉伯人传到欧洲后，欧洲各国竞相仿造，由此带来了远洋航海事业的发展。历史上素以强悍凶狠著称的日耳曼人（后来的德国人）在这种先进的船上装备了铜铸的火炮，能发射重达五六十磅的铁弹，能击毁当时坚固的木船船体。正是对于这些当然是"世俗的"新技术上的引进和发展，才使得欧洲的一些大国得以从海洋上对外扩张，成为世界强国。

军事革命引发的一系列激烈的军事竞争随着民族国家的出现而更为激烈，在政治领域也出现了一些细微的观念性的变化。这一变化发展虽很慢，但最终成为西欧政治的核心组成：国家利益。

民族国家间的战争，往往需要先进行政治动员，需要在每个阶层、每个领域里让国家意识深入人心。围绕这一观念，民族共同体逐渐得以形成。而中世纪残余在人们大脑底层的宗教和帝国的观念差不多消失殆尽。国家利益以及被其推动的战争，则成为威斯特伐利亚体系之前150年欧洲战争或隐或现的特征。国际间的交往变成了"马基亚维里式"（"政治无道德论"），宗教的、道德的面纱逐渐揭去了……面对持续的财政需求，人们很快发现，生存需要的收入越来越大，而这些收入只能由新的来源提供，那些有效解决了其财政问题的政治单位得以存在下去，而相对无效的政治单位则被对手吞并。民族国家的出现及对一些政治制度的创建及完善，使其能够更好地完成对外的政治、经济、军事甚至文化的扩张，直至对欧洲乃至更大地区的控制。

十、珀蒂波拉德与"新欧洲"计划

英法百年战争结束后不久的1464年，也就是杜布瓦的第一个准世俗的欧洲联盟计划出现后一个多世纪，终于得到了不是太广泛但却曾经实实在在的响应。这就是15世纪下半叶，一位叫做乔治·珀蒂波拉德的捷克（当时称为波希米亚——Boheme）国王提出的"新欧洲计划"。

波希米亚是中欧的一个内陆国家，曾经是神圣罗马帝国的一个省，但由于这个小国地处东、西欧过渡地段，所以历史上波希米亚常常被卷入欧洲几大政治力量的争斗之中。第二次世界大战以后，作为捷克的一部分，这里仍然是东、西欧两大阵营的交汇处。甚至现在的欧盟东扩进程中，这样的原因仍然是这个问题上许多争论的焦点，也引起各方面的关注。

英法百年战争后的欧洲，处于"新"（相对于教皇和教廷而言的民族主义、国家主义、民主、自由、科学等等）、"旧"（对基督教天主教教义的捍卫，对教廷和教皇的捍卫等等）激烈碰撞的时代。如前所述，英法百年战争以后，一方面是"新"派改革创新，另一方面是传统派的顽强固守。虽然这时的教廷和教权受到了很大的打击，欧洲各国的王权纷纷向教廷挑战，"独立自主"地行使国王的权力，但是，由于1453年穆罕默德带领的伊斯兰军再次占领君士坦丁堡时，在欧洲曾"再次将土耳其威胁提上议事日程；这个事件使人们意欲再次创立某种欧洲精神"[①]。这一年，正是英法百年战争结束那一年，也正是这

---

① Bernard Voyenne, 1964, *Histoire de l'idée européenne*, Petite Bibliothèque Payot, pp. 58-59.

一年的这个事件"被现在的历史学家们看做被人们称作'中世纪'的时代正式闭幕"①。

也就在这一年，一位叫做安托纳·马利丹（或"马利尼"——Antoine Maritin——Marini）的"神秘怪异的"法国冒险家来到了乔治·珀蒂波拉德的波希米亚宫廷，他向国王进言，建议他发起一个欧洲联盟的建设计划。乔治·珀蒂波拉德出生于一个小贵族家庭，但和许多穷贵族一样，他又是一位机智勇敢的船长；凭着出色的才智，他在 31 岁上就利用当时欧洲的混乱局面，获得了当时虽小但却处于东、西欧重要位置的波希米亚小王国的统治权。他在这个混乱的小国中励精图治，仅用十来年时间就使这个小国变成了一个在欧洲具有相当影响力的国家。当时的"国会"（Diete）全票通过将他选为国王。"这位只让自己执政的君主是一位现代理念意义上的政治组织者；他在某种程度上影响过拿破仑。"② 不过在那个时代，这位很有先进思想的改革者仍然和教廷教皇保持着某种关系，他在积极改革的同时，仍然念念不忘宗教事务，因为他深知他的改革要获得成功，如果完全抛开民众心中根深蒂固的宗教情绪，就不可能得到广泛的支持。但是，他关心的不是罗马的教廷管辖下的宗教事务，而是"民族的教堂"中的事务，而且他还常常觉得他的王国"太狭窄，他只是根据自己的天才的角度来看待欧洲。他企图建立一个帝国，以对抗腓特烈三世（似应为腓特烈二世——笔者注）；腓特烈的弱点让他痛心"③。1464 年，乔治·珀蒂波拉德听取了法国冒险家安托纳·马利丹的建议，决心"解放人民和各国国王，组织一个新欧洲"④。尽管这个新欧洲建设计划冠以了"抵抗土耳其人的保卫基督联盟"的名义，1466 年，罗马教皇保罗二世仍然以异端的罪名将乔治·珀蒂波拉德驱逐出教。

和皮埃尔·杜布瓦的欧洲联盟计划一样，乔治·珀蒂波拉德的"新欧洲"建设计划也是以对抗土耳其人即保卫"圣地"为名，来达到在一个世俗政权或组织领导下建立欧洲联盟的目的。在这个计划中，乔治·珀蒂波拉德打算建立一个由各国组成的协会，这个协会的目标是保证在基督教世界内实现长久和

① Bernard Voyenne, 1964, *Histoire de l'idée européenne*, Petite Bibliothèque Payot, p. 58.
② Bernard Voyenne, 1964, *Histoire de l'idée européenne*, Petite Bibliothèque Payot, p. 59.
③ Bernard Voyenne, 1964, *Histoire de l'idée européenne*, Petite Bibliothèque Payot, p. 59.
④ Bernard Voyenne, 1964, *Histoire de l'idée européenne*, Petite Bibliothèque Payot, p. 59.

平；协会成员国之间应该相互协作；当成员国之间有了矛盾时，就由一个由成员国选出的仲裁机构进行裁决；当出现不服从共同组成的仲裁机构的裁决时，不服从裁决的成员国将受到由联盟全体成员国共同进行的武装制裁。联盟的领导机构拟在巴勒城（Bale，在今日瑞士、法国、德国交界处）、法国、意大利之间轮流驻扎，每一处驻期为五年。在举行协会全体会议、形成决议时采取投票方式，一国一票。

乔治·珀蒂波拉德的欧洲协会计划刚刚出台，就得到了波兰和匈牙利等国的响应。但是他清醒地知道，这个计划如果能够得到当时在英法百年战争中战胜了英国、在欧洲影响巨大的法国国王的支持，那么他的这个计划就"胜利在望"。于是他派了两名密使到法国去见法国国王路易十一，当时路易十一的王宫设在塞纳河出海口的Dieppe城，两位密使到了这个与英国隔海相望的小城，向路易十一献上了那份欧洲协会的计划书，并且特别通报法国国王说，现在匈牙利、波兰、意大利和威尼斯（当时的威尼斯是一个独立的小国）都已同意加入协会。路易十一看了这个计划，认为这个计划是认真、完整、细致的：因为它的自动互助机制、国际仲裁、财政政策、档案建设等等一应俱全。但是，路易十一和他的大臣们仔细倾听来使的陈述，审阅了"计划书"后只与来使举行了短暂的会谈。乔治·珀蒂波拉德的使臣只带回去了一份由路易十一签署的象征性的友好协议，对于欧洲协会的事，路易十一并无兴趣，只是在友好协议中表明法国将在欧洲事务中保持中立。令乔治·珀蒂波拉德没有想到的是，路易十一并没有打算在这时候和教皇对立，也没有打算在这时候和土耳其人打仗。而在乔治·珀蒂波拉斯的欧洲协会计划中，虽然也打着捍卫基督世界，对抗土耳其人的旗号，但是他的具体计划中的一些条款使路易十一感到不太符合法国这时的外交需要，特别是乔治·珀蒂波拉斯的欧洲协会计划中，筹集共同体银行的基金将来自教会征收的什一税，而这很有可能影响到法国王室与教皇之间的关系。乔治·珀蒂波拉德的欧洲协会计划在没有得到法国支持的情况下很快就失败了：本来已经同意加入协会的匈牙利国王也改变了主意，而且还拉上威尼斯国王退出了协会。这个欧洲联盟就只剩下了波希米亚和波兰，名存实亡了。

第五章　文艺复兴与欧洲

一、文艺复兴与"人性欧洲"

如果我们要从欧洲联盟过程中寻找这个过程在人类发展史上的某种贡献的话，应该说这已经是一个很老的话题，那就是：欧洲联盟只是进一步将欧洲在人类发展史上巨大贡献——人道主义系统地（至少表面上是如此），并实实在在用于人类社会的各种组织形式（政治、经济、法律等等）中，也就是说，不但在一国一地更进一步地实施完善人道主义，而且在更大的范围内，以更加科学理性的方式去发展人道主义。再次，我们也可以说，现代欧洲联盟的成功运作，也在某种意义上推动了更大范围的，比联合国组织更具体、更务实的"世界贸易组织"这个"人类联盟"的形成。欧洲在这个全人类"联盟"事业发展过程中的最大贡献，就是比较系统地创立了人道主义的思想体系，并不断地完善实施这个理想。然而我们知道，欧洲人道主义的真正出现，是从走出了"黑暗的中世纪"，以"开明"的"文艺复兴"运动作为起始的。

所以，从中世纪后期起，不但"世俗的"各种势力：王权的、封建贵族特别是下层贵族（所谓"佩剑贵族"）的、平民的势力等等，都起来要求拥有自己的权利，而不是将自己全都交给上帝，也就是说，要求拥有自己作为自然的人的权利。而且，就连教廷本身，其实也早在"文艺复兴"运动到来之前就已隐约意识到问题的严重性和实质性。说严重性，就是说教会的权威已岌岌可危，并非靠将对上帝"不忠者"驱逐出教或者靠几份敕令就可以挽回的；说实质性，就是说，就连教会也对自身权威的合理性及其在世俗政权中存在的合理性隐约产生了怀疑。因此，在乔治·珀蒂波拉德的"欧洲协会"计划出台后，罗马教廷"勉强应对";当教皇保罗二世得知当时的法国国王对"欧洲协会"计划持"中立"态度时，便立刻派人对其进行拉拢，然而路易十一却同样不冷不热地对待之，使得教皇十分尴尬；1470 年，教皇正式给路易十一下了一道教皇诏书，诏书中宣称要成立一个"普世和平联盟"；路易十一把这道诏书转给了他的大臣们，然后还是不冷不热地说了一句"这个计划很伟大，很重要"，就没有下文了。

的确，和中世纪相比，处于文艺复兴"山雨欲来"的 14 世纪末 15 世纪初，基督教原先的那些虔诚信徒的头脑已经发生了很大的变化。在中世纪的最"黑暗"（"蒙昧"）时期，理想的人应该是自卑、消极、无所作为的，人在世界上的意义不足称道。从 14 世纪后期逐渐凸显出来的"世俗化"思想运动启示欧洲人：神未曾创造君主，神未曾创造人；人是自然的产物，人就是人自己。这个时期产生了许多革命的思想，许多有识之士逐渐开始发现了人和人的伟大，肯定了人的价值和创造力；提出人要获得解放，个性就应该自由的各种观念。重视人的价值，要求发挥人的聪明才智及创造性潜力，反对消极的无所作为的人生态度，提倡积极冒险精神；重视现世生活，藐视关于来世或天堂的虚无缥缈的神话，因而追求物质幸福及肉欲上的满足，反对宗教禁欲主义。

如前所述，所谓"文艺复兴"运动，实际上是"人文"的复兴运动，因为所谓的"文艺"复兴只不过是一个托词而已：借口复兴古代人的文学艺术，来达到反对神的专制，解放人的目的。不过，文艺这种人类从远古时代就用来进行自我表现的形式，确实也被新时代的思想家们用来揭露天主教会的丑恶和腐败，特别是其荒谬性。文艺复兴时期的文学艺术以对古代，特别是古希腊、古罗马时期的对人的自然（如人体艺术）和自由思想（如丰富奔放的想象力）的颂扬，创造出了更富有魅力的，更精湛的文学艺术作品；将"黑暗"的中世纪里霸占着艺坛、窒息艺术生命也就窒息了人的自由思想和创造力的圣经传说逐渐逐出，逐渐"复兴"了文艺的本质，也就是复兴了人的自然本质。文艺复兴时期的艺术不仅把人还原为人，而且还把过去的神也还原为人，直言之，神不过是人创造出来的，高于自身的人的化身而已。

然而这个还原过程不仅仅是由文艺的复兴来完成的，仅有文艺上的复兴，也是不可能完成人之本质的复兴的。所以实际上，所谓文艺复兴明显是伴随着，甚至可以说是以宗教改革为先导的，因为与文艺复兴运动同时出现的就是对于宗教教义本身的不同解释（包括以不同的语言翻译《圣经》）。在此基础上，文艺复兴运动中的人文主义者通过文学、艺术等形式讽刺、揭露天主教会的腐败、虚伪和荒谬性。德西德里乌斯·伊拉斯莫（Desideriu Erasmus，生于约1466年，卒于1536年）就是欧洲著名的人文主义思想家。著有《论死亡的准备》等重要论著，认为人的永恒的生命不在于在教堂中的圣礼仪式，而在于赎罪，这对宗教改革领袖马丁·路德产生过重大影响。

由于有了像德西德里乌斯·伊拉斯莫这样早期的文艺复兴思想家的启迪，文艺复兴运动的作家和思想家们逐渐打破了经院哲学的一统天下，使各种世俗哲学纷纷兴起。如果说古希腊罗马时期，欧洲思想史上有了第一次"百花齐放，百家争鸣"局面，那么文艺复兴运动就是欧洲第二次极其重要的思想大发展。

由于经院哲学的一统天下产生了上述裂痕，以英国、法国、意大利等一些欧洲大国的思想家为首的一批"世俗的"学者纷纷开始著书立说，推动欧洲进步思想的系统发展。例如意大利著名的政治理论家尼科洛·马基雅弗利（Niccolò Machiavelli，1469—1527年），他的著作《君主论》就影响了后世许多欧洲政治家。1494年，今日意大利的佛罗伦萨发生了革命，旧制度被推翻，建立了共和国政治体制。马基雅弗利出任了这个共和国的"国务厅"长官，同时还兼任共和国执政委员会秘书，负责外交和国防，是佛罗伦萨共和国的重要执政者之一。在此期间，马基雅弗利完成了著名的《君主论》和《论蒂托·李维〈罗马史〉的最初十年》，以及《佛罗伦萨史》。他在《君主论》一书中曾这样写道："当权贵看到自己无力抵挡人民时，就会抬举他们阵营中的某个人，使他当上君主，以便在他的荫庇下满足自己的欲求。人民也是如此，当他们看到自己不能抵抗贵族的时候，也会扶持他们中的某个人为君主，以便依靠他的权力得到保护。依靠权贵支持获得的君权，要比依靠人民支持而获得的君权更加难以为继……依靠人民的支持而成为君主者，应该同人民保持友好的关系，做到这一点应该很容易，因为他们所要求的只是免于压迫。但是那些违拗人们意愿而依靠权贵的支持成为君主者，他的首要之务就是想方设法争取人民，做到这一点同样容易，那就是对人民加以保护。因为人民本以为会身受其害，现在却沐浴其恩，就会更加亲近他们的保护者。"[①] 他的思想对欧洲所进行的

---

① 尼科洛·马基雅弗利：《君主论》，李建修译，九州出版社2007年版，第78—79页。

"文艺复兴"思想运动和实践对于人的"自由"和资本主义经济发展过程及其行为理念的影响可见一斑。但与中世纪时期基督教要求信徒墨守教规、慑服于教皇权威、无条件的禁欲律己、不作任何世俗斗争的状况相比，毕竟在某种意义上找回了本质上的"人"。当然，与此同时，文艺复兴运动"找回"人的意义，已经不仅仅在于找回了人的原始本性，更重要的是让这时的人们意识到应该反对专制，开始要求在人格上、社会政治上的自由和平等权利。意大利（佛罗伦萨）政治家莱奥纳尔多·布鲁尼（阿雷佐，1370—1444 年）将"人"（humain）一词加上一个后缀，成为"humanism"（人文主义），宣示对于人本身的关注。1427 年，布鲁尼成为佛罗伦萨共和国首相，他认为，不同于古代人的原初自由，"人文主义"的自由应该是在有较高社会文化水准的社会里，每个社会成员有同等机会批评时政和参加政府管理决策的自由。所谓平等也不仅仅是早期的基督教教义中希望的那种上帝面前的人人平等，而应该是在法律面前的人人平等。因为布鲁尼划时代地将人文主义提升为一种思想体系，他从中世纪一切为论证上帝之神圣性和合理性的所谓"史学"中走出来，提出了崭新的、较为科学的文艺复兴新史学方法论，他所撰写的十二卷本《佛罗伦萨人民史》（1610）是西方第一部以经过校勘的史料为基础的佛罗伦萨史。布鲁尼的史学贡献与他对佛罗伦萨的政治组织的看法直接相合。例如，在对佛罗伦萨城邦的中世纪史的研究过程中，他没有盲目因袭早期编年史家的叙述和演绎，而是逐一查阅市政厅保存的档案，以原始史料为根据，对城邦的历史进行记述，在其中，他认为共和制是一种值得赞美的政治制度。

这一时期，欧洲现代民主思想中的许多较为彻底和系统的基本概念也在逐渐形成，特别是发掘和发展人的自然权利、社会契约、人民的革命权以及权力制衡等理论都有了较为长足的发展。所有这些，都为后来的启蒙运动和资产阶级革命做了充分的思想准备。具体地说，这些理论主要以否定神权，肯定人权为其特色，在此基础上才进一步发展成为社会契约、人民革命权（不仅是对神的革命，而是对一切不符合人性制度的革命）以及三权分立等方面的系统理论；这些理论否定神权和封建特权的所谓的合理性，为人的自然权利的进一步科学化奠定了基础。我们知道，在中世纪，神权被是无可争辩的至高无上的特权，由此，被认为"神授的君权"（在欧洲文化的两大来源之一的希伯来历史文化中，大卫王统一犹太各族部落后，就是以"先知兼君主"而自居的，从而开创了欧洲政治文化中政教合一的政治体系的先例——笔者注）是一种很自然的权利，封建领主可以任意处置农奴包括人身在内的一切；人的等级、门第观念根深蒂固，造成人世间许多悲剧，因门第问题引起战争的事件也时有发生。文艺复兴这场思想革命则使得人的高贵被赋予了新的内涵，也就是我们现在所说的大写的人，整体的人，而不是指某一个具体人或某一群人的高贵，所谓人的高贵就指的是所有人都具有的人的尊严。同时，人之所以高贵，是因为人具有的高尚的美德。因此贵族并非天生高贵的，如果贵族没有人类应有的美德，他就不是高贵的；而如果平民具有这种美德，那么平民也同样是高贵的。当然那时候关于人的美德有许多不尽相同的内涵，除了一些关于道德方面的标准（其中也包括如《圣经》中的戒律所告诫的不偷盗、抢劫、杀人、通奸等），"真正的贵族并非天生，而是自为的"这种人的美德观在文艺复兴时期更多地注重的是在张扬人（所有人的）的自然本性的一面。比如在文艺复兴较早兴起的意大利社会生活中，才干、手段和金钱代替了出身门第，成为任何出身的人爬上社会顶端的阶梯。甚至在整个欧洲，由于改革精神早就在潜移默化地进行着，其实早在文艺复兴运动真正兴起之前，就有许多有钱的平民，凭着其强大的经济实力，便可以从封建统治者那里买到贵族的头衔。在人与人之间的等级观念被否定之时，作为封建统治者的君主的特权也受到了批判，在中世纪，查理曼大帝受教皇加冕以后，君主就成了上帝的代表（这种观念一直到法国大革命以后才逐渐消失），因为当时对君主的服从是一种宗教义务。但人文主义者却把国家看做世俗幸福的工具，因为国家的基本任务是维护社会安全与和平。如由卢梭集大成的《社会契约论》就认为，君主的产生只是因为人类集体生存的需要，人们把本群体所必需的管理权转让给了一个人，这个人才能成为君主，所以如果君主成为暴君，人民就有权罢免或推翻他。这才是"天经地义"的，是"历史的规律"①。

　　文艺复兴在思想界带来了一次大解放，使得欧洲在意识形态领域与蒙昧黑暗的中世纪决裂。许多较为系统的，趋向于直接现实、趋向于尘世享乐和尘世利益的思想倾向是与欧洲较早产生资本主义生存方式直接相关的。因为我们知道，个人和个性自由是资产阶级和资本主义发展的首要条件之一；要求政治平

---

　　① 卢梭：《社会契约论》，徐强译，九州出版社 2007 年版，第 43—47 页。

等和政治上的自由在当时虽然是出于针对封建贵族和专制统治,争取资产阶级(当时的"下等人")自身生存和发展权的需要,但是它对于欧洲较早建立现代民主政治制度则同样是不可少的条件。所有这些,使得欧洲各国的资本主义生产方式和民主自由思想和制度不断地得到提倡和实践,对于欧洲的人类进步起到了巨大的推动作用。

与此同时,由于欧洲各国资本主义生产方式和制度的兴起以及由此带来的经济实力的增强,其对外扩张的趋势便也愈显突出;在对外扩张(包括欧洲内部的经济贸易往来也越来越频繁,规模也越来越大)的同时,许多的对外(欧洲以外)对内(欧洲国家相互之间)的政治、经济、军事、外交、文化等问题和冲突随之而来。这就促使了欧洲各国的思想界现实地、也"世俗地"(不再以宗教观念为准绳)来对待、研究解决这些问题。这就使得古罗马时期的一些相关的法律,如《万民法》中的一些关于国与国之间的法律问题和思想得到了空前的"复兴"和发展。

二、格劳修斯的"欧洲大国协调"思想与国际法

格劳修斯(Hugo Grotius,1583—1645年),出生于荷兰。当时的荷兰也是一个欧洲较强的国家,在对外扩张过程中必然会与其他国家或势力之间产生许多矛盾。这种状况不仅导致各种和平与非和平思想及政治势力之间的竞争,而且要求思想家或其他人士在国际间(主要指欧洲国家之间)的法律方面有所作为,以保证和平有序竞争的局面。格劳修斯就是这方面的先驱者之一;他主要是在海洋法与国际竞争和合作的法律法规建设方面做出了开拓性的贡献。格劳修斯特别主张公海是可以自由航行的,为荷兰突破西班牙和英国对海权的垄断提供了理论基础。这就是他首先提出的自然法学派:"自然法学派与'君权神授法则'是不同的,它是建立在自然理性基础上的,它让我们明白一个行动是否正当,主要应视其是否符合自然理性。"①

16—17世纪,欧洲已进入资本主义发展时期,经济利益成为各国追求的最大目标,极尽手段进行生产、开发、交换或者掠夺,也就是说,资本主义的

---

① Brice Sccol,2004,*Relations internationales*,Paradigme Publications Universitaires,p. 151.

发展既扩大了各国特别是强国对外殖民、战争和各种形式的掠夺，也增加了各国和平地对外合作、贸易等较为公平的商业活动。格劳修斯的祖国荷兰就是当时欧洲的海上强国之一，它的远洋船队（那时几乎所有大型的船队都拥有武装，所以也可以说是舰队，人称"海上马车夫"）也和其他海上强国一样，除了用船队进行海上和平贸易以外，还常常同时进行大规模的殖民和掠夺。这样就必然会与其他同为欧洲海上强国的国家之间发生政治、经济和军事上的矛盾和冲突，而且随着欧洲资本主义的不断发展壮大而不断地激化。1511 年，葡萄牙占领了马六甲海峡，这是欧洲从海上通往东方的必经之路；控制了马六甲海峡，就等于控制了对"东方黄金国"（当时欧洲盛传东方"遍地黄金"）的掠夺权。葡萄牙对马六甲海峡的控制对于荷兰人是一个巨大的威胁，而且葡萄牙人的海上武装还经常袭击荷兰船队。荷兰船队当然地"以牙还牙"，海上矛盾和冲突愈演愈烈。1604 年，荷兰东印度公司在马六甲海峡截住了一艘葡萄牙船只，该公司决定将该船连同船上的货物一起"当做捕获物拍卖"，所得收入由公司全体股东平分。但这场抢劫和分赃活动受到了一些基督教股东们的反对，他们认为"这样做违反了基督教的非战原则"，同时也缺乏世俗的法律依据，公司当局只好请当时在公司担任律师的格劳修斯从法律上确定这次行动的性质，为这次抢劫辩护。格劳修斯的相关国际法著作《捕获法》就是在这样的背景下产生的。在这部著作中，格劳修斯认为，海洋，尤其是并不属于任何一个国家的远海（现在称"公海"）应属全世界各国共同所有。这也是"天赋的"自然权利。葡萄牙人以他们最早横渡印度洋为理由，认为他们应当独占这份权利，垄断对印度及亚洲的贸易；格劳修斯以"公海属于国际社会"为由，认为葡萄牙人的行为是独霸行为，是不合法的，因此没收它的非法"捕获物"，甚至对其开战都是正当的。格劳修斯也是"权威地区别正义战争和非正义战争"[①] 的西方学者。可以说，《捕获法》一书就是后来格劳修斯较为系统地论述公海海权法的著作《海洋自由论》的学术准备。格劳修斯关于国际海洋法的理论仍然是基于自然法原理的，其目的也是进一步论证其他欧洲大国对于世界领海进行独占的不合理性。在这部并非鸿篇巨制的著作中，格劳修斯引经据典并加以发挥，激烈地反对当时的英国"享有公海最高权力"的主张，认为海洋

---

① Brice Sccol, 2004, *Relations internationales*, Paradigme Publications Universitaires, p. 151.

应该是人类共有的财富，公海应该是全人类的公海，不但从"躯体"上说海洋是不属于任何国家的，而且它的产物也不能属于任何国家。《海洋自由论》发表以后，受到了欧洲除荷兰学者以外的各国学者的激烈反驳。有的认为：一个国家的居民有在他们的沿岸进行捕鱼的原始的排他的权利；这一部分海洋必须属于沿海国家的主要理由之一是，如果任何人都可以自由捕鱼，这些鱼类会有灭绝之虞；有的认为，一个国家不能禁止别国人民在它的海中航行，这样才不致有失对人类的义务。这些争论虽然都是为了这些学者所在国家自身的利益，但是重要的是，他们却从不同的角度建立了今天的沿海国对沿岸水域享有主权和所有权的思想，促成了"领水"概念的产生。这些争论为欧洲各国对内（欧洲）对外（对世界其他地区和海洋）的共同瓜分和开发更加规范化奠定了基础，同时也为后世的整个世界的相关国际法奠定了基础。

17世纪上半叶，欧洲宗教改革后，形势动荡不安，各国虽然相继脱离了教皇的控制，争得了独立。但是，由于缺乏调整国际关系的统一准则，国与国之间的关系非常混乱。哥伦布发现新大陆以后，航海和海外贸易的发展使各国间争夺殖民地的冲突日益增多；再加上新旧教派间的斗争和不同国家集团间矛盾的激化，终于在1618年爆发了一场大规模的全欧洲战争，即历史上著名的"三十年战争"。频繁的战乱不仅使劳动人民颠沛流离，资产阶级也深受其苦其害。这样，制定国家间共同遵守的国际法规范就提上了日程。生逢乱世的格劳修斯，亲眼目睹了当时交战双方的悲惨情形，深感建立和平与法律秩序的重要，他希望通过自己所掌握的法理学、哲学和神学的渊博知识，能够说服当权者，以恢复法制与和平。就是在这样的历史条件下，格劳修斯顺应时代的要求撰写了《战争与和平法》。为西方的国际法做了一项奠基性的工作。

此外，还有德国的法学家布鲁努斯、法国的法学家让·布丹、西班牙法学家阿亚拉等思想家在国际法方面的奠基作用也是具有跨时代意义的。布鲁努斯于1548年出版了《外交官论》一书，从国际法的角度就外交使节的权利义务作了阐述。让·布丹的洋洋六卷的《国家论》首次提出了世俗国家主权论——Souveraineté，他的国家主权论虽然认为君主代表国家的主权，是不容侵犯的主权，但是其更加进步的发展是：国家—君主—主权三位一体的前提是代表国家（"国家"在这里指"民族"，即该国的全体人民）的权利。而且，让·布丹国家主权论的重要性还在于，除了认为君主—主权—国家三位一体的主权是不受法律限制的、公民和臣民的最高权利外，还强调了它的不可让渡性；这种不可让渡性也包括在任何的国际关系中，一位代表国家的君主，在对外关系中必须代表自己所代表的国家的权利，这个权利只能由他来行使。这种"国家主权论"在后来的许多国际关系事件中起到了很重要的作用，但是时至今日，包括现代欧盟的许多事务中，都在这个问题上有过许多争论，也有过许多的条约对此进行规定等等，但最终也都收效不大。我们认为其中的主要原因当然是经济利益的得失问题，但是上述这种国家主权、民族的物质利益与精神利益（文化传统意义上的民族尊严等）的统一性的失调也是十分重要的原因。如果国与国之间（在欧盟的成员国之间亦然）在平等的基础上达成了某种协议或共同的法规法律，个别意义上的国家主权在必要时是会受到共同法律约束的。这在让·布丹的《国家论》中被表述为受神法（即上帝之法）、自然法及万国法的约束。此外，还有西班牙国际法学家阿亚拉的《战争的权利和职务与军纪》也是当时国际法的奠基著作之一。他的这部著作对于战争的性质、战争双方应遵守的一些规则等进行了论述。而另一位西班牙神学家苏哈利兹的《论神学上的三德》则是从道德角度（基督教道德角度）来论述国与国、民族与民族之间战争中的一些道德规则问题，他将基督教的博爱观念引申到世俗世界，作为"人与人互动的伦理行为准则"；《圣经》中，上帝教导说，"要爱你们的仇敌"（《马太福音》第 6 章，第 44 节），在《论神学上的三德》产生了较大影响后的各种战争和武力冲突中，这句话就被认为应该成为一种约束战斗双方，特别是在对待俘虏问题上的准则；按苏哈利兹的观点，既然上帝创造了人，那么人就是神圣的（基督教对人的尊严的解释），重视人与人之间的爱就是博爱，普世的爱。因为从上帝造人的初衷和过程来看，《圣经》开篇就说：上帝按自己的肖像造人（《创世纪》第 1 章，第 26—27 节）；上帝对着泥巴吹了一口气，使人的血肉之躯有了灵性（理性）。也就是说，人不仅有人性，还有神性；践踏人的尊严，就是践踏上帝的尊严。可以说，欧洲几千年的战争史上，战争双方大都把对方说成是上帝的敌人，上帝的造物才是人，上帝的敌人则不是人，这样就可以使自己的战争行动合法化。在近现代，人们才开始从人本身的尊严出发，谴责非正义战争的"反人类"性：恣意践踏生命权的谋杀、灭绝，甚至虐待、奴化和放逐，都成为第二次世界大战之后的一项新的战争罪名：反人类罪。国际法对这类犯罪行为不仅可以追溯，而且，各国还具有普遍管辖权。

总之，基督教和基督教文化不但在政治军事上起到了欧洲大一统的连接剂的作用，而且还是西方资本主义精神很重要的源头之一。而经济发展的需要，又当然是欧洲走向现在的欧盟的十分重要的动力。

三、"新教伦理"与欧洲资本主义的发展

1905 年，著名社会学家马克斯·韦伯出版了一本书，这就是当代社会学的经典之一《新教伦理与资本主义精神》。韦伯在做了大量的社会调查后认为，许多高层的高智商的资本持有者和实业家都是清教徒。他进一步认为："现代资本主义精神，以及全部现代文化的一个根本要素，即以天职思想为基础的合理行为，产生于基督教的禁欲主义。"[①] 韦伯认为，新教的禁欲主义思想在后来的"现代资本主义节俭哲学"中得到了外化，因为他认为西方资本主义中有一种来自于基督教的伦理，这就是在富裕的生活中"最大限度地洁身自好"，虽然资本主义的信条是"挣钱，挣钱，挣更多的钱"；但在挣更多的钱的同时，又必须"遵守生命的自发的天职"，挣更多的钱不是为了感官上的享受，而是为了尽这个来自于上帝的"天职"。

那么，这个天职是什么呢？一般认为，韦伯在这里说的"天职"有两个意思：

首先，韦伯认为，现代资本主义中应该具有很好精神基础的伦理，也就是基督教的禁欲主义精神。新教教义认为，人既然是上帝的造物，那么上帝一定希望他的造物幸福，不过这种幸福不是声色犬马，而是人的自由和潜能的发挥，合乎理性地尽量发挥人的潜能；在创造财富方面也如此，上帝的造物应该尽力合乎理性地创造尽量多的财富，这样才能为上帝增光。当然我们也知道，这种理念不仅仅是在宗教改革，出现新教以后才产生的，而是早在中世纪的西方文化中，尤其是在"骑士文化"中就已有了一些端倪；在绝大多数的骑士文学作品中，骑士要得到贵妇人的青睐，除了知书达理，精通琴棋书画、武功高强、举止风雅以外，还有一个十分重要的条件，这就是：慷慨大度。而慷慨大度在物质方面的重要条件就是要有丰厚的财产，所以一般贫穷的骑士往往是被

---

① 马克斯·韦伯：《新教伦理与资本主义精神》，四川人民出版社 1986 年版，第 170 页。

人瞧不起的（如塞万提斯笔下的唐吉诃德就是一个生动的写照）。这种思想也影响到了教会，基督教在成为罗马国教以后教会很早就开始了财富的积累，尤其是所谓的圣殿骑士团，他们的主要任务是武力镇压异教徒，这无疑也需要钱。早先，这些所谓圣殿骑士本来是为上帝看管圣殿的"上帝的穷骑士"，但是到了11世纪，这些骑士已经相当于一支正规军；这些上帝的士兵除了打战、做祈祷以外，还要挣钱，开始是做生意挣钱，后来就干脆进行抢劫（十字军东征实际上就是一场持续了几个世纪的打着上帝旗号的抢劫行为）。所以中世纪的基督教会是十分富有的。教会如果没有这些钱财，就不可能装备十分精良的所谓圣殿骑士团以对付异教徒。但无论如何，明确地在教义中出现"挣钱，挣钱，挣更多的钱"，特别是号召所有的教徒"为了上帝的荣誉而挣钱"的宗教训导，则是在新教中才有的。

关于新教"天职"的第二种说法是，马克斯·韦伯借用和发挥了路德宗教改革思想中的相关思想，即"职业义务"（Devoir professionnel）。这是一种介乎宗教和世俗中人的义务或者"天职"；在路德看来，新教的这种教义是唯一能使上帝感到高兴的一种教徒的生活方式；他们不是用过去意义上的苦修的方式来达到超越生命的道德，而仅仅是在尘世间，在日常生活中就可完成的个体存在的一种境界，因为上帝希望它的子民（造物）在今生今世就完成与其存在相关的义务并在今生今世得到拯救。这样，对今世（现世）幸福的追求就成了天职。这样一种"天职"的伦理包括艰苦劳动的德行、节俭的德行、诚信的德行、捍卫圣灵的德行以及"市民"的德行。这里需要特别指出的是，当时被教会和贵族所蔑视和仇视的"邪恶者"往往都十分钟爱这样的教义，这些人中的很多人成了新教徒，所谓"新教徒"在原文中就是抗议者（protestant），即抗议老教义中的不符合上帝"原意"（也就是他们的意愿）的教义，抗议教会和贵族对他们的歧视。最后这个"市民"的德行成为了新教教义中最具革命性，也是最具"资本主义伦理"的一种德行。

"市民"一词在西欧各种语言中是同词根的，即起源于"Bourg"（城镇）一词。所谓"市民"就是古代在封建贵族城堡以外用自己的双手并且是为自己建造起村镇的平民（Bourgeois——村镇里的居民），后来因为这个群体的人们大多成为富人，所以就成为了"有产者"的代名词，在汉语中也就意译为"资产阶级"。这些人大多是所谓"自由民"，即既不是贵族也不是奴隶的人，他们聚在自己建起来的村镇里，早先只是进行一些农耕和手工业以维持日常的生活之需，由于城镇的发展和分工的日益细化，就逐渐出现了进行专业物资交换的职业，也就是商人："然而，资本主义社会的转变是一个长期而痛苦的过程。当一个人放弃传统生活方式，拒绝帮助处于困境中的人的时候，他的邻居很容易把这当作自私自利，而不是什么经济上的审慎态度。"① 此前不久的中世纪神学家一般都认为"谋利活动是不道德的"。但是，仍然有不少"精英教士"受到"人文主义的影响"，他们"对少数出身名门、注定会在未来谋得高官权重的学生，仍培养他们学做能工巧匠，传授口头和书面表达技巧的修辞学，也借助公开演练、戏剧表演等方式在训练举止、培养自信的同时达到宗教教育的目的。世俗当局者也观看这类表演——其中包括他们自己孩子的演出，他们不见得欣赏其传教的目的性，但赞同这种教学和培训方法"②。很显然，这些"世俗当局者"感兴趣的就是做"能工巧匠"和"口头和书面表达"的能力，因为这些能力能够使他们在现实的生活中获得更多的实际好处。此外，这些"精英教士"往往就是一些宗教改革者（新教教徒），他们的教育理念也"在于培养人格、使其避开惰性、利欲和野心，表现谦和和慈悲品格"③。在这样的新教义的指引下，资本主义逐渐发展起来，经济的发展不仅成为世俗人们的重要"义务"，并且也成为遵循上帝意愿的行动。欧洲因此成为了世界资本主义的"先驱"。而且我们可以毫不夸张地说，欧洲一体化过程出现的许多与"联盟"相关的问题，都是既是经济的，也是文化的，因为从欧洲发展过程来看，经济的发展往往是以某种价值观为先导的。虽然看起来欧洲联盟的建立与发展，特别是其中的许多"入盟"的条件，都是以最大限度地满足欧洲人的经济追求为目的的，但是，这种追求还有一个常被人们忽视的目的：以更公平合理大方式，使更多的人享受到他们生而应有的自然权利：物质利益的满足；所以若要加入欧盟，仅仅有"地处欧洲"的资格是不够的，在许多的条件之中，人均国民生产总值必须达到欧盟的规定才有成为欧盟成员国的资格。而这些与精

① 杰里·本特利、赫伯特·齐格勒：《新全球史》（下册），魏凤莲、张颖、白玉广译，北京大学出版社 2007 年版，第 692 页。
② 让-皮埃尔·里乌、让-弗朗索瓦·西里内利：《法国文化史》，傅绍梅、钱林森译，华东师范大学出版社 2006 年版，第 182 页。
③ 让-皮埃尔·里乌、让-弗朗索瓦·西里内利：《法国文化史》，傅绍梅、钱林森译，华东师范大学出版社 2006 年版，第 182 页。

神追求并行不悖的物质追求的合理性就是上述"新教教义"的精髓所在。

四、亨利四世的"大计划"与欧洲一体化

从以上所述可以看出，欧洲宗教（基督教）的改革对欧洲经济发展带来的影响是巨大的，它不仅使一般教徒在保持对上帝信仰的前提下，对于物质和精神关系进行了革命性的重新认识，而且同样十分重要的是，这种宗教改革是长期与教会不和的一些贵族甚至国王十分乐见和积极参与的事。他们虽然常常也在教廷的压力下作过一些让步，但却在自己的权力范围内实行与新教思想相容的政策，有的甚至公开与罗马教廷唱反调，他们颁布法令，实行符合新教思想的种种政治、经济和文化政策。法国历史上十分著名的国王之一亨利四世就是其中的一位。亨利四世的政权不但在国内实行新教政策，主张发展生产，最大限度地满足人们的物质需要，提出了著名的"每周每户汤罐中一只鸡"的口号；主张不同教派平等相处等国内的改革措施，而且还在新教思想的基础上，制定了著名的"大计划"，试图在欧洲建立一个"极具基督性"的"共和国"，甚至"极具基督性的"欧洲"协会"和欧洲"理事会"。

1553 年，亨利四世生于法国南方与西班牙接壤的波城，母亲是法国王室成员之一，封地是纳瓦尔公国，所以亨利四世的本名是"纳瓦尔的亨利"，他的母亲信奉卡尔文教，亨利四世从小就受到新教思想的影响。1589 年，亨利三世逝世前在病床上亲口授遗嘱，将王位传给纳瓦尔的亨利，遭到当时大部分都信奉天主教的王室成员的反对。当时的天主教势力十分强大，与当时各种新教势力之间的战争不断。在这种情况下，亨利被迫改宗，皈依天主教，得以顺利即位。不久后的 1589 年，亨利四世就颁布了具有深远历史意义的《南特敕令》，给予新教合法存在的权利，主张不同宗教之间（基督教不同教派之间）宽容共处，结束了长达三十年的内战（史书上一般称作"三十年宗教战争"）。成功地结束了内战和宗教和解后，在财政大臣苏利公爵的帮助下，亨利四世立即着手经济建设和"大计划"。

关于亨利四世的"大计划"（或"宏伟蓝图"），实际上是亨利四世的一位杰出的财政大臣苏利公爵进行的历时二十余年的大欧洲政治、经济、军事等领域建设的一系列计划的出台和实施。

苏利出生于一个并不富裕的清教徒家庭，1571 年投靠纳瓦尔的亨利，正是他劝说亨利四世，为了使国家安宁，应该暂时皈依当时力量较强的天主教；亨利四世听从了他的建议，皈依天主教从而巩固了自己的国王地位。在著名的《南特敕令》中，虽然宣布天主教为法国的国教，但同时宣布新教为合法教派；新教可以建自己的教堂，还可以拥有教会财产和军队。这在此前是不可想象的。苏利还在成为亨利四世的财政大臣后，立即进行了一系列卓有成效的改革，以利于国民经济的发展："他实行严格的财政管理，使此前空空如也的国库很快充盈起来；他降低赋税，鼓励出口和商品流通，取消了许多收费站，改善交通；他优先发展农业和牧业，他著名的格言是：'农业和牧业是哺育法兰西的一对乳房'。"[①] 亨利四世在苏利的支持下实施的"宏伟蓝图"主要是在政治上"统一"欧洲的一系列举措；苏利曾被亨利四世派往伦敦，和英国女王伊丽莎白商量建立"极具基督性的联盟"，虽然遭到冷遇，但为后来的"极具基督性的共和国"和"极具基督性的（欧洲）理事会"[②] 设想打下了较好的基础。这个统一欧洲的计划大致包括的是今日的德国和法国的领土："他要求德国人首先要团结起来，然后他们应该马上和他们的最早的、最近的、最勇敢的盟友和邻居联合起来……日耳曼人、高卢人、法兰克人要像在查理曼大帝统治时期那样成为一个民族。"[③] 苏利设想的这样一个德、法轴心与 20 世纪 50 年代形成的欧洲共同体十分类似；在这样一个轴心的大框架下，苏利将欧洲分成了 15 个类似加盟国的，具有同等权利的联邦国家政权：(1) 教廷；(2) 日耳曼罗马帝国；(3) 法国；(4) 西班牙；(5) 英国；(6) 匈牙利；(7) 波西米亚（LA BOHEME）；(8) 波兰；(9) 丹麦；(10) 瑞典；(11) 伦巴第王国；(12) 萨瓦加上米拉奈（Milanais）；(13) 威尼斯领地；(14) 意大利共和国；(15) 比利时共和国（包括今日荷兰）。

不仅如此，苏利还设计了类似今天欧盟理事会这样的欧洲管理机制，这就是"极具基督性"的"（欧洲）理事会"。这个理事会是"极具基督性"共和国的最高权力机构，由四十位理事构成，大国四位，小国二位。"这个理事会必须每三年换届一次，理事会所在地必须每隔一年在以下城市中轮换：梅兹、卢

---

① www. mrugala. net/Histoire/Grand/20Siecle/Personnages/Sully. htm.

② Bernard Voyenne，1964，*Histoire de l'idée européenne*，Petite Bibliothèque Payot，p. 78.

③ Bernard Voyenne，1964，*Histoire de l'idée européenne*，Petite Bibliothèque Payot，p. 78.

森堡、南锡、COLOGNE、MAYENCE、特里尔、法兰克福、WURZ-BOURG、海德堡、SPIRE、WORMS、斯特拉斯堡、BALE、贝藏松。理事会以下还设有六个"省级分理事会"（Conseils provinciaux），它们分别设在 Dantzig、Nuremberg、维也纳、Constance、Pologne 和另一个"未确定的城市，可能会是一个法国城市"①；这六个分理事会分别负责所在地的议案一审工作，然后再交由总理事会审议。同时，为了使总理事会和分理事会的决议得到充分的尊重和执行，苏利还制订了一个精心的计划，这就是建立一支统一的欧洲军队：六十万步兵，二万五千骑兵，一百二十门大炮。这支军队只设一位统帅和一个总参谋部，军费由全体成员国分摊，它的任务是："能够进行剿灭任何异教徒的战争"。这支预计建立的欧洲军队能起到既对外也对内的威慑作用；对外主要是打击或抵抗欧洲以外非基督教教派的攻击，对内则是镇压或威慑拒不执行理事会决议的群体或成员国。在这里，我们已经看到，苏利的欧洲联合的理想和实践中已经提出了当今欧盟甚至联合国机构设置中的许多机制设想，不仅仅是今日欧洲一体化中的经济贸易、政治外交、法律财政诸领域的联盟机制雏形，而且还可以从中看到当今联合国中的许多关于世界运行机制中的世界性的强制措施，例如联合国维和部队在世界范围内的防暴制暴维和机制，联合国安理会的种种仲裁协调活动机制的原型，等等。

五、莱布尼兹的"世界基督教组织"

如前所述，基督教原本是一种主张人人（上帝的造物）平等，天下人皆兄弟，"爱所有的人"的普世主义宗教，只是在其发展过程中，在相当长的一段时间里成为与其他宗教水火不相容的"一神教"组织，因此造成了许许多多的悲剧，甚至直至今天仍然有许多由于宗教原因造成的纠纷、骚乱与战争。但是，基督教普世主义却一直以一种看起来自相矛盾的方式表现出其另一面：主张天下人人平等博爱（如果说"自相矛盾"，那是说，基督教虽然主张天下人人平等，但却有一个前提，这就是，这个"人"必须是上帝的造物，而非基督教教徒是不在此列的）。但无论如何，基督教人道主义仍然有其积极的、足以

---

① Bernard Voyenne, 1964, *Histoire de l'idée européenne*, Petite Bibliothèque Payot, p. 80.

成为现代文明重要参照的一面。因为我们知道,在基督教内,神父的尊称与"父亲"一词的称谓是同一个词,在教友之间则以"兄弟"和"姐妹"相称。而且,从泛世的意义上说,(早期的)基督教是一种开放的宗教,耶稣说"你们要去,使万民作我的门徒",就是说要向外"传播福音"。这是一种基督教普世主义思想源头,它们来自基督教形成时代的希腊世俗主义文化,形成了基督教人道主义的萌芽。所谓"福音"的核心就是"爱人","福音"构成了基督教人道主义,它也是人类"善"的普世精神的构成因素之一。

莱布尼兹是基督教普世主义思想的积极倡导者,认为以基督教人道主义为基础的普世主义思想,是最完美的世界大一统的思想基础。莱布尼兹的名言是:"世界上一切皆善"。尽管我们看到(例如在伏尔泰的小说《天真汉》、《老实人》中那样)这种一切皆善的理念出发点固然好,可是在实际生活中往往并非如此。但从基督教人道主义的普世精神对欧洲,以及后来对于人类文明的影响而言,这种博爱的普世价值观也是值得我们作较为深入之研究的。

就在莱布尼兹出生前两年,欧洲刚刚结束了一场大战——"三十年战争"(亦称"宗教战争")。这场战争既是一场名副其实的宗教战争,也是一场名副其实的欧洲大战。也就是说,在莱布尼兹出生前刚刚结束的这场战争意味着欧洲的宗教纷争和世俗的政治经济的矛盾和战争不断:由于中世纪后期神圣罗马帝国日趋没落,各诸侯国之间的纷争不断,再加上宗教改革运动之后,天主教和新教的尖锐对立甚至武装摩擦冲突频繁,而且周边国家纷纷崛起,在政治、经济、文化(主要以宗教纷争的形式表现出来)等方面形成两大对立集团:由奥地利、西班牙、德意志天主教联盟组成的"哈布斯堡集团"得到罗马教皇和波兰支持;和由法国、丹麦、瑞典、荷兰、德意志新教联盟组成的"反哈布斯堡联盟",得到英国和俄国支持。"但开战不久,宗教意识形态的分歧,不再成为交战双方的主要分野;而是各国基于政治经济的原因,互相钩心斗角,使这场战争转变成为争权夺利,扩疆夺土的混战。战争规模由德国内战演变成为……中世纪以来欧洲的第一次大规模的国际战争。"[①] 特别是,莱布尼兹的祖国——德国在三十年战争之后分裂成了许多诸侯国和"骑士领地",也就是说无论在文化(宗教)上,还是在政治和经济上,三十年战争后受害最大的国

---

① 法学教材编辑部审定:《国际关系史》(上册),武汉大学出版社 1982 年版,第 6 页。

家就是德国：由于这次战争，自中世纪以来的一个教皇、一个皇帝的欧洲政治文化局面被打破（在神圣罗马帝国时期，虽然也有不少类似"自治"的现象，但那时的欧洲政治文化总体而言是统一的），特别是德国，三十年战争以后，这个并不太大的国家分裂成了差不多 300 个独立的大小不同的诸侯国，此外还有 100 多个所谓的"独立的骑士领地"。这种混乱的状况使莱布尼兹感到"荒谬"，"欧洲的无政府状态使他感到忧虑，基督教的分裂使他感到痛苦和气愤"[①]。1666 年，莱布尼兹从阿尔特道夫大学获博士学位后，本来可以在该校任教授，但他却在得到迈因大主教的首肯后到了法国，试图实现他利用路易十四强大的政治经济和军事实力达到其建立"世界基督教组织"的理想。因为，当时虽然路易十四治下强大的法国引起了许多欧洲国家，特别是一些新教国家的担忧（路易十四废除了由亨利四世颁布的《南特敕令》，宣布恢复天主教一教专制制度，建立"耶稣连队"，打击一切"异教徒"），特别是北欧的一些国家的老百姓都自发地组织起来对抗路易十四。可是，这种状况对于莱布尼兹来说却是一个可资利用的政治形势，这也就是他得到教皇首肯而去法国的目的和原因：利用路易十四来达到结束混乱局面，弘扬、净化基督精神，统一欧洲甚至世界。

莱布尼兹的这一计划是：

尽量设法将路易十四的扩张势头引向东方和地中海沿岸，他认为如果法国人取得了胜利，就不但可以征服埃及这个欧洲人垂涎已久的国家，而且还可以利用"法国控制地中海沿岸，使落入异教徒之手的北部非洲重新成为基督教的领地"。此外，他还希望"法国国王能够以其勃勃野心来满足整个欧洲帝国的荣誉感，成为那时天主教中所缺乏的联邦制度的组织者"[②]。

1672 年，莱布尼兹带着自己的宏伟计划，准备献给路易十四。可是那时路易十四正忙于进攻荷兰抽不开身，所以也就不可能接受莱布尼兹的建议。但莱布尼兹并没有灰心。1676 年，他又开始从另一个角度来进行他的世界基督教计划。他和法国思想家、波城大主教博须埃进行了许多有关基督教普世思想的学术交流；第二年，他利用 Nimegue 会议的时机发表了一个小册子，主张

---

① Bernard Voyenne，1964，*Histoire de l'idée européenne*，Petite Bibliothèque Payot，p. 90.
② Bernard Voyenne，1964，*Histoire de l'idée européenne*，Petite Bibliothèque Payot，p. 90.

建立一个"唯一的"基督教团体，或者"既是宗教的又是政治的"基督教世界团体，这个团体受教皇和皇帝的共同领导。这种思想使早已存在于基督教世界的政教合一更加稳固，以至于一直到 1907 年才真正最后被废除。而更为重要的是，莱布尼兹主张的这种政教合一组织和制度的主要目的是"让欧洲停止自己谋害自己"。要改变欧洲的这种混乱状况，就"只有让路德教的良好愿望首先促成其精神的统一；精神的统一实现之后，就能重建一种新的有序的基督教共同体"①。他断言，在这个共同体之外，"只能有分裂和解体"。当然我们特别注意到，莱布尼兹的所谓世界基督教组织并不是要建立一个统一的政治实体，所谓的"一个教皇"和"一个皇帝"的主张也并不是要让欧洲或"世界"由教皇和皇帝这两个独裁者共同来统治，而是要建立一个类似多国联盟的跨国跨地区组织，在尊重各国主权的基础上对这个大联盟内各种事务的协调。莱布尼兹的"世界基督教组织"是一个"最高的仲裁机构，它应该得到所有方面的认可，应该以灵活的有分寸的方式进行指导，使每一个国王有充分的自由管理他自己的领地"②。

当然，也正如其名称所指称的那样，莱布尼兹的"世界基督教组织"的最终目的是"进行福音的扩张，将欧洲的福音化扩展为世界的福音化"③。他甚至还为欧洲各国规定了传播福音的范围和任务，如法国负责非洲，瑞典和波兰负责西伯利亚和 Tauride，英国和丹麦负责北美洲，西班牙负责南美洲，荷兰负责东印度，等等。莱布尼兹在 1691 年 9 月写给布丽侬夫人的信中这样描述他的基督教理想国："……大一统在进行，天主教在改革，日耳曼与拉丁在走向一致，统一的欧洲大陆和英格兰岛走进同一座改革后的罗马教堂；信徒，所有的信徒一起对抗威胁他们信仰的悲弱力量。"④

① Bernard Voyenne, 1964, *Histoire de l'idée européenne*, Petite Bibliothèque Payot, p. 90.

② Bernard Voyenne, 1964, *Histoire de l'idée européenne*, Petite Bibliothèque Payot, p. 90.

③ Bernard Voyenne, 1964, *Histoire de l'idée européenne*, Petite Bibliothèque Payot, p. 91.

④ Bernard Voyenne, 1964, *Histoire de l'idée européenne*, Petite Bibliothèque Payot, p. 91.

第六章　启蒙主义思想与欧洲建设

一、圣·皮埃尔神父的"欧洲永久和平计划"

如果说德国人莱布尼兹的"世界基督教组织"计划只是从宗教和文化的意义上统一欧洲甚至世界，那么法国人圣·皮埃尔大主教的所谓"欧洲永久和平计划"则更多的是从政治和法律的意义上来建设一个统一的欧洲。

圣·皮埃尔神父（l'abbé de Saint Pierre，1658—1743 年）是法国 17 世纪著名作家、思想家、外交家。在 17 世纪著名的"古今之争"中，他是一位出色的"今派"，所以也被看做启蒙主义思想的先驱之一。在西班牙王位继承权战争中，法国和西班牙联手对抗奥地利、英国、普鲁士等国组成的欧洲联军；这场战争从 1701 年打到 1711 年，这一年，法国国王路易十四的手下维拉尔元帅（Villard）率部在德男（Denain）大败欧洲联军。但此时"整个欧洲都筋疲力尽"，作为战胜国的法国尤其不堪战争重负。在这种情况下，所谓"乌特勒支会议"于 1712 年召开，协商和平解决争端，所以会议的结果就称为《乌特勒支条约》。作为法国谈判代表的圣·皮埃尔神父在会议后的 1713 年写出了厚厚的两册《欧洲永久和平计划》（1728 年），由于这两部"作品"太长，使许多读者却步，圣·皮埃尔神父就又将其缩写成一部《大纲》（认为《欧洲永久和平计划》是"三卷本"的说法是不准确的——笔者注）。

在《欧洲永久和平计划》中，圣·皮埃尔神父提出了建立欧洲联邦的五项具体的"基本法"：

1. 建立由各国君主平等参与的永久性联盟。

2. 所有联盟成员国的君主都必须服从于"全体会议"（Assemblée

Générale）或"欧洲上议院"（Sénat europeen）。

3. 联邦所有的开支由联邦全体成员国分摊。

4. 联邦集体决定对违反联邦条约的成员国进行制裁，并且由被制裁国负担因制裁产生的所有费用。

5. 联邦协议的所有五条（包括本项）基本法规必须由所有成员国一致通过方能修改；所有涉及改变成员国之间边界的决定也必须经所有成员国全体同意方可生效；以上条款以外的联邦事务的解决方案则由联邦全权代表组成的常设权力机构以简单多数通过。

"全体会议"或"欧洲上议院"由 40 名议员构成，他们拥有同等的选举权和裁判权。议会的总部设在法国的斯特拉斯堡（斯特拉斯堡现为欧洲联盟所在地）或第戎。议会的决议一般应以绝大多数通过，6 个月以后以三分之二的多数批准该决议的执行。

该计划还有一些其他规定，例如：

1. 在一般情况下，一个成员国常备军队不得超过 6000 人；但在联盟面临战争的情况下，每一个成员国要派出 24000 人的部队加入联军；这支联军部队由议会指定一名统帅，但这名统帅不能由来自任何一个王室的成员担任。

2. 联盟成员国相互之间不得在议会之外进行"秘密外交活动"，这种秘密外交活动"应该受到全体成员国的强烈谴责"。

3. 这个联邦组织应该有效保障成员国所有民众的权利和生活正常进行。

4. 成员国各王室的领地不得以任何形式被肢解，"各王室不得以继承、赠与、让渡、买卖、征服等形式在内的方式进行扩张，等等"①。

从以上的部分条款可以明显看出，圣·皮埃尔神父的《欧洲永久和平计划》已经具有相当严密的组织形式构想，在许多方面已经有了今天欧盟，特别是现在联合国组织的一些组织结构形式。在《欧洲永久和平计划》出版之前，圣·皮埃尔神父就还曾起草过一份《万国世界永久和平计划》（Projet de paix universelle entre les nations），这个计划使圣·皮埃尔神父在联合国的创建史上一直十分有名，后世的欧洲联盟设想，甚至世界一体化组织的设想者们中的许多人往往都会引用他的观点。就是说，圣·皮埃尔神父对欧洲一体化甚至全

---

① Bernard Voyenne，1964，*Histoire de l'idée européenne*，Petite Bibliothèque Payot，p. 93.

人类永久和平理念的贡献是巨大的，他首次提出了在一个联邦性质的平等联合的组织形式中确立一种由民主决定的聚合权力；所有成员国无论强弱，都服从于这个统一的联邦法律，以保证公正和持久的和平。所以可以说，今日欧洲联盟的所谓《欧洲宪法条约草案》，甚至联合国的许多规章制度和组织结构形式，都可以看到圣·皮埃尔神父关于多国联盟和世界一体化思想方面的贡献。

二、卢梭的社会契约学说与欧洲联盟理念

众所周知，卢梭是法国欧洲启蒙思想和欧洲现代民主制度思想的先驱者之一，他的"社会契约论"思想不但影响了后来欧洲建立的各种民主政治，而且对于欧盟的建立也有着间接或直接的影响。所以沃耶纳先生在《欧洲思想史》一书中说："在圣·皮埃尔神父著作的最认真的读者中，无论是从人格的影响力还是相关见解的重要性来看，有一个人都值得特别地提及，这个人就是让-雅克·卢梭。"[1]

圣·皮埃尔神父的两卷本《欧洲永久和平计划》的《大纲》出版那一年，卢梭只有 16 岁，应该说当时他可能还不知道有这部著作，但在 1750 年左右，卢梭开始大量阅读政治社会学著作期间，肯定读到了圣·皮埃尔的这部著作："这一段时间他住在日内瓦，构思他的《社会契约论》。也许是在 1743 年圣·皮埃尔神父去世时，刚刚到达巴黎的卢梭有机会对这位前辈感兴趣。不过也还要等到 1756 年，他在埃尔米塔日宫舒适地安顿下来后，才在其众多的写作工作中抽出时间，从那位神父的'多达 20 卷的杂乱的著作'中提取了精华。"[2]虽然卢梭对圣·皮埃尔的"计划"中表现出来的思想并不太以为然，甚至有些"蔑视"，这导致了他后来对其思想在大量借鉴的基础上进行了一些批判；为了得到有关这位伟大神父思想的更多资料，卢梭想方设法接近其遗属和亲友，最终"受其亲友的委托，得到了去世神父的所有遗稿。"[3]

结果，卢梭对这位"伟大神父"全部著作的评价是："这个世纪一位著名作家的所有著作中，都充满了宏伟的计划和渺小的观念。"[4] 卢梭在读完

[1] Bernard Voyenne, 1964, *Histoire de l'idée européenne*, Petite Bibliothèque Payot, p. 93.
[2] Bernard Vorenne, 1964, *Histoire de l'idée européenne*, Petite Bibliothèque Payot, pp. 94-95.
[3] Bernard Vorenne, 1964, *Histoire de l'idée européenne*, Petite Bibliothèque Payot, pp. 94-95.
[4] Bernard Vorenne, 1964, *Histoire de l'idée européenne*, Petite Bibliothèque Payot, pp. 94-95.

圣·皮埃尔神父那些"冗长的"的著作后,"一口气"写出了《对圣·皮埃尔永久和平方案的概述与评价》。无论如何,卢梭在这个欧洲永久和平计划中找到了他所喜爱的主题,他认为,在这个计划中,有某种建立在联邦宪法基础上的"欧洲社会的存在"。而我们知道,正是这种由全体社会公民来民主地制定某种对所有成员具约束力,但又保障所有成员之自由的基本法(宪法)的设想,就是卢梭的社会政治理念的核心,也就是所谓"社会契约论"的核心。卢梭认为,虽然人类生存的最本质的状态应该是顺其自然的状态,即所谓自然法则下的永恒的自然状态,如生存的权利、追求幸福的权利、获得财产的权利、个人财产不受侵犯的权利、个人获得自由、平等的权利等等。但同时他也清醒地看到,常常有这样的现象出现,即完全自由的个体常常危害其他个体的自由。要解决这个问题,就需要由公众共同来制定某种保障个人自由的规则;这种制订出来的规则就叫做法律,"当全体人民对全体人民作出规定时,他们便只是考虑着他们自己了;……这时人们所规定的事情就是公共的,正如作出规定的意志是公意一样。正是这种行为,我就称之为法律"(《社会契约论》第50页)。卢梭认为,作为法律,也就是说作为公共的意志,是不能由某个人或某一些人来决定公众事务的,公共意志是社会全体成员具体意志的抽象(集中),所以,从公众的具体的意志中抽象出来的规章制度(法律)形成之后,还得有一个公正的机构来执行。这个公正的机构当然不是像卢梭那个时代的政治讨论(或改革)中谈得很多的所谓君主立宪之类的理念,而是需要由全体社会成员认可的(选举)的人员来构成,由这一些人员构成一个能够真正代表全体社会成员,并代其行使其自由权的政治体制就是真正意义上的共和国的政治制度。

如前所述,卢梭在对圣·皮埃尔的欧洲永久和平计划进行了仔细的研究之后,对其中的一些观点和具体意见进行了批评。圣·皮埃尔的欧洲永久和平《计划》要建立的是一个行政的实体,而这样一个超国家的行政实体,更多地像一个"联邦"而不是"邦联",在一个超国家主权的联邦政体内,各成员国就不会拥有充分的自由。而如果是在邦联内部,由于它不是一个行政实体而是一个仅对违法(规)者进行监督的机构,那么在这样一个邦联内部,各成员国就是自由的。邦联机构在某种意义上只是一个执法机构,也就是保证这个邦联中所有成员在享有充分自由的前提下共同制订出之规定得到不折不扣的执行。

在这样的职能监督下，联盟内部所有成员的自由也就有了保障。卢梭认为，圣·皮埃尔神父的计划要建立的欧洲联盟不是一个这样的以公平契约为纽带建立起来的邦联，而是一个超国家的政治行政甚至军事实体；虽然这个联邦的行政机构的管理机制看起来比较公平合理，但由于它的权力太大，各成员国的国家主权很容易受到损害；这种体制不但不适合于作为国际间联盟的组织形式，而且作为任何一级的政治体制都会成为不民主的体制。卢梭认为，民主的政治体制下的国家机器应该让所有人的意志得到体现，国际间的联盟机构也应该"全部由正直的人构成，这样的欧洲共和国就可能很快建成，如果在其中，人们能够通过经验切实感到自己的个人利益能够从共同利益中体现出来，那么它就可能很顺利地建立起来"①。卢梭十分尖锐地指出，圣·皮埃尔神父的《欧洲永久和平计划》中的那个执政机构，除了军队指挥者外，这个联邦执政机构却是由联邦各成员国的君主构成的，卢梭对这种权力机构很不信任，他问道："可是，人们能够像圣·皮埃尔神父那样相信君主们吗？"②卢梭认为，不能相信君主构成的联邦执政机构，因为君主们的利益和民众的利益发生冲突时，君主就可能毫不犹豫地抛弃公众的利益。更重要的是，在这种联盟中，君主的利益和公众的利益发生冲突时，君主看到的"他们自己的"利益往往也只不过是他们的"表面的利益，而不是他们真正的利益。因为一般君主看到的只是君主的权威，然而君主的权威从本质上说是'贪恋暴利的'……"③，"君主的权威既不会接受财产的分配，也不会接受道德的限制；它对外是帝国主义，对内是专制主义；内外都是一回事"④。卢梭还认为，若要建成一个如圣·皮埃尔神父理想中的联邦国家，战争是少不了的，虽然有时战争的确可以加强联盟的权威，然而以战争打造出的权威，却"几乎总是导致专制"。所以卢梭断言：如果这样的欧洲联邦国家真正能够限制君主和王室的无尽的贪欲，那它当然可能"致力于解放民众"。但是，正因为如此，君主们就会"不惜一切代价来使它变得滑稽可笑，变得信誉扫地"⑤。

①　Bernard Voyenne,1964,*Histoire de l'idée européenne*,Petite Bibliothèque Payot,pp. 94-95.

②　Bernard Voyenne,1964,*Histoire de l'idée européenne*,Petite Bibliothèque Payot,pp. 94-95.

③　Bernard Voyenne,1964,*Histoire de l'idée européenne*,Petite Bibliothèque Payot,pp. 94-95.

④　Bernard Voyenne,1964,*Histoire de l'idée européenne*,Petite Bibliothèque Payot,pp. 94-95.

⑤　Bernard Voyenne,1964,*Histoire de l'idée européenne*,Petite Bibliothèque Payot,pp. 94-95.

卢梭关于欧洲联邦，包括关于人类社会以结盟的方式更好地、合乎自然地、自由地生活的思想，毫无疑问是与其"社会契约论"一脉相通的，因而相对圣·皮埃尔神父的欧洲联盟理念而言，卢梭在这方面的思想对于欧洲传统的封建主义政治理念更具颠覆性。在卢梭看来，圣·皮埃尔神父的欧洲联盟只不过是一个很不实际的乌托邦而已。因为他认为若要使一个社会、一个国家或更大的人类群体实现真正的民主自治，就不能按圣·皮埃尔的计划那样来建立一个将可能导致专制的联邦，虽然这种联邦的理想是不错的；在卢梭看来，若要实现圣·皮埃尔神父涉及的所谓"欧洲联盟"或"共和国"的理想，就既不能仅仅像柏拉图倡导的那样由几个精英来"理性"地治理（或统治），更不能像圣·皮埃尔说的那样由各国的君主来"平等"地构成一个统治欧洲的联邦政府，因为那样只能在关键的时刻保护少数人的利益。卢梭的社会契约论还强调一个观点：若要建成真正的民主政治体制，往往需要以暴力的形式推翻专制的君主政治制度，因为专制体制往往不会自行消失，以暴力的方式推翻专制制度往往是建立民主制度的必然选择。推翻专制制度后，再由社会全体成员平等地选举出自己信得过的人作为自己的代言人，组成一个执行机构，才可能不折不扣地执行全体社会成员之"公意"，这样的机构（或行政机构）才能称作民主的（合乎自然的）行政机构。而作为在欧洲实现和平来说至关重要的欧洲联邦机构，如果不是以全民民主的方式建立起来的，那就是虚假的，乌托邦的。卢梭指出，圣·皮埃尔神父的联邦理念还停留在宗教改革的层面上，只要欧洲的宗教集团之间不再相互对立、冲突，特别是不断的战争能够结束，依附在各种宗教集团名义下的封建君主之间不再对立，而是相互尊重，互助合作，似乎就可以保持欧洲的永久和平了。

但在卢梭看来，这样的改革最多也只是一种君主立宪，是达不到真正意义上的和平与民主的，要真正的和平，真正的民主就是一个必需的条件，所以沃伊纳先生认为圣·皮埃尔神父的欧洲永久和平计划"最让卢梭不能容忍的就是其中宗教改革和明显乌托邦的色彩"[1]。

卢梭对于建立类似欧洲联邦这样的多国联盟的态度是很矛盾的。如果说为了全体公民有享受自然赋予的自由权利，那么建立这样一个联盟管理机构是可

---

[1]　Bernard Voyenne,1964,*Histoire de l'idée européenne*,Petite Bibliothèque Payot,pp. 94-96.

以的：但是这只是一种"委托"，是公民把自己的天赋自由权转让给某种行政机构，但这并不能说明这种机构的合"法"（自然之法）性，而只是一种不得已而为之的办法。当然卢梭也提出了一个影响了后世许多年的理论：恢复天赋自由之暴力革命合理论。

首先，如前所述，卢梭认为，一个能够保证永久和平，因而最符合"自然"的社会形式是全民民主的政治体制，也就是所谓以社会契约方式建立起来的共和国的政治体制。但是卢梭认为要达至真正民主的政治体制是不能靠修修补补的改良来达到的，而是应该首先通过暴力的形式，将旧的不合"法"（自然理性）的封建专制制度彻底打碎后，才能建立起一个"合乎自然"的全民民主政治体制。因此，这样的暴力革命是合理的。他在《社会契约论》中写道："从政府篡夺了主权的那个时候起，社会契约就被破坏了；于是每个公民就当然又恢复了他们天然的自由；这时他们的服从是被迫的而不是根据义务了。""当人民有义务服从时，而且服从了，他们做得对；但是同样，一旦人民可以打破身上的枷锁而打破它时，他们做得就更对，因为人民正是根据别人剥夺他们的自由所根据的那种同样的权利，来恢复他们的自由的，那么他们重新获得自由是完全正当的。否则的话，当初别人剥夺他们的自由就是好不正当的了。"①（译文略有改动）如果不作较深入的研究，我们似乎会以为卢梭在《对圣·皮埃尔永久和平方案的概述与评价》中关于以暴力革命的形式来实现欧洲真正的民主联盟的观点就是很自然的，符合其一贯理论的。然而如果我们认真看一看卢梭的《对圣·皮埃尔永久和平方案的概述与评价》（这当然是卢梭关于欧洲联盟之思想最权威的佐证），那么我们就可以发现，虽然法国后来的许多革命者、历史学家，无论是反对还是赞成暴力革命（如法国大革命中的著名暴力革命家罗伯斯庇尔，或法国当代历史学家索布尔等人），均把卢梭的《社会契约论》中的相关理论当作暴力革命的理论基础，把卢梭当作"革命导师"。但是实际上，卢梭虽然认为如果政府（公仆）违背"委托人"（人民）之"公意"，人民起来推翻（包括暴力方式）政府是合理的，但是应该注意的是卢梭同时指出，暴力革命推翻政府其实也和人民自愿把自由权委托给政府的行为一样，是不得已而为之的事。暴力是一个危险的东西，所以卢梭在《对圣·皮埃

---

① 卢梭：《社会契约论》，张海涛、姬登杰译，九州出版社 2007 年版，第 7 页。

尔永久和平方案的概述与评价》中对亨利四世的"大计划"中关于欧洲必然要
经过一场大的动荡后方可统一（以暴力的形式）的思想似乎是持反对态度的，
至少他对这种思想的态度显得比较模糊。因为一方面他对所生存时代的那个欧
洲现状十分不满，认为应该不惜以暴力的形式推翻，但同时他又对以暴力的形
式达到的联盟之永久和平抱着一种怀疑的态度，所以他在《对圣·皮埃尔永久
和平方案的概述与评价》最后写道："除了革命以外，人们看不到任何建立联
盟的可能，可是，我们中的谁又敢于说这样的联盟是值得期望的还是让人害怕
的呢？"[①]

三、卢梭、孟德斯鸠关于"小国寡民" 思想异同与欧洲一体化

卢梭基于其"人天生自由"的思想，其实是反对一切社群组织形式的，也
就是主张"无政府主义"的。他认为任何社群组织形式都是一种不得已而为之
的社群形式，最好最理想的社群形式是人人完全自由地生活，不受任何个人以
外因素的制约，这才是最合乎自然的人类生存状态。虽然人类由于种种天然地
具有的秉性，又可能以自身的自由去妨害别人的自由，因此才需要以社会契约
的形式来协调人与人之间的关系，必要时也需要一个以"公仆"的形式为大众
服务，代表大众行使管理权的机构。这种思想影响了后来许多社会学家和政治
理论家以及各种政治理论的实践者，他们反对庞大的、专制的政府机构，更不
赞成建立类似欧盟这样的跨国的联盟组织，卢梭"我们中的谁又敢于说这样的
联盟是值得期望的还是让人害怕的呢？"这样的担忧在欧洲的今天也不时出现。
2005年，原《欧洲宪法草案条约》正式进入批准程序时，却在一些欧盟举足
重轻的大盟国中，比如法国、荷兰等国遭到全民投票否决，不仅使具有象征和
标志意义的《欧洲宪法》遭受重创，给整个欧洲一体化进程蒙上了一层阴影，
而且在某种程度上改变了人们对于整个欧洲的未来的期望，使人们重新思考过
去一系列乐观的价值取向，重新唤起了人们对于欧洲政治经济一体化进程中的
一系列重大政治、经济、文化问题的思考。

---

① Bernard Voyenne,1964,*Histoire de l'idée européenne*,Petite Bibliothèque Payot,p. 96.

在法国的启蒙思想家中，孟德斯鸠比卢梭更早提出了民主与无政府状态、和平与暴力问题的思考，卢梭的《社会契约论》发表于1762年，而孟德斯鸠《波斯人信札》早在1721年就问世了。孟德斯鸠在这部作品中提出了社会群体的自然状态和不同类型政治体制的优劣。这是一部书信体小说，其中讲述了三个"穴居人"群体的故事。这三个社会群体经历了不同社会存在状态：在"自然民主"状态下，人们保持着一种十分高尚的道德，除在家庭中，即父母、兄弟姐妹、妻子丈夫儿女之间相亲相爱外，每一个社会成员之间也保持着互助互爱的关系，整个社会十分和谐繁荣。在另一个穴居人群体中，人们却没有这种高尚的道德，人们的个人欲望无限膨胀，看到别人的财物牲口就抢，甚至杀人放火，无恶不作。最后这个人群就自生自灭了。还有一个穴居人部落也是一个很有道德观念的群体，他们也是除在家庭中，即父母、兄弟姐妹、妻子丈夫儿女之间相亲相爱外，每一个社会成员也保持着互助互爱的关系，整个社会十分和谐繁荣；但是不久后，这些人渐渐感到成天都为了恪守道德而"克己"而十分难受，因为他们身上与生俱来的贪欲色欲等不断向他们袭来，使他们常常需付出十分巨大的自制力才能"自然地"保持和睦相处的有序状态；久而久之，这个群体中人人都觉得这样继续下去的话，他们的生活，特别是其精神状态将会无法继续保持正常，因为有些人已经开始放任自己，社会状况将有可能失控，变成烧杀抢掠、暴力的社会。于是经过很久的酝酿后，他们请出当地一位最德高望重的老人，希望他代表大家行使裁判权，赋予他判决惩罚恣意妄为者的权力。这位老人经过很长时间的考虑，最终答应了大家的请求，替大家行使法律；但是这位老人在接受大家的委托时发表了一篇讲话确实发人深省的。他说"让上帝惩罚我吧，是我让穴居人认为我是他们中最公正的人！你们把王冠交给我。如果你们坚持这样做，我将只能接受。但是你们要知道，我将会因为看到穴居人失去自由，带上枷锁而痛苦"，他接着说"我知道了，知道了这是为什么了！道德开始让你们感到难受了……你们为什么要让我不得不把你们置于道德约束以外的约束之下呢？"（《波斯人信札》第十四封信）我们可以看到，这一群穴居人最后决定采取的行动是一种君主立宪的政治制度，人们为了自己的利益，把包括暴力在内的权力交给一个他们"信得过"的人，由他来管理大家的事务。这实际上也是一种人类自由权委托制的政治体制，只不过在孟德斯鸠那里，这个人既然是一个"德高望重"的人，因此他完全有可能是一个值得信赖的君主。从词源学上讲，"君主"（Seniorem）本来意义是"年龄最大的人"，之所以这个词被译成"君主"，是因为其实所谓君主并不是一开始就存在的，只是后来随着财产的增多，孟德斯鸠所说的第三种群体中的人们就面临着沉重的道德责任（枷锁?），加上功利的考虑，于是就要选出一个信得过的人，将财产（和其他权力如裁判权）委托给他。这个受委托的人后来就成了这个地方的财产和管理权的所有者，这个词也就具有了社会生活词汇中"君主"的含义。然而问题是，这个本来是代替大家行使管理权的人完全有可能成为一个暴君，他的行为可能丝毫没有代为行政的性质，而是将那个群体中的其他人置于他的奴役之下。所以实际上，孟德斯鸠的理想是美好的，但却是比较难实现的，正如卢梭在后来不得不指出的那样，如果要让已习惯于奴役他人的君主"良心发现"，像孟德斯鸠小说中那位长者那样仁慈地、"合乎自然"地行使"管理权"是十分困难的，因为君主一旦拥有得不到制约的统治权，即使其"道德"观念再强，也难免在某些情况下暴露出人性中恶的本性，对其统治下的其他人实行不公正的专制统治。卢梭写道："如果说没有任何政府能比君主制政府更加有活力的话，那么同样没有任何别的政府，其个别意志具有更大的支配性，能更加容易地控制其他的意志。的确，这里所有的东西都朝向一个目标，但是这个目标却不是公众的幸福，而且正是这个行政权力又持续不断地变成对国家的损害。"① 在这种情况下，就不得不先以暴力的方式推翻君主的专制，然后真正"民主地"选举出代替全体社会成员行使管理权者。而且，即使是像孟德斯鸠这样主张君主立宪制度的思想家，其实也已经借《波斯人信札》中人物之口，指出了君主违背社会全体成员的委托初衷，变成暴君的可能性和危险性，他还借人物之口，对当时路易十四的专制进行了激烈的批判，正如法国文学翻译家罗国林先生所说："《波斯人信札》中的内院故事，应该说具有积极的思想意义。它表现了作者反对封建专制，维护人权，主张妇女自由、男女平等的进步思想。"② 但是，我们更应该清楚地看到，孟德斯鸠虽然激烈地批判专制和集权，但他却积极地主张一种普世主义，对于孟德斯鸠来说，通过君主立宪的道路来实现普世主义就是一种很好的办法，所以他关于欧洲联邦的理

---

① 卢梭：《社会契约论》，张海涛、姬登杰译，九州出版社 2007 年版，第 179 页。
② 罗国林：《波斯人信札》译序，译林出版社 2000 年版。

念就主要是从建立一个由"仁德"君主管理（或统治）的社会群体，这也包括组建一种"使欧洲各国相互依存的欧洲组织那样的形式"①。而且从我们目前掌握的资料上看，孟德斯鸠关于欧洲联盟的理念不但是一种类似君主立宪那样的扩大了的行政组织，而且还是一种成员国与成员国之间互通有无的组织，比如自然资源的相互补充，人力智力资源的相互调剂，社会文化的相互借鉴等："法国需要波兰和莫斯科那样的富足，就像居也那（中世纪法国人对现今法国阿基坦一带平原的称谓——笔者注）需要布列塔尼，布列塔尼需要昂热那样。"② 孟德斯鸠还是最早提出欧洲教育一体化的思想家："人们知道，他对旧的联邦制度很感兴趣，特别是积极建议但很久以后才能实现的中学教育联盟。"③ 当然我们知道，这个理想的实现确实来得很晚，这就是，真正意义上的欧洲联盟在 20 世纪才得以建立，而又在欧盟建立后的几十年后，欧盟才着手统一欧盟内的教育制度，直到 21 世纪初，也才开始相互承认学分，统一攻读各类学位的时限、学位的名称等。欧洲各领域真正的一体化仍然道路漫长（我们将在后面的篇幅中讨论如《欧盟宪法草案》公投在欧洲联盟中出现的不和谐音符"有可能延缓欧洲一体化"等问题）。所以孟德斯鸠根据其君主立宪政治体制的设想来勾画的欧洲联盟，实际上是比其君主立宪政治体制设想更不现实的理想，其中带着不少情感的或浪漫的成分：孟德斯鸠是继拉伯雷和蒙田以后在欧洲游历最多的作家，在他的作品中，甚至如《论法的精神》那样的理论著作中，都可见到一些想象和虚构的成分，他曾经写道："德国适合于旅游，意大利适合于旅居，英国适合于思考，法国适合于生活。"④ 因此他的所谓"欧洲应是一个由许多省份构成的国家"——"联盟共和国"就是更加难以实现的。

四、孟德斯鸠的"联盟共和国"思想与欧洲

如果说孟德斯鸠曾经从地理和气候的角度出发，认为欧洲各国连成一体有助于提高欧洲人的生活质量，营造多样性的生活方式和生活环境的话，那么他

① Bernard Voyenne,1964,*Histoire de l'idée européenne*,Petite Bibliothèque Payot,p. 97.

② Bernard Voyenne,1964,*Histoire de l'idée européenne*,Petite Bibliothèque Payot,p. 97.

③ Bernard Voyenne,1964,*Histoire de l'idée européenne*,Petite Bibliothèque Payot,p. 97.

④ Bernard Voyenne,1964,*Histoire de l'idée européenne*,Petite Bibliothèque Payot,p. 97.

那著名的地理气候决定论（多样气候和环境与多样文化之间的关系）对欧洲"联盟共和国"设想的影响则主要在于他的所谓"社会起源自然说"。

第一，孟德斯鸠认为，人类之所以会形成一个有序的，或多或少地以法律为纽带的团体即社会（族群、国家或其他人类团体形式），那是因为人的本性使然，也就是所谓"自然法"使然。孟德斯鸠在其主要理论著作《论法的精神》一书中开宗明义地写道："从最广泛的意义来说，法是由事物的性质产生出来的必然关系。在这个意义上，一切存在物都有他们的法。上帝有他们的法；物质世界有它的法；高于人类的'智灵们'有他们的法；兽类有它们的法；人类有他们的法。"① 实际上他的意思就是说，如果说人类形成后的许多"人为法"为人类社会建立了"公道的关系的话"，那是因为在此之前，也就是在出现人类的自然条件之中，就"已经有了公道（公正）关系的存在"，他认为人类在有了社会时就马上自然地产生了某种形式的法律这个事实本身就说明了这一点。第二，孟德斯鸠认为，作为智能存在物的人类都懂得，如果从另一存在物那里获得恩泽的话，就都会生出某种"感恩之心"。第三，如果"智能存在物"创造了另一个"智能存在物"的话，被创造者会保持对创造者的依附。第四，如果一个"智能存在物"损害了另一个"智能存在物"，就会和应当受到同样的损害。② 所以他反对霍布斯所谓"人类最初的愿望是相互征服"的观点，他回答霍布斯关于"人老是带着武器"和"要有关门的钥匙"的质问时认为，那是因为霍布斯把社会建立以后才发生的事情加在社尚未形成之前的人类身上了。所以作为社会人的人类由于有了"知识"而懂得了自然法之外的一些"人为法"的重要，比如，畏惧使人逃跑，这是动物性的自然反应，但是相互的畏惧却会使拥有"知识"的人"相互亲近起来"，相互之间就会自然产生某些避免相互伤害的规则，这就是人为法的萌芽："作为这个大星球上的居民，人类在不同人民之间的关系上是有法律的，这就是国际法。社会是应该加以维持的；作为社会的生活者，人类在治者与被治者的关系上是有法律的，这就是政治法。此外，人类在一切公民间的关系上也有法律，这就是民法。"③

我们看到，虽然所谓"人为法"是不以"上帝"的意志为转移的，因为他

---

① 孟德斯鸠：《论法的精神》，张雁审译，商务印书馆1997年第9版，第1页。
② 孟德斯鸠：《论法的精神》，张雁审译，商务印书馆1997年第9版，第2—3页。
③ 孟德斯鸠：《论法的精神》，张雁审译，商务印书馆1997年第9版，第5页。

必然"受到千百种的情欲的支配",有时就会忘掉了自然法,所以这时候就需要"哲学家们通过道德的规律",来"劝告"他,也就是"提醒"人类要在自然法则允许的范围内改变"上帝的意志",其基本的出发点还是自然的法则;但是,除了作为"智性人"都应遵循这个准则以外,不同的地理环境和气候环境的人类群体都应该遵循由这些因素决定的规则,他说"法律应该和国家的自然状态有关系;和寒、热、温的气候有关系;和土地的质量、形势和面积有关系……法律应该和政体所能容忍的自由程度有关系;和居民的宗教、性癖、财富、人口、贸易、风俗、习惯相适应"①。所以孟德斯鸠在《论法的精神》中认为,联盟应由相同性质的国家,尤其是共和体制的国家来组成,因为在共和体制下,国家的精神是"和平和宽厚",而君主国和专制国家的精神则是战争和扩张。孟德斯鸠在此书中还比较了暴政、专制和民主共和制的种种特点,认为民主共和制度是最好的制度,因为在这种制度下,公民人人以平等的身份存在于社会并自觉地遵守法律,平等地对待他人(同样也是公民的执政者与被执政者之间、不同信仰者之间、不同种族者之间的平等)。孟德斯鸠认为,在民主共和制度下,教育的功能除了学习知识以外,很重要的就是政治品德的培养,这种品德"就是热爱法律和祖国。这种爱要求人们不断地把公共的利益置于个人利益之上;它是个人的品德的根源。个人的品德不过是以公共利益为重而已"②。孟德斯鸠认为,在君主国或专制制度下,爱祖国只是君主或统治者的事,人民对此毫不在意,因为他们在这种制度下没有自己的权利,因此也就没有责任;而在民主共和体制下,政府是由每个公民来负责的("这种爱是民主国家所特有的。只有民主国家,政府才由每个公民负责"),教育的关键就是要"在共和国里建立起对法律和国家的爱"③。孟德斯鸠用了很大的篇幅讨论共和国体制下的品德教育,认为爱共和制的祖国就是爱民主制度本身,爱民主制度也就是爱自己,因为这个民主的祖国的代表——政府正是代表自己利益的机构;孟德斯鸠认为,在一个民主国家里还应该鼓励"爱简朴":"当一个社会把平等和简朴规定在法律里的时候,平等和简朴本身就能够大大地激起对平等和简朴的爱……在君主和专制的国家里,没有人渴慕平等,平等的观念根本就

---

① 孟德斯鸠:《论法的精神》,张雁深译,商务印书馆1997年第9版,第7页。
② 孟德斯鸠:《论法的精神》,张雁深译,商务印书馆1997年第9版,第35页。
③ 孟德斯鸠:《论法的精神》,张雁深译,商务印书馆1997年第9版,第34页。

不进入人们的头脑。大家都希望出类拔萃。就是出身最卑微的人们也希望脱离他原来的境地，而成为别人的主人。"① 这种关于平等和简朴理念的教育是共和制度的保障；因为仅仅有着个人与整体间的协议是不够的，还必须有以这些理念为基础建立起来的健全的法律体系，才可以保障共和体制的长久稳定。孟德斯鸠举例说，"如果立法者采用平分土地而不同时制定法律给予支持，那么，他所建立的政治，不久便要消逝。在法律没有预防的地方，不平等便会乘隙而入，而共和国也就完了。"② 所以在共和制度下，就要制定建立各种在平等原则基础上的法律，才能够避免君主制或专制制度中的那些弊病，比如避免过分"闲散的生活"，"激发对劳动的喜爱"。又例如在一个商业发达的国度中，如果没有基于平等基础上的法律约束，过多的财富就会破坏平等贸易，甚至会破坏以公平公正的方式获得财富的"法的精神"。本来，"贸易的精神自然地带着俭朴、节约、节制、勤劳、谨慎、安分、秩序和纪律的精神。这种精神存在一天，他所获得的财富就一天不会产生坏的效果"③。他甚至认为应该把父亲的产业平均分给所有的子女。这样父亲即使有许多财产，他的子女也不会像父亲一样富有。总之应该教育人们避免过分奢侈等等。

这样一来，孟德斯鸠就又不得不开始考虑一个重大问题：在世界上还存在不同的社会制度，特别是还存在许多君主制和其他专制制度国家的时候，民主共和国"如何谋求安全"，这个问题是孟德斯鸠在《论法的精神》中以较大篇幅进行讨论的问题。他在该书第二卷第九章"法律与防御力量的关系"中认为，由于共和国公民的平等、自由精神凝聚起来的共和国，特别是较小的共和国很容易受到攻击，"亡于外力"，所以最好的形式就是建立一个联盟直至建立一个更大的政府来保障共和制不被消灭："这种政府的形式是一种协约。依据这种协约，几个小邦联合起来，建立一个更大的国家，并同意做这个国家的成员。"④ 其实在孟德斯鸠这种思想出现之前，欧洲历史上就已经出现过这种为了保证共和制度不被其他政体势力消灭而建立的联盟。这就是世界历史上第一次资产阶级革命发生地——荷兰的资产阶级共和国为首的"荷兰、德意志、瑞

① 孟德斯鸠：《论法的精神》，张雁审译，商务印书馆1997年第9版，第43页。
② 孟德斯鸠：《论法的精神》，张雁审译，商务印书馆1997年第9版，第43页。
③ 孟德斯鸠：《论法的精神》，张雁审译，商务印书馆1997年第9版，第46页。
④ 孟德斯鸠：《论法的精神》，张雁审译，商务印书馆1997年第9版，第131页。

士同盟"。

"荷兰、德意志、瑞士同盟在欧洲被认为是永存不朽的共和国，也是由于联合。"①　孟德斯鸠说，具有相当紧密联盟关系的联邦不但能够抵御外力，保持其"威势"，也就是说某种进步的对外影响力，而且同时也可以防止内部的腐化。因为如果某个地方产生了腐败或者其他什么弊端的话，他们的行为就可以受到其他没有发生弊端的地方的批判和纠正，也就是相互可以进行制约，特别是如果在联邦内部如果有人或有某个成员国试图扩大势力或"篡夺权力"的话，"他几乎不可能在所有各邦中得到同样的拥护"②。

但是孟德斯鸠指出，建立联邦的条件是，这些成员国必须是"相同性质"，"尤其应由共和国组成"，他认为，任何其他形式政体的联盟都是不可能的和最终会瓦解的。他举了古代迦南的那些小君主国一个个地被消灭，就是因为它们没有也不可能组成联盟（"因为小君主国的性质不适于联邦"③），而共和国由于其精神是"和平与宽厚"，特别是在国内本身就已经有了公平公正的原则作为公民与公民、公民与政府之间的关系准则和法律，在与别的共和国结成联盟时，就可以相互尊重，平等对待盟国，从而达到和平与共同发展的目的。

如上所述，孟德斯鸠关于拥有共同的共和制度国家结成联盟的理念，并不是当代意义上的一体化的政治、经济、文化等领域的联盟理念，而主要是为了"谋求安全"，而且在自身安全得到确保，也就是他所认为的共和制度得到确保的前提下，向其他非联盟的国度进攻。特别值得一提的事，孟德斯鸠认为在大国或大的政治经济军事集团之间的博弈中，联盟的方式是历史上常见的现象："就是这种联合使希腊（古代希腊之所以有所谓"希腊化"的称谓，就是因为它是由五十个不同的城邦构成的——笔者注）得以那样地长期繁荣的。罗马人依靠这种联合，向整个世界进攻；而整个世界也就仅仅依靠这种联合来保卫自己，抵抗罗马人；当罗马极盛时代，野蛮人（指日耳曼人——笔者注）就是依靠这种联合，才能抗拒罗马。野蛮人因惧怕罗马而在多瑙河及莱茵河彼岸结成了联盟。"④

---

① 孟德斯鸠：《论法的精神》，张雁审译，商务印书馆 1997 年第 9 版，第 130 页。
② 孟德斯鸠：《论法的精神》，张雁审译，商务印书馆 1997 年第 9 版，第 131 页。
③ 孟德斯鸠：《论法的精神》，张雁审译，商务印书馆 1997 年第 9 版，第 132 页。
④ 孟德斯鸠：《论法的精神》，张雁审译，商务印书馆 1997 年第 9 版，第 130 页。

我们知道，孟德斯鸠的《论法的精神》关于国际法的理念中，军事力量是应该由国际法来加以规定的。国际法是国家与国家相互关系的政治性法律。如果是为了自卫或者捍卫国际法而进行战争。这样的战争就被人视为正义战争。他举例说，如果是在公民与公民之间发生了争斗，自卫一方是不需要攻击的，他只需要向法院申诉就可以了（紧急情况除外），但是如果是国与国之间发生了战争，无辜被攻击的一方就有权进行自卫，这就是正义的战争。"在社会与社会之间，自卫的权力有时候是必须进行攻击的。例如当一个民族看到继续保持和平将使另一个民族有可能来攻击自己，这时进行进攻就是防止自己灭亡的唯一方法。"① 孟德斯鸠关于正义战争的思想使得联盟建立军队的主张有了正当的理由，后来欧洲各种"同盟"、"轴心"之类的政治和军事联盟，都有了其存在的理由。我们看到，从 1950 年的"欧洲防务一体化"设想到《马斯特里赫特条约》、《阿姆斯特丹条约》，直到"欧洲快速反应部队"或"欧洲军"的组建，无论是与美国为首的北约的对抗，防止前苏联的军事威胁还是当前的"反恐"，还是 2008 年法国重返北大西洋公约组织，都是为了法国同时更是为了欧盟在主导欧洲防务方面的主动权，欧盟这种以军事力量对付联盟外一切军事力量的努力不但没有放松，而且得到了越来越强的高度重视。而这些措施，在很大程度上都是保持如孟德斯鸠主张的那一类"联盟"存在的需要所致。

如前所述，孟德斯鸠一方面主张普世主义，另一方面又主张尊重文化的差异，认为气候环境的不同，将导致在不同地区和环境下生活的人们产生不同的文化，而加入多国联盟这样的国际组织也最好是由有着大致相同的政治、经济、地理（政治地理）意识形态或文化环境的国家构成；虽然他认为由于气候、自然环境等因素而造成的不同的意识形态或文化、风俗习惯等都应该受到尊重，但同时他又认为，如果任何人都强调自己的特殊而不顾他人的特殊，就会造成混乱，人类就得不到更好的发展，甚至会遭到毁灭，所以他主张君主立宪。他的这两种思想都在很大程度上影响了以后各种形式的国别政治体系的产生和国与国之间联盟体制的出现，特别是，也可以说在很大程度上也是这两种思想理念导致了欧洲一体化过程中"邦联"与"联邦"之争。

法国著名学者、欧洲议会议员布尔兰热先生就认为，"邦联"和"联邦"

---

① 孟德斯鸠：《论法的精神》，张雁审译，商务印书馆 1997 年第 9 版，第 137 页。

之争根本的矛盾性产生于历史发展过程中两大文化精神：纯基督教信仰的国际联盟和从古罗马帝国废墟上设想出来的联盟国家理念。前者重视的是某种共同的价值体系和共同的政治经济利益但在内部相对平等；后者无视不同民族的文化精神，强行推行统一的法律法规，着重强调普世的"民主"概念。19世纪以来欧洲的种种分裂，尤其是"民族主义"的抬头，不但造成了继欧洲各种宗教战争以后最大的各种战争，而且也是两次世界大战产生的最深层因素；这些战争又为欧洲一体化建设本身和联盟国家理念之间不可调和的矛盾提供了最大的"理论依据"，即所谓"民族国家主权不可让渡"论，它使得许多"联盟"成员往往"同床异梦"（或"多样统一"？我们将在本书中加以较为深入地讨论），很难在许多实质问题上达到"联盟"的目标。这种矛盾性被现代大部分欧洲的政治文化"精英"，欧洲联盟的创造者们称为"革命性"的理念或"联邦逻辑"，虽然这种逻辑充满了矛盾。

当然，这里的所谓"革命性"和矛盾性，实际上在孟德斯鸠和卢梭、霍布斯等人的"联邦"理念中就已初见端倪了。

如前所述，孟德斯鸠比卢梭更早提出了民主与无政府状态、和平与暴力问题的思考，他在"穴居人"的故事中实际上就已提出了群居人类中的个人自由将有一种"宿命的"责任；当这种责任与个人的某些"野蛮"余孽发生冲突时，其解决办法就是将自己的自由权利（或责任）交给一位"德高望重"者来代为行使。但在这里需要特别指出的是，群居人类中个人的自由权利具有一种"宿命的"（不得不有的）责任的逻辑，这实际上就是说，群居的人类必然是要立法的，无论是这种法是道德法（风俗习惯、宗教信仰、文化习惯，甚至巫术或其他文化禁忌等），还是"理性"指导下产生的成文法（现代意义上的清晰的法律条款）。

不幸的是，作为欧洲启蒙主义思想的先驱之一的孟德斯鸠的欧洲"共和"思想，却在德国被另样解读。早在1774年，德国学者Herder就在其专著《另一种历史哲学》中"否定了启蒙思想家强加的所谓普世的'理性'和'文化的多样统一观念'，宣扬'人民的精神'，即民族的禀赋"[①]。Bruno Bachini和Laurent Bouvet等学者认为，Herder的这种观点在文化与政治集团之间建立起了某种必然的联系，认为每个民族都有自己特殊的"使命"。这样的命题很

---

① Bruno Bachini，Laurent Bouvet，2001，*Manuel de Culture générale*，Hachette，p. 79.

容易推导出民族与民族之间不存在共同点的结论，进而为自己民族的"特殊性"或特殊地位的凸显的任何行为寻找理由，而且更为重要的是，这些学者认为这种特殊性有可能是人类发展中应该学习的典范。这实际上就是稍后德国学者费希特（Fichte）于1807—1808年所作的系列演讲《对德意志民族的演讲》中的主题。费希特认为，人类不能停留在腐败堕落的"野蛮余孽"之中，但是要实现这一点，就需要人们有一种"自我意识和自由意志"的合一，"把自己塑造为自己还应进一步变成的东西"①。他认为，人类是"自我塑造"的，但是这种自我塑造需要也"必定会"在时空中的某一个点上开始，从而"是人类经过深思熟虑的自由发展的第二个阶段取代不自由的第一个主要阶段……我们认为，首先要求德意志人开始一个新的时期，成为其他民族的先驱和典范"②。费希特把他希望由德意志人代表的这种新趋势称作"科学的理性"，这就是绝对自我的能动性，人的自我意识应该不断"克服阻碍其自由的对象、自然事物，是经验的人上升为自由的人，成为世界的创造者"③。我们很容易从费希特的这种理论联系到现在较为有效的欧洲人寻求避免人类"野蛮余孽"的"理性"行动，也就是当代欧洲共同体的建立。费希特以后的德国民族（即使在第二次世界大战战败后又成为欧盟核心国家之一，也许仍然带有费希特留下的这种"嘱托"）。更值得注意的是，德意志和法兰西这两个欧洲的伟大民族之间，千百年来，特别是1870年普法战争以来，几乎成为欧洲分裂和战争的最主要的敌对两方，虽然第二次世界大战中的法国远不足以作为德国的主要对手，但是在战后却成为了欧洲共同体建立的首倡者，在相当大的程度上为的也是联合这个欧洲历史上的"优秀民族"，将欧洲的传统进一步发扬光大，成为世界的"典范"。

不过我们也注意到，无论是法国民族"精英"孟德斯鸠的君主立宪和卢梭的社会契约思想，还是德国民族主义思想的始作俑者之一的费希特，其最根本的理念还是在于希望建立一种"自由、平等、博爱"的理想社会，费希特也为人的自由权利大声疾呼，他特别为当时德意志国家没有法制、充满特权、留有农奴制残余的现状而十分担忧。④ 在此后，费希特这种以"科学理性"为名的

---

① Johann Gottlieb Fichte, *Reden an die deutsche Nation*, S. 53.
② Johann Gottlieb Fichte, *Reden an die deutsche Nation*, S. 53.
③ 邓晓芒、赵林著：《西方哲学史》，高等教育出版社2005年版，第237页。
④ 邓晓芒、赵林著：《西方哲学史》，高等教育出版社2005年版，第237页。

自由意志的历史哲学观甚至在马克思这样的科学社会主义社会文化思想中都可以看到一些痕迹，而且这些人也都提出了自己的欧洲建设和全人类"大同"建设的设想模式（包括欧洲政治文化思想史上圣西门等人的空想社会主义思想，马克思的"在欧洲上空徘徊"的共产主义思想等）。我们将在后面专章分析其与欧洲联盟的思想渊源关系。

不过我们可以清楚地看到，所有这些欧洲或世界"大同"的思想，其实大多带有将欧洲产生的"优秀文化"作为人类发展的未来的"典范"，在欧洲典范基础上达到世界大同的意图。这在某种意义上说，仍然没有摆脱人类"自然本性"中的"野蛮残余"。

许多世纪以来，人类价值（主要是西方价值观）往往都把自身之外的"他者"当作异己的力量予以排斥，无论是持"唯一上帝"说的天主教，还是以将"人道主义"意识形态化的西方"民主"价值观、法西斯纳粹的"生存空间"论，直到现今在各种借口下进行的争夺甚至杀戮，其实都是一脉相承的野蛮竞争行为，是人类文明的一种倒退。

无论在东方还是西方，野蛮竞争都是人类所经历过的阶段，然而作为一种文化理念和哲学思想，这种理念和哲学思想却使西方世界在一定历史阶段中出现了各种"竞争"理论。霍布斯的所谓"共同利益专制论"就是其中之一。

五、霍布斯的"君民利益一致论"与欧洲

如果我们在历史上再追溯一下，就必须要讲到英国 17 世纪上半叶的政治理论家霍布斯。他把人类的行政管理机构看成为"国家的整体"，或"国家"（在这里霍布斯用的是拉丁文的 Civitas，意为"一大群人"），但这个"一群"是一个整体，就像一个具体的人那样的整体，他认为，人类群体与其他动物群体之间的区别在于人类群体的人为性。他认为人性和其他动物同样具有"恶"的一面，而且人主要是"恶"的："对于霍布斯来说，在战争与和平之间的另一大不同在于战争是自然的，和平则是人为的产物。"[1] 因为霍布斯认为人和动物的不同点在于人的程式化不像动物那样的程式化，因为人类拥有"语言"

---

① 马歇尔·米斯纳：《霍布斯》，于涛译，中华书局 2002 年版，第 42—43 页。

特别是"理性"，这两种手段使得人类的伪装和欺骗手段远比其他动物来的高明。所以对于人类说，结成一个共同体的努力不是像亚里士多德认为的那样是"源于我们本性"的，"我们与群居性动物——像蜜蜂和蚂蚁——的区别也在于此，我们不会像他们一样，互相理解，结成一个简单的共同体。对于我们来说，不得不去建立合作，因为它不会自然而然地产生"①。但是霍布斯同时认为，人类也是可能获得和平的，这就是人为地建立一个"利维坦"（Leviathan）。他认为，"利维坦"是最适合于人类的，虽然它是人为的。因为在"利维坦"中，人们可以人为地建立起一个共同的"主权"（souveraineté），这个主权是共同体的灵魂，它使整体得到一个生命；这个共同体中的官员和其他公职人员则是这个共同体的关节；此外这个共同体中还有很重要的一种相互关系准则，这就是"赏"和"罚"，它相当于共同体的神经组织。霍布斯的"利维坦"实际上可以被看做是任何一个有一定规模的人群之间建立起来的共同体的代名词，它可以是某一个共同体，可以是一个国家，也可以是一个超国家的联盟，但是它们都应该有一个共同的特征，这就是，这个共同体中的成员必须"人为地"放弃自己的自然权利，也就是人性中的"恶"的自然属性。"霍布斯就是用这些因素来解答如何获得和平的问题的。答案就是人们应当彼此达成协议，放弃他们对事物的自然权利。自然权利的概念与情绪、有限的资源和我们无法理解他人的这一能力的缺陷结合在一起，从而导致了战争和冲突。我们看到了这一点，也看到了我们依靠我们的理性阻止战争的办法。在他人乐意做的情况下，我们可以达成一项协议，限制我们使用自然权利，就是这么简单。在协议中，我们可以创造出一些禁止杀戮、偷盗和诽谤的道德条款。没有必要说这是上帝让我们去遵循的。如果我们打算避免过可怕的生活，不至于最终走向毁灭，我们就不得不放弃杀戮的权力，减少其他要求。"②

在霍布斯看来，由于人天生是"恶"的，所以初民由于其天然自由的自然法权而形成了无政府的生活状态，这就造成了"所有人对所有人的战争状态"；这是一种野蛮的生存状态，人们对"他人"进行着无休止的战争，是为了"自

---

① 马歇尔·米斯纳：《霍布斯》，于涛译，中华书局 2002 年版，第 44 页。
② 马歇尔·米斯纳：《霍布斯》，于涛译，中华书局 2002 年版，第 48 页。

存"的需要，然而如果任凭这种状态发展，为"自存"而对他人进行战争，结果是，所谓"自存"的毁灭将是宿命的。但是，如果仅根据孟德斯鸠的穴居人模式，或者卢梭的家庭般的"小国寡民"模式来建立一个小小国家，就可能看似和谐、幸福、安康，但却是有着潜在危险的。那么，在霍布斯看来，什么样的政体才能保证其子民获得和平的生存环境呢？"答案就是人们应当彼此达成协议，放弃他们对事物的自然权利。"① 但是这个协议不能在自然状态下签订，这种状态下签订的协议是无效的，因为契约是建立在信任的基础上，没有信任基础的契约很容易成为谎言，"但是信任怎样产生呢？彼此信任，对于人们来说，不是天生具有的能力。它必须被创造出来，依霍布斯所言，它就是人为的产物……解决的办法是：创造一种力量，来强制实施协议。这一恐怖的力量将对那些不遵守协议者给予惩罚。有了这样的力量，我们大可以形成对对方的一份信任；如果没有，所有签订的契约都是无效的"②。那么，这又是一种怎样的"恐怖的力量"呢？这种力量就是君主的权力。霍布斯认为君主政体是最好的，他"首先假定一个君主能够保障和平和安全的公众利益，而君主仍旧是有着他的或她的个人欲望和目的的个人。与普通人一样，为了朋友和家庭，君主也需要声望、名誉和财富，而这一切都依赖于他所统治地区的繁荣兴旺。于是在个人和公众利益之间，就存在着重合一致的地方……第二，人们争斗是因为彼此之间是平等的，并且也没有强制力迫使他们信守协议……确立君主，就是为了避免它的出现……霍布斯预测在代表着民主政体的众议院和代表贵族政体的参议院中，充满着敌对、仇视、背信弃义和冲突。而君主政体就不存在这样的问题，没有人可以和国王或王后相提并论，每个人都是他的下属，这就为君主履行保持和平的职责创造了很好的条件"③。

由此可见，霍布斯认为一般的"邦联"是不足以真正保护人人都享有自由的，因为邦联性质的联合体往往只是"一次战役或一次战争等有限的时期内受某一种判断意见的指挥和统辖"，一旦某一段时间的某一群人的某一群敌人的威胁消失后，人们又会由于野蛮状态下的"天生自由"（恶的一面）而"重新陷入相互为战的状态"，也就是说"每个人的这种不受限制的权力必然导致随

① 马歇尔·米斯纳：《霍布斯》，于涛译，中华书局 2002 年版，第 48 页。
② 马歇尔·米斯纳：《霍布斯》，于涛译，中华书局 2002 年版，第 49—50 页。
③ 马歇尔·米斯纳：《霍布斯》，于涛译，中华书局 2002 年版，第 67 页。

之而来的所有人对所有人的战争"。① 作为人的自由权利的人的自然本性既然是战争之源，所以若要制止战争，最好的办法就是放弃进行战争的权利。但是，这里又有一个很大的问题，由于人天生的"恶"本性，每个个人单方面放弃这种自由权利的做法是十分危险的，因为个人单方面放弃这种权利，是无法保证他人也同样放弃这种权利的。这样就可能造成很大的危险。所以这种放弃是荒唐的。因此霍布斯虽然要求每个个人都放弃这种权利的，但是必须将其转让给一个"活着的上帝"，这个人在霍布斯的政治思想理念中是一个能确保某一个社会群体和平的"人造人"，他叫做"利维坦"（有人译作"海中怪兽"），其实，这个"人造人"就是人人都信得过的"超人"，他是全体社会成员权利的代表者，因此它拥有至高无上的权利；这个代表的权力之所以被视为至高无上，为的就是让他能最有效地行使全体社会成员委托给他的权利。这就是后来被许多人所批判的极权主义的理论依据。虽然我们也看到，君主制之所以有至高无上的权力，那是因为所有社会成员都同意将自己的权利委托给他，所以君主的权力"只有基于服从者的同意"才是合法的；君主既然是全体社会成员的代表，那么他的意志就是人民的意志，这样的君主的意志是不可违背的，所以"臣民既不会控诉主权者也不会置其于死地，因为这样做就等于自我控诉或自杀。因此在臣民和主权者之间存在着基本的认同"。② 然而在这里就有一个很大的矛盾，霍布斯一方面承认"臣民"和主权者之间的"委托"关系，另一方面又否认委托者和被委托者之间的意志上的统一，这样一来，民众代表与很可能成为暴君的统治者就很可能发生分歧和矛盾直至冲突，就不会有真正的民主。在欧洲一体化的各种形式中，甚至在《欧盟宪法条约》的批准过程中，我们都似乎看到了霍布斯理论在当代的某些阴影，也就是说人们对自己的自由权利可能被"美丽的"强权吞噬的担忧。

六、"民族主义"与欧洲建设

在当今的欧洲联盟中，我们可以看到很多"民族国家政府"及其居民，也

---

① 皮埃尔·莫内：《自由主义思想文化史》，曹海军译，吉林人民出版社 2004 年版，第 32 页。
② 皮埃尔·莫内：《自由主义思想文化史》，曹海军译，吉林人民出版社 2004 年版，第 35 页。

就是欧盟各成员国政府及其人民与"欧盟"组织及其所谓"欧洲公民"之间的矛盾:一方面,人们希望欧盟能够成为一个强大的政治、经济、社会、文化乃至外交、军事实体,最大限度地保护"欧洲公民"的利益;但是另一方面,又担心欧洲一体化程度过高,权力过于集中而导致各个成员国的"民族国家主权",特别是公民个体的权利受到损害。因为在欧洲的历史上,从费希特以降的民族主义思潮影响下的欧洲民族主义导致的,比宗教战争更加残酷的血的教训使人们在希望加强联盟以不再受战争之苦的同时,又害怕过于集中的联盟以另一种暴力——君主("利维坦")式的强权在"美丽的"理论掩护下伤害自己。因为在各种"美丽的"幌子下,人们受到的伤害太多了。其中,所谓的"民族主义"危害在欧洲人的心中就是一个很难很快抹去的阴影。

在欧洲,不但有以"人类最优血统"自诩的条顿骑士团的最野蛮却堂而皇之地,且几乎万变不离其宗地演绎到当代的极端民族主义的价值观,而且还有打着人类发展的、科学的幌子堂而皇之地鼓吹野蛮竞争行为的各种"理论"。

如前所述,这种野蛮竞争意识最早来源于以"上帝"的名义野蛮地迫害杀戮"他者"的堂而皇之的野蛮理论。根据基督教教义,上帝是唯一的,人类是这个唯一的上帝的造物,因此任何人都应该信仰这个上帝的教导,否则就是犯"原罪"者。对于誓死捍卫"我主基督"者,一律都是完美无缺的上帝子民。这在欧洲的许多国家的"英雄史诗"中都可以见到。我们过去对于这方面的介绍和研究,往往都说这是从正面将这些作品里的英雄人物作为我们所应该学习的人物来评价,将他们作为我们的楷模,甚至我们的许多文学作品中都不同程度地充满着西方英雄史诗里人物的影子;或者仅仅把英雄史诗里的那些故事中反映出来的阶级关系进行一番分析,找出封建宗教等级制下的种种缺乏人道主义的罪行。这些研究都是在一定的历史条件下从一定的价值取向来进行的,都有其各自的理由和目的。我们的研究当然也是有理由和目的的。这就是,我们在这些英雄史诗或其他文献中读出的是一些文化人类学意义上的、人类社会发展特定阶段中人们奉行的野蛮竞争观念。

但是,宗教幌子下的野蛮竞争理念在被马丁·路德、卡尔文等宗教改革家率先进行的宗教改革后的许多武器和理论的批判下,不再被人们认为是十分神圣的"事业"(十字军东征、形形色色的宗教裁判、无数的圣殿骑士团及其进行的无数的剿杀异教徒的战争)。然而这种以上帝为幌子的野蛮竞争却逐渐地又演变成了以"科学"的名义继续这种竞争,伟大的达尔文的理论被从自然科学领域搬到了人文社会科学领域,特别是被叔本华、尼采等人从自然人群搬到了社会人群。叔本华认为,包括人在内的一切生物最重视的是生命,只要生命能延续,其余一切均可忽略不计,都是没有意义的。因此人就完全地按照自身的生命冲动(或意志)行事,甚至认为"世界就是我的意志",世界就是"我"的表象,这适用于"活着并在认知着的生物的真理"。我们觉得,这样的人生理念的确是人类发展史上的一种毒瘤,它在相当长的一段时间里为法西斯主义的意识形态提供了理论依据。

众所周知,希特勒的纳粹德国曾有一大批文人颂扬法西斯主义,鼓吹法西斯主义和所谓"日耳曼民族最优"论,为法西斯军国主义军事扩张进行舆论准备和辩护,使德国的人道主义传统受到了前所未有的打击和否定,使德国的民族文化受了极大的破坏和歪曲。1933 年,柏林一家报纸写道:"我们不是也不愿意是歌德和爱因斯坦的祖国,恰好不是的。"[1] 在这种法西斯狂热甚嚣尘上的时候,竟有 80 余名作家给希特勒写信表示忠心。这些文人在文坛和理论界为法西斯大唱赞歌,为法西斯一系列内外法西斯政策寻找理论依据,起到了很坏的作用。而在所谓法西斯文化中,文学占有很大的比重。

法西斯文学的主要"理论基础"有二:其一就是所谓"生存竞争"学说,认为生物之间相互残杀是社会发展的必然规律;其二,与此相关却更为荒唐的是,法西斯在文化方面的"理论基础"居然是带有邪教意味的神秘的谕示和动物性欲念的无限放大。所以才有人将法西斯的发生归咎于尼采的所谓"意志论"。不管如何,这两种理论基础都促进了法西斯文学艺术的发展,当然也反过来支持者法西斯的精神。

首先,在"生存竞争"学说的影响下,出现了不少所谓"生存小说"。如德国小说家汉斯·格林的《没有空间的人们》就是一部典型的法西斯小说。这部小说一开头就写道:"……看看你的周围,看看你的眼前,为你的儿孙和新生的一代想一想吧!这里拥挤得像奴隶的窝棚,自由的躯体和灵魂再也无法在这里生长和发育了……"[2] 小说写的是一个农民因生存空间太小,不能养活一

---

① 前苏联科学院编:《德国近代文学史》下卷,人民文学出版社 1984 年版,第 570 页。

② 前苏联科学院编:《德国近代文学史》下卷,人民文学出版社 1984 年版,第 570 页。

家人，所以就参加了海军，以便寻找更大的生存空间。后来，主人公又因参加社会主义运动而被捕入狱。出狱后，受一商人的"开导"，遂坚信要找到幸福，最主要的是要争取到更大的生存空间。于是来到非洲，参加了和英国人争夺殖民地的战争，并且取得了胜利。后来德、英之间发生战争，主人公回到德国，又以十分的热情投入到法西斯运动之中。这一类小说中的军事、战争题材居多。为了配合纳粹政权的战争野心，这些沙文主义（或民族主义）的文人们其实在1933年（纳粹势力执政）前就开始以复仇主义特别是民族主义的作品来激励和影响新的一代，甚至可以说是他们催生了新的纳粹青年，在他们的胸中燃起开拓、扩张和战争的狂热。在这些作品中，日耳曼社会发展的历史被他们用日耳曼的神话所代替，就是说将日耳曼文化神秘化，"给它们加上浪漫主义的光环"，被称为是法西斯的"教育小说"。这些小说描写的大多是"个人的成长"历程；在这些日耳曼年轻人的成长过程中，战争的"洗礼"是他们必须要经历的，战争是他们"最高的学校"，战争极大地提高了人的"素质"，培育了人们的勇敢坚定、团结互助、自我牺牲精神。这些精神，都成为了第三帝国之"人民共同体"成员共同的道德规范。

另一个很重要的法西斯作家是恩斯特·荣格尔（Ernst Junger，1895—1998年）在1933年前就已经是一位著名的沙文主义作家，被认为是一大批具有狂热的法西斯倾向的前政权军官的"精神导师"，因为第一次世界大战以后，从战场上走下来的一大批军官们在法西斯思想的蛊惑下，纷纷加入各种法西斯志愿团、"黑色国防军"以及其他形式的法西斯恐怖组织。而恩斯特·荣格尔虽然与这些组织没有直接的关系，但他却是当时柏林几家"极右派报纸的固定撰稿人"[1]，撰写了许多歌颂民族主义的文章，如《在枪林弹雨中》、《透视心灵的感受》等。荣格尔以其"不容置疑的文学才能"和"某种精妙的哲理"而引起了许多读者的兴趣。这种"精妙"之处就是，他没有仅仅从一般的爱国主义来歌颂战争，而是从"生物学的角度"研究人类和民族问题[2]、提出"战争是万物之父"的观念。他还很欣赏尼采的"过一过危险的生活吧"的名言，并且把这些观念发挥成为一种冒险主义和民族主义的人生哲学，也就是说，站在

---

① 贝恩特·巴尔泽等编著：《德国史》，范大灿等译，北京大学出版社1991年版，第60页。
② 戴安康主编：《外国现当代文学概论》，华中理工大学出版社1989年版，第76页。

一个狭隘的民族主义的立场上来践行某些生物学上的基本原理。总之，荣格尔虽然没有直接加入法西斯组织，但是他对法西斯的产生和发展却起着很大的作用，"纳粹分子把他当作自己人"，说他是"为德国复兴铺路的伟人之一"。[①]

这种"生存空间竞争"的"哲理"在艺术美学上则和表现主义的美学更相似，这就是所谓的"古风"特色，只不过这种古风特色被法西斯用来为其沙文主义的"民族灵魂""得救"着色罢了。汉斯·格林的《没有空间的人民》就是以重新在日耳曼古风中寻回"民族自由"作为其作品之"灵魂"的。"德国人需要自己周围的空间，头上的太阳和身上的自由，以便成为一个善良而美好的人。眼看就要两千年了，难道他还能这么白白地期望着这一切吗……"[②] 汉斯·格林认为，德国人不但在一两千年来没有自由，没有民族的灵魂，即使是在德国统一后，在魏玛时期，德国人也没有真正的民族灵魂，因为那个时候，他们受到了"反民族的气氛"的毒害，特别是马克思主义关于阶级斗争的影响，使德国人民放弃了民族的尊严。《没有空间的人民》的主人公在寻找出路的过程中，曾经一度受到过马克思主义关于阶级斗争的"蛊惑宣传"，走上过"社会主义的歧途"，后来他在一位和小说作者同名同姓的商人的开导下，摆脱了马克思主义阶级斗争学说，"使他睁开了眼睛"，看清了造成他这样的德国人的悲惨境遇的真正原因。于是他的灵魂"得救"了，他去非洲参加了与"阴险好妒忌的英国人"的艰苦卓绝的斗争；由于他发挥了德国人的诚实、勤劳和"其他美德"，为自己争得了牢固的地位，而且挣下了一份不菲的财产。这些小说中因此常常出现日耳曼古代神话传说中许多神秘的"预言"般的隐喻和"启示"。在这方面集大成者是德国法西斯时期的"帝国文学院"院长汉斯·弗里德里希·布隆克（Hans Friedrich Blunck，1888—1961年）。布隆克尤其注重从神话传说和史前史中发现日耳曼人的民族精神。他认为，北欧的日耳曼民族在史前的冰河时期就有了各种了不起的发现，表现出了优秀的民族品格。他的代表作是三部曲《形成中的民族》（1922—1924年）、《祖先传奇》、《孤独国王》等。在这些作品中，布隆克都有意识地将历史材料"现代化"，使它与当

---

① 戴安康主编：《外国现当代文学概论》，华中理工大学出版社1989年版，第76页。
② 前苏联科学院编：《德国近代文学史》下卷，人民文学出版社1984年版，第573页。

前迫切的宣传任务联系起来；例如在《形成中的民族》里，作者就在叙述查理曼大帝的三个继承人（即曾经分别占领着今日德国、法国和意大利领土的查理曼大帝的三个孙子）相互争夺的时候，就出现了一些"憧憬着新帝国的人"，"他们的教义听起来就像今天说的，尽管它们距今已有千年之久，但是可能从来就没有在我们的心头消失过"。① 在《祖先传奇》中，布隆克通过描写一个从原始的石器时代到青铜器时代的部落发展过程，来展示日耳曼种族的特征及其优秀品质的证据，证明日耳曼民族是人类最优秀的种族，应该统治全世界的种族。在长篇小说《瓦尔特·冯·普勒滕贝格》中，布隆克则描写了 13 至 16 世纪一个日耳曼教会骑士团——立沃尼亚条顿骑士团远征东方普斯科夫的"英雄"故事。

在这些为法西斯意识形态服务的文学作品中形形色色的所谓日耳曼民族的古老故事和神话，大多与著名的日耳曼史诗《尼伯龙人之歌》相关。《尼伯龙人之歌》融合了两个流传在民族大迁移时期日耳曼部落中的传说。一是关于古勃艮第国尼伯龙人的传说；二是关于尼德兰英雄西格夫里特的传说。这部史诗反映了原始日耳曼文化与中世纪宫廷骑士文化的特点、日耳曼民族迁移时期的历史以及日耳曼人的家庭观念、组织形式和价值观。"史诗中的尼伯龙宝藏是一笔巨大财富，谁拥有这批宝藏，谁就被称为尼伯龙人。"② 作为尼伯龙人的传人、日耳曼骑士的传人，都应该视荣誉、尊严、忠诚和勇敢为无比重要的价值；无论个人还是集体和国家的荣誉都不可侵犯，哪怕牺牲生命，也要捍卫荣誉。所以复仇是日耳曼神话、史诗，更是近现代法西斯小说的另一个重要主题，无论在神话、史诗还是法西斯小说中故事往往都是这样发展的：构成以家族、部族为单位的组织形式，家族和部族利益高于一切；当集体的荣誉和利益受到侵犯时，就要以复仇的方式重新赢得。

古老的神话和史诗之所以成为法西斯意识形态的基础或者勇敢精神的来源，是因为他们要"抛弃那走向没落的人道主义学说"，"贬低理性、智力、批判思想和科学研究精神，是确立法西斯主义的主要理论之一"。③ "纳粹的思想家和作家断言，各种现象的内在含义只能凭本能来领会，而不是靠理智；他们

① *Dictinnaire des auteurs*，Robert Laffon，2e volume，p. 685.
② 前苏联科学院编：《德国近代文学史》下卷，人民文学出版社 1984 年版，第 570 页。
③ 前苏联科学院编：《德国近代文学史》下卷，人民文学出版社 1984 年版，第 570 页。

用天命、灵感、玄理、本能、血统感应、狂热的信仰和神秘的意志等等不可捉摸的东西来对抗理性徒劳无益的努力……国家社会主义的文化批评是由本能产生的，而本能，则是血统的感应，它不需要任何理性的和克制的法则与定律。"① 这些"民族主义"的哲学和文学艺术，在几乎整个 19 世纪和 20 世纪上半叶影响着整个欧洲各国，每个民族都认为自己是最优秀的民族，都试图控制和奴役其他民族，以至于国与国、民族与民族之间的战争不断，特别是造成了以第一次和第二次世界大战为代表的欧洲和人类的大灾难。

所幸的是，我们还可以看到许多欧洲的思想家，其中也包括德国的许多思想家，他们不但是古希腊人"世俗理性"的积极推崇者和发展者，而且往往将世俗的理性和具有某种程度的宗教意义上的理性（伦理）结合起来，构成了某种"新理性"，批判不顾人类的"类本性"（高等群居性）而倒退至前人类（未开化）状态来思考问题的那些法西斯的"人类学"理论。值得注意的是，这些理论往往不仅仅是以哲学的形式出现，而且常常与人类世界的未来建设的具体设想密切结合，有些学者甚至在他们的著述中结合自己的哲学思想提出了不少欧洲乃至世界和平（一体化）建设的建议。德国著名的哲学家康德就是这类学者的代表之一。

七、康德："理性欧洲"与"永久和平论"

1973 年，欧洲国家政府首脑在哥本哈根举行峰会，正式提出欧洲一体化的原则：（这些原则）"是代表制民主的原则，是法律、社会正义、经济进步和对构成欧洲身份基本因素的人权的尊重为目标的原则"②，可以说，这次峰会定下的这个"原则"在欧洲一体化进程中是至关重要的，因为当代欧洲一体化建设中，在此之前主要的目标是出于政治的特别是经济的考虑。但是无论从欧洲发展的历史还是从欧洲的现实来看，欧洲联盟其实在政治和经济考虑的背后有着一种更为深层的理由，这就是欧洲"自由意志的内在规律"（"绝对命令"）。

---

① 前苏联科学院编：《德国近代文学史》下卷，人民文学出版社 1984 年版，第 570 页。
② Bernard Bruneteau, 1996, *Histoire de l'unification européenne*, Armand Colin, Paris, p. 29.

　　那么，这种"自由意志"的内在规律是什么，他与那些极端民族主义者们宣扬的"自由意志"有何不同？它对于欧洲一体化的建设是有害还是有利呢？

　　我们注意到，欧洲思想大师们，包括像霍布斯、尼采这样的欧洲思想大师们，都对于"自由意志"情有独钟，因此他们在政治科学中引入了自由意志的观念，认为包括战争与和平在内的一切人类社会活动，都是由物质关系所驱动的；他们认为人都是功利的，一切道德的观念都是虚伪的和生命衰竭的表现。所以他们认为基督教神学道德观念是一种"虚弱而病态的"观念。尼采曾这样写道："'道德'、'义务'、'善本身'，那种非个人的而是所谓普遍有效的善——不过是幻觉，这种幻觉不过是生命没落的表现，不过是生命最后衰竭的表现，是哥尼斯堡的中国式劣根性的表现。最深刻的自我保存和成长法则所需要的与此正好相反：每个人编造他自己的德行、他自己的绝对命运。"[①] 可以说，从欧洲基督教文化开始受到质疑的许多个世纪以来，这种宗教理念中关于人类普遍的善的道德观念从尼采之后，到以 20 世纪上半叶的法西斯为最突出代表的极端民族主义的种种暴行，使得欧洲乃至世界的和平共处的人类美好追求受到了登峰造极的破坏。

　　然而尼采对于法西斯的"催生"，对于人类普遍道德观念和理性的批判，在很多地方是与批判同为德国人的伟大的哲学家，也是众多世界永久和平理念之一——"自由国家的联盟制度"伟大倡导者之一的康德同时进行的。

　　2000 年 3 月，来自世界各国的 1100 多位康德研究专家学者在德国柏林召开大会；许多国家也都以不同的形式来纪念康德；曾经的法西斯"轴心国"核心，今日的欧洲联盟轴心之一的德国决定将 2004 年定为"康德年"。这一系列现象下面，最主要的原因是康德的《论永久和平》是当代欧洲一体化，特别是"欧洲经济共同体"向"欧洲联盟"，也就是说一体化程度更高的欧洲发展过程中最重要的理论基础。根据康德的人类理性法权的"绝对命令"哲学观，无论是现当代世界局势中仍然严峻的民族和宗教对立问题的存在，还是后现代文化理论中的所谓世界各国各民族的无差异融合设想，都不是真正理性的思考。康德在《辩证理性批判》中认为，一切经验的知识如某些被法西斯利用的所谓"生命哲学"只是一些感觉及其组合而已，它们只属个别性和偶然性，没有普

---

① 尼采：《反基督》，陈君华译，河北人民出版社 2003 年版，第 76 页。

遍的必然性。要认识真理，就必须运用那些知识和经验的智性范畴去认识超验的世界整体，才能够获得"应然的价值判断"。这种价值判断就是根据自然的绝对理性命令"建立"起来的人类社会政治生活的"法权"。在德文里，"法权"一词写作"Recht"，意为"公正的权利"，它不同于另一个同样也指称"权利"的词"Macht"，因为这个词仅仅指"权利"而没有规定这种权利是否"合法"；"法权"指的是合乎人类的自由意志之内在规律的权利，只有这样的权利才是值得人类追求的。法西斯的所谓"自由意志"的荒谬性在第二次世界大战中暴露无余，虽然现在仍然有某种法西斯的"阴魂"（如法国极右派的总统参选人勒庞）出现，但是绝大多数人还是懂得和认可"公正的权利"理念的伟大之处的。如上所述，这种伟大的理念在很大程度上是今日欧洲建设的指导思想。"我们知道，目前欧盟十五个成员国正在对向东欧国家展开的欧盟扩大计划进行评估，审查它的价值标准和经济标准，考察东欧这些国家的法权机制的基本条件。长期以来，康德的《论永久和平》（亦译《永久和平计划》——笔者注）所宣示的思想传统已成为了欧洲一体化建设的理论基础之一；他将欧洲超国家政体的技术和政治境遇建立在了法律的基础上。这时，《永久和平计划》登场了。"①

《论永久和平》的副标题为："一部哲学的规划"。在康德写作这部著作的年代，欧洲正处于一个"科学主义"的时代，在科学主义的幌子下，各种"自由意志"的哲学层出不穷。虽然这种包括"启蒙精神"在内的科学主义思潮有着许多社会进步意义上的价值，但是我们也看到，这种科学主义同时也催生或加速了欧洲文化中本来就较为明显的排他的、个人主义的征服意识；这些意识因素在很大程度上造成了如尼采的自由意志论那样的法西斯主义的理论基础。所以有专家指出："康德庄重而肃穆的关于人类永久和平的道德言说，愈是撼人心魄而启人深思，就愈是遭到同样有巨大而深远影响的哲学家们的嘲弄与批判……"② 还有一些嘲弄和批判康德者的言论认为："再也没有什么东西比把自己献祭于那莫洛赫神般的抽象概念更深刻、更内在地具有毁灭性力量了。人们怎么可能会没有感到，康德的绝对命令是如此地危害生命！只有神学家们的本能才能维护这种绝对命令！"③

① Bernard Bruneteau,1996,*Histoire de l'unification européenne*,Armand Colin,Paris,p. 29.
② 赵明：《康德〈论永久和平〉的法哲学基础》，华东师范大学出版社2006年版，第6页。
③ 尼采：《反基督》，陈君华译，河北教育出版社2003年版，第76页。

　　然而第二次世界大战的惨剧，使今天的人们不但在学术研究上为康德"翻案"，而且更重要的是让他的《永久和平计划》"正式登场了"，在欧洲一体化建设的进程中起到了积极重要的理论支撑作用。

　　康德认为，如果任由人的"自由意志"行事，人类的历史必将永远是一部"恐怖主义"的历史，一部"恶"的历史，而如果沦落为这种绝对的恶的物种，人类是不可能持续发展下去的："沦落为恶，这在人类不能是持续不断的，因为到了它一定的程度，它本身也就会绝灭。"① 人类相互对立甚至残杀是最不理性的因而是最危险的行为，他说当他看到各个国家相互进行作战时，就好像看到两个醉汉在一个瓷器店里用棍棒相互殴打，打完后的结果是什么呢？他们必须赔偿他们造成的一切损失。这是违反造化本身之终极目的的，所以人类才有了道德的追求，人类道德的追求才逐渐构成了人类法制的追求。而且这种追求早在古希腊柏拉图及其稍后的一些社会进步思想家们那里就已成为人类追求的终极目标。总的来说，人类的历史应该被看做是人类道德的发展史，康德写道：（人类史）"在原则上说必须是某种道德的东西，而这种东西被理性表现为某种纯粹的，但同时又由于其巨大的划时代影响而被表现为某种公认是人类灵魂的义务的东西；non singulorum, sed universorum［不是一个人，是一个整体］，它以如此之普遍而又无私的同情在欢呼着他们所希望的以及通向成功的努力。"② 康德认为，人类虽然有着"恶"的天然的秉性，但是自然人性中同时有一种"趋向改善的禀赋和能量"。的确，我们可以看到，自从人类这种高级动物群体诞生以来，其实任何政治家或思想家甚至任何一位对这个问题进行认真思考的人，都应该能够认识到，这种能量和禀赋是大自然本身与人类的"自由"在"人类身上按内在的权力原则相结合"而产生的。因为人类的存在虽然在一定的条件下确实是在"物竞天择"法则之下才能得到"优化"甚至存在，但是从人类发展的总进程而言，仅仅有人与人之间的对抗是不可想象的，这种对抗在人类社会的发展进程中必然会向着人与人之间相互协调，共同发展的道路迈进。康德在《世界公民观点之下的普遍历史观念》一文中简要地描述了这个人类"文"而化之的进程，他写道："人具有一种要使自己社会化的倾

---

①　康德：《论永久和平》，载《历史理性批判文集》，何兆武译，商务印书馆2007年版，第159页。
②　康德：《论永久和平》，载《历史理性批判文集》，何兆武译，商务印书馆2007年版，第135页。

向；因为他要在这样的一种状态里才会感到自己不止于是人而已，也就是说才会感到他的自然禀赋得到了发展。"① 一群人的社会是如此，一个有着许多人群的更大的社会——一个地区、一个大陆、一个世界（地球）也都如此。

康德的《论永久和平》就是一个对于全人类永久和平相处，共同发展的一部"哲学的规划"，如上所述，它首先是一个哲学思考，是在政治哲学和法哲学的高度上对于世界永久和平建设的理论依据和可能性所进行的讨论，因而对各类人类集群（国家的，民族的）联盟有着很强的指导意义，而且对于全人类可能最终走向"大同"的最高理想的实现也是很有意义的。康德在《世界公民观点之下的普遍历史观念》一文中说："于是大自然就再度地利用人们的、乃至于大社会以及国家共同体这类被创造物的不合群性作为手段，以便从他们不可避免的对抗之中求得一种平静与安全的状态；这就是说，大自然是通过战争、通过极度紧张而永远不松懈的备战活动、通过每个国家因此之故哪怕是在和平时期也终于必定会在内部深刻感受到的那种缺匮而在进行着起初并不会是完美的种种尝试，然而在经过了许多次的破坏、倾覆甚至于是其内部彻底的精疲力尽之后，却终于达到即使是没有如此之多的惨痛经验、理性也会告诉给他们的那种东西，那就是：脱离野蛮人的没有法律的状态而走向各民族的联盟。这时候，纵令是最小的国家也不必靠自身的力量或自己的法令而只须靠这一伟大的各民族的联盟（foedus amphictionum），只须靠一种联合的力量以及联合一致的合法决议，就可以指望有自己的安全和权利了。"② 康德的《论永久和平》及相关的理念受到了包括黑格尔这样的大师的批评，黑格尔在《法哲学原理》一书中认为"永久和平论"是一种幼稚肤浅的"饶舌"和"空谈"，因为消灭战争的企图是不可能实现的，因为即使从道德评价上看，战争也是不可避免甚至是崇高的："各国民族的伦理健康就在于它们对各种有限规定的凝固表示冷淡而得到保存，这好比风的吹动防止湖水腐臭一样；持续的平静会使湖水发生相反的结果，正如持续的甚或永久的和平会使民族坠落。"③ 其实我们不

① 康德：《世界公民观点之下的历史观念》，载《历史理性批判文集》，何兆武译，商务印书馆2006年版，第7页。

② 康德：《世界公民观点之下的历史观念》，载《历史理性批判文集》，何兆武译，商务印书馆2006年版，第12页。

③ 黑格尔：《法哲学原理》，范杨、张企泰译，商务印书馆1961年版，第340—350页。

难从这种观点中看到后来尼采"改良人类"的观念，尼采认为当人类凭空捏造美好的理性世界的时候，也实际上剥夺了现实的价值、意义和真实性，而如果"人类本身为理性所蒙蔽，使自己的本能价值降至最低限度，并且变得虚伪"时，人类就看不到繁荣和对未来的"最高权利"：他认为康德"反对把天性看做是本能、把德国的颓废看做是哲学——这就是康德"①。尼采至少把康德的永久和平计划看得和圣·皮埃尔神甫的《欧洲和平计划》一样地"把这种事情想象得太切近了"，是政治的"毒素"，哲学的"天真与白痴"。但是我们却从康德的《论永久和平》中看到，尼采虽然被认为是"十分了解康德文本"的康德哲学的批判者，但是实际上，在人类理性究竟是"自然的"还是"道德的"问题上，尼采一方面似乎有些"冤枉"康德，因为他认为"在康德那里，欲望和感性虽没有被否定，但必须接受知性概念和理性理念的规制和调节，知性为感性（自然）立法；理性为欲望立法……"②但是另一方面，尼采的确准确地抓住了康德哲学思想中与他（尼采）的哲学精髓——人的"自由意志"的至高无上性相抵触的实质。我们不再赘述尼采这方面的论说，我们只指出，也许正是这两位哲学家截然不同的哲学思想，才使得他们中的一位成为法西斯战争的理论支撑，而另一位则成为建构永久和平（如欧洲一体化建设）的思想文化基础。

通过对康德著作的研读，我们发现康德永久和平论绝非单纯地要用理性为人类的欲望"立法"，更不是要消灭欲望，而是要使人类的自然属性"更为持久地和一贯地在发挥它的作用"。康德以《圣经》中的"原罪"教导为例，说明人类的祖先早已注意到，人不能单纯享受当下的"瞬间生活"，而是要"使自己面向将来的、往往是异常之遥远的时代"。人类的动物性需求是无可厚非的，但是仅仅有这种需求和不顾一切地让这种需求泛滥则是危险的；他还引用人类的性功能和动物的性功能做例子：大自然赋予人类个体得以保全生命和生命延续的能力，这就是饮食和性本能；但是人类很快就发现性的吸引力在动物身上仅仅是一种转瞬即逝的、周期性的冲动；但是人类的性欲望和需求则要"高级"即理性得多，因此也持久和可控；又由于此，人类的性欲便获得了升

①　尼采：《反基督》，陈君华译，河北教育出版社 2003 年版，第 79 页。
②　赵明：《康德〈论永久和平〉的法哲学基础》，华东师范大学出版社 2006 年版，第 32 页。

华为审美的可能:"所以比起理性初期发展阶段的表现来,无花果的叶子(《创世纪》第三章第七节:"亚当和夏娃刚吃下智慧果,顿时就心明眼亮,知善恶,辨真伪,羞耻之心也油然而生……才知道自己是赤身裸体,便拿无花果树的叶子为自己编裙子。"——笔者注)便是理性更进一步的重要表现的结果。因为人能使自己的对象脱离开感官,从而使之更加内心化和更加持久化……"① 在康德看来,人类的这种开化,不但使得人类的生理欲望过渡到美感的、爱情情感的追求,而且还是人类尊严意识的起点,他说"此外,谦虚——亦即以良好的风度(即隐蔽起那些可能惹人轻视的东西)而引起别人对我们尊敬的那种倾向——作为一切真正社会新的固有基础,就为人类之形成一种道德性的生物做出了最初的现实……这种能力,乃是人类的优越性之最有决定性的标志,它是人类根据自己的天职在准备着遥远的目的"②。可见,这种能力同样是一种人的"自然意志",但是这种"自由意志"是作为必然是"社会人"的自由意志,因而是更高层次上的自由意志。

从人类群体的个体与个体之间的社会关系准则出发,康德将这种准则扩而大之,就是他著名的《论永久和平》一文的主要内容及其对当代欧盟建设的影响。在该文第一节中康德指出了"国与国之间永久和平的先决条款":

1. "凡缔结和平条约而其中秘密保留有导致未来战争的材料的,均不得视为真正有效"。这样的条款使得在当代欧洲联盟这样的国际组织避免和尽量避免像第二次世界大战前无数的"联盟"、"协约"之类的权宜之计色彩十分明显的"国际组织"暗藏着的危机,所以在一般相关条约中都会做出相应规定以规避之。如《欧洲联盟条约》第43条第1款第6点就规定:不得损害其他未参加强化合作的成员国的权限、权利、义务和利益;第7点规定:对所有成员国开放并允许未参加者在任何时候都可成为参加者,只要该未参加者愿意遵守强化合作的基础决定和不违反该框架内的一切决定。

2. "没有一个自身独立的国家(无论大小,在这里都一样)可以由于继承、交换、购买或赠送而被另一个国家取得。"

3. "常备军应该逐渐地全部加以废除。"

---

① 康德:《历史理性批判文集》,何兆武译,商务印书馆2007年版,第66页。
② 康德:《历史理性批判文集》,何兆武译,商务印书馆2007年版,第67页。

4. "任何国债均不得着眼于国家的对外争端加以制定。"这一点对于国与国之间建设一种公平正常的经济关系来说十分重要。康德根据当时已经出现的战争和政治以外的经济霸权主义（他指责英国发行国债是一项"巧妙的发明"、"乃是一项进行战争的财富"），"由于这个缘故，禁止它们就更加必须是永久和平的一项先决条款了，因为终于无可避免的国家的破产必定会牵连许多其他的国家无辜受害，并会给他们造成公开的损害。因而，别的国家至少有权结合起来反对这一个国家以及它的横行霸道"①。在当代欧洲建设中，欧洲《共同体条约》中就规定了成员国之间的各种竞争法条文，如这个条约的第81条就规定："所有可能影响成员国间的贸易，并以阻碍、限制或扭曲共同市场内的竞争为目的或有此效果的企业间协议、企业协会的决议和意志行动，均被视为与共同市场不相容而被禁止。"②

在该文第二节中康德阐述了永久和平第一项正式条款：1. 每个国家的公民体制都应该是共和制；2. 国际权利应该以自由国家的联盟制度为基础。国家与国家只为了自身安全的缘故，要求别的民族和自己一道进入一种类似公民体制的体制，在其中可以确保每一个民族自己的权利。"这会是一种各民族的联盟，但不必是一个多民族的国家。"③ 康德设计的这种联盟应该是一种多个民族国家结成的"邦联"而不是一个"多民族的国家"式的"联邦"。康德设想的这种一体化形式在当代欧洲建设过程中，和许多持"欧洲合众国"式欧洲联邦国观点者之间有过许多的讨论和争执。因为每一个民族国家中已经有了一个"上者"（立法者）和"下者"（人民）的关系，所以多国联盟应该是多个主权国家为着共同的政治、经济、文化（意识形态）等多方面的利益和追求而组成的共同体，"这一联盟并不是要获得什么国家权力，而仅仅是要维护与保障一个国家自己本身的，以及同时还有其他加盟国家的自由，却并不因此之故（就像人类在自然状态之中那样）需要屈服于公开的法律及其强制之下"④。
3. "世界公民权利将限于以普遍的友好为其条件"⑤。

---

① 康德：《历史理性批判文集》，何兆武译，商务印书馆2007年版，第104页。
② 转引自许光耀主编：《欧共体竞争立法》，武汉大学出版社2006年版，第3页。
③ 转引自许光耀主编：《欧共体竞争立法》，武汉大学出版社2006年版，第114页。
④ 康德：《论永久和平》，载《历史理性批判文集》，何兆华译，商务印书馆2007年版，第116页。
⑤ 康德：《论永久和平》，载《历史理性批判文集》，何兆华译，商务印书馆2007年版，第116页。

如前所述，康德关于世界公民的概念是建立在法权（公正的权利）基础之上的，他在这里所说的"友好"并不是一种一般人们所理解的基督教中的所谓人与人之间的爱的精神，康德解释说："这里正如前面的条款一样，并不是一个仁爱问题，而是一个权利的问题。而友好（好客）就是指一个陌生者并不会由于自己来到另一个土地上而受到敌视的那种权利。"① 在共同体内部，"欧洲公民"能够自由往来，没有边境限制，各国公民可以自由地在任何自己喜欢和合适的地方工作和居住，这甚至在康德之前的诸多欧洲一体化建设理念中就有了一些零星的表达，但是康德基于自然法则的"绝对命令"提出的明确的观点，对于当代欧洲建设中的各种成就的影响是最大的。他说"人们可以拒绝他，如果这样做不至于使他沦落的话；但是只要他在自己的地点上采取和平态度，就不能够敌对他。他可能提出要求的，并不是任何做客权利（为此就需要有一项特殊的慈善契约，使他得以在一定时期内成为同居伙伴），而是一种访问权利。这种权利是属于人人都有的，即由于共同占有地球表面的权利而可以参加社会，地球表面作为一个球面是不可能无限地驱散他们的，而是终于必须使他们彼此互相容忍；而且本来就没有任何人比任何人有更多的权利可以在地球上的某一块地方居住。"②

虽然康德在这里设想的世界共和国般的共同体理念早已超出了欧洲一体化建设的地理范围和发展意义，但是这些人类"自然法权"意义上的论述，的确应该被看成是比当代欧洲一体化建设思想更为深刻广远的理念。

"永久和平"论既然如我们前面所述的那样遇到了诸多的问题，并且在现阶段的欧洲和世界建设中，都遇到了诸多困难和许多的批评，这就说明世界的永久和平，甚至即使在"世界大同"理念相对更深入人心的欧洲这样的一个地区都受到了许多挑战，那么，在康德看来，怎样才能使这样的理念得到实现呢？或者用康德的话说，什么才是永久和平的保证呢？

康德在《论永久和平》中用了两节的篇幅来讨论这个问题，认为要达到世界永久和平，就必须要提供"担保"。虽然康德十分清楚并向我们指出，大自然本身的法则实际上已经赋予人类一个"法权"，即：就人类发展的总进程来

---

① 康德：《论永久和平》，载《历史理性批判文集》，何兆华译，商务印书馆2007年版，第119页。
② 康德：《论永久和平》，载《历史理性批判文集》，何兆华译，商务印书馆2007年版，第119页。

说，和则立，不和则废。但是康德在"第一条系论"中指出，人类永久和平的担保就是大自然本身，"大自然这位万物的设计师"在其"创作"过程就"显然可以表明，合目的性就是通过人类的不和乃至违反人类的意志而使和谐一致得以呈现的"；① 这种大自然的合目的性就是所谓的"绝对命令"，康德也将它通俗地称为"命运"和"天意"，这是一种"更高级的、以人类客观的终极目的为方向并且预先就决定了这一世界进程的原因的深沉智慧而言，我们就称之为天意"②。

康德认为"大自然很聪明地分隔开了各个民族，而每一个国家的意志确实哪怕根据国际法权也会高兴通过阴谋或者暴力而把它们都统一于自己之下的"③。在这里我们看到，康德同样是从"自然法权"的角度来揭示人类之间曾经和继续着的战争的，因为在人类发展的特定阶段，"即使一个民族不是由于内部的不和而不得不使自己屈服于公开的法律强制之下，战争也会从外部做到这一点的"④。但是我们知道，也许在另外的特殊阶段（比如在有了较大规模的战争之前），人们就已经懂得把许多完全"自由的"个体统一于一种普遍的"法律"之下，这就是团结成一个相对强大的群体，以便应对可能或亦然的不同程度的伤害或战争。

值得指出的是，康德在这里强调：这群"有理性的生物为了保存自己而在一起要求普遍的法律，但是他们每一个人又秘密地倾向于把自己除外；他们应该是这样地安排并建立他们的体制，以至于尽管他们自己私下的心愿是彼此及其相反的，却有如此之彼此相互防止了这一点，从而在他们的公开行为中其结果又正像他们并没有任何这类恶劣的心愿是一样的"⑤。康德这个"发现"（自然的"绝对命令"）是极其重要的，因为它给当代的人们何以能够在保持自身个性的基础上与他者和平地共同生存在同一个环境下提供了依据。

由此推而广之，康德将人类社会发展中不可能避免的国与国之间的关系定位在了"多样统一"的维度上；这同时也是当代全球化趋势下处理国与国关系

---

① 康德：《论永久和平》，载《历史理性批判文集》，何兆华译，商务印书馆 2007 年版，第 122 页。
② 康德：《论永久和平》，载《历史理性批判文集》，何兆华译，商务印书馆 2007 年版，第 122 页。
③ 康德：《论永久和平》，载《历史理性批判文集》，何兆华译，商务印书馆 2007 年版，第 122 页。
④ 康德：《论永久和平》，载《历史理性批判文集》，何兆华译，商务印书馆 2007 年版，第 122 页。
⑤ 康德：《论永久和平》，载《历史理性批判文集》，何兆华译，商务印书馆 2007 年版，第 129 页。

或国与国之间联盟的一个得到大多数人认可的准则。康德写道："国际权利的观念预先假定有许多相互独立的毗邻国家分别存在，尽管这样一种状态其本身已经是一种战争状态了（假如没有一种各个国家的联合体来预防敌对行动爆发的话）；可是从理性观念看来，就是这样也要胜于各个国家在另一个凌驾于一切之上的、并且朝着大一统的君主制过渡的权力之下合并为一体。"① 这就是说，既然一个主权国家中的个体与个体之间的关系不应该是被置于一个专制君主之下的大一统的集合，而是保持着个体自由的多样统一的政体，那么国与国间结合成为的国际联盟当然也应该是各个国家在完全平等，保持各国国家主权（souveraineté）的前提下的联合体。康德甚至已经提出了超越现今地区的和文化圈的联盟观念，提出了世界大同的理念，他说："大自然采用了两种手段使得各个民族隔开来而不至于混合，即语言的不同与宗教的不同。"② 但是康德在这句话下面作了一个注："宗教的不同：这真是一个奇怪的想法，正如人们谈论着各种不同的道德一样。确实历史上可以有不同的信仰方式，但不是在宗教上，而是在用以促进宗教的历史上，是属于学术研究的领域的。同样地，虽然有各种不同的宗教典籍，但却只有一种对一切人在一切时代里都有效的唯一的宗教。所以这些就不可能包括什么别的，而只不过是宗教的手段而已，它们是偶然的并且可以随着时间与地点的不同而转移。"③

我们不难看出，康德所说的类似于"多样统一"个人与个人、国家与国家之间的联盟，指的是个体的权利和其他个体权利的平等性（"法权"的绝对命令），所以他将人类不同的语言和宗教这样在一般人看来是人与人之间、信仰集团与信仰集团之间的差异的因素看成是人类可以共享而且本质上的共通的东西。那么，他在其诸多文章和著作中均在不同程度上强调的个体与个体，包括小的个体（如个体的人）和大的个体（如联盟中的每个成员国）之间的永恒竞争如何才能在和平的境遇下得以进行呢？

康德在"论永久和平的保证"的"第一条系论"第三节中指出："正如大自然很聪明地分隔开了各个民族，而每一个国家的意志确实哪怕根据国际法权

① 康德：《论永久和平》，载《历史理性批判文集》，何兆华译，商务印书馆2007年版，第131页。
② 康德：《论永久和平》，载《历史理性批判文集》，何兆华译，商务印书馆2007年版，第130—131页。
③ 康德：《论永久和平》，载《历史理性批判文集》，何兆华译，商务印书馆2007年版，第131页。

也会高兴通过阴谋或者暴力而把他们都统一于自己之下；同样地，另一方面世界公民权利的概念在抗拒暴力行为和战争方面所无从加以保障的各个民族，大自然也就通过相互的自立而把他们结合在一起。那就是与战争无法共处的商业精神，并且它迟早会支配每一个民族的。"（译文稍有更动——笔者注）[1] 他认为，实际上，自然人的个体（个人）或人类集群的个体（民族国家）的法权中，金钱的也就是物质的"势力"才是最可靠的势力，这无疑也是大自然赋予人类的一种"倾向"，这种倾向终将会形成一种"机制"，从而保证人类的永久和平；如前所述，康德认为人类的这种倾向"确乎并不是正好通过道德的动机"[2] 来达到和平的目的，因为仅仅通过道德来达到的和平也许是一种不可靠的和平，只有通过维护自身的法权（公正的权利）而达至的和平才是"荣誉的"和平，也就是说"体面的"、公正的因而才可能是持久的（"永久的"）和平。所以，通过这种非战争的竞争（保护自己的合法权益）也就是说商业的竞争，进而为使这种竞争能够公平地进行，甚至进而结成联盟（缔结相关契约），无疑比人类历史上不计其数的"为了进行战争而结成的伟大联盟"的成功率要高出很多。200 年前的康德在提出这种设想的时候充满信心地说：这种设想（或"永久和平"的保证）"确乎并不是以一种（在理论上）很充分的确切性在预告它们的未来，但在实践的观点上已经足够了，而且还使得我们为这一（并不纯属虚构的）目的的努力成为了一种义务"[3]。这种用和平的"商战"来代替人类本性的（天赋的）保卫个体"法权"的行动（如战争），这种为"并非纯属虚构的"目的的努力，虽然在康德之前也有一些零星的表达，但是将其作为人类发展永久和平事业的必需手段（也许是最好的手段），康德则是第一人；同时我们也可以说，康德是对当今欧洲一体化建设乃至诸多"世界主义"，包括共产主义思想、联合国组织建设、国际贸易组织建设、各种全球化设想和建设等等产生了巨大影响的思想家之一。

---

① 康德：《论永久和平》，载《历史理性批判文集》，何兆华译，商务印书馆 2007 年版，第 131 页。
② 康德：《论永久和平》，载《历史理性批判文集》，何兆华译，商务印书馆 2007 年版，第 131 页。
③ 康德：《论永久和平》，载《历史理性批判文集》，何兆华译，商务印书馆 2007 年版，第 131 页。

第七章　法国大革命、拿破仑与欧洲

如果说欧洲启蒙运动倡导的和康德的"公正的权利"还停留在理论上，那么由启蒙运动点燃的法国大革命的烈火却把这种权利的获得作为革命的动力，在欧洲掀起了一场以个体的人的"法权"构成联盟的运动，这是一场在公平公正原则基础上达成的，以作为个体的公民通过契约的形式将自己的自由转让给一个代理机构——国家的全欧性的革命运动。这场革命的出现，使康德、卢梭、孟德斯鸠等欧洲伟大思想家的欧洲建设和世界主义的理想"设计"中的重要前提——民主自由的共和制国家方可成为联盟成员国的思想得到进一步的明确。但是，这场在法国最早开始的，并且的确对欧洲乃至世界的人权运动和共和制政治运动起到了十分重要的启迪和推动作用的革命，却又在相当长的一段时间里并非真正以"共和"的政治理念为其行政的指导思想，更没有以共和的理念来建设（统一）欧洲。而是在很大程度上被拿破仑专制统治所利用，成为一国霸权的"遮羞布"。当然另一方面，由于法国的革命毕竟是欧洲启蒙运动某种意义上的直接成果，因此它对欧洲建设的影响也是多方面的。

一、人权，法国大革命与欧洲

法国大革命的"传世成果"就是所谓"人权文化"。这也是所谓"西方"对人类文化的贡献。但是当时的欧洲，以人权和民主为中心价值观构成的革命与封建文化价值观之间的激烈斗争，使得欧洲成为了两种意识形态和国际关系意义上的欧洲"战场"，即"革命的欧洲"（无神论的）和"反革命的欧洲"（"君权神授"的欧洲）："从一开始，人们就预感到这场革命将会引起国内战争乃至国际战争。尽管 1790 年 5 月法国制宪会议正式宣布放弃对外殖民战争，但是没有一个君主听到'消灭暴君'的喊声会感到舒服，而这种喊声在巴黎的大街小巷则是此起彼伏、余音回荡。同理，没有一个革命者能够身处'流亡者'和王党的敌对阴谋而高枕无忧。"[①] 我们知道，巴黎的巴士底狱被攻克，从而宣示法国大革命爆发的这一天之前，法国就早已在王权的领导下进行过许多民主的改革了。因此，"启蒙运动"并非仅仅是法国大革命的"起义者"们的思想基础，同时也是王权自身渐进式地进行民主改革的思想动因。路易十六一直真诚地致力于改革，而且在他的统治下，政府在很多方面已经改善，例如兼有法院和议会功能的 Parelement（我们将在稍后较为详尽地介绍这个概念），早在法国大革命前就已经成为较为民主地就国家大事进行讨论和表决的所谓"三级会议"等等。遗憾的是，在启蒙时期的民主思想基础上，这枝带着"王冠"的民主之花却很快被暴力革命取而代之，并终于一度形成了全欧洲范围内的革命与反革命两大欧洲阵营（"从法国三级会议召开之日起，宫廷党贵族本能地坐到国王的右边，第三等级坐到左边。坐在当权者的右边，就像坐在'上帝的右手'旁边一样，乃是一种固定的特权标志。结果，'右派'就自然地成为政治既得权势的同义词。而'左派'就被用到了反对派身上。"[②]）。

我们知道，欧洲的民主和人权文化不但在古希腊罗马时期就已经有所萌芽，而且在后来的许多特殊时期，如文艺复兴、宗教改革运动中都有所体现。到了法国大革命期间，这种在旧的封建制度之上进行民主改革所暴露出来的问题就显得更加明显了。弄清在法国大革命期间暴露出来的民主和人权文化中错综复杂的问题，那么在思考欧洲今天的"一体化"中出现的种种争论、斗争和一体化进程的反复等问题时，可能会使我们对这些问题，特别是欧洲一体化建设的现状和未来有一种更加清晰地认识和更加理性的思考。

在欧洲的政治文化思想中，很久以来，特别是法国大革命以来，一直有一种"渐进革命"或"不流血的革命"和"急风暴雨式"革命的争论。其根本的分歧就在于文艺复兴之后，人文主义者中的大部分思想家和政治家认为理性和信仰是可以协调一致的，这一思想也的确在一些国家取得了相当不错的成果，

---

① 诺曼·戴维斯：《欧洲史》，郭方、刘北成译，第二卷，世界知识出版社 2007 年版，第 723 页。
② 诺曼·戴维斯：《欧洲史》，郭方、刘北成译，第二卷，世界知识出版社 2007 年版，第 696 页。

比如在英国，虽然斯图亚特王朝颠覆了克伦威尔时期的共和制，但很快，1688年的"不流血的革命"就成功地"回到备受推崇的中间道路上"，并且一直延续到今天。但是，当英国在美洲的殖民地开始进行较为彻底的革命时，英国却又毫不犹豫地对其进行镇压。很有意思的是，这时仍然处于"专制时代"的法国却积极地支持美洲的革命，虽然有许多史学家都把这种支持看做是英、法两个欧洲大国争夺霸权的斗争，这当然是不可否定的事实，但是同时我们也看到，这时的法国在"共和"与"民主"的道路上走的是和英国不一样的道路，所以其后的革命要比英国更彻底。著名的"三级会议"就是在专制制度的代表——法国国王的主持下进行的。在法语中，"议会"（Parlement）一词早在1080年就存在了，不过那时只是一个动词，意思是"讨论"、"言说"；从16世纪起，这个词变成了在专制制度下各地方政权中一个"半法院"、"半议院"的机构，它一方面对地方上的一些案件进行判决和处理，另一方面也可以对国家的政治"进言"。著名的法国启蒙主义者，对法国大革命最有影响的思想家之一的孟德斯鸠就曾任过法国波尔多高级法院的大法官，他的许多著作的撰写，与其"高级法院"大法官的职务和阅历有着相当紧密联系。这种半法院、半议会性质的政治机构对于后来在国王主持下的"三级会议"的建立是有重要影响的。在这种"三级"（贵族、僧侣、平民）的议会制度下，在法国启蒙思想的影响下，"改革"几乎成了大部分人（包括国王在内）的共识，分歧只是在于采用"渐进式"还是"急风暴雨式"罢了。法国大革命其实就是"急风暴雨式"改革思想最终占了上风的结果。这种以"民主"和"人权"为主要价值观的政治改革在当时的欧洲是相当普遍。早在法国大革命爆发之前的1788年，波兰—立陶宛就爆发了革命；同年11月，今日比利时的两个地区也爆发了"爱国党"的革命。所以在法国大革命后，当拿破仑以革命的名义向整个欧洲宣战，建立一个"革命的"欧洲的时候，另一个由各国封建势力构成的"王权的"欧洲也曾在"理性和信仰"一致的理念下团结起来，成为欧洲的反革命联盟，与以拿破仑为首的欧洲的"革命"联盟进行了殊死的搏斗。

二、拿破仑与"法兰西式的革命欧洲"

拿破仑出生前一年，他的出生地科西嘉岛刚刚才成为法国的领土（法国国王路易十五于 1768 年向热那亚买下了这个海岛），所以"当他作为士官生被送到法国接受军事教育时，他既无财富，也无权势，而且还不能娴熟地运用法语"[①]。但是由于他卓越的军事才能，拿破仑仅仅 24 岁就晋升为炮兵将军，在巴黎 1795 年的王党叛乱中成功地保护了国民公会。第二年，他带领着那支"衣衫褴褛的意大利方面军在战场上取得了节节胜利"，他"一往直前，从不回首顾盼"[②]，在 1798 年至 1799 年的远征埃及的战争胜利后，拿破仑的地位得到了空前的提高和巩固。而在这时，法国国内形势却一片混乱，"内战在西部和南部疯狂发展"[③]。拿破仑趁此机会，于 1799 年夏天发动了"雾月十八日"政变，以武力推翻督政府，"保护资产阶级从 1789 年以来所得到的胜利果实"[④]。至此，拿破仑仍然以革命的名义，继续在欧洲扩大法国的势力范围，先后采取战争手段和外交手腕，将欧洲牢牢地控制在法国的"名下"。

以"革命"、"民主"、"共和"的名义控制欧洲乃至世界的"法兰西革命行动"大致分为三个阶段：第一个阶段在法国大革命之前就已开始。早在 18 世纪中叶，在欧洲特别是法国启蒙运动的影响下，许多英国的美洲殖民地的大批资产者纷纷要求从英国殖民统治下解放出来。如前所述，当时的法国虽然还处于路易家族的封建专制统治之下，但是由于法国启蒙思想的巨大作用和"开明君主"在"理性与信仰"一致论的理念指导下，早已开始了不同程度的改革措施，在意识形态上倾向于美洲的资产阶级；当然我们也知道，重要的是法国的统治者早已对英国在美洲的殖民地十分妒忌，一直伺机策动革命，以便有朝一日取而代之。所以在美洲的独立战争中，法国于 1775 年和 1776 年，就开始在财政、物资特别是军火方面暗中援助美国的独立战争。当时法国的著名作家和戏剧家博马舍，就曾以走私军火的形式，源源不断地将法国官方暗中拨给的大批军火运到美国，支持美洲资产阶级革命。1778 年 2 月，法国干脆公开与美国签订了协议，在商业上、政治上和军事上与美国结成联盟，由著名的拉法耶特将军为主帅，出兵远征美洲，与英军作战。"美利坚合众国"建立时，法国十分得意和高兴，特地向美国送了一份厚礼——自由女神像，至今这个"自由、民主"的象征还高高地耸立在纽约。可以说，这尊巨大的雕像一方面是

---

①　诺曼·戴维斯：《欧洲史》，郭方、刘北成译，第二卷，世界知识出版社 2007 年版，第 740 页。

②　诺曼·戴维斯：《欧洲史》，郭方、刘北成译，第二卷，世界知识出版社 2007 年版，第 740 页。

③　Pierre Miquel, *Histoire de la France* Fayard, 1976 Paris, p. 294.

④　法学教材编辑部：《国际关系史》上册，武汉大学出版社 1982 年版，第 23 页。

"自由、民主"的象征，同时也是法国力图称霸欧洲乃至世界的象征。这座雕像的设计师是法国著名设计师雷格里克·奥古斯丁·巴特勒迪和设计艾菲尔铁塔的著名设计师艾菲尔，他们分别设计了雕像的主体、内部设计和支架，并亲自到美国选择雕像的安放地址。这个自由女神像还有一个原型被放置在巴黎的塞纳河边，正对着艾菲尔铁塔。1781年，英军主力在美国约克镇被击溃，向华盛顿投降；1783年，英、美两国签约，英国正式承认美国独立。这个协议在巴黎签署，名为《巴黎和约》。

在欧洲，法国也早在大革命前就开始了以"自由、民主"特别是启蒙精神来影响欧洲大陆上许多国家和地区的行动。前面提到的法国"高等法院"制度在传播启蒙思想方面起到了很大的作用。像孟德斯鸠这样本身既是高等法院大法官，又是启蒙思想家的人物，在这场运动中就扮演着更为重要的角色。他的《论法的精神》无疑是"宪政欧洲"或"民主欧洲"的"圣经"之一。在当时，法国的确有些像欧洲这个"大军火库"中的一个大火药桶，随时可能爆炸和引发整个欧洲的大爆炸。1788年，法国多菲内（dauphiné）省的三级会议在格伦诺布尔附近的一个网球场召开，开始了资产阶级革命者蔑视王权情绪的升级。多菲内的三级会议也是后来巴黎三级会议上发难（要求废除等级计票制，改为议员一人一票制）者之一；巴黎的这次会议成为法国大革命的导火线。1788年在华沙，则召开了"四年国会"，"它启动了波兰—立陶宛的改革进程，情况很像法国，直到二者都被暴力所吞噬"。① 在今天的比利时的布拉班特和埃诺（当时奥地利的两块属地），也于1788年11月举行了"等级会议"，投票决定扣留本省的税收不予上交。而在布鲁塞尔、安特卫普和卢万等城市的"爱国党""促成的宪法危机比正在法国酝酿的危机提前一步上演"②。在法国大革命正式开始后，法国在各种名义——"革命的"、"民主的"、"自由的"、"人权的"、"资产阶级的"、"拿破仑的"的名义下，力图将欧洲变成"法兰西的"欧洲。由于大革命前就已结下的资产阶级与封建贵族之间的积怨等诸多原因，法国大革命一开始就受到了欧洲封建贵族的联合镇压。"法国大革命震撼了整个欧洲，很快出现了两个反对法国革命的集团"③：英国—普鲁士集团以及西班

---

① 诺曼·戴维斯：《欧洲史》，郭方、刘北成译，第二卷，世界知识出版社2007年版，第705—706页。

② 诺曼·戴维斯：《欧洲史》，郭方、刘北成译，第二卷，世界知识出版社2007年版，第706页。

③ 法学教材编辑部：《国际关系史》上册，武汉大学出版社1982年版，第19页。

牙—奥地利集团。在这场战争中，法国大革命爆发后的头两年，欧洲的反革命阵营在英国的策动和组织下取得了不少胜利，法国不但没能输出革命，反而连本国的领土也被"全欧性的"封建反法联盟攻克了不少：北面、东面、东南面（法国著名作家维克多·雨果的著名小说《九三年》就是描写法国东南旺岱地区革命与反革命战争中发生的典型故事）的许多地方都被反革命的欧洲盟军占领。直到强硬的雅各宾派取代了国民公会的右派吉伦特后，革命的法国才开始"改组军队，发展军事工业，以及卡诺将军的指挥得宜，把战局扭转了……各条战线都取得了胜利，肃清了法国境内的敌人。1794 年 6 月 26 日，法军又在比利时的弗勒鲁村反攻，打败联军，不仅保卫了法国的独立，而且开始瓦解第一次反法联盟"[①]。

热月政变后，以拿破仑为首的法国军队逐渐扭转了战局。在革命的名义下，拿破仑带领法国军队在欧洲"攻城略地"，并以其他一切手段扩大法国的势力范围：在北部，法国通过与普鲁士和西班牙的谈判，使他们承认了法国对比利时和荷兰的占领；接着，法国又利用波兰人民的起义和普鲁士退出反法联盟的大好时机，不失时机地开始实施"沿共和国东部边界建立一条由附庸国组成的地带，用以保证对中欧和意大利的统治"[②]。可是到了 1799 年，欧洲第二次反法联盟又开始在法国周围甚至国内发动反革命战争，"法国新建的附庸共和国也纷纷瓦解了"。同年的"雾月十八日"，拿破仑发动政变，取代督政府，充当"第一执政"，积极向"反革命的欧洲联盟"反扑。一方面，拿破仑的军队很快就在荷兰、瑞士、意大利等地范围内肃清了欧洲反革命联军；另一方面，拿破仑运用外交的手段离间了英、奥、俄、普的联盟关系，而且在组织了一批普鲁士、瑞典、丹麦的中立武装联盟后，立即迅速集中优势兵力，越过阿尔卑斯山的崇山峻岭，突袭意大利北部，将在那里的奥地利军队主力击败，恢复了"内阿尔卑斯共和国"。不可一世的奥地利被迫屈服，与法国缔结了《吕内维尔和约》，承认了由法国一手扶持起来的"巴达维亚共和国"、"内阿尔卑斯共和国"、"海尔维第共和国"、"利古亚里共和国"等。此后不久，俄国和土耳其也被迫和法国签订了合约。至此，法国基本解决了欧洲大陆上的"反革

---

① 法学教材编辑部：《国际关系史》上册，武汉大学出版社 1982 年版，第 20 页。
② 法学教材编辑部：《国际关系史》上册，武汉大学出版社 1982 年版，第 21 页。

命"势力，逼迫英国放弃了在欧洲大陆和在埃及等地的殖民地，争取到了一个相对和平的时期，法国启蒙主义文化思想、法国大革命的政治影响也借着拿破仑的军刀，在欧洲继续扩大。

然而，欧洲启蒙思想运动带来的法国大革命及其在欧洲取得的一系列"自由、民主"的人权运动的胜利果实，很快就被这次革命的领导者（或者说这次革命的"战刀"）拿破仑窃取。趁着这样一个有利时机，拿破仑于1804年称帝，恢复帝制，将法国革命的成果——欧洲业已建成的（虽然是"附庸于法国的"）共和国改为君主国，将他自己的亲属封为这些王国的国王：

巴达维亚共和国＝荷兰王国（国王：拿破仑弟弟路易）

帕森奥佩共和国＝那不勒斯王国（国王：拿破仑兄长约瑟夫）

内阿尔卑斯共和国＝意大利王国（国王：拿破仑本人兼任）

汉诺威、普鲁士、布伦瑞克、黑森—维斯特法里雅王国（国王：拿破仑弟弟杰罗姆）

西班牙王国（国王：拿破仑兄长约瑟夫；拿破仑妹婿缪拉接任那不勒斯王国国王）

利古里亚共和国、庇蒙特、热那亚直接并入法兰西帝国版图，由拿破仑皇帝直接管辖。

三、"革命的"法国和《拿破仑法典》下的欧洲

在许多历史学家和社会学家的著作中，革命也常常被作为一种文化来对待，因为虽然民主和自由并不一定必然通过革命的手段才可以获得，但是在欧洲乃至世界历史上，暴力革命往往是获得甚至巩固民主和自由的重要手段，所以法国的"人权"一词在当代的许多文化学著作中，常常也可以作为文化的一个定语来使用，构成"人权文化"这样一个新的概念。实际上，"人权"这个概念本来就应该是一个文化概念，因为从人们开始注重人本身的权利，特别是每一个人，而不是个别人（例如拥有强力者）的权利时，人类就在其文明发展阶段上进了很大一步。而由"人权"而产生的许多人类的政治制度、法律法规、道德礼仪、文学艺术，甚至科学技术（例如是否用科学的手段制造人——克隆人的问题，就显然是一个"人权文化"的大问题），都是与"人权"

本身密切相关的概念，这时的"人"本身，作为"人"文群体的行为主体，其文化意义上的概念就与无视人权时代有着许多的不同。

可以说，由于法国大革命，欧洲文艺复兴和启蒙运动中逐渐形成和完善起来的新的进步文化得以在欧洲乃至全世界逐渐传播开来。

首先，至少在欧洲的大部分范围内，宗教的教权和封建专制的王权受到了前所未有的挑战，人们从语言文字的思想批判到用暴力直接推翻了封建专制制度，使得停留在思想意识中的民主共和理想有了不少现实的成果。从法国大革命开始，欧洲的封建专制统治都在不同程度上被动摇和摧毁。以法国为例，虽然封建专制在大革命前相当长的一段时间里就已进行了不同程度的政治改革，但是当涉及封建制度的根本利益时，国王就不那么"开明"了。比如，虽然革命前的法国就已有了相当于议会的"民主"议政机构，但是那实际上也只是一个"国王召集的一个驯服工具"。因为当时的所谓"三级会议"在议政参政时只是按等级计票，就是说，三个等级中的贵族、僧侣、平民各自只能投一票，而在实际的运作中，贵族和僧侣（教会）这两个长期以来虽然有矛盾但是却利益相关的两个政治阶层（第一、二等级），因为长期的"政教合一"带给他们的是政治和经济上的巨大利益，很自然地在面对第三等级及平民时往往就会站在一起，否决第三等级提出的种种改革议题。法国大革命的起因，就是因为前面所提到过的多菲内三级会议首先通过了一个省级宪法，会议主席穆尼埃（J. J. Mounier，1758—1806 年）进行了"鼓吹公民权利的热烈演讲"①，会议认为，三级会议的代表人数应该考虑其代表的人民的人数而定，所以第三等级的代表数应该增加；同时，三个等级的代表应该"一视同仁"，就是说在表决时每个代表个人都拥有表决权，而不是以前的一个"等级"一票制。这个对于重视和尊重人权（公民权）来说极为重要的政治制度是建立在"公正法权"这个人类文化理念基础之上的，这样的政治体制下的议会制度设计，在后来的法国和欧洲乃至全世界都成为了人们为之奋斗的目标，在打破封建专制制度下的不平等制度，消灭特权，尊重公民权方面起到了巨大的作用（在今日的欧洲议会中，所谓"有效多数"的议会代表制度就是根据成员国的人口数来决定代表名额数的）。在法国启蒙主义思想和大革命行动的带动下，欧洲的许多国家在革命的进程中，都对封建王权、教权构成巨大的威胁和

---

① 诺曼·戴维斯：《欧洲史》，郭方、刘北成译，第二卷，世界知识出版社 2007 年版，第 705 页。

毁灭性的打击。"事实上，我们可以毫不夸张地说，位于俄罗斯、土耳其以西，以及斯堪的维亚以南的欧洲大陆国家，在这二十年的战争期间，其国内制度没有一个完全未受到法国大革命的影响。甚至极端反动的那不勒斯王国，在法定的封建主义被法国废除以后，实际上也没有再恢复过。"①

如果说神圣罗马帝国时期的欧洲一体化的作用或其价值观是以基督教作为核心的话，那么尽管法国大革命的果实被拿破仑"改变了用途"，但是法国大革命引起的欧洲的思想和现实的改变，仍然是以民主、自由为核心价值观的一场有划时代意义的政治文化革命。

法国大革命初期，尽管欧洲到处爆发起义，制度被改变，王朝被推翻，国王被暗杀或处决，但是反革命的封建"卫道士"们除了积极"反扑"并没有感到太大的威胁，因为那时的革命在相当程度上还是一种"自发的"对特权和压迫的"简单"反抗，对于一千多年来形成的对封建文化价值观深信不疑的封建和宗教统治者来说，只要联合起来，用武力将革命镇压下去就可以万事大吉了。然而随着法国大革命后欧洲革命的不断深入发展，特别是拿破仑帝国被推翻后的一系列革命中，启蒙时期的欧洲先进的思想文化价值观开始真正逐渐深入人心，成为了一种新的文化价值观。这种以争取人权为主要特色的文化价值观无异于欧洲社会历史的血液，也就是说，一方面，欧洲人民以暴力革命换来的民主、自由价值观是欧洲乃至人类社会历史上的一份宝贵财富，是欧洲和人类社会历史的重要组成部分；另一方面，新的"民主、自由"的文化价值观成为了欧洲广大人民的真正的内在文化精神。有了这种内在文化精神，欧洲的政治、经济、法律等一系列状况才真正开始发生质的变化，在欧洲经济社会发展的进程中起着里程碑般的作用。"现在大家认识到，对革命完全不同的态度可以是一种欧洲现象，其信条可以传出国界……其远征大军可以席卷整个大陆的政治制度。我们现在知道，社会革命是可能的，现实世界中存在着可以独立于国家的民族，可以独立于其统治者的人民，甚至存在着可以独立于统治阶级的平民。"② 如果说基督教和封建制度中的种种相关的制度法律、道德规范，文

---

① 艾瑞克·霍布斯邦：《革命的年代》（1789—1948），王章辉等译，国际文化出版公司 2006 年版，第 121 页。

② 艾瑞克·霍布斯邦：《革命的年代》（1789—1948），王章辉等译，国际文化出版公司 2006 年版，第 121 页。

学艺术等（例如"君权神授"、骑士对领主、廷臣对君主的义务、初夜权等）是一种中世纪到大革命之前的欧洲文化的话，那么这种文化就在法国大革命的过程中，特别是借拿破仑的刀枪在欧洲被摧毁，确立起了一种新的欧洲文化，也就是我们上面所说的"人权文化"。"法国大革命是一个普遍事件，没有一个国家能够幸免它的影响。法国军人从安达卢西亚出征，一直打到莫斯科；从波罗的海打到叙利亚，征战的区域比蒙古人以来任何一批征服者都大，当然也比之前除古代斯堪的维亚人以外的任何欧洲力量所征战的区域为大，他们比任何可能做到的事情都更有效地突出了其革命故乡的普遍性。而他们随之带去的，甚或在拿破仑统率下带去的信条和制度，从西班牙到叙利亚，如各国政府所知道的那样，也如各国人民自己很快就知道的那样，是具有普遍影响力的信条。"[①] 接着，艾瑞克·霍布斯邦却这样描述了一位希腊"爱国盗匪""透彻地表达"的感受："'根据我的判断'，科洛科特罗尼斯说，'法国大革命和拿破仑的所作所为，打开了世界的眼界。在此之前，这些国家一无所知，而其人民则认为国王是世间的上帝，他们一定会说，不管国王做什么都是对的。经过现在这场变化，统治人民将会更加困难了。'"[②]

封建制度和封建特权被蔑视和推翻，与人们的宗教观念的改变是密不可分的。法国和欧洲的民主革命赖以发展的意识形态基础就是我们前面所讲的对于"君权神授"谎言的揭穿。而要揭穿这个谎言，首先要对基督教神权的迷信成分进行剥离。我们说"对迷信成分进行剥离"，是因为欧洲的基督教确实至今仍然是欧洲许多人心中的一个极其重要的文化"基因"，是其精神世界的一个重要组成部分；在18世纪至19世纪的启蒙运动和革命中，许多启蒙或革命的思想家们对基督教的批判，主要在于批判其迷信成分，而对于其作为精神领域的某种心灵寄托功能，虽然未见什么赞誉，但却也少见批判。我们似乎可以说，对基督教本身的批判，并不完全等同于对基督教文化的全面批判。基督教文化的许多因素，不但不是糟粕，而且是欧洲文明的精华所在，也是欧洲历史上和当今各种"一体化"的重要精神纽带，尽管运用这条纽带的时代背景和目

① 艾瑞克·霍布斯邦：《革命的年代》（1789—1948），王章辉等译，国际文化出版公司2006年版，第121页。

② 艾瑞克·霍布斯邦：《革命的年代》（1789—1948），王章辉等译，国际文化出版公司2006年版，第121页。

的都往往各不相同。

我们要着重指出，在法国大革命之前将近一个世纪的时间里，在欧洲，特别是在西欧的英国和法国等国，对基督教迷信成分的批判和"剥离"，主要是在上层社会、知识界（贵族、文人、科学家，包括较为富有的"资产阶级"）和基督教内部进行的。对于在相当长的一段时间里占据欧洲人口大多数的文盲（大多数是穷人，甚至还包括部分从中世纪以来没有多大改变的封建领主）来说，基督教教义是以社会生活中各种政治、社会、文化艺术和法律、经济等形式来进行传播的，千百年来根深蒂固地留在欧洲人的心中。即使是像新教那样的对欧洲政治、经济、科学技术、社会文化的进步有着极其重要影响的改革，在许多方面看起来也是对基督基本精神理解上的分歧而已。人们在政治家们和思想家们关于基督精神的纷争甚至战争中，或者不知所措，或者盲目地跟随他们去相互仇恨厮杀，但往往却并没有真正明白他们本身日常面临的政治与宗教的真实问题之所在。1792年11月，法国大革命的领导人之一丹东在一次演讲中指出："人们过于匆忙地用我所钟爱的哲学原则（指启蒙主义哲学——笔者注）在法国引发革命，可是人民，特别乡村的人民，他们还没有准备好。"[1]所以，许多历史学家在其著作中都提到过关于拿破仑的第一帝国建立后的1800年："旧的宗教又像它在大革命前那样在整个帝国卷土重来。"[2] 据说当警察局把这个报告交到拿破仑手上的时候，拿破仑也"露出了惊讶的神色"。他没有想到他关于信仰自由的法令会这么快就在巴黎使那么多的民众"涌向重新开放的教堂，表现得那样的热切"，"许多人相互握手拥抱"[3]，表示庆贺。而我们知道，在法国大革命之初，连巴黎圣母院这样的教堂都遭到了革命者的巨大破坏（现在我们仍然可以看到这座圣母院的许多雕塑都是残缺不全的），然而短短几年后，人们就看到，法国人对基督教的精神依赖竟然仍旧保持在如此程度上。更为令人深思的是，1804年，为了使自己的地位更稳固和"荣耀"，拿破仑决定称帝，而且特地安排（强迫）罗马教皇为他加冕。这就从某种角度上看出基督教在民众心目中的地位如何的影响了如拿破仑这样的强有力的政治

---

① Mgr J. Lestocaquoy, *La vie religieuse en France du VIIe au XXe siècle*, Edition Albin Michel, 1964, Paris, p. 289.

② Cf. Vandal, *L'avènement de Bonaparte*, Paris, 1910, p. 479.

③ Cf. Vandal, *L'avènement de Bonaparte*, Paris, 1910, p. 479.

家和军事家。不但如此，拿破仑的称帝，不仅可以看做他的"野心的膨胀"，而且从中也可以看到，宗教特别是基督教教义中的诸多理念在他后来对欧洲乃至世界的进步产生影响的许多举措中都留下了深深的印记。就在 1804 年 3 月，著名的《民法典》颁布，这个被全世界的法学界认为是当代民法制范本的文件，其实也同样"继承了"欧洲的宗教传统中特别是基督教传统中的一些社会观的基础因素。法国著名的文化学家 Jean-Pierre Rioux 指出，《圣经》中女人是男人用肋骨造成的传说使女人成为男人的附属物，男人成为家庭式政治的核心。而拿破仑的政治恰恰就是这种政治观的"最好体现"："在哲学的和革命的文化中建立秩序：波拿巴的家庭式政治最好地体现了这一点，家庭式政治是他的社会观的基础。新政权重又提起'家庭式浪漫'（林·亨特）并且重又书写下去……1804 年公布了《民法典》。这部法典的第一部分，《论人》（*Des personnes*）非常直接地关系到家庭的组织，家庭组织面对自由主义和革命创新又恢复了它的'凝聚性'。波拿巴是这部思想接近于某种家庭专制主义的伦理法典的直接发起人，在这部法典中，一再重申父亲的权威——孩子必须得到父亲的同意才能结婚，即使他已满 25 岁，也必须'征求父亲的意见，取得他的许可证明'。"[1] 在这部法典中，女人（妻子）如果没有得到丈夫的许可，是不能参与任何司法行为的，而且在家庭财产的管理上，也是丈夫一人专制的。虽然在这个意义上，与其说拿破仑是法国大革命成果的"摘桃者"，毋宁说他是法国大革命的背叛者，因为他实际上在许多方面，特别是在政体方面恢复了帝制，但是实际上更重要的是他认识到"这种新文化秩序不能撇开传统的教会支柱"。他"很快意识到必须和天主教讲和，结束大革命造成的巨大冲突"[2]。拿破仑还把在大革命后还俗、结婚生子之外的少数"继续过着神甫生活"神职人员集中起来，从他们中选合适的人任命为主教，而且给教会的所有人员发工资，"亲自接受每个神职人员的宣誓，让鲍尔达里领导的宗教部门来全面管理宗教事务"。[3] 这次教会的恢复，一方面可以看做是拿破仑的政治手段，另一

---

① 安东尼奥·德·巴克等：《法国文化史》Ⅲ"启蒙与自由：十八世纪和十九世纪"，朱静、许光华译，华东师范大学出版社 2006 年版，第 154 页。

② 安东尼奥·德·巴克等：《法国文化史》Ⅲ"启蒙与自由：十八世纪和十九世纪"，朱静、许光华译，华东师范大学出版社 2006 年版，第 155 页。

③ 安东尼奥·德·巴克等：《法国文化史》Ⅲ"启蒙与自由：十八世纪和十九世纪"，朱静、许光华译，华东师范大学出版社 2006 年版，第 155 页。

方面我们也看到，法国大革命以后，虽然拿破仑的大军横扫欧洲，给欧洲封建政治和教会以巨大的打击，甚至建立了共和国。但是欧洲并没有成为大革命的革命者们所希望看到的一个革命的、共和的、非基督教化的欧洲："18世纪的法兰西共和国失败了。它在种种政治矛盾中没能继续生存下去，也没有震撼法国社会。大革命带来的、后来是帝制带来的经济和社会变化远远没有居于首位。"① 在法国大革命后的欧洲，不但并没有被革命打倒的那些贵族们联合起来，打败了虽然称帝但往往仍被当做革命首领的拿破仑，而且长期以来以神的名义支撑着封建制度的基督教不但极具讽刺意味地在革命的法国得到了恢复，而且在欧洲的土地上，"关于这个世界，人们思考的东西是一回事，而人们借以思考的艺术则是另一回事。对大部分历史和大部分世界（中国也许是个主要例外）来说，除了少数受过教育和思想解放之人，其他所有人借以思考这个世界的术语，都是传统宗教的术语，以致在某些国家，'基督教徒'一词根本就是'农民'或'人'的同义词……甚至在中等阶层之中，对宗教的公然敌视也不普遍，尽管一场具有理性主义进步思想和反传统的启蒙运动，已出色地勾画出一个上升中的中产阶级轮廓……"②。这样一种社会心态，使得基督教在名义上被革命所批判和推翻，但在实际生活中却仍然拥有很大的影响力，"新的和解协议是社会文化和平的主要工具，波拿巴把赌注押在教会复兴上"③。当然我们知道，拿破仑对于基督教会的容忍或利用，其实主要是为了控制教会和缓和人们对大革命的失望。在法国和在其他对法国大革命抱有极大希望的人民大众中，许多人在拿破仑称帝后陷入了极度的失望和焦虑之中，他们除了在政治上表示自己的声音和不断地革命之外，还在文学艺术中寻找一种不得已的寄托，这就是当时在法国浪漫主义文学运动中常见的所谓"世纪病"，而法国"世纪病"的主要表现之一，就是回到基督教的"真谛"中，以求得解脱和安慰。在此我们也许有必要提醒读者的是，对这种试图寻回基督教真谛的"世纪病"的种种描写，就是许多欧洲浪漫主义文学作品的十分重要和明显的特点。

----

① 安东尼奥·德·巴克等：《法国文化史》Ⅲ"启蒙与自由：十八世纪和十九世纪"，朱静、许光华译，华东师范大学出版社2006年版，第165页。

② 安东尼奥·德·巴克等：《法国文化史》Ⅲ"启蒙与自由：十八世纪和十九世纪"，朱静、许光华译，华东师范大学出版社2006年版，第165页。

③ 安东尼奥·德·巴克等：《法国文化史》Ⅲ"启蒙与自由：十八世纪和十九世纪"，朱静、许光华译，华东师范大学出版社2006年版，第155页。

拿破仑对教会的恢复，实际上还可以说是对基督教进行的再一次"世俗化"。拿破仑要让欧洲人认同他，将他作为欧洲人的最高统帅。当拿破仑强迫教皇庇护七世为他加冕时，就已将自己作为自称为"欧洲之父"的查理曼大帝的接班人，"正式继承了神圣罗马帝国的角色"①。拿破仑的目的是将专制政治的概念形象化为帝国，"以唤起伟大的精神"并使自己成为这种精神的象征。因为拿破仑清楚地看到，法国大革命后，无论是革命还是"反革命"的联盟，都没有使欧洲得到统一，都没能唤起欧洲的"伟大精神"。我们知道，这种"伟大的精神"其实早在古罗马时代就被当时的许多政治家所注意到，这是一种"自身的伟大期许"，这种伟大的期许可以让人民忘记内部的分裂甚至痛苦，从而得到和平、繁荣与幸福。当然，无论在古罗马还是在拿破仑的帝国，这种期许得以实现的重要途径就是对外扩张：马基雅弗利（Nicco lò Machiavelli，1469—1527 年）就曾注意到，只要罗马对外扩张，就能免于瓦解；当扩张停止，人民就会为了内部事务陷入争端，不断丧失凝聚国民的好战精神。② 拿破仑看到，革命并没有给欧洲带来幸福与和平，而是相反造成了一个因为"革命与政治"而分离了的欧洲。我们可以说，这也在某种意义上揭示了拿破仑称帝的部分原因，面对一个强敌压境，内部混乱的法国，拿破仑认为需要一个"我们的帝国"概念来统一法国乃至欧洲人的精神；虽然"我们的帝国"指的主要是法国人的帝国梦，但它的初衷却是"把分离的地方团体结合成一体"③，使政治上四分五裂的法国能够成为一个统一的政治实体，为的是不但得到国内的和平，也为逐渐在和平的环境下实施一些革命所想要达到的目的。1816 年，拿破仑写道："统一各地的法律、原则、意见、感情、观点、利益。这样或许就能建筑大欧洲的美梦，就像美国联邦或是希腊的安菲克托尼克联盟一样。"④ 在拿破仑帝国时代，虽然帝制的恢复遭到许多批判和抵制，资产阶级不断发动以继续法国大革命的理想追求为目标的各种革命，但是实事求是地说，拿破仑的这些措施，在某种程度上才是法国大革命的最伟大成果《人权宣言》甚至所谓"人权文化"（culture de droit de l'homme）精髓的继续；《人权宣言》不仅

---

① 安东尼·派格登：《西方帝国简史》，徐鹏博译，天津人民出版社 2007 年版，第 116 页。
② 安东尼·派格登：《西方帝国简史》，徐鹏博译，天津人民出版社 2007 年版，第 116 页。
③ 安东尼·派格登：《西方帝国简史》，徐鹏博译，天津人民出版社 2007 年版，第 116 页。
④ 安东尼·派格登：《西方帝国简史》，徐鹏博译，天津人民出版社 2007 年版，第 118 页。

仅是针对法国的专制制度，而是针对全世界"腐败的"和"带来公众痛苦的"专制政权的，它为"所有政府提供一定基础的基本原则"①。所以，以查理曼大帝继承人自居的拿破仑认为，法国人不但要统一欧洲，而且统一欧洲不过是他统一世界的第一步，他"也继承了亚历山大大帝的王冠，负起结合东方与西方的任务"②。实事求是地说，拿破仑时代是法国历史上一个进步得相当快的时代，也是对欧洲乃至世界产生极大影响的时代；1799 年，拿破仑建立了执政府以后的当年，就立即主持制定了新宪法，进行行政体制改革，改革司法制度，创立上诉法院；改革财政制度，简化税收制度，成立了法国中央银行；建立了现代教育制度，将中心教会学校改为公立学校；特别是 1804 年，执政府颁布了《拿破仑法典》，这是一部民法典，但"他还在其中加上了'商法'和'刑法'"；他创建了审计法庭，以监督公权机构的管理。③《拿破仑法典》不仅对法国意义十分重大，而且对整个欧洲的法律体系即所谓"大陆法系"的影响都可以说是决定性的。在经济方面，拿破仑十分重视工业的发展，在拿破仑时代，不仅法国的纺织、煤矿、冶金等轻重工业得到了空前的发展，而且还创新了化学工业、制糖工业（将德国的技术产业化），培育新的农作物，使法国的农业得到大踏步的发展，"农村的繁荣说明了农民对政权的拥护"。使法国在这些方面走在了欧洲的前列；特别是在公共建筑方面，法国在拿破仑的统治之下"展开了持续了整个帝国时期（包括小拿破仑的时期即第二帝国时期——笔者注）的一系列浩大工程：开挖水渠……整修建造港口，建筑道路（现代高速公路的原型——笔者注）……国际公路网的建设使其能够更好地统治欧洲"④。

还值得一提的是，拿破仑时代还出现了欧洲统一的货币。1865 年，拿破仑三世下令统一欧洲货币，成功地在法国、比利时、意大利和瑞士之间签订了统一货币的协定，称之为"拉丁统一货币组织"，不过这种统一货币并没有统一的名称，各国的货币仍然沿用过去的货币名，只是在货币的含金或含银比例上进行了统一的规定，这就使各国不同名称的货币价值相等，便于在各国流通。这种价值上统一的货币一直使用到 1926 年，才因为两次大战之间的那次世界性经济危机而停止流通。

---

① 安东尼·派格登：《西方帝国简史》，徐鹏博译，天津人民出版社 2007 年版，第 118 页。
② 安东尼·派格登：《西方帝国简史》，徐鹏博译，天津人民出版社 2007 年版，第 118 页。
③ Malet-Isaac-Béjean，1950，*Histoire，cours complet*，Librairie Hachette，Paris，p. 407.
④ Malet-Isaac-Béjean，1950，*Histoire，cours complet*，Librairie Hachette，Paris，p. 407.

四、君主立宪的"功利主义"文化与欧洲

如果说拿破仑是以法国大革命的名义，即以"人权文化"的名义去"统一"欧洲，而且主要是在人文领域得到了欧洲乃至世界的广泛响应的话，那么号称"日不落帝国"的英国则主要以"工业革命"——人类文明的阶段性进步，来影响欧洲乃至世界的。作为"拿破仑的最大敌人"，野心勃勃的英国一方面几乎总是站在"反革命"的一边，领导反法联军，在欧洲乃至更大范围内与"革命的"法国进行战斗；另一方面，它又以产业革命的成功引起的全面技术革新和深刻的社会变革吸引着欧洲和世界。它一方面继续以宗教神秘主义和君权神授论来否定社会契约论和人民主权论等进步思想，主张继续推行等级特权，宣扬人类生而不平等，否定自由、平等和天赋人权论；另一方面，由于英国君主立宪运动的成功，资产阶级自由主义，特别是自上而下的功利主义的兴起和发展，使得英国在思想实力和经济技术实力上也能够与一个强大的拿破仑帝国相抗衡，在欧洲及世界范围起到另一极的制衡作用。在欧洲和世界上，英国往往以"仁慈帝国"的文化面目出现，以"巩固其意识形态"①，这种在君主"神圣的光环"下实行的自由主义和功利主义的政治经济体制在欧洲和全世界都产生了很大的影响和"向心力"。英国工业革命和法国大革命后的欧洲，虽然仍有许多小国还十分落后，但是即使在一些影响力不大且贫穷的国家中，也有许多群体受到了法国人权思想以及英国自由主义和功利主义思想的双重影响。因为英国君主立宪下的资本主义发展思想，相对于法国大革命的人权思想显得更"安全"和"省事"：君主或"国家""只是个守夜人，它仅仅负责维护社会秩序，保障人生安全和财产私有制，保证公民自由而不干预正常的社会生活，特别是'国家不干预经济生活'"②。英国思想家边沁（Jeremy Bentham，1748－1832）认为，国家的产生不是像法国启蒙主义思想家认为的那样是社会契约和自然法的结果，而是一种"苦乐计算"的结果，"求乐避苦"是人类与生俱来的天性，也是一种普遍的道德原则，当然它也应当是一种"立法原则"，

① Eric Hobbawm, 1987, *The Age of Empire*, *1875－1914*, London, p. 70.
② 叶胜年：《西方文化史鉴》，上海外语教育出版社 2002 年版，第 288 页。

甚至国家的建立，都要根据是否令人幸福来决定，当人们"认为建立国家所造成的祸害比不建立国家所造成的祸害还要少时，他们才决定建立国家"①。当我们联系到现代欧洲一体化的第一个跨国经济组织，即以法、德之间结束"世仇"为基础而建立起来的"欧洲煤钢共同体"的合作时，我们不难看出这种"苦乐计算"的巨大作用：这个"煤钢共同体的建立不仅有效地促进了成员国冶金工业的发展，而且在欧洲联合的进程中具有重要意义。它从成员国最为重要的经济部门入手，把法国和德国的利益融合在一起，形成了一种共同利益……把两国争斗最激烈的鲁尔和萨尔的煤、钢的生产合为一体……通过成员国将部分经济主权让渡给一个超国家的高级机构的方法，为更深层次的欧洲一体化奠定了基础"②。与此同时，在边沁为人们设计的自由主义和功利主义的社会体制中，法律和道德的作用也具有同等重要的功利要素。根据功利主义，边沁就曾把是否符合苦乐原则作为衡量立法的标准，这就是：第一，法律草案的假定行为对任何人来说是苦多还是乐多；第二，法律草案的假定内容是否带有普遍性；第三，法律规定的内容是有利于多数人还是有害于多数人。③

边沁功利思想的后期代表人物约翰·穆勒（John Mill，1806－1873年）是位著名的经济学家，然而他的思想却在很大程度上具有更普遍的广泛性，他认为无论个人利益还是个人自由，凡是其行为不损害他人的利益和自由时，他的利益和自由就不应被剥夺；只有当个人的利益和自由有损于他人时，他才要对社会负责，才应接受社会或法律的惩罚。可以说，穆勒关于自由的内涵，无论是对当时蓬勃发展的资产主义，还是对现当代的欧洲联盟这样的利益共同体，甚至对全世界的合理秩序的建立，都是具有重要启示作用的。可以说，从今日欧洲联盟的各种关乎各国共同利益的各种条约中，都可以见到穆勒思想的相关因子，例如，穆勒关于人类自由（和包括欧盟在内的各种超国家、超意识形态的共同体一样，人类当然也应该就是一个由个体构成的一个相互依存又相互独立自由地存在的联合体或"群体"）的论述就具有十分深远的影响：第一，意识形态上的自由，即良心、思想、学术、信仰和言论自由；第二，趣味和志趣自由，即自我规划，发展个性的自由；第三，个人之间相互联系的自由等。④

---

① 叶胜年：《西方文化史鉴》，上海外语教育出版社 2002 年版，第 291 页。
② 齐世荣主编：《世界史》"当代卷"，高等教育出版社 2006 年版。
③ 叶胜年：《西方文化史鉴》，上海外语教育出版社 2002 年版，第 292 页。
④ 叶胜年：《西方文化史鉴》，上海外语教育出版社 2002 年版，第 296 页。

不仅如此，穆勒还对功利的概念本身进行了界定，他认为，对功利的追求是为了获得幸福，而对幸福的追求意味着对不幸福的避免或减轻，幸福不仅需要有"定量"标准，而且还需有"定性"标准；他认为，理智的、感情的、道德的快乐比感官的、肉体的快乐具有更高的价值①所以他又进一步认为应该提倡每个人为增加全体人的幸福而牺牲，为别人的幸福而牺牲的精神。这就是所谓"功用伦理"精神。边沁认为，这种具有功利特点的伦理精神的来源与基督教《圣经》中的两句话相关："待人就像你期望人待你一样，爱你的邻人就像爱你自己一样"，人的幸福取决于人与人之间的友爱和平关系，也就是社会的安定与和谐，而安定与和谐的建立就需要这种功用伦理精神的普及：第一，法律与社会应尽量使每个人的幸福与利益同所有人的利益一致起来；第二，通过教育和舆论培养人良好的品质，把公共利益和个人幸福结合起来。②

应该说，穆勒的思想对于后世的欧洲甚至世界都是有着相当大影响的，他的"功利伦理"思想对于建立一个在公平的、道德的基础上追求幸福的机制，就如对建立欧盟这样的互助互惠，协调地共同发展的联合机制来说，都有重要的参照作用。这或许也是英国在欧洲建设问题上考虑功利甚于考虑欧洲"团结"的原因之一。如果说启蒙主义的文化思想在法国是通过拿破仑的刀枪向欧洲全境乃至世界其他地区扩张的话，它在英国则是通过比较温和的方式（虽然也常常伴以刀枪），以唤起人们功利欲求的方式向外传播的，从英国工业革命以来，这些与人类发展具有重大意义的文化思想得到了较广泛的传播。1851年，英国举行了人类历史上第一个"世界博览会"——万国工业博览会（Greant Exhibition of the Works of Indudtriy of all Nations）；这个博览会在英国伦敦的海德公园举办，展馆是当时的新科技成果即钢铁架构，外墙为玻璃，这在当时除了教堂以外是很少见的，被称为"水晶宫"（1936 年毁于火灾）。这个名为"工业博览会"的展览实际上同时也是一个世界文化博览会，展出"大英帝国"从世界各地带回英国的各种"土著人"的手工艺术品和生活用具、动物植物标本和"当地民族的样本"，这些人被安置在"重建成家乡特色的建筑物里，民众可以看到他们的手工艺及制造品，看到他们制作有价值的用品"③。

①　叶胜年：《西方文化史鉴》，上海外语教育出版社 2002 年版，第 296 页。
②　叶胜年：《西方文化史鉴》，上海外语教育出版社 2002 年版，第 296 页。
③　安东尼·派格登：《西方帝国简史》，徐鹏博译，天津人民出版社 2007 年版，第 122 页。

据记载，当时有许多欧洲参观者在看到被安置在几个"菲律宾村落"中的菲律宾"野蛮的"、"不信基督的部落"人时，为他们竟然不穿衣服却在大庭广众之下怡然自得而感到震惊。此外，英国主办者还特地同时安排了一个经过美国人训练，穿着美国军服的菲律宾军人所组成的代表团，为的是说明：在"先进文化"的"教化"下，也有"进化"的可能。这种殖民心态下的对世界文明进程的推进，不但是欧洲如英、法、德这样的大国对世界上其他落后国家进行殖民的借口和"贡献"，也是他们对欧洲落后国家"改造"与"共享发展成果"的许多措施的原型，对后来的欧盟发展中吸收新的成员国的许多相关规定产生了潜移默化的影响，例如经济发展的水平，人权状况等，都是必须按照欧盟几大国做出的规定标准来衡量的。

五、"公民社会"理念与"欧洲公民"

如前所述，法国启蒙运动的思想通过大革命所产生的"自由、平等、博爱"的所谓"人权文化"，对后世欧洲一体化建设的影响是不言而喻的。在个人和国家的关系上，卢梭的社会契约论和天赋人权的思想甚至被康德推而广之，运用到处理国与国之间的关系。首先，康德把公民宪法的制定看成是一部"个人与个人之间的"，被"合理安排的共同体"，这个"由某个单一的民族或多民族组成的共同体"，也就是所谓"民族国家"必然需要或多或少地和其他的共同体（即西方近现代史上常说的民族国家）发生关系甚至相互依存。康德认为，理性会告诉人们，我们需要"脱离野蛮人的没有纪律的状态走向各民族的联盟。这时候，每一个国家，纵令最小的国家也不必靠自身的力量或自己的法令而只须靠这一伟大的各民族的联盟（foedus amphictionum），只需一种联合的力量以及联合一致的合法决议，就可以指望有自己的安全和权利了。无论这个观念会显得是何等的虚幻，并且这样一种观念会被人讥笑为是一位圣彼得方丈（即法国圣·皮埃尔神父，Abbé de Saint Pierre，《欧洲永久和平计划》（*Projet de paix perpétuelle entre les potentats de l'Europe*）的作者。——笔者注）或者是一个卢梭式的观念（也许因为他们把这种事情的实现想得太近了）；然而这却是人们彼此之间相处的需要所必不可免的结局，这种需要必定要迫使每一个国家——无论这对于他们来说是多么沉重——达到野蛮人刚好是如此之不情愿而被迫达到的那同一个结论；那就是：放弃它们那野性的自由而到一部合法的宪法里面去寻求平静与安全"①。（译文稍有更动——笔者注）从某种意义上说，这种"公民社会"观念是从一个更高的层次上审视达尔文"生存竞争"法则的结果。因为康德认为过去的许多战争虽然不是人类的最终目标，可是它却往往是一种"大自然的目标"，因为人们建立国家往往是靠战争的手段而得以实现的，甚至建立国家与国家之间的新关系也往往也是通过战争来实现。但是，这种现象（自然现象）由于人们逐渐开始了理性的启蒙而受到质疑，在非理性的原始状态下通过种种战争（包括宗教战争或意识形态的战争）来摧毁或者瓦解一些国家来形成的共同体是无法长久的。所以，国与国之间、族群与族群之间、团体与团体之间要维持长久的和平，就必须不但"内部有了公民宪法的可能最好的安排，"，还需要"外部又有共同的约定和立法"，只有这样，"人们才会有如一架自动机那样地建立起来能够维持其自身的，有如公民共同体的这样的一种状态"②。我们知道，在当代欧洲一体化进程中，最初是以经济和科学技术上的"互利互惠"为其主要目的的。在 1992 年签订欧洲一体化历史上划时代的文件《马斯特里赫特条约》之前，欧洲共同体的所有条文中涉及的内容多为经贸科技能源等方面的互惠合作，很少涉及文化或者说共同体内部的精神层面的共同"意见"或"规则"。但在《马斯特里赫特条约》中，我们不但看到"欧洲共同体"（La communauté européenne）变成了"欧洲联盟"（L'Union européenne），不但决定建立欧洲中央银行，还决定发行统一的货币。我们还看到，《马斯特里赫特条约》、《阿姆斯特丹条约》和《罗马条约》，不但促成签订了《司法合作和国内事务合作》、《共同外交和安全政策》等"一体化"程度更高的条约，而且在条约中还规定了"真正的欧洲公民应该享受的权利和义务"③。这个条约在前言中就开宗明义地写道，本条约的签订，是"鉴于欧洲大陆分裂的结束这个历史性的重要事件，及将未来欧洲的架构建立在一个坚实的基础上"，"鉴于对自由原则、民主和对人权以及主权

　　① 康德：《世界公民观点之下的普遍历史观念》，载《历史理性批判文集》，何兆武译，商务印书馆 2007 年第 6 版，第 12 页。

　　② 康德：《世界公民观点之下的普遍历史观念》，载《历史理性批判文集》，何兆武译，商务印书馆 2007 年第 6 版，第 12—13 页。

　　③ Jean-Claude Zylberstein, 1992, *Traité de Maastrecht, mode d'emploi*, Imprimé en France, p. 27.

国家的资本自由的尊重","鉴于在尊重成员国人民的历史文化和传统的基础上增进各成员国人民的团结"。① 这里有两个层次上的"契约":一是欧洲公民个体与其所在的"民族国家"之间的契约,也就是说,要尊重卢梭的《社会契约论》意义上的一国中的公民与其将自己的天赋自由让渡与之的政府之间的契约;二是由此推而广之,将这种契约关系运用到欧盟的组织机构(现在,特别是2007年《里斯本条约》签订以来,人们已经在广泛讨论和开始设置、建立"欧洲政府"、"欧洲总统"、欧洲"外交部长"、欧洲"军队"(快速反应部队)等问题),各成员国之间的契约,即其权利与义务之间的关系等。这和我们在上面述及的康德设想将一国之中公民社会的自由平等原则运用于国与国之间的,即"伟大的各民族的联盟"成员国之间的权利与义务的关系如出一辙。

在《论永久和平》中,康德就已认为,如果要在真正意义上实现由多国多民族构成的联盟内的永久和平,那么一个重要的条件就是,这个联盟的每个成员国的政治体制都应该是共和制",他写道:"由一个民族全部合法的立法所必须依据的原始契约的观念而推出的惟一体制就是共和制。"② 在康德看来,要实现一个能够保持永久和平的国家或地区甚至世界联盟,每一个成员团体内实行的共和制是一个必备的条件,因为只有在每一个成员国内部的每一个人的个人权益得到了保障,其个人意愿得到了充分的体现,他们所让渡出的作为人的应有权益才能由其代表者(国家)在联盟事务中得到正确的表达和体现。2005年,欧洲各成员国对《欧洲宪法条约》进行表决的过程,就在某种程度上表现了欧盟成员国在这个问题上对联盟成员国之间的"共和"与成员国内部"共和"之间的关系,也就是各同盟国中每位公民权益之表达的关注;当时,欧盟成员国对《欧洲宪法条约》采取了不同的表决方式,法国和荷兰等国采取了全民公投的方式,而德国等国则采取了议会表决的方式。结果是,在采取议会表决方式的成员国中,《欧洲宪法条约》都顺利地得以通过,而在采取全民公决的法国和荷兰,这个条约则遭到了否决。究其原因,就在于《欧洲宪法条约》提出的制定一部《欧洲宪法》的决定并没有像人们想象的那样符合绝大部分欧洲公民的意愿。因为制定一部欧洲的宪法,意味着全体欧洲人将在这个基本法

---

① Jean-Claude Zylberstein, 1992, *Traité de Maastrecht*, *mode d'emploi*, Imprimé en France, p. 27.

② Jean-Claude Zylberstein, 1992, *Traité de Maastrecht*, *mode d'emploi*, Imprimé en France, p. 110.

的框架下进行一切政治、经济、法律、文化、军事、外交等活动。例如法国，因为它在相当长的时间里就已因为农产品等经济问题与欧洲其他成员国发生过分歧，一旦《欧洲宪法条约》得以通过，就意味着法国和其他成员国一样，必须服从《欧洲宪法》的制约，那么法国，特别是法国农民的利益就得不到应有的保障。当然，虽然这些并不是《欧洲宪法条约》在法国全民公决中遭到否决的全部原因，但也充分地说明了康德所提醒的关于大欧洲的，乃至世界共同体中每一个成员国和团体内部"共和"民主制度的重要性。我们曾经提到，康德曾在"论永久和平"一文中认为，建立一个能保持永久和平的联盟，这个联盟就不能具有类似集权制下的政权那样的权力，因为任何成员国参加联盟的目的不是受约束，而是希望在联盟内使自己的合法权利得到保护，如若不然，就失去了加入联盟的意义了；如果联盟内仍然有"法权"受到损害的事发生，联盟内的永久和平就有可能成为泡影。① 所以，要建立欧洲乃至世界的大联盟，实现永久和平，真正"自由、平等"的"公民社会"的建立就是必不可少的条件；没有它，就不能充分地在一国（或一团体）内体现民主，更不用说在整个联盟内体现全体或绝大多数人的权益了。所以，此次《欧洲联盟条约》在各成员国不同的表决认定方式，说明了欧洲的一体化进程中至今仍然还存在诸多问题，也就是康德所担心的真正"公民社会"的建设问题。如今的欧洲，不但全欧或"欧盟"范围内，一个康德所希望建成的公民社会尚未形成，就连其各个成员国中公民社会的完善程度也参差不齐。且不说像德国和西班牙这样的国家以议会表决的非公投方式通过了这个条约是否真正地代表了其所有或者大多数公民的意愿，至少像法国、荷兰这样的欧盟成员国正是出于在《欧洲宪法》的制定上要更加充分地体现大多数人的权益的考虑才采取了全民公决的形式。可是我们看到，就在法国全民公决否定了《欧盟宪法条约》后两年后的 2007 年10 月 18 日，在法国新总统萨科等人的促成下，出席里斯本峰会的欧盟 27 国领导人就以《里斯本条约》取代《欧盟宪法条约》达成了一致意见。虽然这个新的《欧盟宪法条约》是否能够获得通过还存在种种变数，但这仍然显示出：康德所谓在"理性的"欧洲人中建立"理性的"公民社会，既要让每个公民的

---

① 康德：《世界公民观点之下的普遍历史观念》，载《历史理性批判文集》，何兆武译，商务印书馆 2007 年第 6 版，第 116 页。

意志得到充分的体现，又要在欧洲乃至世界上建立一个能够有一致的伦理和道德（即所谓"绝对命令"）的、"幸福"的、公平正义的"公民社会"的道路是何其漫长和艰难。

虽然我们看到，康德的"永久和平"计划实际上有着许多的理想成分，但是他这个理想计划提出的逻辑出发点却应该是不容置疑的，这就是基于人类自然本性中的"恶"的成分的命定性，我们在前面一节中已经提及这一点。但是实际上，"恶"的命定性并不是不可避免的，在公平基础上的联盟就是因势利导，变"恶"为"善"的一个好办法。这就与欧洲一体化思想史上并不少见的所谓"趋利避害"原则有着颇为相似的特点。康德在这个问题上也有着自己独到的思考。

康德根据古罗马诗人卢克莱修在其《物性论》中提出的所谓"大自然这位万物的设计师"（natura daedala rerum）对于人类相互关系的设计以及卢梭的有关思想，认为就人的天性来说是趋利避害的，如前所述，人类"永久和平的保证"正是这种天性。他认为，人类的个体与个体之间，人类较大的个体集群与另一个较大个体集群之间的趋利避害的表现虽然往往是相互争夺和杀戮，但是"大自然这位万物的设计师""从它那机械的进程之中显然可以表明，合目的性就是通过人类的不和乃至反人类的意志而使和谐一致得以呈现的"[①]。在这里，康德对物种竞争规律作了自己独特的解释，认为"大自然这位万物的设计师"对于人类这个物种，甚至对于它所创造的一切物种，从普遍意义上说，它都将保护之。康德在"论永久和平"之"论永久和平的保证"一节中写道："即使按天意如何涉及世界上的对象（materialiter［从实质上］加以考虑）而把天意划分为普遍的与特殊的，那也是虚假的和自相矛盾的（例如说，它的确是关心要保存被创造的物种的，但把个体则留给偶然）。正因为它在目标上被称为普遍的，于是就没有任何一桩事物可以设想为被排除在它之外。"[②] 康德还指出，虽然这种天生的、必然为人性所固有的而且是不可让渡的权利看起来必然造成人类的隔阂和残酷的竞争，但是如果想要人类的这种权利得到真正的

---

① 康德：《世界公民观点之下的普遍历史观念》，载《历史理性批判文集》，何兆武译，商务印书馆 2007 年第 6 版，第 122 页。

② 康德：《世界公民观点之下的普遍历史观念》，载《历史理性批判文集》，何兆武译，商务印书馆 2007 年第 6 版，第 123 页。

保障，就只有尽量使"人类本身对于更高级的存在（如果他自己这样想的话）的合法关系的原则而得到证实和提高"①。我们可以看到，在人类发展过程中，无论在欧洲还是在世界上的其他地区，国与国之间、群体与群体之间往往由于双方或各方的利益，或者结成某种相互支持的联盟，或者构成相互制衡的对抗关系，特别是在一些共同体内（人类世界也是一个大的共同体），对抗性的平衡状态其实是一种常态。康德认为这种对抗状态的确可以保持某种和平，但是对于一个包括许多"主权国家"的大联盟而言，即使各成员国本身已经是一个合理、公平、自由的"公民社会"，如果联盟中的国与国（往往是民族与民族）之间的关系仅仅是一个相互制衡的关系，这仍然不能保证人类的永久和平。只有建立一个类似于一国之内的"公民社会"型的国家模式的国家间联盟，才能保障真正的和平。因为在这样一个国家间联盟中，各国所代表的个体公民权利依然存在，个体公民仍然能够通过各自的国家行使自己的公民权；另一方面，一个强有力的，同样基于"社会契约"原则建立起来的强有力的国家间联盟可以更有效地保护各国所代表的全体公民的权益。可以说，无论是法国2005年全民公决否决《欧洲宪法条约》，还是2007年以法国为首的欧洲大国在里斯本使得欧盟27国领导人同意签订具有代替《欧洲宪法条约》功能的《里斯本条约》的成功，其实都在力图在某种程度上体现康德永久和平的理念。当然，无论是康德的永久和平的设想，还是当代欧洲一体化半个多世纪以来的"风风雨雨"，也都呈现出了远不是那么简单的"多样统一"的关系。欧洲的一体化或欧盟虽然在某种程度上起到了促进欧洲"多样统一"的进程，但是要达到真正的多样统一，仍然是一个相当遥远的理想。

---

① 康德：《世界公民观点之下的普遍历史观念》，载《历史理性批判文集》，何兆武译，商务印书馆2007年第6版，第109页。

第八章　"一个共产主义的幽灵
在欧洲上空徘徊"

1882 年，马克思在《共产党员宣言》的俄文版序言中写道："当时（1847年），卷入无产阶级运动的地区是多么的狭小，这从最后一章《共产党人对各国各种反动派的态度》中就可以看得很清楚。在这一章里，正好没有说到俄国和美国。那时，俄国是欧洲全部反动势力的最后一支庞大后备军；美国正通过移民在吸收欧洲无产者的过剩力量⋯⋯现在，沙皇在加特契纳成了革命的俘虏，而俄国已是欧洲革命运动的先进部队了。"众所周知，《共产党宣言》是全世界无产者政党——共产党的宣言，是具有世界性意义的一个政治宣言，但是从它当时的影响，或者说它在俄国的共产主义革命获得成功之前，其影响主要是在欧洲，那个共产主义的幽灵只是"在欧洲上空徘徊"。但是可以说，《共产党宣言》也和康德的"永久和平论"一样，不仅仅是针对欧洲，而且也是对整个人类的最终的"共和"理想提出的一个"计划"。

如果说《共产党宣言》最初只是在"欧洲的上空徘徊"，那么马克思主义经典作家们提出的"科学社会主义"的初步设想，则是在更加"狭小"的地域上（当然也是在欧洲）提出并在一定程度上付诸实施了的。这就是欧洲 19 世纪的三大空想社会主义者的种种设想和在法国、英国等国的一些小型的"社会主义试验场"。如果我们抛开人们一度讳莫如深的意识形态偏见，实事求是地看待问题的话，这些"试验"不但是后来大部处于欧洲土地上的社会主义国家一度实行的社会实践，而且在"资本主义的"欧洲国家中，在欧洲联盟的许多关于社会福利、就业平等、公平竞争等方面的法律规定中，都得到了相当程度的体现。特别是欧洲无产阶级在马克思主义创始人的共产主义思想理念的影响

208

下形成的联盟，如一些人们一度十分熟悉的"共产国际"的联盟形式，对于当代欧洲一体化的启发也是不可视而不见的；只是在后来的部分所谓"共产国际"的领导人和理论家们那里产生出了某种所谓不要民族，不要国家，只要无产者的国际联盟形式的观念，但如果我们认真研读马克思主义的经典作品，我们就可以发现，在马克思和恩格斯的相关著作中，民族和国家在相当长的历史阶段是必然存在的，恩格斯写道："不恢复每个民族的独立和统一，那就既不可能有无产阶级的国际联合，也不可能有各民族为达到共同目的而必须实行的和睦的与自觉的合作。试想想看，在 1848 年以前的政治条件下，哪能有意大利工人、匈牙利工人、德意志工人、波兰工人、俄罗斯工人的共同国际行动？"（恩格斯：《共产党宣言》，1893 年意大利文版序言）当然我们也可以清楚地看到，在 19 世纪马克思主义产生的那个时代，欧洲的民族意识、民族国家的兴起，甚至资产阶级的兴起及其革命运动，也被马克思主义的创始人正确地看成是人类发展史上必然达到世界大同这样一个终极目标渐进过程中的必然阶段："由此可见，1848 年革命虽然不是社会主义革命，但它毕竟为社会主义革命扫清了道路，为这个革命准备了基础。最近 45 年以来，资产阶级制度由于在各国引起了大工业的飞速发展，到处造成了人数众多的、紧密团结的、强大的无产阶级；这样它就产生了——正如《宣言》所说——它自身的掘墓人。"（恩格斯：《共产党宣言》，1893 年意大利文版序言）。那么，虽然恩格斯并没有说过，也许也没有预见到今日欧洲一体化的形式不仅仅是无产阶级的联合，而且是包括各阶层人民的政治、经济、文化的联盟，但是他却正确地看到了，类似今天的欧盟这种联盟形式的一个先决条件是"各民族为达到共同目的而必须实行的和睦的与自觉的合作"；所谓各民族的"和睦与自觉的合作"应该是指包括各个阶层在内的全体民众的合作。这是以马克思和恩格斯为首的马克思主义创始人十分重视的一种人类历史上走向美好终极目标的一个必需的阶段和步骤。

　　所以，欧洲资产阶级革命的浪潮（特别是 1848 年法国资产阶级革命）在欧洲大陆的兴起，以及在这个过程中一度出现的空想社会主义的思潮和一些看起来很幼稚的"社会主义制度"的实践，不仅对于马克思等人提出的科学社会主义思想体系，而且对于后来欧洲一体化的各种思想和实践，都有着潜移默化的影响。

　　众所周知，所谓欧洲空想社会主义指的是法国思想家圣西门、傅立叶与英国思想家欧文的乌托邦式的社会主义的设想和"实践"。我们可以看到，恰恰是这些与马克思主义的科学社会主义即共产主义思想不尽相符的（虽然是被他们看做走向"大同世界"之必要阶段的）种种设想和实践，却与当代我们面对的那个欧洲一体化的跨国、跨阶级的多国联盟——欧盟在政治、经济和文化、外交甚至军事联盟实践中正行时的做法有着诸多相似相近之处。

一、圣西门的"实业制度"与欧洲一体化

首先我们看到，欧洲空想社会主义的思想文化渊源和理论基础仍然是资产阶级启蒙运动中出现的理性主义和所谓"自由、平等、博爱"的精神，欧洲一些重要的空想社会主义思想家实际上是以资产阶级革命者们（主要如法国大革命）奉为"圣经"的人权文化精神，也就是说以"自由、平等、博爱"的精神来批判资产阶级对于同样享有平等人权的无产阶级的剥削和压迫的。欧洲三大空想社会主义思想家对这种压迫和剥削的批判，虽然也部分地接近于后来的马克思主义经典作家们的科学共产主义思想对资本主义的批判，但是恩格斯正确地看到，在当时，由于持"自由、平等、博爱"文化价值观和政治理念的资产阶级所实行的资本主义制度下的资本主义生产方式还不发达，所以这种"不成熟的理论和不成熟的资本主义生产状况及不成熟的阶级状况是相适应的"①。我们也清楚地看到法国大革命后建立起来的所谓新社会，是对启蒙运动思想家奉若至宝的"理想王国"的讽刺，圣西门等人所设计的所谓新的"理性王国"的空想社会主义理想中，也仍然有许多"不成熟"的因素，但是又恰恰是这些因素，反而对当代资本主义的欧洲联盟的诸多方面产生了影响。

那么首先，我们为什么认为欧洲三大空想社会主义思想家所涉及的各种社会主义制度，仍然是以所谓"自由、平等、博爱"的启蒙主义作为其主要思想基础的呢？

首先我们来看圣西门的所谓"万有引力"哲学基础上的人类社会的自由平等原则。所谓"万有引力"论是圣西门向拿破仑提出的一个建议，是一项用以改造欧洲，"跟圣·皮埃尔神甫的持久和平计划一模一样"的"社会计划草

---

① 恩格斯：《反杜林论》，人民出版社1972年版，第256页。

案",圣西门声称:"为了能够得出答案,我曾仔细地研究过这个问题。我恳请陛下圣鉴,接受我献给您的这部著作……我把我的改造欧洲社会计划的草案叫做'论万有引力',因为万有引力的观念应当成为新哲学理论的基础,而欧洲的新政治体系则应是新哲学的成果。"① 那么,什么是圣西门的"万有引力"理论呢?简单地说,就是用物质运动的万有引力观点来揭示人类社会的历史运动。圣西门分析了"五位伟人"即哥白尼、刻卜勒、伽利略、惠根斯和笛卡尔的思想,"万有引力的观念只是从这五位伟人观念中总结出来的,所以我们认为牛顿是最高的科学大师"②。因为牛顿的万有引力观念对于圣西门来说不仅仅是一个物理学意义上的定律,而且也是一个社会历史发展的定律,这就是"科学革命和政治革命是交替进行的,他们相继发生,互为因果"。"这项著述工作的结果,将是通过建立一个为欧洲各族人民所共有的一般机构来改组欧洲社会"。③

在圣西门看来,人类社会的发展是有其规律可循的,它是一个总体来说连续的、上升的过程;不能把社会的变革看成是"革命性"的跳跃式前进,而是一个循序渐进的过程,后一个社会形态不可能与前一个社会形态完全没有联系,所以他在《人类科学概论》一书中特别强调了欧洲宗教及基督教在后世欧洲社会发展中的巨大作用。他在该书中认为,罗马人创立了有神论,而且强行将基督教定为唯一的宗教,并在此基础上结合他们过去的社会实践制定了"公法":"对罗马人的直接考察:罗马人创立了有神论。他们也是公法的奠基者,并促进了这门科学的最大发展。"罗马人的这两个贡献引起了欧洲"美好的改革":"现代的(拟指罗马帝国时代——笔者注)欧洲人,结成了一个人口非常多的政治社会,居住在幅员广阔的国土上,说着数十种不同的语言,随着住所的纬度不同,吃着各式各样的食物……但是,他们却有着同一个信仰,享有同样的公民权。"④ 罗马时代的辉煌,同样也不是与罗马人尚处于"野蛮时代"的许多带着原始人类特征的状态绝然割裂的,因为对直到今天的欧洲仍然起着重要影响的《罗马法》也是在"野蛮的"日耳曼人的习惯法基础上发展起来

① 圣西门:《圣西门选集》第一卷,王燕生等译,商务印书馆1979年版,第89页。
② 圣西门:《圣西门选集》第一卷,王燕生等译,商务印书馆1979年版,第123页。
③ 圣西门:《圣西门选集》第一卷,王燕生等译,商务印书馆1979年版,第125、138页。
④ 圣西门:《圣西门选集》第一卷,王燕生等译,商务印书馆1979年版,第71页。

的。所以我们认为圣西门有理由把他之前直到他所存在时期的人类社会历史分为五个阶段，即：人类"开化初期"、"古希腊罗马奴隶社会"、"中世纪的宗教和封建社会"、"封建制度解体的过渡时期"（或称为"新封建制度社会"），第五个阶段就是他所理想中的"实业社会"。

圣西门的空想社会主义基于"万有引力"原理，认为社会发展过程是一个渐进的过程，但由于当时的许多民众确实都是一些没有文化或者不懂哲学的无产者，而社会发展的"硬指标"——经济发展靠的是懂经济和管理的实业家。社会发展过程中还有一点是不可不重视的，这就是各社会阶层（或阶级）之间各自作用的发挥与利益的协调。首先，人类社会从野蛮时代进化到一定的文明程度，就将进入到"第三时代"（第一时代和第二时代分别是原始时期的"偶像崇拜和多神教时代"、"臆测体系的组织时代"即人类有了统一的但却是"臆测的"，也就是一神论的时代）。"第三时代"是科学的、实证主义的时代。人类社会发展到这个阶段，人类才有可能成为真正意义上的人。在这个以人类理性和真正科学为准绳的政治制度下，政治将从不同意识形态和利益集团的斗争走向科学理性的"实证管理"，也就是说所谓政治就是怎样科学地将社会组织起来并最大化地正常运转。欧洲 20 世纪六七十年代出现的"专家治国论"①与这个理论如出一辙。整个社会就像一个大的企业，它的管理者不是过去常见的军人、贵族或政治家，而是实业家和学者。这两个"阶级"是圣西门认为的社会"精英"，由他们来掌管政权是最可靠的："我认为，政权应由两个阶级分掌：一个阶级以管理社会的精神福利为目的；另一个阶级则调整社会的物质福利。"

我首先要向你们说：

应当把精神权力交给有真才实学的学者和他们所联合的艺术家。农场主和工厂主应当联合商人主要负责世俗权力。

我现在想和你们谈一谈执政办法：

显而易见，第一项办法应当是使人们知道我建议的体系的基础。我力

---

① 见法国哲学家吕西安·戈德曼：《马克思主义与人文科学》，罗国祥译，安徽文艺出版社 1989 年版。

求在这篇文章中达到这第一个目的。

……

参加本会的学者，应当提出一套办法来直接改善西欧的伟大民族的大多数人的命运。

这一创举的本质与建立基督教的本质相同。它以改善社会下等阶级的命运为直接目的，以便使所有的人不管他们现在处于什么等级和什么地位都能得到幸福为一般宗旨。①

在圣西门的这种"实业制度"下，学者可以用他们渊博的知识和理性的思维来为新的社会提供指示，"向我们指明人类理性在科学活动和幸福的道路上还应该迈出哪些有益的步伐"②。他主张建立一种实验科学基础上的哲学，认为只有"哲学的各个部分都成为实验科学，包括宗教体系和僧侣组织在内的一般政治才能成为实验科学"，这样的"一般政治"哲学，才能够使国家或整个人类的政治体系趋于完善。他在《人类科学概论》中分析了从古希腊到他所在时代的哲学家的思想体系中的政治思想理论，认为柏拉图和亚里士多德仍然是苏格拉底学派中"最杰出的两个人"，他把柏拉图叫做"先天派"，把亚里士多德叫做"后天派"，但是，柏拉图是"最低的先天派"，而亚里士多德则是最低的"后天派"，他们都不是苏格拉底的好学生，他认为在苏格拉底的哲学中，可以同时发现先天方法和后天方法这两种"同样可以遵循的良好办法，同样可以导致丰富的发现，但是应该轮流交替使用"③。更为重要的是，圣西门认为苏格拉底的著作分为两类，一类以"建立方法"为目的，另一类以"应用方法"为目的。只有这两者的结合，才能够真正地建立起科学体系。作为具有创造能力的人类，用先天的方法，也就是用想象的方法去构建尚不存在的体系，但是随后就应该用后天的方法去批判或检验："苏格拉底非常清楚，应当用后天的方法进行批判，而建设则要用先天的方法去进行。"圣西门还认为，理想的实业制度的建立，需要"原创的"思想理论和"实验的"实证研究。所以，哲学、社会学、文化学、经济学、数学、生物学以及各种技术科学都应该是实

---

① 圣西门：《圣西门选集》第二卷，王燕生等译，商务印书馆 1979 年版，第 17 页。
② 圣西门：《圣西门选集》第一卷，王燕生等译，商务印书馆 1979 年版，第 42 页。
③ 圣西门：《圣西门选集》第一卷，王燕生等译，商务印书馆 1979 年版，第 66 页。

业制度的管理者之一——学者们的主要任务。他们应当将这些学科综合地进行研究，在真正科学的（数学的）意义上"精确地"进行研究，才能使实业制度成为一个理想、富裕、平等、和谐因而幸福的社会。

在这样的指导思想下建立的"实业制度"，就需要一些"实业家"参与领导，也就是说，这个理想社会的精神领导权交给学者，而"世俗"领导权则交给实业家。

圣西门在《实业家问答》一书中，将"从事生产或向各种社会成员提供一种或数种物质财富以满足他们的需要或生活爱好的人"①，就是说，他把所有进行物质生产和精神生产的人，无论他是从事具体劳作的劳动者还是管理者，就都看做实业家。实业家是整个社会中最重要的阶级，"因为没有其他一切阶级，它也能存在下去，而其他任何阶级如果没有他，就不可能生存下去"，所以"其他阶级都应当为它而工作"。

所以，圣西门在肯定欧洲历史上的"一神教"的历史功绩的基础上，认为欧洲应该坚持同样的精神信仰，因为欧洲历史上最统一的时代——古罗马帝国时代就是靠绝大部分欧洲人唯一的宗教——基督教的精神作为其统一理由的。在圣西门的理想社会中，有神论的宗教当然是没有其位置的，但是正如伏尔泰一样，他也认为应该有一种统一的欧洲乃至普世的精神来作为一种道德的手段，才能将这个人类共同体的成员凝聚在一起。所以他希望建立一种在道德上"大大超过基督教"的新的道德体系，来引领人们的行为。因为"不同信仰的相邻各族之间，却几乎必然要从宗教的积极行动方面表现为战争状态"②，而"欧洲社会的奠基人是查理大帝。他把构成这个社会的各个民族巩固地团结在一起，用宗教的纽带把他们同罗马联系起来"。③ 因此圣西门就把他给拿破仑的上书置于《论万有引力》的开头，他写道：

请陛下颁布如下命令。

皇帝命令：

一、对提出改造欧洲社会的良好方案的设计人，将酬以二千五百万

---

① 圣西门：《圣西门选集》第二卷，王燕生等译，商务印书馆1979年版，第50页。
② 圣西门：《圣西门选集》第一卷，王燕生等译，商务印书馆1979年版，第72页。
③ 圣西门：《圣西门选集》第一卷，王燕生等译，商务印书馆1979年版，第79页。

法郎。

二、全体欧洲人，甚至地球上的全体居民，不分民族，都可以提出自己的作品应征。

……

乍看起来，我提出的办法或许像哲学家的梦想，跟圣彼埃尔神甫的持久和平计划一模一样。

我想对陛下略进数言，证明我的目标不是幻想，而是现实。

为了能够得出答案，我曾仔细地研究过这个问题。我恳请陛下圣鉴，接受我献给您的这部著作。

我把我的改造欧洲社会计划的草案叫做《论万有引力》，因为万有引力的观念应当成为新哲学理论的基础，而欧洲的新政治体系则应是新哲学的成果……①

圣西门向拿破仑提出这个建议的时候，正是在欧洲两大强国——英国和法国相互敌对，各自成为欧洲两大敌对阵营的核心，分裂欧洲，给欧洲人民带来沉重灾难的时刻。以法国为首的革命阵营对英国的政治、经济和军事封锁，虽然确实带有拿破仑的个人野心，但是毕竟打着"自由、平等、博爱"的幌子或者确实也在向整个欧洲"输出"这种进步的思想和实践；而英国以其强大的海军实力，对以拿破仑占优势的欧洲大陆进行封锁，拒不承认"航海自由"的国际呼吁。这是圣西门所严厉批评的。圣西门虽然是在给拿破仑上书时提及这个问题，但他的目的并不仅仅是为拿破仑，而主要是为了"改造欧洲社会"，是为了在欧洲乃至世界上建立起一个"把各国人民团结起来，打倒企图损害人类利益而自肥的国家，反对为统治者的利益而牺牲民族利益的政府"②。他认为拿破仑的"万能智慧和强大权力"可以"为欧洲造福，为法兰西民族增光……"③

显然，圣西门关于"宗教纽带"的思想其实是一种朴实的政治理念，也就是真正的"自由、平等、博爱"的精神，以此作为人类至少是欧洲人的"宗

---

① 圣西门：《圣西门选集》第一卷，王燕生等译，商务印书馆1979年版，第104页。
② 袁华音：《西方社会思想史》，南开大学出版社1988年版，第471页。
③ 圣西门：《圣西门选集》第一卷，王燕生等译，商务印书馆1979年版，第104页。

教",具体来说,圣西门认为这种新的信仰能够使政治学变成为人类造福的"关于生产的科学"而不是集团与集团之间的斗争学说:"如果任何力量都不被浪费;如果人类停止一部分人对另一部分人发号施令,而是组织起来共同去征服自然;如果各国人民相互之间也采取这种办法,那么,人类将会达到什么样的高度是可以判断出来的!"① 我们可以看出,圣西门在这里讲的新基督教虽然指的是一种"为人类造福"的新的信仰体系,但是从他对这个体系的命名到对这个信仰体系的解释中,都处处透露出欧洲基督教和法国启蒙运动思想体系的影响。虽然圣西门反对传统的宗教神学,但是他并非完全地摆脱了基督教神学的影响,他对于基督教奉行"对于公共幸福的热情和热爱"、"人人都应当兄弟相待"的信条是十分赞赏的,认为它"在程度上大大超过了历史上提到的任何其他团体。在这个学派里建立了分工……大多数基督教初期传教士,都曾献身于基督教的传布工作。这是一种使人感到美妙的宗教,它证明自己高于其他一切宗教……因为唯有信奉基督教的人民,才不断地改变了自己的命运,才逐渐使奴隶制度削弱,以至最后把它消灭"②。可以说,基督教人道主义的思想内核在圣西门的空想社会主义的"实业体系"中是占有相当重要地位的。他的所谓新基督教中虽然没有了神的地位,但是他认为必须有一种宗教的或类似于宗教的一种信仰。圣西门在《论实业制度》一书中就认为,只是由于基督教的分裂,才导致"欧洲社会的解体",而一个解体了的欧洲的状况是"反常的","不能继续存在下去",他认为"这个概述也足以使诸位相信目前的危机不仅法国有,整个欧洲都有,不能单独对法国人民进行诊断和治疗,可以治好法国痼疾的药品也应该适用于整个欧洲,因为法国的形势在一定程度上受着它的邻国的影响,它同大陆上其他民族之间有一种政治性的联系"③。这种政治性的联系就是基督教建立者(圣西门认为基督教的诞生是柏拉图和犹太教先驱的思想融合的结果)所希望看到的,而且在古罗马帝国时期曾一度有所萌芽的共和政体中,"欧洲的全体居民都信奉了基督教,接受了一切民族和一切人都应当促进人类的共同幸福的原则"④。如前所述,在圣西门的"实业制度"中,这种

---

① 圣西门:《圣西门选集》第一卷,王燕生等译,商务印书馆1979年版,第244页。
② 圣西门:《圣西门选集》第二卷,王燕生等译,商务印书馆1979年版,第250页。
③ 圣西门:《圣西门选集》第二卷,王燕生等译,商务印书馆1979年版,第292页。
④ 圣西门:《圣西门选集》第二卷,王燕生等译,商务印书馆1979年版,第297页。

基督教精神的力量应该主要在两部分人中得到体现，或者说，应该有两部分人来掌握这种"精神的权力"，一种人就是学者，他们应该"教导他人学习有用的东西，"向人们灌输"不管地位高低，人人都应当服从遵守这种道德"；另一种人就是实业家，他们应该"一方面献身于研究各种现象的规律的工作，另一方面致力于实业活动，通过这种活动生产了物质的产品，以满足人类的需要"。所以圣西门提出这种空想的社会主义体系时强调："法国不能单独进行改革……它只是欧洲社会的一个成员，它和邻国在政治原则上自有他们的共同性。"①

很显然，圣西门的这些空想社会主义的思想，打上了很深的"自由、平等、博爱"的人道主义的共和思想的烙印。在当代欧洲一体化的进程中，许多政治家和学者也不断地在强调这一原则；这一原则也体现在当代欧洲一体化设计者和不断推进者的思想以及从欧洲共同体到欧洲联盟的一系列具体的条约中。例如在公认为标志着欧洲一体化新的里程碑的，1992 年通过的《马斯特里赫特》条约中，就有两个条款明显表明了这一点："从此，欧洲联盟内所有的科学研究活动都遵循同样的规则，无论其研究对象是什么（工业竞争力研究、环境研究、生活质量研究……），这样有助于加强成员国之间的协调。""联盟'在尊重多样性的基础上致力于成员国文化的繁荣，同时突出联盟共同的文化遗产。"② 这里的所谓"共同的文化遗产"，除了圣西门的空想社会主义理想中也蕴涵着的法国（或欧洲）启蒙主义思想的精华——"自由、平等、博爱"等信条以外，无疑也包括在更早的欧洲文化中就已成为欧洲特别是西欧人民"共同身份"的所谓欧洲的"公民性"（citoyenneté）的认同。因为对于如康德、圣西门这样的思想家而言，所谓的欧盟，不仅是欧洲各个民族国家的联盟，而且更重要的是欧洲"公民"的联盟。同时，虽然它也重视所谓对差异的尊重，但是这个联盟认同的、在欧洲之外的主要形象是整体的"欧洲"、"欧洲公民"和"欧洲文化"。实际上，如果说欧洲人尊重差异，那也主要指在欧洲内部的差异，特别是欧洲文化内部的差异，即基督教传统和"公民社会"传统意义上的内部差异。无论是古罗马时代的"基督性"、"公民性"，启蒙运动时

---

① 圣西门：《圣西门选集》第二卷，王燕生等译，商务印书馆 1979 年版，第 298 页。

② Alain Barenboom et Jean-Claude Zylberstein，1992，*Traité de Maastricht*，Mode d'emploi，Imprimé en France，p. 37.

期的"自由、平等、博爱"、圣西门的欧洲乃至"世界共享"的社会主义社会理想，还是当代欧盟的所谓"新欧洲身份"① 理念，都未脱离欧洲文化起源中的古希腊民主文化精神和基督教的文化精神。在法国乃至欧洲的许多国家，有不少左翼的民众，如不少法国的社会党成员，他们对于基督教理想中的平等博爱的理念是十分看重的，在柏林墙倒塌了以后，仍然有不少欧洲人认为："无论其名称如何：民主运动或社会主义运动，左翼党派或左翼公民运动……如果他们是开放的和随时代前进的，社会党有什么不好呢？"② 甚至包括俄罗斯，由于他们的欧洲传统而受到许多基督徒的关注，认为他们过去的社会主义的理念只要不再受到独裁者们的利用，是完全有资格成为欧盟成员的。在《基督教徒的欧洲思考》一书中，作者写道："共同体选择了更广泛的联盟协议的道路，承认捷克、斯洛伐克、匈牙利、波兰完全具有成为共同体成员的资格，尽管目前看来还不能由此解决即将遇到的经济问题。"③ 可以看出，在这位学者看来，基督教徒心目中的欧盟，很大程度上是基督教平等博爱精神感召下形成的联盟，无论其成员在历史上的政治色彩如何，只要他们仍然承认基督教的平等博爱的文化价值观，就是"基督性欧洲"或"人道欧洲"的一员。其欧洲文化情结溢于言表。所以，虽然马克思在创立科学社会主义理论的那个时代"圣西门主义很像一颗闪耀的流星，在引起思想界的注意之后，就从社会的地平线上消失了……它的时代过去了"④。但是我们看到，在马克思恩格斯去世后的一百多年，圣西门等人的空想社会主义理想中的一些核心思想，却在 20 世纪及 21 世纪的今天悄然地，并不带标签地部分出现在欧洲的社会现实中。

二、傅立叶的"法郎吉"（Phalange）与欧洲一体化

在恩格斯看来，圣西门的空想社会主义只是一首"社会诗歌"，因为虽然

---

① J.-F. Drevet,1997,*La nouvelle identité de l'Europe*,Presses Universitaires de France,Paris,p. 18.

② Jef Van Gerwen et John Sweeney,1997,*Des chrétiens pensent l'Europe*,Les 2ditions Ouvrières, Paris,p. 138.

③ Jef Van Gerwen et John Sweeney,1997,*Des chrétiens pensent l'Europe*,Les 2ditions Ouvrières, Paris,p. 144.

④ 《马克思恩格斯全集》第一卷，第 577 页；转引自袁华音：《西方社会思想史》，南开大学出版社 1988 年版，第 477 页。

在他的著作中有"天才的远大眼光",但是那只是一种"社会主义者的几乎一切并非严格地是经济的思想"①。但是,恩格斯对另一位法国的空想社会主义思想家傅立叶的评价却要高许多,因为尽管傅立叶的思想和著作遭到了许多攻击,特别是资产阶级和天主教的攻击,说他的著作"世人感到如读天书,如读太古时代的符咒"②。但是"马克思主义经典作家对傅立叶学说作出了正确的评价"。③ 傅立叶思想体系中最重要的是他的"情欲引力和斥力"和"法郎吉"。所谓"情欲引力和斥力"指的是他特有的"万有引力"理论。傅立叶将牛顿的物理学原理进行了改造,认为"宇宙的运动分成四个主要部门:社会运动、动物运动、有机运动与物质运动"④。傅立叶认为,社会运动就是规划各个有居民的星球上不同的社会机构的程序及其先后解体时所依据的规律,如果有上帝的话,它也是按照不同的环境来规划不同的社会机构的;各种星球上的"上帝的造物"的"情欲和本能"也"依据过去和现在"具有不同的规律;有机运动则是指"已经创造和有待创造的"实体的特性、形式、色彩、味道等都被"分配"了不同的运动规律;物质运动指的是各个星球"调节物质因历史所依据的规律"。虽然傅立叶借用上帝创造世界万物的说法,认为应该系统冷静、科学地对人类社会和人类所处的自然界作综合科学的思考,在这个基础上才能正确地决定人类存在的形式,比如社会制度和科学技术活动等。他认为,大自然是由三个永恒的、自生的、不可毁灭的原则构成的,这就是:(1)上帝或神意,也就是作为人类的积极的"情欲"动力原则;(2)物质,也就是"被动消极"的原则;(3)正义或数学原则,也就是说,正义原则用以调节人类的社会运动,数学原则用以调节物质运动;但是总体来说,上帝是按照"正义"的原则行事的。这就是为什么上帝会有"荣光"和得到无条件服从的原因:"其所以光荣,是因为它能向人类证明他是公平而不是无端地治理宇宙,他是按照固定不变的规律推动万物。其所以有利,是因为按照数学规律形式,就能够在所有运动中掌握事半功倍的手段。"⑤ 傅立叶用"万能的"上帝作为比喻,说明

① 《马克思恩格斯全集》第一卷,第 577 页;转引自袁华音:《西方社会思想史》,南开大学出版社 1988 年版,第 477 页。
② 转引自卢森贝:《政治经济学史》(第二卷),三联书店 1958 年版,第 181 页。
③ 转引自袁华音:《西方社会思想史》,南开大学 1988 年版,第 480 页。
④ 傅立叶:《傅立叶选集》第一卷,赵俊欣等译,商务印书馆 1997 年第 4 版,第 27 页。
⑤ 傅立叶:《傅立叶选集》第一卷,赵俊欣等译,商务印书馆 1997 年第 4 版,第 28 页。

正确认识人类社会和大自然发展规律的重要性。在这种数学般"正义"（公正的、科学的）的"万有引力"原则指导下，傅立叶将人类社会的发展分为八个阶段：

（1）原始时期。在这个阶段，实际上就是基督教圣经想象的所谓的"伊甸园时代"。

（2）蒙昧时期。傅立叶称为"无为时期"，大约相当于原始共产主义前期。

（3）宗法制度。傅立叶解释为"小规模生产"，大约为原始共产主义后期。

（4）野蛮制度。傅立叶解释为"中等生产"时期，大约为所谓资本主义原始积累时期。

（5）文明制度。也就是"大规模生产"时期，大约相当于较为完善的资本主义工业化时期。

（6）保障制度。这属于"半协作时期"，大约相当于建立了各种行业、社会阶层、不同国度之间的初级协作，联合保障时期。

（7）协作制度。也称为"简单协作"制度，大约相当于不同行业、不同阶层、不同国度之间较高水平的"一体化"时期。

（8）和谐制度。也称为"复合协作制度"，也就是区域间的、国际间的甚至全球范围内较高程度的一体化时期。[1]

"我不提第九个时期和以后的各个时期，因为目前我们只能上升到第八个时期，而这时期和现存的四种社会制度比较起来，已经是无限幸福了。"[2] 但是傅立叶正确地指出，尽管这后四个时期看起来是美好的，可实际上，之所以需要协作和建立"和谐"制度，就是由于"公众的福利和个人的情欲相互对立，以至于政府在为谋求公众福利而有所作为时，就不得不使用压力"[3]。因此，傅立叶希望能够建立的一种人的情欲能够得到正常全面发展而不是受到压

---

① 袁华音：《西方社会思想史》，南开大学出版社 1988 年版，第 484 页。
② 傅立叶：《傅立叶选集》第一卷，赵俊欣等译，商务印书馆 1997 年第 4 版，第 35—77 页。
③ 傅立叶：《傅立叶选集》第一卷，赵俊欣等译，商务印书馆 1997 年第 4 版，第 44 页。

抑的制度,这就是"和谐"制度。首先,在这个时期的社会结构中,人类的情欲在"谢利叶"组合中得到充分的发挥,"公众的幸福同个人的情欲相符合,行政机关只限于把公众所同意的措施,如赋税、徭役等,通知公民就行了"①。要建立这样一个理想的社会制度,傅立叶首先在《经济的新世界或符合本性的协作的行为方式》一文中进行了"情欲引力的分析",他认为人的情欲可以分12大类:味觉、触觉、视觉、听觉、友爱、雄心、爱情、父子关系、计谋情欲、轻浮情欲、组合情欲。而这12种情欲其实都"以行动一致为目的"。但是以什么样的方式达到一致,则是至关重要的:"征服者们幻想用恐怖和普遍奴役来强迫建立统一。他们建立的这种统一是局部的,使用暴力建成的,是颠倒的统一。哲学家们幻想有直接的和自发的统一,有博爱或各族人民的友爱,有想象的联邦。"② 所以,傅立叶根据"哲学家的"模式,设想了一种"和谐"大联盟的基本社会组织——法郎吉。

法郎吉是傅立叶根据人类"情欲引力"原理设计的,在自愿的基础上组合的协作制度的基本组织。他借用古代希腊步兵方阵的这个名称,来组成一种由他设想的有组织的,"内部和谐一致的团体"。在这个共同体内,全体成员不是一般的和谐相处的人群,而是根据每个人的兴趣爱好("情欲")组织起来的劳动队伍;它涉及商业劳动、家务劳动、教育劳动、工农业劳动、科学劳动和艺术劳动等各种领域,是一个完整和完美的社会和生产消费体系。

傅立叶认为,由人类的12种基本情欲能生发出810种性格;每个法郎吉都应该包含所有这些性格的人,为的是保证每个个体都能够被分配或者自由选择自己所喜欢的工种,参加到一个或几个劳动小组("谢利叶")中去,而且还可以自由地转换工种,用今天的话说,就是劳动力自由流动。这种自由的劳动体制不但在今日欧洲的许多国家中实行,而且在今天的欧盟内部国家之间实行,每个公民都有权自己选择在任何一国一地工作而不应受到任何歧视。傅立叶还认为,每一个工作岗位还需要有一个了解此项工作的副手,所以他将每个基本的生产消费组织即法郎吉的人数定为大约1800人。此外,傅立叶还给法郎吉这个"生产消费"大联盟设计了一个领导机构。这个机构叫做"阿瑞斯",

---

① 傅立叶:《傅立叶选集》第一卷,赵俊欣等译,商务印书馆1997年第4版,第44页。
② 傅立叶:《傅立叶选集》第一卷,赵俊欣等译,商务印书馆1997年第4版,第141页。

它是联盟的最高权力机构，主要由四个方面的人员构成：（1）各个劳动单位（即"谢利叶"）选出的领导人；（2）受到全社会尊敬的人的代表；（3）参与或投资法郎吉的大股东；（4）法郎吉中最显要的男子和女子。但是，这四部分人构成的这个机构不是一个拥有强制力的机构，而是根据各位代表所体现的全体成员的意见提出关于联盟的生产消费等重大问题的建议。

还需要指出的是，傅立叶并不是一个共产主义者，他提出的空想社会主义的"法郎吉"组织其实带着一些资本主义的特征。首先我们可以看到他的这个"法郎吉"联盟的成员中主要有两大类即富人和穷人，而且富人在其中的作用是很大的，因为傅立叶的法郎吉的创建初始主要靠资产者的投资，以股份公司的形式来组建这个生产消费联盟："我说过，通过一种实验性法郎吉在全球范围内建立协作社，就必须有以下四种人的合作：（1）创办人或首脑；（2）谈判者；（3）宣传者（一个人可以兼任其中两种角色）；（4）发明家，以便保证协作社不犯结构上的错误，不受哲学精神，及简单的和虚假的行动的干扰。"[①]按照傅立叶的初衷，本来计划在塞纳—瓦兹搞这个生产消费的联盟试验，原准备集资 2400 股，120 万法郎，1620 名成员。由这些人构成一种"协作所有制"，在"协作"的制度下，富人阶级和穷人阶级之间的隔阂会得到逐渐的消除，因为：

> 协作所有制的精神，分享收入，
>
> 富人对穷人的间接服务，
>
> 贫苦儿童由收养他的富人教养，
>
> 劳动收养和分享遗产，
>
> 由富人为法郎吉出钱而获得的果实，
>
> 半价出售的一级餐肴，
>
> 富人出资举办的团体宴会，
>
> 富人的使用心计的赞美，
>
> 让贫苦儿童分享一部分收入。[②]

---

① 傅立叶：《傅立叶选集》第二卷，赵俊欣等译，商务印书馆 1997 年第 6 版，第 335 页，

② 傅立叶：《傅立叶选集》第二卷，赵俊欣等译，商务印书馆 1997 年第 6 版，第 135 页。

很明显，傅立叶将资本的筹集和这种合作制度的成功与否紧密地联系起来，因为如果没有资金，法郎吉的出现是不可想象的。但是，如果按照当时有些欧洲社会主义思想家如英国的欧文那样的公有制来组织生产和消费社会的话，就会影响有产阶级和有才能阶层者的积极"情欲"，导致失败。所以傅立叶反对平均主义，主张一种"按比例分配"的制度；这种制度将资本、才能和劳动三个因素综合起来，按其对生产活动中产出的大致比例来进行分配：资本占六分之二，才能占六分之一，劳动占六分之三。需要指出的是，傅立叶十分重视不同法郎吉之间的协作："当法郎吉由于有几年的实践，由于同邻近的一些法郎吉有联系和竞赛，由于有城市的商业机构等而巩固起来时……那时，在每个法郎吉内创办依靠外地原料从事生产的工厂是最适宜的。这对于该法郎吉来说，将是同遥远地区发生联系的途径。"[①] 这是一种很有见地的观点，当欧洲人从两次世界大战的废墟中走出来时，逐渐开始反思此前数百年的"民族国家"之间的毫无理性的无谓战争，想到了为经济利益，为追求幸福的"情欲"而开展"协作"。我们看到，无论是以共产主义的欧洲即前苏联为首的"经互会"，还是以法国和德国这两个过去的"世仇"为首的"煤钢共同体"，都是在物质利益的基础上团结起来，共同根据自身和他者的需求和优势进行合作，共同获益的政治经济共同体。

---

① 傅立叶：《傅立叶选集》第二卷，赵俊欣等译，商务印书馆 1997 年第 6 版，第 245 页。

第九章 "民族国家"与"欧洲理念"

　　如果说欧洲启蒙运动激发了如法国大革命这样的现代社会政治文化的革命运动，并且在此基础上催生了如"自由、平等、博爱"这样的所谓普世价值观，进而产生了如社会主义乃至共产主义的高度发达与和谐社会思想的话，由启蒙思想引起的法国大革命也同时催生了另一种与普世主义并不协调的思潮——民族主义运动。法国大革命及其对欧洲其他国家的封建势力的战争，一方面遭到封建势力的抵抗，另一方面也引起了其他国家的民族情绪抬头，欧洲封建统治者不但以封建制度和基督的名义（法国大革命同时对封建制度和基督教教权进行革命），而且也以民族的名义对抗拿破仑以革命的名义所进行的战争，"在西班牙、荷兰、奥地利、普鲁士和俄罗斯，随着革命的进行和拿破仑军队的入侵，民族意识汹涌而起。对拿破仑及其帝国构想的反对同样也激发了英国人的民族感情"①。无论是 1794 年前以法国为首的革命的欧洲与英国为首的"反革命的"欧洲的斗争，还是此后的拿破仑以革命的名义对欧洲乃至世界其他地区的"一统"化，还是所谓"反法"的欧洲联盟，都在欧洲形成了两大敌对的欧洲阵营。以"自由、平等、博爱"的启蒙主义普世思想文化理念为基础的法国大革命，却激发了完全另样的"特殊的全体认同——民族主义，而这种观念与启蒙思想没有什么联系"②。

　　而且，在法国，原本是为"输出革命"和"保卫革命"而进行的法国与欧

---

　　① 杰里·本特利、伯伯特·齐格特：《新全球史》（下），魏凤莲、张颖、白玉广译，北京大学出版社 2007 年版，第 856 页。

　　② 杰里·本特利、伯伯特·齐格特：《新全球史》（下），魏凤莲、张颖、白玉广译，北京大学出版社 2007 年版，第 853 页。

洲反法联盟之间的战争,也逐渐变成了法国民族抵抗外国军队入侵的斗争。这种斗争使无数的法国人慷慨激昂地走向保家卫国以及扩大法国在其他欧洲国家甚至其他地区影响的狂热的行动中;无论是拿破仑的将军们还是普通的军人和老百姓,都在革命的名义下,实际上是在法兰西民族共同利益的基础上团结起来了。在拿破仑军队的刺刀下,欧洲建立了一些包括荷兰等国在内的附庸共和国(荷兰于 1795 年改称"巴达维亚共和国")以及"沿着共和国东部边界建立一条附庸国组成的地带,用以保证法国对中欧和意大利的统治"①。"自由、平等、博爱"的普世文化价值观奇特地成了法兰西民族文化的精髓,成为了法国人引以为骄傲的文化价值观,并不遗余力地进行"推广"。尽管实际上是在与其他的欧洲大国争夺地盘,是典型的民族扩张主义的,与"自由、平等、博爱"的精神毫不相干的侵略和殖民行径,但是由于它的美丽外衣,却使得法国成为"革命的欧洲"的"首领"。在欧洲的"反法联盟"激烈的枪炮声中,奇怪地、无声地影响着欧洲的政治经济、社会文化的进步进程。

一、"社会达尔文主义"与欧洲

与法国大革命中表现出来的启蒙主义思想文化理念一样,19 世纪中叶的欧洲,出现了反对上帝创造人类的科学的物种起源思想。1860 年的一天,英国牛津大学举行了一场关于《对达尔文先生关于欧洲治理进化观点的思考》的学术讨论;作为达尔文的代表的古生物学家 T. H. 郝胥黎教授解释说达尔文的学说远非一种假设,他说:"我不会因祖先是一只猴子而感到羞愧,但我会羞于与一个运用极高天赋来混淆真理的人为伍。"② 针对达尔文于 1859 年出版的《物种起源》一书,有许多人士进行了种种的质疑和批判,认为将"上帝的造物"——人的祖先说成是猴子,简直是大逆不道的十分荒谬的言论。

可是很不幸,这种科学的、反宗教迷信的科学观却很快衍生出了所谓的"社会达尔文主义"。社会达尔文主义认为,自然界的法则是适者生存,而且"唯有适者才有权生存",更为严重的是,这种进化论被一些社会学家和"科学

---

① 法学教材编辑部:《国际关系史》(上册),武汉大学出版社 1982 年版,第 21 页。
② 诺曼·戴维斯:《欧洲史》(下卷),郭方、刘北城译,世界知识出版社 2007 年版,第 809 页。

家"利用，成为"改善人种"的科学实验的依据。伦敦大学的一批教授就是这种观点的狂热鼓吹者和实践者，《家族与人的群居性》（1871）、《人类天赋研究》（1883）、《自然遗传》（1889）、《天才遗传的规律及其价值》（1869）等著作，都在当时和后来产生了很大的影响。特别是在《天才遗传规律及其价值》一书中，作者将人类种族"分成从A到I的九个等级，断定古希腊人是'有史以来最有天赋的民族'，而非洲黑人尽管有一些杰出的个人，但永远也无法达到盎格鲁—萨克逊人的平均水平，澳洲土著人的等级又次于黑人"[①]。作者甚至运用统计学的方法，来研究"从法官到摔跤选手等范围广泛的成功者的血统"，力图证明"禀赋与天才乃至道德品质都具有在家庭中传播的趋势"[②]。于是"民族"这个词汇就成为了一个十分神圣的概念。如果说血统遗传学说没有得到欧洲人的普遍认同的话，那么"民族"的概念作为凝聚某个社会群体，以集体的行为方式与"他者"群体进行对抗的行为体时，却在相当长的时间里甚至直至现在仍然是十分突出的概念。"'民族'这个词指的是一种在19世纪开始明显起来的群体类型。在不同的历史时代、不同的历史地域，与个人首先是与家庭联系起来，之后是与族群、城市、地区和宗教信仰相联系。19世纪，欧洲人普遍认同了他们称之为'民族'的实体。一个民族的成员都认为自己出生于一个独一无二的团体中，人们使用相同的语言，遵守共同体的风俗习惯，继承共同的文化遗产，拥有共同的理念，分享共同的历史。他们还经常拥有同样的信仰，但有时也会忽略信仰而将民族建构成一个政治、社会及文化的统一体而非简单的宗教个体。"[③]

所以，从19世纪后期至20世纪初，欧洲大致处于三种具有全欧洲甚至更广范围影响的社会文化思想的"控制"之下。这就是："血统"、"文化"、"宗教"，西方又在这三者的基础上凝聚起特定的社会群体："民族国家"。这种民族国家的形成和发展在某种程度上极大地加强了民众对本民族群体的，往往是非理性的认同感，他们往往极端地将"我者"与"他者"分割开来，并且往往自认为"我者"才是世界上"最优秀"的种族，因而应该得到发展；其他种族

---

① 诺曼·戴维斯：《欧洲史》（下卷），郭方、刘北成等译，世界知识出版社2007年版，第810页。
② 诺曼·戴维斯：《欧洲史》（下卷），郭方、刘北成等译，世界知识出版社2007年版，第810页。
③ 杰里·本特利等：《新全球史》（下），魏凤莲、张颖、白玉广译，北京大学出版社2007年版，第854页。

皆为"劣种",因而甚至无权生存。欧洲民族主义的发展引发了欧洲许多残酷的战争,特别是波及整个欧洲的反犹太人的运动。与此同时,犹太人由于历史上的原因大部分散居在欧洲各地,受民族主义思想的影响,犹太民族圈内的犹太复国运动在 19 世纪下半叶也高涨起来,其他种族的民族主义领导人又几乎不约而同地对犹太人产生了"疑虑",这种疑虑"加剧了欧洲各地的反犹情绪"①。这一阶段的欧洲,几乎所有的民族主义国家的人们都对"少数族群"特别是犹太人有着很深的成见或"不信任"感。从 18 世纪下半叶到 20 世纪初,欧洲的"主流"文化及基督教文化影响下发展起来的国家在各自以种族的名义相互独立和对抗时,结成了某种意义上的反犹同盟:从奥匈帝国到俄罗斯,对犹太人的迫害遍及欧洲。虽然我们知道,欧洲不约而同的集体反犹运动与犹太人的"复国运动"有一定的关联,与犹太人在遍布欧洲的经济领域的极大成功有一定的关联,但我们也看到,对犹太人的仇视还有更深层的原因,也就是文化原因,这也是欧洲疯狂的反犹运动的原因或借口之一,就是说,反犹思潮在相当程度上也是来自于宗教上的"世仇"。我们知道,本来基督教的创始人基督耶稣就是以色列人(亦称希伯来人),据说同样是以色列人的一支的犹大出卖了耶稣,犹大的后代就成了基督教徒的世代仇人,到处受到仇视和迫害,成为许多政治阴谋的替罪羊。即使是在法国这样的国家,在现代社会文化理念的萌芽过渡时期,也曾出现过像德雷弗斯事件②这样的受宗教和种族歧视影响极深的冤案。所以法国著名的欧洲思想史专家 B. Voyenne 在《欧洲思想史》一书中认为,基督性是超越于分裂的封建制度之上的一种统一性,它事实上将欧洲当成一个唯一的祖国。③

　　然而我们也注意到,19 世纪的欧洲虽然在民族主义的阴影下四分五裂,各民族之间战争不断,但同时也有另一种强有力的声音在呼唤,让欧洲团结起来。这就是欧洲当时著名作家维克多·雨果这样的有识之士,他们在 17、18 世纪欧洲理性主义思想的照耀下,尽管他们所处的时代是一个四分五裂的欧洲

---

　　①　杰里·本特利等:《新全球史》(下),魏凤莲、张颖、白玉广译,北京大学出版社 2007 年版,第 855 页。

　　②　1894 年,法国军官德雷弗斯被诬指为向德国人出卖法国军事机密,被定为叛国罪,起初法国公众大多支持这个判决,因为德雷弗斯是个犹太人。后来证明德雷弗斯是冤枉的。但由于种族歧视等原因,德雷弗斯的冤案直到 1906 年才得到昭雪。

　　③　B. Voyenne,1964,*Hstoire de l'idée européenne*,Paris,p. 45.

的时代，但是他们却一直在坚持欧洲应该"团结"，这种团结的基础一方面是所谓普世"自由、平等、博爱"，另一方面也是基于欧洲是"一个文明共同体"① 这样的思想理念。这个所谓的"文明共同体"实际上就是至今仍然为欧洲人引以为骄傲的欧洲的"理性"思维、文学艺术、先进的科学技术等。

二、雨果、尼采与"欧洲合众国"

"……那时有一种欧洲的感觉，一种从华沙到巴黎的相互呼应的骚动"，这种"骚动"就是"19世纪是一个欧洲思想和理论形成的伟大的世纪"，雨果著名的"欧洲合众国"的思想就是在这个时候提出来的。1849年，雨果在巴黎召开的"和平大会"上被选为该大会的主席。这个大会的宗旨就是欧洲的永久和平联合。他在1849年8月21日的巴黎和平大会上的开幕词中说：

> 法国、俄罗斯、意大利、英国、德国、你们所有的欧洲大陆上的国家，在保持与众不同的优点和精彩特色的情况下，将在一个更高的统一中紧密团结起来，你们将建立欧洲兄弟关系，一定就像诺曼底、不列塔尼、勃艮底、洛林、阿尔萨斯、所有我们的省一样，结合于法国中，这样一天将会到来。不再有战场，有的只是在通商中开放的市场和开放的思想，这一天将会到来，炮弹将会被投票取代，将出现人民的普选，至上的参议员（在欧洲，参议院就是英国的议会，德国的国会，法国的立法议会）的令人肃然起敬的仲裁，这样的一天将会到来！②

雨果还宣称："我想通过一个伟大的行动来为我的一生签名，然后死而后已。这便是欧洲合众国的建立。"③ 雨果还曾办过一个名为《欧洲合众国》的

---

① Louis Cartou，2000，*L'Union européenne*，Edition Dalloz，p. 22.

② 转引自于硕主编：《欧罗巴并不遥远》（第一届欧洲论坛文集），中国戏剧出版社2007年版，第268页。

③ 转引自于硕主编：《欧罗巴并不遥远》（第一届欧洲论坛文集），中国戏剧出版社2007年版，第267页。

杂志,可惜这个杂志发行量很小,而且在雨果去世后不久(1888年)就停办了。和雨果生活在差不多同一个时代的,但当时却是与法国势不两立的国家——德国的大哲学家尼采,这个即使在当代也具有广泛影响的学者,虽然常常被看做是纳粹德国的思想根源之一,然而我们却看到,他的另一面的深刻思想精华尚未被我们所知。在他的《悲剧的诞生》之中,我们已经可以看到,他认为人类几乎都具有"阿波罗"精神,当它和也为人类皆有的"狄奥尼斯"精神(酒神精神)相结合的时候,就能够使人们勇敢地直面人生中的各种苦难和恐惧(如战争),看到和达到人生的美好境界。虽然在其《善恶的彼岸》(1886)等作品中,他激烈地攻击"现代理念","议会制的荒谬",攻击"以一个欧洲的形象来展示其意愿"的思想,但是他却同时提出了"一个人民的欧洲"理念,他写道:"在所有这些民族战争,这些'帝国',这些近景之外,我看到了更远的地方。我觉得重要的是'一个欧洲',我看到这个统一的欧洲以一种摇摆的形式正在形成。在所有博学和深刻的思想家看来,人类灵魂的共同事业就是准备,估算,预想这种新的总和,即未来的欧洲……然而,在这些思想家心中用一种新的单一性激发和构成的需要旁边,应该加上一种巨大的经济计划,它能照亮分裂的欧洲小国家的局势,——我说的是我们所有的帝国和现在的国家——这些分裂的国家或帝国在经济上都是不会永久不衰的。"[1] 这种欧洲合众国(共同体)的思想甚至"导致"1900年在巴黎召开了一个"政治科学大会",会上提出了一个"欧洲合众国"的计划。这个国际性的大会是由著名法学和社会学家阿纳托尔·勒罗瓦—伯利厄(Anatole Leroy-Beaulieu)先生提议召开的。实际上,类似这样的欧洲知识界的合作在几乎整个19世纪都是比较常见的,甚至可以说是19世纪是"一个人们小心翼翼地进行着'有组织的欧洲合作'的尝试的世纪"[2]。这种尝试开始于拿破仑下台,一直到第一次世界大战的爆发。虽然其中一些"欧洲一体化"的设想只是为了对抗法国(拿破仑)的霸权主义,比如英国人联合其他欧洲国家的出发点是对抗法国,而俄罗斯人联合其他欧洲国家则是为了"对抗新思想"等。这种站在各自思想和政治立场上进行的"合作"尝试被统称为"欧洲大合唱"(concert

---

① Bernard Voyenne,1964,*Histoire de l'idée euripéenne*,Paris,pp. 156-156.

② Louis Cartou,2000,*l'Union européenne*,Edition Dalloz,p. 23.

européen）。这些大合唱的宗旨就是"经常定期地举行国际和平会议，使欧洲大国能致力于通过相互沟通来解决使整个欧洲感兴趣的政治问题"①。

不仅地处西欧的法国和德国有这样的思想家，在地处东欧的俄罗斯也出于自身的目的，希望能有一个联合起来的、和平发展的欧洲。1898 年，俄罗斯尼古拉二世就根据历代沙皇的"理想主义传统"，向世界上（主要是欧洲）的所有强国发出邀请，举行"国际和平大会"。尽管困难重重，这次大会还是于当年就在荷兰的海牙举行了。但是会议一开始，德国代表团就抛出一个由一群泛日耳曼主义"理论家"做出的提案，主要内容是反对缩减军备，暗示抵制和反对"和平大会"。不过尽管这样，"这仍然是一个幸运的开始，因为各种立场都终于得以公开的表达"②，更为重要的是，这次"国际和平大会"最终建立了一个"仲裁法庭"。虽然这个位于荷兰海牙的这个"国际法庭"当时并没有起到多大的维护欧洲和平的作用，但是它的影响却是深远的，特别是在 1907年，第二次"国际和平大会"召开，地点仍然在海牙。虽然第二次"国际和平大会"是在美国的主导下召开的，但却第一次实质性地议定了诸多重要的国际法条款，是当代国际法的雏形，只不过这些国际法条款当时并没有得到国际社会的认可；这次会议的最大成果就是它"接受了美国企业巨头安德鲁 150 万美元建造海牙和平宫的资金"，但是除此以外，在建造过程中各国都捐献了建筑材料和陈列的工艺品，意在表明各国共同缔造和平。然而令人遗憾的是，就在1913 年和平宫竣工的第二年，一场不仅仅波及欧洲的第一次世界大战就爆发了。

欧洲的和平乌托邦理想和各国膨胀的民族主义野心之间的矛盾，使得 19世纪下半叶以来欧洲永久和平的种种努力受到沉重的打击。许多有识之士认识到欧洲的民族主义造成的危险性，使人们对"政治科学"在欧洲乃至世界的永久和平建设中的作用有了更高的认识。1900 年，在巴黎举行的政治科学大会上，法国著名政治学家 Anatole Leroy-Beaulieu（1842—1914）就欧洲的问题指出："不仅仅是梦想家或者哲学家，所有也许多少有些超出目前人类的和平与正义理想的人们都希望能够实现一个欧洲联盟的古老梦想，这实际上也是一

① Louis Cartou, 2000, *l'Union européenne*, Edition Dalloz, p. 24.
② Bernard Voyenne, 1964, *L'histoire de l'idée européenne*, Paris, p. 157.

些实在的思想,因为它们是一些对于现实利益的担忧,是对对于古老的欧洲造成损失的问题的担忧,是对处于世界民族之林中的欧洲人内部相互仇视和分裂的担忧。"[1]

不过,在欧洲当时颇为盛行的"欧洲合众国"的一体化设想中,有许多人认为不能以美利坚合众国的模式来建设欧洲统一体,因为欧洲各族人民(各国)有着比主要由英国殖民者建立起来的"美国民族"更多的"特殊性"。这种所谓"特殊性"就是欧洲文化的"多样统一":"重要的是保持欧洲多样性的文化财富"[2]。这个所谓文化财富对于当时并不稳定但不断被提出的欧洲和平倡议,对现代欧洲的建设的确是起到了相当正面的作用,尤其是在 1907 年以后的欧洲各种民族主义思想支持下的各种形式的,涉及欧洲各种力量的"联盟",例如所谓"三皇同盟"就是其中一例。1873 年 6 月,奥匈帝国皇帝和俄国亚历山大二世在维也纳郊区兴勃隆签订了一个"意义含混"的协定:"遇有第三国的侵略且又损害欧洲和平的危险时,两国皇帝陛下相互约定他们不需要寻求缔结性的同盟,他们之间应立即进行商谈,以便拟定他们所应取的共同行动方针。"同年 10 月,德皇威廉二世也在这个协议上签了字。于是"三皇同盟"形成。虽然这个同盟协议并没有什么实质内容,而且他们"反对的是欧洲革命的共和运动以及所有社会主义的组织"[3]。但是这三大帝国的结盟,却的确遏制了法国 1870 年战败后采取诸多手段试图东山再起,从而给欧洲再度带来战争的企图,使得欧洲在军事,也就是所谓"武力和平"(la paix de fer)的作用下,维持了欧洲约半个世纪相对和平的局面,以至于在欧洲发生了第一次世界大战后的 1918 年,有专家认为克莱蒙梭在凡尔赛和约中最大的失误是"没有将奥匈帝国改编成一个多民族的联邦"[4]。欧洲大陆内部产生的这种"多元文化"或"多样性"文化理念在欧洲本身的建设中所经历的各种变化,不但对于欧洲本身一体化的影响是巨大的,而且也逐渐成为了"世界共同体"中多样性理念的样本(此外还有中国、俄罗斯等世界文明"大区"也倡导建立人类世界的多样统一或"和谐世界")。同时,欧洲以"以一个声音说话"的活动也

---

[1] Bernard Voyenne,1964,*Histoire de l'idée européenne*,Paris,p. 158.

[2] Bernard Voyenne,1964,*Histoire de l'idée européenne*,Paris,p. 159.

[3] 法学教材编辑部:《国际关系史》(上册),武汉大学出版社 1982 年版,第 134 页。

[4] Robert Toulemon,1994,*La Construction européenne*,Edition de Fallois,Paris,p. 14.

越来越频繁，力度也越来越大，其中包括以法律条约的形式确定欧洲的武装力量和"共同外交"的构建，还有力图在以美国为主要"北大西洋公约组织"中起到更大的作用的努力，甚至建立不受北约指挥的"欧洲军团"，也是为"永久和平"的欧洲这个世界一极装上"牙齿"，以保证整个世界的力量平衡，维持一个"永久和平"的世界。

第十章　20 世纪以来的意识
形态与欧洲建设

一、俄苏社会主义与欧洲建设

就在欧洲各"民族国家"之间钩心斗角，同时又都以各自不同的心态和目的考虑欧洲建设的时候，1917 年的欧洲东部发生了俄国的十月革命。俄罗斯的十月革命在列宁的领导下很快就取得了胜利。而且更重要的是，十月革命的根本目的在于以马克思主义的科学社会主义思想为指导，消灭任何人剥削人的现象，更要在国际关系中消灭民族压迫，建立一个各民族一律平等的新的世界社会。1917 年 11 月，由列宁起草的《和平法令》在第二次俄罗斯苏维埃代表大会上获得通过。《和平法令》明确谴责帝国主义战争，呼吁各国之间实现"民主的和平"，即"不割地（即不侵占别国领土，不强迫合并别的民族）不赔款的和平"[①]。列宁认为，"在资本主义制度下，所谓'欧洲合众国'要么是不可能的，要么是反动的"，他同时指出："即使人们能够将欧洲合众国设想为一种欧洲资本主义者之间的一个公约，可是这个公约是建立在什么样的基础上的呢？它仅仅是建立在为了在欧洲消灭欧洲社会主义，保留强盗般获得的殖民地的共同政治基础上的公约。"[②] 在俄苏共产主义革命者看来，此前的许多欧洲一体化思想的出发点都没有考虑最下层的劳动人民的利益，而只是考虑政治理

---

① 《列宁全集》第 26 卷，第 227 页，转引自《国际关系史》（上册），武汉大学出版社 1982 年版，第 287 页。

② 转引自 Bernard Voyenne，1964，*Histoire de L'idée européenne*，Paris，p. 165。

想或者干脆就只考虑了资本主义者或空洞的民族的利益，托洛茨基就曾写道："劳动人民没有任何兴趣去保卫现存的边界，尤其是在欧洲……欧洲的衰落主要是因为她在经济上被分割成了四十个'民族国家'，这些国家有各自的海关，各自的护照，各自的货币制度，各自为其民族本位服务的巨大的军事力量；这些都成为人类人民经济发展的最大障碍。欧洲无产阶级的任务不是要使边界永恒化，而是要用革命的方式取消边界。"在"共产主义的""经互会"成员们看来，"不仅仅是'鲁尔'问题，也就是说欧洲燃料和金属的问题，而且整个欧洲的维护问题都应进入欧洲合众国的方案中"[①]。所以，如果抛开意识形态的因素来讨论问题，我们也不应该忘记，在社会主义苏联倡导下建立起来的欧洲"社会主义阵营欧洲"的经济组织——经互会，也是某种形式的欧洲一体化建设。

1949年，以苏联为首的欧洲社会主义国家如保加利亚、匈牙利、波兰、罗马尼亚、捷克斯洛伐克、阿尔巴尼亚等国率先成立了"经济互助委员会"（简称"经互会"），总部设在苏联首都莫斯科。经互会成立的主要目的就是通过联合和协调经互会各成员国的经济特色，有计划地发展，加速同盟内的经济技术的进步，发展经济，提高成员国的劳动生产率和人民的福利。

这个经济同盟的组织机构也和现在的欧盟组织机构有着类似之处。"经互会"的最高权力机构是"经互会会议"，由所有成员国的政府总理所率代表团组成，每年轮流在成员国首都举行全体会议，东道国代表团长担任会议主席。经互会还设有若干委员会，主要有：（1）执行委员会。该委员会每季度召开一次会议；执行委员会会议主席由各成员国依照国家名称的起首字母顺序轮流担任，任期为一年；（2）常设委员会。常设委员会受执行委员会领导，就成员国普遍关注的某一经济问题进行集中讨论决策，各成员国可以有选择地参加，就自己所关心的问题参与决策；这个委员会曾一度设有化工、有色金属、煤、和平利用原子能等24个分委员会。

这个"社会主义"的经互会最初的宗旨是合作发展贸易、促进科技交流，以双边签订一系列贸易和科技合作协定的形式来实现。20世纪50年代以后，经互会开始在生产领域强调"国际分工"、"生产专业化"。20世纪六七十年

---

① 转引自 Bernard Voyenne，1964，*Histoire de L'idée européenne*，Paris，p. 167。

代，经互会还曾一度建立了一系列一体化机构，要求成员国逐步实现托洛茨基在苏联社会主义国家建立之初所设想的生产、科技、外贸和货币金融一体化。这个（主要是欧洲的）经济一体化组织随着苏联和东欧各社会主义国家的崩溃而在 1991 年 6 月 20 日经互会第四十六次会议上宣布解散。

俄罗斯苏维埃政权提出的崭新的国际关系对全世界，首先是对欧洲产生了很大的影响。首先，苏维埃政权的《和平法令》宣布废除前政权的一切秘密外交，公布沙俄和资产阶级临时政府时期批准或缔结的全部外交条约，并宣布这些条约无条件地立刻作废。这在欧洲乃至世界国际关系史中都是具有划时代意义的：倡导一种公开的，也就是可受人民群众监督的国际关系；外交不再仅仅是一国统治者对他国统治者的活动，而应该是人民参与的活动，因为外交活动应该是关乎广大人民群众的利益的对外活动。所以《和平法令》也向当时交战国的工人阶级发出了呼吁，号召他们把争取和平事业与摆脱剥削和奴役的斗争结合起来，还要把争取解放的斗争与揭露各国政府的欺骗行为结合起来，反对由少部分人背着广大的老百姓决定国家和世界的命运，因为国家和世界的命运说到底是人民的命运。所以"《和平法令》对各国人民发生了巨大的影响，它增强了各国人民为争取和平而斗争，得到各国人民的拥护"[①]。

虽然这种共产主义的"世界共和国"般的理想受到当时包括美国在内的帝国主义国家、欧洲的许多帝国主义、军国主义和封建主义国家统治者的反对和攻击，但是在欧洲当时"风起云涌"般的革命斗争运动的推动下，在十月革命成功的鼓舞下，欧洲的无产阶级革命运动有了很大的发展：地处西欧和中欧的德国和匈牙利曾于 1919 年爆发革命，并都分别建立了德国苏维埃政府和匈牙利苏维埃共和国；同时，包括英国、法国、意大利、西班牙等西欧大国在内的欧洲各国都相继出现了共产党领导的工人运动；更为引人注目的是，1919 年在苏联共产党的领导下建立了"共产国际"，全欧洲以工人为主力军的共产主义运动在相当程度上构成了一个联盟，共谋欧洲乃至世界无产阶级革命事业的发展。由苏联提出并率先实行的《和平法令》便是一个世界（当然包括欧洲）各族人民，特别是广大劳动人民一律自由平等，"共建"一个和平、和谐的国际社会的重要尝试，虽然由于种种原因，人们已经不再或很少提及俄苏时期提

---

① 法学教材编辑部：《国际关系史》（上册），武汉大学出版社 1982 年版，第 289 页。

出的欧洲建设理念,但是这些理念在欧洲乃至世界和平共处,共谋和平发展方面所作出之尝试的重要启示作用,仍然有像法国的欧洲思想史专家 Bernard Voyenne 这样的欧洲思想史专家注意到了。在这个时期,苏联这个以马克思主义为指导思想的政权,对长达近一个世纪的民族主义和持续时间更长的殖民主义思想甚嚣尘上的不正常的国际关系的批判,无疑对于后来的欧洲建设乃至世界的建设和发展都是有借鉴作用的。可以说,当代欧洲相对更加民主,更加公平的社会建设,也在某种程度上借鉴了马克思主义关于政治、经济、社会、文化等诸多领域的理念;在欧洲一体化的建设中,这种各国各民族一律平等,如在欧盟内部推行"欧洲公民"身份概念,无须任何手续就可以在欧盟范围内自由往来、自由择业、欧盟范围流通统一的货币等,其文化渊源是多方面的,其中也包括了马克思主义"大同世界"思想的影响。

二、"国联"与欧洲一体化

第一次世界大战是欧洲"民族主义"的帝国主义瓜分欧洲和世界的最惨烈的战争,其中的欧洲大国英、法、意等国虽然成为战胜国,但是伤亡和经济损失十分巨大,得益最大的是大西洋彼岸的美国。美国在这场战争结束后,立刻就看到了它有可能利用欧洲历史上种种"永久和平"的理念和实践,结合本次世界大战后"欧洲理念的复兴"[①] 思潮所带来的"机会",以所谓"寻求世界和平的计划"十四点建议为幌子,主张建立一个国际联盟,即所谓"国联"。其中除了提出类似苏俄的《和平法令》中提出过的外交公开,"不得有秘密的国际协定","公海航行的绝对自由","消除一切经济壁垒"等和平共处的内容外,还在实际上公开主张"谁以资本供给全世界,谁就应当管理它"[②] 的帝国主义逻辑。虽然使国际联盟得以产生的"巴黎和会"是在欧洲召开,并且欧洲的几大国的参与使得这一方面是为了瓜分战后欧洲乃至世界的地盘,但是另一方面,这次"和会"只是在以往欧洲思想界"永久和平"理念的幌子下召开的,再加上欧洲几大国的实力在本次大战中受到极大的损失,已经不能和美国

---

① Bernard Voyenne,1964,*Histoire de l'idée européenne*,Paris,p. 168.

② 法学教材编辑部:《国际关系史》(上册),武汉大学出版社 1982 年版,第 315 页。

这个新兴的世界性大国抗衡，所以和会主要是由美国总统威尔逊、英国首相劳赫—乔治、法国总理克莱蒙梭，其中又以美国总统为首的三国代表操纵的。由于欧洲的战胜国在如何肢解德国等问题上相持不下，最后"决定将国际联盟问题提交以威尔逊为首的专门委员会研究"①。虽然最后国联的办公所在地设在了号称中立的瑞士的日内瓦，国际常设法庭也设在了早已有其"欧洲版"雏形的海牙，美国总统威尔逊还是成为了"国联"的创始人，他利用这一有利条件，在"和平"、"民主"的幌子下，建议允许战败国德国和其他的小国也享有平等地加入国际联盟的权利，以便这些国家日后成为追随美国的力量。

所以，国联的成立除了是美国这个新崛起的世界级超级大国称霸世界的步骤之一，同时也是欧洲几个昔日的强国如英国和法国保持自己控制欧洲乃至世界的工具，是几大国（民族国家）之间的战争发展成帝国主义战争的标志之一，与欧洲历史上的有识之士如启蒙主义时期提出的诸多欧洲"永久和平"的设想是不同的。尽管"国联"在形式上是一个"促进国际合作，保证国际和平与安全"的机构，它要求人们"尊重各会员国领土的完整及现有政治上的独立"，各民族间要确立"正义"，"不得从事战争"，国联盟约是什么"兄弟和友爱的宪章"等。② 然而实际上，无论是美国还是欧洲的几大国，都把国联当成一个外交的工具，如法国政府在国联内外的一系列外交活动中，都极力使法国的利益最大化，将第一次世界大战中的，也是历史上法国的最大仇敌之一德国尽量肢解，在欧洲甚至世界范围内推行"凡尔赛体系"。

在"巴黎和会"上达成的《凡尔赛对德和约》的第一部分是"国联"的盟约，第二部分以后的内容均为所谓《对德和约》，而这个和约的主要内容则是法国对德国的压制和肢解，消除对法国的威胁的条款：德国按 1870 年的边界将阿尔萨斯—洛林地区归还法国，承认捷克斯洛伐克和波兰的独立，放弃在世界各地的德国殖民地，由法、英等国瓜分；限制德国的军备，德国向战胜国赔偿巨额战争赔款。此后，在巴黎又签订了《圣日耳曼和约》、《纳伊和约》、《特利亚农和约》、《色弗尔和约》等。这些在巴黎或巴黎附近签订的和约构成了所谓的"凡尔赛体系"的一系列文本，它们的目的都在于稳定第一次世界大战后

---

① 法学教材编辑部：《国际关系史》（上册），武汉大学出版社 1982 年版，第 318 页。
② 法学教材编辑部：《国际关系史》（上册），武汉大学出版社 1982 年版，第 329 页。

有利于法、英等国的国际"新秩序",限制德国和社会主义的苏联。所以,所谓的"凡尔赛体系"是一个帝国主义的霸权势力结构,与欧洲历史上的那些有识之士的欧洲理念是风马牛不相及的。这个以法国为首的"凡尔赛体系"受到了来自社会主义苏联的抵制和批评,列宁曾尖锐地指出:"靠《凡尔赛和约》来维系的整个国际体系、国际秩序是建立在火山上的。"就连当时一手主持一系列"凡尔赛体系"和约的法国总理克莱蒙梭也承认说:"这个和约,正如其他和约一样,只不过是战争的延续而已。"①

这个"凡尔赛体系"最终引起了帝国主义之间的更大的矛盾,特别是法国、英国等欧洲大国与美国的矛盾。美国由于在殖民地的瓜分上和对美国有利的海上自由原则没有被写进和约,所以美国参议院没有批准《凡尔赛和约》,并且不但拒绝参加国际联盟,而且在欧洲霸主们主导的国联之外展开一系列的活动,逐渐构成了一个所谓"华盛顿体系",来与法、德等为首的欧洲争夺世界霸权,为对日后乃至现存的欧盟建设中"独立的欧洲"因素进行干扰准备了充足的条件。

但是,无论如何,国联的成立,对于欧洲思想界来说,仍然是欧洲"永久和平"理想逐渐得以实现的一个机会,因此也有一些欧洲的思想史学家将这一次的"巴黎和会"看做是"欧洲理念"的一次"复兴"。就连威尔逊这个旨在算计欧洲,欲将欧洲置于美国控制之下的"外来者"也被这些学者们看成是雨果和康德等欧洲思想文化大师伟大理念的践行者,并且认为国联的一些规章制度有利于世界各国相互间权利与义务关系的建立。② Bernard Voyenne 先生在他的《欧洲思想史》一书中讲了这样一件事:威尔逊很喜欢一个在诗人们陪伴下的统一的欧洲。一天,这位美国总统微服来到雨果纪念馆前,让人给他翻译了雨果那段著名的话:"我代表着一个尚未存在的政党……这个党将在二十世纪……建立起欧洲合众国。"这位美国总统也十分喜欢读康德的书,据说,《永久和平的哲学计划》曾是他的枕边书。③ 欧洲一体化历史的必读书之一《欧洲思想史》的作者 Bernard Voyenne 先生认为,国联的产生,特别是国际常设法庭的建立,是过去欧洲许多理想化的欧洲和平建设计划在法律基础上的第一次

---

① 转引自法学教材编辑部:《国际关系史》(上册),武汉大学出版社1982年版,第328页。
② Bernard Voyenne,1964,*Histoire de l'idée européenne*,Paris,p. 167.
③ Bernard Voyenne,1964,*Histoire de l'idée européenne*,Paris,p. 168.

尝试，威尔逊先生"相信或装作相信道义上的惩罚在他看来是最无效的惩罚"，对于那些挑起战争的国家，他们也往往会拒绝调停，所以仅仅以道义的约束是不能达到惩戒目的的，必须"要以道义的、外交的、财政的、金融等手段来将违禁者推上被告席"[①]。这明显对后来联合国宪章相关条款是有着启示作用的。国联虽然实际上没能做到在实践中站在公平正义的立场上来处理国际和欧洲事务，但它的确是"现代历史上第一个试图在相互理解和法制的基础上来处理国际关系的具体尝试。仅仅是因为有了它的存在，就已使某些在国际上共同生存的规章制度得以浮现，引起了一些使我们能够得救的思考"[②]。同时，Bernard Voyenne 先生也正确地看到，国联的许多条款并没有得到落实，显得十分"无能"，然而他认为，"这种无能恰恰就是它的优点，因为这种无能说明需要对国际秩序进行重新组织"。更重要的是，Bernard Voyenne 先生从国联的成立过程，从它的"无能"，美国和苏联的"缺席"，看到了一个"欧洲占主导地位的组织，正是它在不久的将来以另外的方式让我们重新发现欧洲"[③]。

三、"欧洲理念"的复兴

由于有了国联这个"不成功的"例子，许多欧洲人都认为，对于欧洲来说，重要的不是要解决全世界的问题，首先要解决的是欧洲的问题，要将欧洲历史上的诸多先辈政治家和思想家们的欧洲理念予以"复兴"，要采取坚决的措施，避免一百多年来给欧洲造成巨大灾难的打着民族主义幌子的帝国主义战争卷土重来；他们认为，对于欧洲人来说，这个在欧洲办公和对国际争端进行裁判的国际组织要管的事太多太杂，相互之间的冲突也太多太复杂，即使需要解决，那也是后一步的事。可以说，相对"世界和平"来说，首先解决欧洲的事务，在欧洲实现"永久和平"的条件则要成熟得多。因为首先，欧洲国家拥有共同的文化，它的成员国之间有着许多"共同的记忆"，也就是说，欧洲国家构成一个共同体的可能性要大得多。况且，如果在欧洲这个"地区"或"大陆"先做一个试验，待它成功后，也能成为"世界的一体化"的一个样板。因

---

① Bernard Voyenne,1964,*Histoire de l'idée européenne*,Paris,p. 167.

② Bernard Voyenne,1964,*Histoire de l'idée européenne*,Paris,p. 167.

③ Bernard Voyenne,1964,*Histoire de l'idée européenne*,Paris,p. 168.

为实际上虽然欧洲国家有着相对来说同样的文化，但是相互之间的政治问题和利益纷争却是十分复杂的，比起当时世界上任何其他地区来都是有过之而无不及。所以如果欧洲一体化的设想得到实现的话，世界一体化的实现也应该是可能的。从文化本身来看，世界文化总体来讲是一种"人类的"文化，这种人类的文化由于地域环境、历史发展的不同而有着不同的特色；先从有着共同历史、共同发展环境的欧洲开始"人类一体化"的进程，也是符合人类社会文化发展之内在逻辑的。

当第一次世界大战（主要战场在欧洲）正酣之时，一位叫做亚历山德罗·阿勒瓦来兹（Alexandro Alvarez）的南美洲的大律师就不断发出呼吁说，要解决目前全球的这场战争灾难，如果没有一个欧洲组织出面，就不会有"决定性的"解决方法。这位南美大律师的呼吁终于在1922年得到了一位前奥匈贵族理查德·德·库德诺维—卡勒吉（Richard de Coudenhove-Kalergi）的响应。库德诺维—卡勒吉在多家报纸上登出了一份倡议书，呼吁建立一个"泛欧洲的统一体"（Union Pan-Européenne）；第二年，他又将这一建议写进了一本题为《泛欧洲论》（*Pan-Europe*）的著作，在当时的欧洲各国引起了巨大反响。库德诺维—卡勒吉在这部书中认为，欧洲并不是像一些人认为的那样已经进入衰败期，而是相反，她仍然拥有"十分可观的活力"；他认为，欧洲真正的活力之源——欧洲人民的动力远远没有被动员起来，他写道："衰败的不是欧洲人民，而是他们的政治制度。对这个政治制度的彻底改变，才能拯救这个大陆。"[①] 不过在库德诺维—卡勒吉看来，这个欧洲联盟的形式应该是与美洲那个合众国——美国的组织形式差不多，他首先将希望寄托在欧洲几个大国的"有民主意识的"议会身上，也就是说，这些"泛欧洲联盟"的推动者都是一些反对民族主义，主张民族和谐平等的新的民主运动的坚决提倡者，因为联盟的建立，特别是美利坚合众国式的欧洲合众国的建立，必然要求"放弃一些民族国家的主权"。为了达到使更多的欧洲人认识到建立"泛欧洲共同体"的必要性，库德诺德—卡勒吉利用他的题为《泛欧洲论》一书的影响力，于1924年创办了一个刊物和一个组织，名为《泛欧洲》杂志和"泛欧洲联盟运动"，这个杂志和组织的唯一主题和宗旨就是宣传欧洲一体化的思想理念。该组织总

---

① 转引自 Bernard Voyenne, 1964, *Histoire de l'idée européenne*, Paris, p. 169.

部所在地设在维也纳的旧王宫内。1926年，在奥地利总理门格·塞佩尔、魏玛共和国总统保罗·罗伯等欧洲国家政要的主持下召开了"泛欧洲联盟运动"的第一次大会；这个大会的主要成果是在欧洲的大部分国家组建了由各国的政要组成的"泛欧洲联盟运动"分部，为欧洲一体化的进程在各国的进展做一些具体的宣传和组织工作。"泛欧洲联盟运动""取得了相当快速的发展，特别是在中欧国家，因为在这些国家，欧洲一体化的理念有着相当的民间基础，使得欧洲一体化的理念得到了一次新的和令人满意的复兴"[①]。

　　如前所述，欧洲的一体化，如果没有法国、德国这样的欧洲大陆强国，和虽然未处于大陆但在欧洲历史上一直居于举足轻重之地位的英国的参与，欧洲一体化是不可想象的。而且事实上，无论出于什么样的目的，欧洲的上述几个大国都在各种不同的欧洲一体化的思想理念和组织协调活动中有着重大的作用。

　　无论是受到库德诺维—卡勒吉的影响，或者是出于自身的欧洲"情结"，欧洲几大国的许多重要人物从一开始就对"泛欧洲联盟运动"的理念给予了积极的响应和支持。1925年1月，法国部长会议主席兼外交部长爱德华·艾里约（Edouard Herriot）[②]在部长会议上发出呼吁，呼吁法国人民支持泛欧洲联盟运动。艾里约还曾花了几年的时间，撰写了一本史料性的著作《欧洲》（Europe）。1949年，也正是在这位"已近晚年"的法国政治家的主持下，法国、爱尔兰、比利时、丹麦、挪威、瑞典、意大利、英国在伦敦签订了《欧洲理事会法规》，该法规宣布成立"欧洲理事会"。爱德华·艾里约在理事会成立大会上致开幕词，表明法国在理事会成立工作中的贡献。今天的"欧洲理事会"不但在名称上完全沿用了该理事会的名称，而且在一些具体的运作上也吸取了该理事会的细则。

　　1926年，一群欧洲的经济学家和商人自发成立了"欧洲经济与关税联合会"，表明欧洲经济界人士对于欧洲经济一体化的明确目标。但是，其发起人

---

　　①　转引自 Bernard Voyenne, 1964, *Histoire de l'idée européenne*, Paris, p. 170。
　　②　爱德华·艾里约（1872—1957年），法国著名作家和政治家，在著名的德雷弗斯事件中，他以一个激进党主席的身份站在民主派一边，主张为德雷弗斯平反，反对极端民族主义；在爱德华·艾里约作为法国政府首脑的1924年，法国撤出了第一次世界大战后占领的德国的鲁尔地区，承认了社会主义的苏联；在第二次世界大战中他与贝当投降政府彻底决裂，曾一度被维希政府关押；战后的1947年到1954年，艾里约任法国国民议会主席。

之一加斯东·里厄（Gaston Riou）在一本题为《欧洲，我的祖国》一书中认为，"我和我的朋友们的感觉告诉我们，我们的目标将远远超过经济领域"，因为"欧洲经济与关税联合会"的各个部门包含了各国的许多相关部门，这些活动都将致力于欧洲一体化理念的发展，"专家的研究和思想会逐步影响到公众的意见"。[①] 第二年，一个名为"欧洲谅解联合会"（Férération pour l'Entente européenne）就在日内瓦成立了，其中的"法国分会"的名称叫做"欧洲合作法国委员会"（Comité françcais pour la coopération européenne），由当时著名的数学家埃米尔·波莱尔（Emile Borel）担任委员会主席；同年，法国劳工与社会保障部部长路易·卢舍集中了当时欧洲的，特别是法国和德国的一批商界和工业界人士，围绕欧洲一体化问题进行讨论。这位多年来一直致力于欧洲一体化研究的法国政治家将这些工商界人士的意见进行了整理和分析，提出了"国际经济合作问题"（Problèmes de la coopération économique internationale，"国际经济合作问题"也是路易·卢舍一部相关著作的题目），他首次提出了"由各国政府出面，将欧洲的钢铁、煤炭、小麦企业托拉斯组织起来，为了整体的利益，而不是仅仅为企业的利益而联合起来"[②] 的建议。这个建议可以说是在二十多年后的 1950 年提出、1951 年签订的"舒曼计划"的重要"版本"，然而舒曼计划的另一个"版本"或者说更有实践意义的设想是在 1929 年"国联"第十次大会上，由法国外长（不久后此人便成为了法国部长会议主席）阿里斯蒂德·贝里昂（Aristide Briand）提出的建议。这个建议认为应该制定一系列关于煤炭的生产和流通的规章制度。为此，由当时的一家名为《生者杂志》的杂志社发起一次征文比赛，对这个欧洲一体化的具体运作设想进行谈论并征集相关的提案，优胜者将得到一万法郎的奖金（这笔奖金被一位叫做罗贝尔·芒吉的人获得）。但是，由于当时的欧洲各国，尤其是欧洲的几大超级大国如德国、法国、英国等国家中的民族主义思想和实力仍然十分强大，尽管有像贝里昂这样的欧洲著名政要担任要职（贝里昂曾任"泛欧洲联盟"荣誉主席），但是要把欧洲一体化的理念现实化，使之有真正的可操作性，在当时的政治、军事、经济形势下，仍然有很大阻力。贝里昂先生在欧洲，尤其是在几

---

① Bernard Voyenne，1964，*Histoire de l'idée européenne*，Paris，p. 172.

② 转引自 Bernard Voyenne，1964，*Histoire de l'idée européenne*，Paris，p. 172。

大国的政界频繁游说，希望使一个"和平欧洲"的理想能够得到某种程度的实现。但是除了德国外交部长特劳斯曼（Streseman）表示"完全同意"外，英国首相马多纳（Macdonald）认为落实"该计划为时尚早"，而且英国政府不时地通过其在国联的代表埃里克·德鲁门爵士（Sir Drummeond，当时国联的秘书长）表示英国政府的"反对意见"①，至于墨索里尼，则"一边不失时机地夸耀他的战马，一边指出，欧洲一体化的先决条件是成员国分享欧洲的殖民地"②。

但是像贝里昂这样的复兴"欧洲联合"理念的不懈推动者仍然不遗余力地为欧洲的一体化奔走。贝里昂不但在欧洲政要中为欧洲一体化游说，更在广大民众中进行宣传。1929年7月，贝里昂在一次新闻发布会上透露，他将在下一次国联全体会议上提出欧洲联盟的具体计划，得到了较为广泛和热烈的反响，只有一些顽固的民族主义者表示坚决反对。另外当时热衷于世界共产主义的共产党人也反对在国际性的联合组织之外再建立地区性的联盟。但是尽管这样，贝里昂并没有放弃，他在自己担任主席的欧洲理事会会议上宣布，他将不遗余力地继续"建立欧洲合众国"的努力。同年9月，国联第十一届全体会议在日内瓦召开。9月7日，贝里昂在其发言中说道："我认为像在地理上聚居在相同地理范围内的欧洲人民这样的居民内部，应该存在某种联邦形式……我努力推动的就是这种联邦形式。当然明显的是，这种联邦形式将主要涉及经济领域。这是最当务之急的问题。我想我们应当先在这个领域取得成功。同时我也坚信，只要这种联邦形式的联系不损害任何一国的主权，它在政治领域和社会领域也应该是可行的。"③ 在贝里昂先生举办的丰盛的晚宴后的晚间会议上，欧洲二十六国的代表将起草"欧洲联盟组织章程"的任务交给了贝里昂（但是英国代表仍然持保留态度）；这个章程的具体起草任务由当时的法国外交部秘书长，著名法国诗人，后来的诺贝尔文学奖获得者阿莱克斯·雷热（Alexis Léger）④ 完成，于1930年5月提交。章程草案公布后，由于当时欧洲和世界

---

① 转引自 Bernard Voyenne，1964，*Histoire de l'idée européenne*，Paris，p. 73。

② 转引自 Bernard Voyenne，1964，*Histoire de l'idée européenne*，Paris，p. 73。

③ Bernard Voyenne，1964，*Histoire de l'Idée européenne*，Paris，p，173.

④ 阿雷克斯·雷热以其笔名圣-琼-佩斯（Saint-John-Perse）的名义于1960年获得诺贝尔文学奖。圣-琼-佩斯是法国著名诗人和政治家，先后任法国外交部秘书长、法国参议院议员、法国驻中国北京（1916—1921）外交机构秘书；第二次世界大战中被维希政府开除国籍后流亡美国。

局势的复杂多变，直到一年多以后才局部得到欧洲其他国家的正式回应；除了英国外，其他欧洲大国均持赞同态度，同意在国联的框架下设立一个"地区性办事处"，经过多次协商，各国"统一考虑"建立一种经济合作意义上的"欧洲人民的共同市场"；但是同时强调"不得对各民族国家的主权有任何损害"；可是在当时欧洲，帝国主义之间的争斗十分激烈，像德国、意大利这样的军国主义、法西斯主义的国家正在积极备战，所以这时欧洲一体化的努力遇到了巨大的阻力，虽然为了掩饰各自的政治和军事目的，大部分欧洲国家并没有直接和公开对欧洲一体化的设想表示反对，但即使起草者在"草案"用词上动了许多脑筋，这个"欧洲联盟组织章程草案"在正式签署时还是未能顺利通过，除了英国外，瑞士、意大利、德国和一些斯堪的维亚王国都在他们的"书面回应"中对这个草案"表示厌恶"[①]。尽管如此，法国外交部仍然将这些"回应"集中起来，以"白皮书"的形式予以公布。1930年9月，国联中的欧洲委员终于得以授权贝里昂在国联第11届全体会上提出"欧洲地区性办事处"的设立问题。贝里昂的主题发言后，各国代表纷纷就此展开讨论，"观点的分歧终于公开暴露出来"[②]。问题仍然在"各民族国家的主权"上的分歧，特别是担心在欧洲犯下"国联的普世错误"[③]。

由此可见，欧洲一体化理念虽然有很深厚的渊源和历史，但是19世纪以来在所谓社会达尔文主义思想影响下的民族主义思潮的影响也是十分深远的，这种思潮的力量在今天的欧洲一体化进程中仍然有许多影响。我们从法国、荷兰2004年公投否决《欧洲宪法草案》到2008年爱尔兰和波兰反对《欧洲宪法草案》的"替代文本"《里斯本条约》，就可看出，欧洲一体化中的"邦联"还是"联邦"的争执也许不是一朝一夕所能解决的。所以，虽然像贝里昂这样的欧洲思想家和政治家孜孜不倦于欧洲一体化理想，并试图以20世纪20—30年代的经济危机为契机，争取早日建立起一个"经济共同体"，但是这些努力都因为民族主义或帝国主义的相互争夺而很难得到实现。在这一时期的欧洲虽然也出现过一些国与国之间的"联盟"，但是其目的仍然是建立在更多地掠夺别国别地区基础之上的联盟，例如以英国为首的所谓"非黄金集团"和以法国为

---

① Bernard Voyenne, 1964, *Histoire de l'idée européenne*, Paris, p. 175.
② Bernard Voyenne, 1964, *Histoire de l'idée européenne*, Paris, p. 175.
③ Bernard Voyenne, 1964, *Histoire de l'idée européenne*, Paris, p. 175.

首的"黄金集团"之间的争夺。可是，这种货币集团的建立，更加剧了资本主义世界的各种矛盾，导致各国竞相以各种手段争夺国外市场、禁止进口，总之商业战争、外汇战争、倾销政策以及其他许多在经济上的"战争"不断加剧。这些极端民族主义的类似措施，使各国之间的关系极端尖锐化，给军事冲突造成了条件。这种帝国主义和"民族主义"的利益集团之间的联盟，是与欧洲历代思想家们和进步人士的欧洲一体化理念完全背道而驰的。在这种集团利益的激烈争斗中，往往两败俱伤。更为严重的是，在20世纪两次大战之间的欧洲，所谓"黄金集团"和"非黄金集团"之间的争斗，使得另一个极端民族主义的利益集团——法西斯的第三帝国得以迅速崛起，"第三帝国的首相的目的是统治全世界，但他先从欧洲开始"[1]。这种极端民族主义在那个历史阶段的德国更是到了登峰造极的地步。

　　德国法西斯首脑希特勒也曾经十分崇拜查里曼大帝，不过那是因为查里曼也是日耳曼人，更重要的是他作为日耳曼人的首脑战胜了萨克森人，统治了半个欧洲；但是后来希特勒逐渐开始"讨厌这个叛徒"，因为查理曼将犹太人创造的基督教引进到条顿民族之中，使得欧洲不再是纯粹日耳曼人的欧洲。希特勒要的是"高贵的日耳曼人"统治下的欧洲。在希特勒看来，自由主义（自由资本主义）的欧洲是一个无序的欧洲，是一个极端个人主义的欧洲，这使欧洲的"永久和平"永远也不会实现；同时，他也反对俄苏共产主义的制度，认为俄苏共产主义是"比西方的自由资本主义制度更加腐败"的制度。所以，要使欧洲得到和平，"唯一的条件是欧洲完全地处于希特勒的治下"[2]。这种极端民族主义的思想虽然有其一定的历史文化渊源，但是客观地讲，也与当时欧洲乃至世界范围内的帝国主义之间的争夺大环境直接相关。第一次世界大战后，战胜国强加给了德国一个《凡尔赛条约》，割地、赔款以及其他的限制手段，确实也使得德国民族的自尊心受到了很大的伤害。应该说，希特勒正是利用了普通德国民众的这种心理，才得以成功地煽动起那种彻头彻尾的种族主义和民族复仇主义的。1933年，希特勒在德国掌权，开始了一系列德意志民族统治欧洲和全世界的计划和行动。希特勒一方面在西欧展开政治、经济和外交攻势，

①　Bernard Voyenne，1964，*Histoire de l'idée européenne*，Paris，p. 178.

②　Bernqrd Voyenne，1964，*Histoire de l'idée européenne*，Paris，p. 178.

利用西欧强国和美国之间的矛盾，从中渔利，同时积极反苏反共。这样，他重新武装德国的企图就得到了西欧各强国的默认；在经济和军事力量得到大幅度增强的基础上，德国开始实施"德意志的欧洲和世界"的计划，他首先对波兰展开外交活动，于1934年与波兰缔结了所谓《和平解决争端协定》，削弱了德国夙敌法国对波兰的影响，同时德国还在奥地利培养希特勒的代理人，让他们积极宣传奥地利与德国合作的必要性，并在德国境内训练"奥地利军团"，图谋使奥地利法西斯化。虽然此举由于意大利等国的反对未能得逞，但在意大利入侵埃塞俄比亚时，德国便采取支持的态度，缓和了两国在争夺中欧问题上的矛盾，特别是在武装干涉西班牙的过程中，德国和意大利密切合作，使弗朗哥法西斯势力在西班牙得逞，基本构成了西欧法西斯"轴心"，特别是德国和意大利这两个欧洲强国于1936年11月密谋构成"柏林—罗马轴心"，声称"罗马和柏林之间的垂直线……是轴心"，"欧洲各国可以围绕着这个轴心进行合作"。[①] 如前所述，希特勒少年时曾十分崇拜查里曼大帝，梦想着像他那样称霸欧洲，但是随后他发现查里曼是个叛徒，因为他杀害了许多萨克森人[②]，并且"将闪米特基督教[③]引入了条顿部落"[④]，使得高贵的日耳曼血统受到污染，所以他反对欧洲资产阶级的"自由资本主义思想"，因为这种源自启蒙主义思想"普世"观的制度将导致不利于优秀种族的发展，从而使世界的发展成为不可能。希特勒还反对共产党人各民族一律平等的主张，因为这种思想同样不利于"优秀民族"的发展。对于希特勒而言，"西方自由资本主义和莫斯科的共产主义一样地腐败"，在他看来，欧洲和世界只有让像日耳曼民族这样优秀的种族来统治，才能够保持生机勃勃的发展势头，永不腐败。"他有他的道理，可这是一种什么样的道理啊！"[⑤] 希特勒发动了第二次世界大战，"戈培尔每周都不停地重复一个论调：进行这场战争的意义就在于：为了欧洲。"[⑥]

---

① 法学教材编辑部：《国际关系史》（上册），武汉大学出版社1982年版，第436页。

② 萨克森人是于公元5—6世纪移居英格兰岛的日耳曼人。

③ 闪米特人指的是操希伯莱语、阿拉伯语等语言的犹太人和阿拉伯人及其他西亚和北非人，他们所信奉的犹太教本为基督教的源头。

④ Bernard Voyenne，1964，*Histoire de l'idée européenne*，Paris，p. 173.

⑤ Bernard Voyenne，1964，*Histoire de l'idée européenne*，Paris，p. 178.

⑥ Bernard Voyenne，1964，*Histoire de l'idée européenne*，Paris，p. 178.

四、"欧洲公民的欧洲"——现代欧洲一体化的曙光

第二次世界大战使许多欧洲人，特别是一些学者和政治家认识到，建立在"民族国家"之利益基础上的欧洲联合体，无论她的形式如何，都是不可能的。因为如果没有一种建立在所有公民、所有国家民族一律平等基础上的欧洲联盟，欧洲一体化就是一个空中楼阁或沙滩上的房舍，随时都会消失和倒塌的。所以早在 1940 年，英国首相丘吉尔便提出建议，"在共同公民性的基础上，英国和法国率先联合起来"[①] 推动欧洲联盟的建设。也因此此前许多形式的欧洲联盟形式受到质疑，人们认识到只停留在政府层面的而且基于争夺和博弈的各种"联盟"不可能达到真正意义上的欧洲一体化，"还在反法西斯抵抗运动和战争中，就已经出现了一些清醒的意识，这些意识孕育了一种思想：为了重建欧洲，需要欧洲各国的人民和各民族重归于好，建立起一个真正的共同体"[②]。

这些意识和思想在一些当时有远见的欧洲政要们的头脑中构成了具体的欧洲一体化建设措施。还在第二次世界大战正酣时期的 1943 年，时任在阿尔及利亚的"法国民族解放委员会"委员的法国著名经济学家和国际政治活动家让·莫奈先生就已经对于德国鲁尔地区的煤和法国洛林地区的铁矿资源提出了合作开发的设想，认为 20 世纪 30 年代一个欧洲社会主义思想影响下的杂志《新秩序》[③] 对解决 20 世纪 20—30 年代那场全球性经济危机提出的诸多建议是"可借鉴的"。

1934 年，德国法西斯出兵占领了捷克斯洛伐克，意大利入侵阿尔巴尼亚，威胁巴尔干半岛，法西斯的野心引起了欧洲特别是西欧国家的极大担忧。同年，英、法两国在伦敦达成协议：一旦两国中任何一国遭到入侵，都应在一定时期内提供援助。同时，西欧几大国政要受当时西欧国家中风起云涌般兴起的社会主义思想潮流的影响和出于国家利益的考虑，开始向社会主义的苏联示

[①] Bernard Voyenne，1964，*Histoire de l'idée européenne*，Paris，p. 179.

[②] Robert Toulemon，1999，*La Construction européenne*，Edition de Fallois，Paris，p. 15.

[③] 《新秩序》（L'Ordre nouveau）以法国"普鲁东派"哲学家为首主办的社会主义思想杂志。以此杂志为中心，形成了"新秩序学派"，并在法国尼斯建立了"欧洲建设国际中心"，与当时的"欧洲研究院"一起，成为欧洲一体化人才的培训基地。

好，认为社会主义的社会理想和国际关系理念有利于真正建立在自由、平等、博爱基础上的"国际大家庭"的建设。虽然他们中的一部分国家如英国仍然由于意识形态的原因多次拒绝和拖延响应苏联提出的联合互助，反对法西斯，建设一个民主自由的欧洲和世界的建议，仍然寄希望于与希特勒达成妥协来避免欧洲的战争，甚至在希特勒下令进攻波兰后（1939 年 4 月 3 日）仍然和德国展开秘密会谈（1939 年 5 月至 8 月底）：只要德国不干涉英帝国的事务，英国就"尊重"德国在东南欧和东欧的"利益范围"；英、德两国签订互不侵犯条约，裁减军备；英国放弃对波兰提供的保护，并且停止与苏联的谈判。此外，英国还将促使法国废止法国和苏联签订的互助条约。但是，在德国先后对苏、法、英宣战并取得十分辉煌的战果后，西欧各国才醒悟过来，意识到德国法西斯的危险性。法国的贝当政府向德国法西斯投降后，戴高乐将军第二天即飞往伦敦，宣布成立"法国民族解放委员会"，发表《告法国人民书》，统领英国领土上的法国武装部队和海外法国公民继续抵抗法西斯。在英国，丘吉尔改变了张伯伦的政策，不但主张英、法联合起来抗击德国法西斯的进攻，而且提出了一个令人惊讶的建议：英、法两国合并，成立单一的议会和政府，管辖两国的人口、军队、领土、资源①。虽然这个建议在当时一方面是为了"控制法国的海外殖民地和舰队，并阻止法国统治阶级和纳粹分子合作"②，但也有的欧洲史专家认为，这个"明显是圣西门主义的建议仍然有某种象征性的意义。它是一只伸向深渊救人的手，它提醒各国人民必须联合起来才能够生存"③。法国和英国虽然没有也不大可能组成"一个议会"和"一个政府"，但是联合起来抵抗法西斯，向一个"穷凶极恶的暴政进行战争"（丘吉尔语）的事实却出现了。"1943 年，温森特·丘吉尔先生于 1942 年，戴高乐将军于 1943 年在阿尔及利亚提及了同样的前景。"④ 戴高乐在他的《战争回忆录》中写道："我们要在政治上、经济上、战略上团结起来；所有莱茵河畔国家、阿尔卑斯山麓和比利牛斯山麓国家都要联合起来。"⑤ 在民间的反法西斯抵抗运动中，各国（包

---

① 法学教材编辑部：《国际关系史》（上册），武汉大学出版社 1982 年版，第 500 页。
② 法学教材编辑部：《国际关系史》（上册），武汉大学出版社 1982 年版，第 500 页。
③ Bernard Voyenne, 1964, *Histoire de l'idée européenne*, Paris, pp. 169-170.
④ Bernard Voyenne, 1964, *Histoire de l'idée européenne*, Paris, p. 180.
⑤ 转引自 Bernard Voyenne, 1964, *Histoire européenne*, Paris, p. 179。

248

括德国的反法西斯人士）不断地发出呼吁，号召欧洲各国人民不分国籍、种族和政治观点地联合起来，为建立一个欧洲"新秩序"而努力和斗争，引起了极大反响，仅仅在1944年，法国、丹麦、意大利、挪威、荷兰、波兰、捷克斯洛伐克、南斯拉夫和一个德国的反纳粹组织的代表先后五次（3月31日、4月29日、5月20日、7月6日和7日）在日内瓦秘密聚会，最终签订了一个联合声明，该联合声明登在战后出版的《明天的欧洲》上。这个声明已经不仅仅是一个"欧洲联盟的意向展示，而是一个具体的计划"①。"（该计划的签署者们）认为，他们所代表的民众的生活应该建立在对于个人、安全和社会正义的尊重之上，对于经济资源的利用应该有利于整个共同体……如果各国能够超越绝对的国家主权，加入到一个唯一的联邦组织中，这些目的就能够达到。"②

五、"诗人政治家"丘吉尔的欧洲观

第二次世界大战后的1946年9月19日，丘吉尔在苏黎世发表演讲，代表了欧洲大国的政要对这项"欧洲联盟"具体计划的支持，他说：

> 欧洲广大地区呈现出这样一片景象：许多痛苦的、饥饿的、呜咽的、不幸的人们生活在他们的城市和房屋的废墟中，他们将目睹使天空昏暗，面临新的危险的乌云，专制和恐怖再一次聚集……这个补救办法是什么呢？它在于在可能的范围内重建欧洲家庭，然后要培养它，以便它可以在和平、安全和自由中发展。我们需要建立一个欧洲的合众国。只有这样，几亿人才会有允许自己充满欢乐和希望的可能，这些欢乐和希望使人们值得活下去。我们可以用非常简单的办法达到这个目的。为了获得上帝的恩惠而不是厄运，只需这几亿男女下决心行善而非作恶……我们所有的人应该背向过去的恐怖，放眼未来。我们不应在未来的日子里继续怀有仇恨和复仇的欲望，就像以前它们来自过去的不公平。如果我们想使欧洲免于无法形容的悲惨，在欧洲家庭中就应该被信义所取代，并且忘记过去所有的

① 转引自 Bernard Voyenne,1964,*Histoire de l'idée européenne*,Paris,p. 181。
② 转引自 Bernard Voyenne,1964,*Histoire de l'idée européenne*,Paris,p. 181。

傻事和罪行……如果我们真诚地出色地完成建造欧洲合众国这一任务，他们的结构应这样设计，即每个国家的物质力量只起次要作用。每个小国同大国一样受到重视，并且通过交纳公共事业的分担额来确保自己受尊重。从前的国家和德意志公国，通过相互协定，在联邦体制下联合起来，可能在欧洲合众国这一行列中占据自己的位置。这几亿人想幸福地生活，不愁衣食，不受危险侵袭，希望享受伟大的罗斯福总统所谈的四个自由，要求按照大西洋宪章的原则生活。我不想试图为这几亿人制定具体计划。如果这是他们的愿望，只需说出来，我们将一定找到充分满足这个心愿的办法。①

丘吉尔不但是现代欧洲的一位伟大的政治家，而且还是一位相当著名的诗人，"也是难得的大作家"（1953年温士敦·丘吉尔获诺贝尔文学奖颁奖词）。"丘吉尔的政治和文学成就太大了，我们忍不住要将他刻画成拥有西塞罗文才的凯撒大帝。以前从来没有一个历史领袖人物两样兼有又这么杰出，跟我们如此接近……作家丘吉尔背后蕴藏的是雄辩家丘吉尔——所以他的措辞轻快而又尖刻，有着以言词穿透史实风暴的才华……丘吉尔成熟的演说在目标方面敏捷无误，内容壮观又动人，有一种创造历史环节的威力。拿破仑的碑铭体宣言往往很有效，可是丘吉尔在自由和人性尊严的关键时刻滔滔不绝的演说，却有另一种动人心魄的效果"②。如果说瑞典皇家学院院士 S. 席瓦兹给丘吉尔的诺贝尔文学奖颁奖词中文学褒奖多于政治肯定的话，那么丘吉尔在《致答词》（他因政务繁忙未能出席颁奖仪式，委托其夫人代为受奖）的自我评价中却着重强调他对人类前途的思考和憧憬，在例行的客套语之后，他立刻写道："自从1896年阿菲烈·诺贝尔去世后，我们进入了暴风雨和悲剧的时代。人类的力量在每一领域都增强了，唯独自我统驭的力量没有成长。人的活动领域似乎从未发生如此阻碍人格的事端。历史上野蛮的事实很少这样主宰思想，而普及的个人优点难得只找到这么模糊的集体聚焦。我们面对一个可怕的疑问：我们的难题是否已非我们所能控制？我们要经历的时期确实有此可能。但愿我们谦卑自抑，寻求和平与宽恕。"紧接着，丘吉尔写道："我们欧洲和西方世界的人们

---

① 于硕主编：《欧罗巴并不遥远》，中国戏剧出版社2007年版，第270页。
② 引自《诺贝尔文学奖全集》（卷7），广西人民出版社1988年版，第235页。

曾策划健康和社会保险制度，惊叹医药和科学的成功，志在追求全人类的正义和自由……我们先前在'国际联盟'如今在'联合国'企图建立人类渴望已久的和平基础……北欧半岛的三个国家不必牺牲主权就能在思想上、经济策略和健康的生活方式上团结成一体。诗人遥望那边，满怀憧憬，也满怀着安慰。由此源泉也会有光明的新希望流向全世界！"①

如前所述，19世纪末20世纪上半叶，欧洲社会主义的思潮十分活跃。1939年，《纽约时报》一位驻热那亚记者出版了一部题为《现在就联合》的著作，呼吁建立一个包括美国、英国及其领地，还有当时欧洲尚未沦为法西斯占领地的东欧国家在内的"北大西洋民主国家联盟"。这个联盟的出发点主要在于对抗欧洲和世界的法西斯势力（"这总共15个国家合在一起将有360万吨海军军备，而德、意、日三国只有180万吨"②），欧洲的现代欧洲一体化思想家和政治家中，英国政治家受这本书的影响最深，但其中不少人仍然是站在日不落帝国的利益上考虑问题的；而像丘吉尔这样作为英国首相的"诗人政治家"的欧洲联盟思想中，虽必然带着政治和经济利益的考虑，但他也清楚地看到，由于第二次世界大战的破坏，欧洲国家所处的现实状况已经发生了很大的变化。一方面，第二次世界大战使欧洲人看到，过去各国，以及被德、意法西斯推向极端的民族主义情绪实际上是一种自我毁灭的情绪；想要真正改变现状，只有与其他民族（国家）联合起来，共同面对挑战，才能够获得共同的发展；对于欧洲而言，许多如丘吉尔这样的有识之士看到，欧洲昔日的辉煌已成明日黄花，特别是第二次世界大战结束时，美国军队在欧洲（西欧）的易北河与共产主义的苏联（虽然前苏联有相当的领土处于欧洲，但传统的欧洲学界笔下的欧洲往往仅指西欧）军队会合。这深深地刺痛了高傲的欧洲人，因为"这种相会意味着欧洲的隐退和消失，它已经不像两次大战之间那样衰败，而是彻底地土崩瓦解了"③。所以英国工党领袖艾德礼在讲到该党的和平目标时说："欧洲必须结成联邦，否则就要灭亡。"④ 而丘吉尔作为当时的英国首相，除了从人

---

① 引自《诺贝尔文学奖全集》（卷7），广西人民出版社1988年版，第235—236页。译文略有修改。

② 刘凯、李绍鹏、李文凯、孙波涛等：《欧罗巴变奏》，中国人民大学出版社1997年版，第74页。

③ 刘凯、李绍鹏、李文凯、孙波涛等：《欧罗巴变奏》，中国人民大学出版社1997年版，第75页。

④ 转引自刘凯、李绍鹏、李文凯、孙波涛等：《欧罗巴变奏》，中国人民大学出版社1997年版，第75页。

类共同的自由、平等、博爱的理想基础上来谈论欧洲联盟外，也认为建立"欧洲合众国"是为了"再造欧洲的辉煌"。正是由于上述两种思想的驱使，还在作为英国保守党反对派领袖时，丘吉尔就反对当时的英国首相张伯伦的晋绥政策，主张真正联合法国等以往的"世仇"民族对抗法西斯德国的毁灭人性的暴行。第二次世界大战胜利后，作为英国首相的丘吉尔对其支持欧洲一体化的主张进行了更加有力地宣传。1946年9月19日，丘吉尔在苏黎世那场著名的演讲中说："如果所有欧洲国家能联合起来，他们的三四亿居民就会通过一个共同遗产带来的成果而获得任何界限、任何边境都无法限制的繁荣昌盛、灿烂辉煌和幸福的生活。欧洲大家庭或起码是大家庭中的绝大部分成员都应该弃旧图新，重新建立起他们之间的联系，以便自己能在和平、安定和自由中得到发展。"① 丘吉尔这个颇具诗意然而又很有现实意义的建议得到了许多欧洲社会主义者和各国学者政要的响应。1947年12月，一个名为"欧洲统一运动国际协调委员会"成立，并于1948年5月在海牙召开了一系列全体委员会，这次会议聚集了欧洲主张欧洲统一的各界著名人士800余人，时任教皇皮厄十二世也派了"私人专使"出席会议，虽然教皇事后作了一个声明，说"并不是想让教廷参与这种纯粹的尘世活动……但教廷对欧洲百姓的团结表示关切"②。这次全会提议并批准了三个欧洲委员会：（1）政治委员会；（2）经济委员会；（3）文化委员会。

六、"煤钢共同体"——当代欧洲一体化的摇篮

第二次世界大战结束后，丘吉尔十分珍惜的欧洲三四亿人"共同遗产"作用的理念在新的起点上被欧洲众多思想家和政要重新"启动"。1947年5月，美国人提出了著名的"马歇尔计划"，试图在美国的帮助（领导）下，开始制定和实施一个包括苏联在内的"全欧洲的"、"史无前例的振兴计划"③；可是这个计划虽然对一些"社会主义的"东欧国家产生了相当大的诱惑力，但是却

---

① 转引自刘凯、李绍鹏、李文凯、孙波涛等：《欧罗巴变奏》，中国人民大学出版社1997年版，第75页。

② Bernard Voyenne,1964,*Histoire de l'idée européenne*,Paris,p. 188.

③ Bernard Voyenne,1964,*Histoire de l'idée européenne*,Paris,p. 184.

遭到了作为东欧社会主义国家之首的苏联的抵制，所以最后参与这个计划的国家便大部分都是传统意义上的西欧"势力范围"内的 15 个国家，就是说，只有法国、英国、比利时、卢森堡、意大利、荷兰、奥地利、瑞士、希腊、土耳其、葡萄牙、丹麦、挪威、瑞典、苏格兰和爱尔兰决定接受"马歇尔计划"，建立一个"欧洲经济合作委员会"。1948 年 4 月，这 15 个国家加上西德，又成立了"欧洲经济合作组织"，其任务就是在实施"马歇尔计划"过程中，协调各成员国之间的经济合作事宜。根据法国欧洲史学者 Bernard Voyenne 的观点，欧洲十余国联合组成的"欧洲合作组织"表面上是为了更好地落实"马歇尔计划"，但是实际上，欧洲人，特别是像法国这样的欧洲历史上的强国在第二次世界大战后遭到英美苏的冷遇，比其他国家更能看清主宰联合国的美国控制欧洲的目的，所以戴高乐将军虽然对于德国怀着极深的仇恨，但是他也深知，若要振兴法国，重现法国昔日雄风，欧洲联盟是一个必不可少的平台；而要建立一个强大的欧洲，没有德国的参与是不可想象的，况且英国在第二次世界大战后与美国人走得越来越近，以至于戴高乐对英国加入欧洲联盟抱着保留甚至反对的态度。德国的情形就完全不同了，德国投降后，受投降条约的约束，在政治上和军事上是不可能与法国对抗或超过法国的，但它的经济潜力和科技实力却是法国赖以成为世界上有影响大国的重要借用力量。除了法国和德国组成"轴心"的重要性之外，其余欧洲各国之间的协调也十分重要，这种协调中的文化因素，也就是丘吉尔所说的欧洲的"共同传统"的重要性就十分明显地表现出来。1947 年 12 月，一个"欧洲统一运动国际协调委员会"（Comité international de coordination des Mouvements pour l'Unité européenne）就应运而生了。1948 年 5 月，这个委员会在海牙举行了"一系列"全体会议，欧洲各国有 800 名（一说 750 余名①）各界人士与会；我们在前面就曾提及，时任梵蒂冈教皇的皮厄十二世派出"私人专使"出席会议，带去了教皇对欧洲一体化的意见，教皇在稍后对此做出说明："教廷并不是想介入纯粹尘世间的事务……但是教廷对欧洲百姓的团结十分关注"。"欧洲统一运动国际协调委员会"结束时，提出并批准了三个专门委员会的建立，即上面提到过的：（1）政治委员会；（2）经济委员会；（3）文化委员会。除了政治委员会和经济委员会的一系列行

---

① Robert Toulemon，1994，*La Construction européenne*，Edition de Fallois，Paris，p. 17.

动以外,文化委员会决定在欧洲建立一个"欧洲文化中心",对欧洲的"共同遗产"(文化)进行整理、发掘、传播,以及对欧洲共同的文化精神在其一体化中的影响和作用进行研究。

七、"基督教民主国际"与欧洲一体化

"欧洲煤钢共同体"主席阿尔希德·德·嘎斯佩里(Alcide De Gasperi, 1881—1954 年)于 1954 年去世,罗马教皇的悼词中称"欧洲煤钢共同体"这个终于得以实现的"欧洲之梦"是"本世纪基督教民主政治的一个贡献"①。值得指出的是,阿尔希德·德·嘎斯佩里先生在当任"欧洲煤钢共体"主席的同时,还是基督教民主国际(L'internationale démocrate-chrétienne)领导人之一,他有一种坚定的信念,这就是"在欧洲一体化中引入'新基督性'的理念,使之产生历史性的价值"②。强调在欧洲建设中不能忽视基督精神这个"意识形态的团结",认为这种因素"解释了五十年代欧洲和平建设为何得到突破性进展"③。

第二次世界大战期间,欧洲各地的基督教民主党人由于其反法西斯立场而被迫害,许多人不得不在欧洲各国流浪避祸,因此反而促进了相互交流与沟通。更重要的是,这种"大流通"使得他们能够"为对付同一种意识形态敌人而制定计划"。这个计划的结果就是"基督教民主国际"。第二次世界大战结束后的 1947 年,在比利时前首相保罗·冯·泽朗德(Paul Van Zeeland)主持下,来自 12 个国家的 80 余位代表(其中许多代表为其所在国的政要)在比利时北部的里埃日(Liège)举行了"基督教民主国际"(该组织的正式名称为"新国际组织",副标题才为"基督教民主国际",但后世人们大多使用副标题称呼该组织)的成立大会,该组织的章程规定:"基督教民主国际的目的是在欧洲国家间建立定期联系,以基督教民主的原则精神来研究各自国家的形势,寻求实现国际间的和谐。"④ 1948 年,"基督教民主国际"成立了几个委员会,

---

① 阿尔希德·德·嘎斯佩里,意大利政治活动家,本是奥地利议员,1921 年因积极捍卫意大利少数族群的权利而被授予意大利公民资格,并成为"人民党"主席,他曾因反法西斯而被意大利法西斯投进监狱;1945 年至 1954 年,他先后担任基督教民主党领袖之一、意大利外交部长,并与让·莫内、舒曼等人一起促成了"欧洲煤钢共同体"的建立并任该共同体主席,直至 1954 年去世。

② Bernard Bruneteau,1996,*Histoire de l'unification européenne*,Armand colin,Paris. p. 58.

③ Bernard Bruneteau,1996,*Histoire de l'unification européenne*,Armand colin,Paris. p. 58.

④ 转引自 Bernard Bruneteau,1996,*Histoire de l'unification européenne*,Armand Colin,Paris,p. 58.

即：（1）文化委员会；（2）经济委员会；（3）社会委员会；（4）东、西方关系委员会；（5）欧洲理念宣讲与致力于欧洲统一的基督教民主行动协调委员会。

这些委员会在当代欧洲一体化建设中起着很大的文化影响作用。受其影响，以基督教和基督教文化的观点研究和讨论欧洲社会政治、经济文化的好几种报刊杂志出现了，其中以法国人出版的报纸《欧洲的觉醒》最为著名。它"使基督教民主运动关于当代问题的立场得到转播……使得各国的基督教民主党政府的主张得到宣传"①。1965 年，"基督教民主国际"改名为"基督教民主欧洲联盟"（Union européenne démocrate-chrétienne），进一步突出了该组织的"欧洲性"。该组织举行的诸多对欧洲一体化进程有着重要的推动意义的全体会议中，最重要的被认为是 1956 年在卢森堡举行的第十届"基督教民主国际全体会议"，这次全会讨论的主题和决议极大地推动和发展了法国和德国之间的"融冰对话"。实际上，这种讨论从十年前的 1947 年就已经开始了，它们"有着不可无忽视的重要性。因为正是在这些讨论和对话中，法、德之间的接近的主题，或者说欧洲合作的形式才逐渐地清晰起来"②。可以说，欧洲人并非"似乎是在突然间想起了基督教"③，基督教文化传统作为欧洲文明重要的传承纽带，一直都在某种程度上以也许往往是看不见的形式在影响着欧洲人的思想和行动。对于从 19 世纪下半叶开始到 20 世纪中叶将近一个世纪的时间里，欧洲人似乎由于民族主义和社会达尔文主义的"蛊惑"而忘记了早在基督教精神中就包含着的自由、平等、博爱的伟大精神。但是，这个相对历史长河来说十分短暂的但却惨痛的教训使欧洲人感到（如上所述，其实基督精神从来就没有从欧洲人的精神中完全消失过）"这个'拯救他们灵魂'的法宝看来也要用来解救他们的现实生活了……他们以基督教教义中的'十戒'为根据和启示，提出了一条'辅助原则'，作为处理欧盟活动与成员国行动之间的准则"④。而我们更看到，在被看做是当代欧洲一体化进程中从"共同体"向"联盟"转变的重要步伐的《马斯特里赫特条约》里，基督教文化中所憧憬的那个"大同"的天国景象隐约可见："《马斯特里赫特条约》创造了欧洲同盟

---

① 转引自 Bernard Bruneteau，1996，*Histoire de l'unification européenne*，Armand Colin，Paris，p. 58。

② 转引自 Bernard Bruneteau，1996，*Histoire de l'unification européenne*，Armand Colin，Paris，p. 59。

③ 刘凯、李绍鹏、李文凯、孙波涛等：《欧罗巴变奏》，中国人民大学出版社 1997 年版，第 88 页。

④ 刘凯、李绍鹏、李文凯、孙波涛等：《欧罗巴变奏》，中国人民大学出版社 1997 年版，第 88 页。

（EU），替代原来的欧共体（EC）……欧盟的成立使欧洲议会的作用随之增加，和欧洲首脑会议一道，成为有效的决策者。欧洲各国在教育、环境、健康、文化方面的合作日渐增强。"① 在此基础上，欧洲联盟的各种法律法规应运而生，直至 2003 年在法国前总统吉斯卡尔·德斯坦的推动下起草的《欧盟宪法条约草案》的核心，即欧洲联盟共同的基本价值观、人性尊严、自由、平等、欧洲公民权及无歧视原则、司法权及宪法解释权等，也可以说是在欧洲基督教文化传统基础上的某种现代表达和演变。欧洲思想史学家杰弗·冯·捷尔文先生在其主编的《基督徒思考欧洲》（Des chrétiens pensent l'Europe，1997 年，巴黎工人出版社）一书中引用了英国诗人和文学批评家 T. S. 艾略特在德国所作的题为"欧洲文化的统一性"中的话。艾略特说："欧洲法律全都可以在基督教中找到其根源……我们所有的思想都是在基督教的背景下才显示出意义。"② 虽然艾略特的话也许有些极端，但是，我们确实可以说，欧洲文化的发展与基督教有着很深的联系。从政治、经济、社会到欧洲人的思想行为方式，基督教的影响都是显而易见的。与艾略特的演讲将呼应，法国财政部长和司法部长，欧洲共同体第一个当代的现实计划"莫内计划"的实际执行者罗贝尔·舒曼也认为基督教在欧洲未来的建设中是"必不可少的"，他在《为了欧洲》一书中写道："我的结论和亨利·本格森一样，这就是：民主的本质与福音是一致的，因为他们都是以爱作为动因。民主或者基督，或者什么都不是。一种反基督的民主将是一种漫画般的民主，它将或者沦为专制，或者陷入无政府主义。"③ 虽然从 20 世纪六七十年代以来④，许多人，特别是一些现代主义和后现代主义者认为"上帝真的死了"，传统的道德价值观在当今社会已经没有任何存在的理由，但是如前所述，在欧洲思想界仍然有不少人士认为"我们仍然应该将这个微妙的问题提出来，即：我们需要知道基督教是否还能在欧洲的今天和未来建设中有所贡献"⑤。

---

① 约翰·史蒂文森：《欧洲史》（1849—2002），董晓黎译，中国友谊出版公司 2007 年版，第 562 页。

② 转引自 Jef Van Gerwen，1997，*Des chrétiens pensent l'Europe*，Les Editions des Ouvriers，Paris，p. 63。

③ Jef Van Gerwen，1997，*Des chrétiens pensent l'Europe*，Les Editions des Ouvriers，Paris，p. 64.

④ 欧洲，特别是在法国 1968 年的"五月风暴"这个"与传统彻底决裂的思想文化运动"之后，许多欧洲人开始思考这样一个问题：我们是否仍然需要以绝对价值的名义（上帝的名义）来考虑个体的问题或者集体的问题。

⑤ Jef Van Gerwen，1997，*Des chrétiens pensent l'Europe*，Les Editions des Ouvriers，Paris，p. 64.

第十一章　欧洲宪政——"一"与"多"的悖论

一、民权与欧洲宪政

从 2005 年法国和荷兰全民公决否定《欧盟宪法条约草案》，我们可以看到，从古希腊、古罗马直至今天的欧洲一体化进程中，思想家和政治家们头脑中的欧洲一体化和使整个欧洲人民主自由的政治权力和经济权力的一体化之间还有很大的差距。法国和荷兰人民先后以 55％和 65％的反对票否决了《欧盟宪法条约草案》，迫使欧盟首脑会议决定延长该宪法条约的批准年限。通过这一场普遍被认为是欧盟建立以来最严重的一次危机，人们看到在欧洲一体化进程中，最重要问题之一就是建立一个松散自由的，主要在经济领域中互利互惠的"邦联"，还是建立一个政治实体性质的"联邦"的分歧问题。这两种欧洲政体的选择，实际上是造成欧洲在很多问题上达不成一致的主要原因，也导致无论对外还是对内都难以达到"欧洲一体"的目的，欧洲各国仍然我行我素。如英国就仍然坚持不加入欧洲货币一体化体系，使得本来可以在与美元竞争中取得更大成功的欧元强劲势头打了一定的折扣。在政治方面更是如此，早在《欧盟宪法条约草案》进入批准程序之前，约瑟夫·维勒先生在其关于欧洲政治的著名论文集《欧洲宪政》一书中就认为，生活在欧洲联盟的人们虽然由于共同体而获得了法律赋予的更大权利，但是他们作为公民的地位却相应的被削弱了。从欧盟宪法条约的批准程序中各欧盟成员国采用的不同形式也可以看出，欧洲还远非是一个如霍布斯所设想的那种具有政治实体功能的"联邦"；而且，当代欧洲联盟的设计者们在某种程度上和霍布斯一样，一方面要在全体

257

欧洲公民认同的基础上建立一个统一的欧洲，也就是说建立一个民主的欧洲，但同时又要以一种统一的法律来规范所有欧洲公民的政治、经济、文化等各方面的行为，还要规范各成员国政府的各种行为。欧盟宪法一旦被批准生效，就意味着它的"至高无上"。虽然当代欧盟宪法条约并不等同于霍布斯的君主立宪理念设想的那样，但是它仍然使约瑟夫·维勒先生《欧洲宪政》一书中的担忧显得不无道理：生活在欧洲联盟的人们虽然由于共同体而获得了法律赋予的更大权利，但是他们作为公民个体的地位却相应的有所下降，最为本质的公民地位或利益被削弱："较之国家公民权利，欧洲公民的权利更少，欧洲公民的权利必须扩大并加强其影响力。欧洲已经发展到了一个十字路口，它必须决定要走哪条路——一条是继续通向欧洲意识的道路，另一条是转换到一种简单贸易、互惠互谅的欧洲空间……欧盟的扩大，使得管理的形势更加复杂，制度的选择更加紧迫。国家认同的演变、排他性权限的减少会使事情变得更为简单。但是如何达成欧洲认同与国家认同之间的新的平衡，还有漫长的道路要走。"①就是说，欧盟"治理"机构与个成员国之间、欧盟整体与"欧洲公民"之间，都还有许多问题和矛盾需要解决。

首先，在政治上会出现社会成员转让自由权时强调转让契约的至高无上性和接受转让者（君主）"将自己置于神性保护下的"矛盾。这种现象其实从霍布斯开始，直到今天的欧盟，几乎都在争论这个问题。首先，霍布斯认为，单独的个人的贪婪在自然的状态中是软弱无力的，所以他才自愿地将自由的行动（为了贪欲的）的权利转让给一个强有力的人，有这个强有力的人集中所有人的贪欲和自由行动的权利，这个强有力的"利维坦"能够整合该整体中的所有力量，构成一种至高无上的权利；但与此同时，每一个转让者之所以愿意将自己自由行动的权利转让给"利维坦"，是因为利维坦承诺保护他（每个个人）的权利，而这每个个人的权利由于是天生的，所以也是至高无上的，只不过他把它委托给了利维坦而已；这样一来就会出现一个悖论：究竟谁的权利才是至高无上的呢？很明显，如果每个个人都以自己的那一份欲望最为至高无上的欲望，那么利维坦又怎样能成为至高无上的呢？如果利维坦是至高无上的，那么

---

① 刘树才：《"公民社会与欧洲建设"——第四届中法历史文化研讨班综述》，载《欧洲研究》2008年第1期，第152—153页。

每一个个人的权利又怎么可能都是至高无上的呢？实际上，每一分子都重要，那不就等于每一分子都不那么重要了吗？但是，如果像霍布斯说的那样，绝对权力的"制造者"（君主）能够制造权力，以保持其至高无上性，这就有可能走向"君权神授"封建专制或独裁的合法化，也就根本谈不上保护其"臣民"的根本权利了。所以皮埃尔·莫内先生在《自由主义思想文化史》一书中认为，霍布斯学说的基本命题是服从，霍布斯认为，每个个人的良知告诉他自己需要服从。但是我们也看到，在实在太多的历史事实中，正是许多个人的良知告诉人们：不能服从，因为"利维坦"代表的不是他们的至高无上的欲望（权利）。在当今欧洲一体化过程中，就一直存在着这样两种不同的统一观。在法国等国中，由于受卢梭天赋人权、天赋自由、权利让渡、让渡违约罢免（不遵守契约，损害公民利益时）设想（相当于现代民主政治制度中的所谓官员失职追究制度）等方面的制约理论的影响，无论是国家政府领导人还是一般公民，在这个问题上往往往站在"民权"一边，多强调权利让渡者个人（或个别的具体权利）之神圣性。这种理念在以法国为首的一些欧盟成员国中是由来已久的：例如，从法国天主教和罗马教廷之间的关系中便可窥其一斑。历史上的法国虽然也不得不承认罗马教廷的"至高无上性"，但是无论是法国的宗教政权还是王权，都无时无刻不在试图把基督教的最高权力掌握在自己手中，在法国历史上出现的几个强有力的国王，都曾与法国的宗教政权联合起来，几度将基督教教廷迁到法国境内，使教廷成为法国向外发展霸权的工具。无论是法国中世纪的查理曼大帝、后来的亨利四世、还是法国大革命时期的革命者这样的以"自由、平等、博爱"为奋斗目标但实际上十分注重法国国家主权和法国民族利益的政治力量，也都往往被认为是在进行某种人类公正联盟的尝试。我们至少可以说，他们的种种"人类公正联盟"的尝试，往往都能够在人类的"公正联盟"（社会契约意义上的）的理念中找到其理论依据。但是实际上，许多像拿破仑这样的以推广"自由、平等、博爱"为己任（虽然实际上是一个借口）的欧洲大国领导人，其最终目标也多是强调个别国家的"权力"（如法兰西民族的至高无上，或德意志民族的至高无上），而并非在大革命时期宣称的那种颇具普世思想的所谓"自由、平等、博爱"的"共和"（全人类平等、自由、和平地共同发展），他们甚至也能成功地将罗马教皇这个基督教大联盟的盟主利用来为自己或法国的"民族国家主权"服务。在现代，戴高乐将军之所以不断地、坚决地和美国为首的军事联盟"北大西洋公约组织"对抗,英国的丘吉尔之所以在罗斯福和戴高乐的角斗中明里暗里地站在戴高乐一边,其内在的原因也不外就是强调相对于整个西方世界"联盟"中的欧洲的"个别"权利。与此同时我们也可以看到,当这样一些"个别"权利成为具有支配地位的"强权"时,他们便开始强调强权的"至高无上性":拿破仑称帝、欧盟立宪、联合国"制裁"甚至"维和"(有时其实就是以武力限制"个别"(民族国家主权)的自由或权利)。而之所以需要"维和",就正是因为有一些"个别"的力量始终在坚持他们的个别性。所以我们认为,这种个别与一般、特殊性与普适性之间的矛盾,无论是在世界上各种较为激烈的冲突中,还是在欧盟这样的联盟中,都会在相当长的历史阶段中继续存在。"世界共和国",甚至欧洲"共和"这样的已经开始向现实迈步的理想,也将在相当长的时期中停留在理想与现实间僵持的阶段。

当代欧盟最早的联合形式"德法煤钢协定"的主要目的是在经济领域的一种合作,但无疑都是希望通过联合的方式使各自国家的利益最大化,一旦超出了这个目标,所谓联盟就往往会遭到失败。1951年签署的《建立欧洲煤钢共同体的巴黎条约》(CECA)从1952年开始生效,有效期50年。这个条约制定了煤钢共同市场的共同规则,而且成立了一个独立于各成员国政府的委员会来进行共同市场的管理。这个似乎"超国家"的机构通过一段时间的运作,效果也还不错,可是不久便遭到荷兰、比利时和卢森堡的抗议,认为在这样一个"超国家"机构对他们的各自的国家主权构成损害,所以只好又建立了一个由各国的政府代表组成的特别委员会,一个由各国议会派代表组成的跨国议会和一个"共同法院",以便保证各成员国的政治理念、经济利益得到"公正的"保障。于是,这种建立在经济利益基础上的联盟开始向着政治联盟的道路上逐步前进,所以当美苏("东"、"西")冷战开始,特别是朝鲜战争的爆发,"共产主义的威胁"(东欧不少国家也是共产主义国家)使得欧洲(西欧)国家感到需要重新武装德国以便对抗东欧共产主义国家(德国东部也一度成了一个共产党国家),提出了所谓"普莱文计划",也就是准备建立一支欧洲(西欧)军队,构成"欧洲防卫共同体"(CED)。这个举动表明,虽然只要有一定的条件或者出于某种需要(特别是意识形态的和经济利益的需要),欧洲一体化中的政治一体化,进而建立一个实质性统一的政府的思想就会冒出来。但是与此同时，各个成员国担心自己的国家主权受到损害的担心却又时时提醒人们不能建立类似"欧洲政府"这样的欧洲一体化"政权"。我们看到，1954 年 8 月，当根据《欧洲煤钢共同体条约》思路的部分联邦制和超国家行政机构的技术设计提出了建立一支包括德国军队在内的，由欧洲共同体统一指挥的欧洲军队时，法国国民议会就拒绝批准这个计划（条约），"从而爆发了欧洲建设的第一次大危机。同样，欧洲防卫共同体的失败导致了欧洲煤钢共同体特别大会于 1953 年 3 月 10 日提议建立政治共同体方案审查的失败。这种情势除了对法兰西第四共和国的政治产生直接影响外，还导致了持久的分裂。这种分裂直到批准《马斯特里赫特条约》时仍然阴影不散，并且导致了很长一段时间里对于外交政策和安全领域一体化的问题搁置不提"①。所以虽然经过几十年的努力，欧洲终于又有了一部《欧盟宪法条约草案》，但是如前所述，它也在欧洲许多国家特别是民间受到了许多质疑，法国和荷兰就以全民公决的形式否决了这个宪法草案。

在传统的所谓新古典主义经济学的标准假设中，商业的交易活动一般都被看做是无摩擦、无成本的经济活动，认为市场中的交易活动可以只是一种单纯的价格机制的操作，市场经济似乎真的就只是单纯的价格机制，甚至连包括政府机构在内的一切保证社会机器运转的一切社会肌体，只要有了市场这只"看不见的手"，就都可以毫无成本地利用价格机制。但是实际上，随着另一种相对比较新的所谓交易成本经济学的出现和普及化，人们开始认识到，上述的所谓新古典主义经济学是一种不切实际的，过于极端化的经济理念，在实际的经济社会运作中是行不通的。所以必须要弄清经济社会活动中交易和组织之间的相互关系。这是很重要的。1934 年，美国制度学派的著名经济学家约翰·康芒斯出版了《制度经济学》一书，强调制度环境对于经济运转的重要作用。这种经济学说认为制度可以在制度性的大环境中，为个体的人谋得更多的利益，因为比起个人参与"外部"的竞争来，显然具有更大的优势。但是与此同时，我们也看到，这种理念中也隐约有些霍布斯政治理论中的君臣利益一致论的影子，也有可能对欧盟的一体化设计理念产生过一些影响。我们看到，如果说这

① 德尼·西蒙：《欧盟法律体系》，王玉芳、李滨、赵海峰译，北京大学出版社 2007 年版，第 3—4 页。

种"集体主义"对欧盟宪法有某种影响的话，那么作为欧洲联盟整个社会行为（政治、经济、文化等）准则的欧盟宪法一旦被批准实行，就必然会产生更多的有利于一体化的、强调或体现联盟整体利益与各成员国利益一致性的法规法律。这样，虽然可以用这种"关系性缔约"来使得国家间的经济关系更加"有序"，但这种有序同时又可能如一些反对欧盟宪法的人士所认为的那样，这种秩序或法规将会在"有序"的同时起着一种类似平均主义机制的作用，久而久之，也可能会对联盟内的成员国之间以及欧盟范围内的公民与公民的工作热情产生影响，这将在实际上对联盟各种元素之间的"公平"、"公正"原则造成损害。

按照一些欧洲人对于欧盟的理解，这个联盟应该是一种较为松散的"邦联"，而不是如霍布斯设想的那种"君主立宪"般的政治体制；在这部分人看来，任何社会秩序都应该像卢梭的社会契约论中指出的那样，应该是自然的秩序，自然的秩序应该是自由的秩序，因此理想的自由的是自然的。这种"民族国家"内的自由观其实与"欧洲合众国"般的欧盟体制（《欧盟宪法》应该被看做向这个方向迈进的一大步）是不协调的，有冲突的。因为民族国家间的松散联盟所主张的"自由"是一种民族国家内部那样的自由，一般而言，这种自由对内是开放的，对外则是闭合的。实事求是地说，这种思想虽然有其"狭隘性"，但在实际的国际社会生活中却是一个实实在在的现实：和世界上许多国家为维护自己国家的利益而与联合国及其他国际社会不断发生矛盾一样，欧盟各成员国之间也不可避免的会有诸多矛盾和冲突。如《欧盟宪法条约》这样的企图减缓或消灭这种矛盾和冲突的措施往往会遭到激烈的抵抗，2005 年法国和荷兰公投否决《欧盟宪法条约草案》就是一个很明显的例子。法国人不但从政治、文化等方面认为维持现状是符合他们的自由标准的，而且在经济利益上更加担心自身的利益受到"大欧洲"统一制度的影响，特别是东欧一些比较贫困国家入盟后，无疑就会导致劳动力增多，欧洲"老成员国"公民的收入减少，社会福利被迫降低等问题的出现：例如，现在法国失业率已经高达 10%，如果再有更多的东欧劳动力进入法国就业，岂不是要抢去更多的法国人的饭碗？如果法国经济受到发展水平较低的东欧国家的拖累，钱包可能就不太鼓了，那么法国人自己的现有的种种自由，包括政治自由和文化自由等，就会因为经济上的自由受到影响而或间接或直接，或多或少地受到影响。

由此我们也可以看到，虽然《欧盟宪法条约草案》与霍布斯的君主立宪论般的欧洲联合体专制设想有着根本的区别，但是由于卢梭社会契约论思想在法国乃至整个欧洲的广泛深远的影响，人们对于欧盟宪法这种总体上有利于整个欧洲，但是在个别问题上，特别是对于个别的国家或人群却不一定有利甚至有害的体制形式，就有可能产生抵制的或敌对的行为。欧盟宪法的施行虽然对整个欧洲来说，应该说是有利的，但是对于个别有可能由于欧盟宪法的实施受到各种损害的国家或人群，产生或理性或非理性的对抗和抵制情绪或行动，这也是很正常的。所以实际上，欧洲联合体从一开始就存在着的这种两难抉择就在《欧盟宪法条约草案》付诸表决以便得到实施时又一次暴露出来。

如前所述，自古罗马帝国时代，到中世纪的所谓神圣日耳曼罗马帝国，一直到今天的欧盟宪法的制定，都有两种不同的联盟观念：霍布斯的大欧洲君主立宪式的统一的政治体制设想和卢梭社会契约论思想指导下的欧洲联盟设想之间的分歧。后世更有许多专家学者，特别是政治家们或法学专家们对当代欧盟宪法的不同解释，更加说明了欧洲一体化过程中无时不在的历史文化背景的巨大影响。

以美国普林斯顿大学欧盟项目主任安德鲁·莫劳夫奇克（Andrew Moravcsik）为首的一体化理论专家认为，欧洲一体化理论和实践的本质，特别是欧盟宪法的本质是一种自由的"政府间主义"的条约。莫劳夫奇克先生从现代欧洲一体化进程中的几个重要条约入手，指出："欧盟制宪是为数不多的向大众公开、要求公众参与制定的进程（délibération）之一。"[①] 在历史上，宪法的制定通常是由一些社会精英而不是大众来完成，因此宪法条文反映的未必绝对地是广大民众的要求；即使民众甚至大部分民众持不同意见，也有可能被制定出来并通过。但欧盟宪法的制定则不同于以往，虽然它的制定仍然是由"上层"发起，有一些"精英"参与，但是与此同时，有许多研究政治哲学、社会科学的学者、各政党、各媒体的评论者都普遍参与到宪法草案的决策过程中来；尽管一般大众仍然不可能广泛地参与其中，但比起以前毕竟有了不少进步。所以尽管这个宪法草案的制定仍然是由"一些成员国和一些欧洲领导人的

---

① 安德鲁·莫劳夫奇克：《欧盟宪法的本质——仍需从自由政府间主义来解释》，载《欧洲研究》2005 年第 2 期。

强力推动才得以启动的",但是宪法条例草拟之初,它所要求体现的就是"一种公众的精神,大家都同意要创建一个独立于成员国之外、在布鲁塞尔的独立政治实体。这个政治实体完全体现自由主义精神,它将直接与欧洲社会中的公众联系在一起"①。《欧盟宪法条约草案》的《序言》中明确指出:"她(欧洲——笔者)希望深化其民主特征,使其公众生活透明化,致力于世界和平、正义和团结。"另一方面,该序言还在强调"决心超越过去的分裂,以不断加强的方式联合起来,打造共同命运"的同时指出:"欧盟是多样性的联合,欧盟提供最好的机会,使人们继续保持各自的权利,意识到对于后代和世界的责任,提供一个伟大的历险,使人类的希望得到一个特别的空间。"由此可见,即使2005年没有出现一些欧盟重要成员国(如法国)公投否决《欧盟宪法条约草案》的情况,《欧盟宪法条约草案》的本质也不是一个完全超越国家民族的政治实体的宪法,而是一个松散邦联间的条约。

但是我们也看到,欧盟这样一个邦联,又不同于一般而言的邦联,因为它仍然是一个在某些方面有着实质性国家机器的半政体性邦联,是一个"法治政体",也就是说,它"致力于解决政府不需要承担的政策方面的问题。欧盟在中央银行、竞争法、环境政策、欧盟的对内和对外贸易政策以及市场规范领域发挥主要作用,而在社会福利体系(这是欧盟内现代国家最重要的功能特征)、医疗体系、教育、安全防务和基础设施等领域则都见不到它的身影"②。这就是说,欧盟是一种在英国被称为"宪政妥协"的政体,是以一种基本法来维系政体运转的宪政平衡。一方面,欧盟宪法已经不同于一般的国际组织的章程,具有了一些主权政治实体的一些属性,是一种"同一/区分的辩证法";但是,这种"同一/区分"实际上又包含了一致性与区分性的冲突。但是,欧洲思想史上一直就存在的"普世主义"和"区分主义"的争论和斗争仍然很激烈。我们要再次强调的是,即使是对文化思想上持普世观点的人,在遇到经济问题时往往也会转变立场或者在一些具体问题上含糊其辞;而且从现当代西方文化学说的总体来看,欧洲学者中持区分说者是居多数的;特别是在法国的文化学

① 安德鲁·莫劳夫奇克:《欧盟宪法的本质——仍需从自由政府间主义来解释》,载《欧洲研究》2005年第2期。

② 安德鲁·莫劳夫奇克:《欧盟宪法的本质——仍需从自由政府间主义来解释》,载《欧洲研究》2005年第2期。

界，这个集启蒙主义思想大成的国家常常是以"区分主义"自居或者甚至是以此观念来对待一切世界事务的。所以，"各成员国所接受的权利和义务的同质性，以及作为同质性必然后果的欧共体法律得以执行，被《马约》以来的条约所引入的区分性打破，这在《阿约》以后尤为突出。由此，虽然条约尽量注意避免影响平衡的离心力，避免因承认在共同体权限之间或在从成员国到联盟归属级别之间的区分而生成影响欧洲体制总体平衡的危险的离心力，'一致性的禁忌'仍成问题"①。

从"宪法"这个词的本义来看，它指的是"构建一个政府的、协调行政权和立法权之间关系的、确定各种公权组织的基本法"（法国《拉鲁斯》词典）。这就是说，宪法是一种为规范各种规章制度而制定的法律，是检验裁定各种公共权力是否合法的法律。然而欧洲的历史和现状表明，虽然从古希腊、古罗马时代起就开始有了欧洲"一致化"（一体化）的理念，但是欧洲思想史上的区别性（或差异性）文化理念也根深蒂固地植入了欧洲人的头脑中，至少是占据着欧洲所谓"主流文化"价值观的地位。在这样的情况下，欧洲一体化中的一致性和区别性（或差异性）的争论看来是一个长期的问题。

尽管在欧洲联邦化甚至"欧洲合众国"化的努力遇到许多阻力但却仍然在顽强地继续着，但是"多样性的欧洲"和"多样化的欧盟"的概念在许多学者和政治家的思想和言行中人仍然表现得相当充分，而且是许多欧洲公民和政治家及学者们引以为自豪的。因为正如我们在前面某些章节中已从不同角度提及的那样，无论从地理上看还是从文化历史上看，"欧洲"的定义实际上是一个并非那么确定的概念。至少到现在，在古代被称为"欧罗巴"的，被古希腊文明影响、同化并不断地在此基础上扩张的那一片"荒蛮之地"和其他文化融合后，已经产生过并还在产生着新的"欧洲概念"。

首先，在欧洲历史上，虽然从宗教上看有一个以基督教为主要文化价值观的基督教文化圈，但是从居民的族群角度上讲，却有许多文化各异的民族自古或很早以来就生活在欧洲；更重要的是，这些族群逐渐建立起了以长期生活在一起的本族人为中心的，有别于他者的国家或部落；并且在历史发展的长河中，这些国家或部落（包括他们的居民）之间又不断地因为政治、经济、战争

---

① 德尼·西蒙：《欧盟法律体系》，王玉芳、李滨、赵海峰译，北京大学出版社 2007 年版，第 19 页。

等原因经历过许多的分裂、重组，再分裂再重组的过程。欧洲的构成因素越来越复杂，甚至有许多学者认为，由于本来就已比较复杂的欧洲，在历史发展过程中又与其他的大陆发生过许多极为重要的政治、经济、文化的交流和交融，所以连它的"文化身份"也变得难以界定了。希腊半岛文化对欧洲"内陆"的扩张，意大利半岛兴起的古罗马文化对几乎欧洲全境的征服，欧洲北部"野蛮的"日耳曼人在西欧的"贡献"，罗马人、十字军对东欧和西亚的征服和被征服等。英国著名史学家约翰·史蒂文森这样描述这一过程："在北方，入侵的蛮族和移民一直把自己的国家当成基督教王国，承认罗马教皇是最高宗教领袖。同样，在东方，拜占庭和东正教臣服于基督教，并被斯拉夫人和早期的俄国所利用。在巴尔干半岛和东地中海地区，这些宗教传播了上千年，一直跟随到罗马衰亡。十字军的世界之旅，跨越了东正教的希腊和拜占庭，梦想在圣地建立基督王国。当这些企图落空后，基督教欧洲的疆域甚至还不如以前。"①接下来，欧洲有了很大的进步，宗教改革引起的宗教战争改变了欧洲的政治、文化和科学技术。而且，随着欧洲政治的逐渐世俗化，逐渐出现了许多相对单一的民族国家；曾经以基督教作为统一的精神支柱的欧洲可以说开始"四分五裂"。这种局面直到19世纪中叶开始至20世纪中叶那场波及全世界的欧洲大战之后才结束。在此期间，欧洲人之间的分歧和仇恨太大太强烈，以至于在欧盟建设中，许多从理论上讲是十分高尚而伟大的理念，在实际生活却并非能够得到全体欧洲人或欧洲所有民族国家的政治家、思想家们的认可。从《煤钢共同体条约》之后逐步开始出现的欧洲一体化建设诸多"强化"行动之后的1992年，《马斯特里赫特条约》得以通过，但是"条文整体的最终协定是在'区别化'的条件下才得以达成……这个规定导致了11国欧元区的诞生。关于长期性的例外地位，包括同意英国和丹麦不参加单一货币的'选择不参加'条款，同意给予丹麦关于共同外交与安全政策框架下国防方面措施的例外体制，或者通过著名的'社会议定书'给予英国的例外体制，议定书附有一个不包括英国的11国成员之间订立的协定，并从1995年起协定扩大给3个新成员国（即14国社会体制），最终这个对英国的社会例外体制经《阿约》废除。

① 约翰·史蒂文森：《欧洲史》（公元前2500—1000），董晓黎译，中国友谊出版公司2007年版，第15页。

《阿约》接受了一些例外体制的存在，如一些国家拒绝第三支柱司法与内务合作的部分'共同体化'，拒绝'申根既有成就'引入条约，不愿意接受第三国国民在共同体内自由流动条款的约束，这种例外体制明显影响了共同体根据《共同体条约》新第四编赋予新权限的实施"。① 因此我们看到，一方面《马约》由于确定了"欧洲公民"这样的文化价值观相当浓厚的，欧洲建设中很重要的政治社会话语，和经济意义十分重要的欧洲统一货币，这就向着欧洲实质一体化方向迈进了一大步；但是另一方面我们也看到，由于苏联的解体，东欧的许多原共产主义国家纷纷要求加入欧盟。在这样的形势下，除了像英国、荷兰这样选择与欧盟在统一货币等问题上保持一定距离外，还有许多其他国家对前共产主义的欧洲国家可能加入欧盟的担忧也是显而易见的，所以才有了《马约》达成时的"区别化"条件。许多欧洲当代史学家也认为欧洲共同体的建设中出现的许多"区别化"诉求在柏林墙倒塌以后不但没有减少，反而有所增加，至少没有多大改变。法国学者 J.-F. 德雷菲就提出了这样的问题："新的民族国家（指东欧前共产主义国家——笔者注）的建立，使得在冷战年代被忘记或被压缩的民族主义又一次走向前台。欧洲知道该怎样控制它们吗？欧洲会不会回到过去那四分五裂可怕年代呢？"② 按照一些欧洲人的说法，共产主义的东欧阵营崩塌以后，欧洲就可能很快地"民主自由"了，西欧现当代的"主流意识形态"——自由、平等、博爱就可以成为欧洲一体化建设的一条除了仍然在某种意义上发挥着巨大的影响作用的"基督性"之外最重要、显性的"红线"了；有了这条红线，欧洲在第二次世界大战以后因感到美国霸权主义的压力和苏联共产主义近在咫尺的威胁而建立的一系列政治、经济、军事、安全方面的一体化机制（条约），如确定统一货币机制的《马斯特里赫特条约》、确定欧洲统一的内部安全机制的《申根条约》，制定"欧洲共同外交与安全政策"（PESCO）等，就有了坚实的意识形态基础，似乎欧洲就可以在自由、平等、博爱的基础上成为大一统的欧洲，一个类似美利坚合众国那样的政治实体般的"欧洲合众国"了。但是实际上，如我们以上所述，欧洲一体化中面临的问题还很多。例如，虽然东欧的前共产主义国家在意识形态上基本都转向了西欧，

---

① 德尼·西蒙：《欧盟法律体系》，王玉芳、李滨、赵海峰译，北京大学出版社 2007 年版，第 30 页。
② J.-F. Drevet, 1997, *La nouvelle identité de l'Europe*, Presses Universitaires de France, Paris, p. 11.

并纷纷要求加入欧盟,但是他们在许多问题上仍然与欧盟建设中的要求相距甚远,特别是由于柏林墙的倒塌,新的民族主义在中东欧纷纷抬头,许多原本是一个相对统一的国家中的不同种族纷纷独立或要求独立,导致这些国家和地区政党林立,战乱不断(如南斯拉夫),而且这种局面在东欧不会在短期内得到改变,甚至有可能愈演愈烈。中欧,这个欧洲一体化进程中的一个"烫手的山芋"会不会在相当长的时间里成为另一个欧洲?一个脱离了共产主义(斯大林主义或"斯大林—希特勒主义"①)的中欧?会不会在较短的时间里成为符合欧盟制定的正式标准和经济标准的欧盟成员国?这些国家刚刚开始市场经济的运作,而且在很大程度上还处于所谓"国家市场经济"阶段,与欧洲发达国家的经济融合程度还很低。更重要的是,虽然作为原东欧国家"宗主国"的苏联解体了,东欧这些国家得到了独立,但是由于这些在半个多世纪的时间里在前苏联保护(或控制)下的东欧国家不但在意识形态方面不可能在短时间内与西欧当代以来(第二次世界大战)的种种政治文化价值观完美整合,而且由于他们在柏林墙倒塌以后,其政治、经济、文化均处于世界三大阵营——西欧、美国、俄罗斯的强力挤压之下,东欧这些国家一方面积极向西欧(欧盟)和美国靠拢,都希望早日加入欧盟和"西方阵营",得到欧盟获美国的保护。但是在另一方面,这些国家在西方为抵消原共产主义的影响而进行的自由、平等、博爱价值观和民主政治的宣传,却导致了这些地区(这一影响远远超出了欧洲范围)的许多少数民族纷纷要求独立,到处爆发民族冲突和宗教冲突。这些状况不但使欧洲一体化的理想和现实之间尚存的巨大距离,而且也是世界和平建设中面临的巨大问题。一些欧洲当代史学家甚至认为,欧洲(或欧盟)面临着十分巨大的压力,这就是:欧盟野心勃勃地想将欧盟建成世界的一极,但是却又摆脱不了美国这个"太上皇",也很难摆脱俄罗斯这个"阴影";至于东欧的那些前共产主义欧洲国家,他们的处境就更为艰难、尴尬和无奈;虽然看起来他们大都加入或即将加入欧盟和进行着民主制度的改革,但是实际上仍然在相当大的程度上在美国、俄罗斯和欧盟之间摇摆。这也是这些国家民族主义盛行的原因之一,因为建立一个既有某种意义上的"靠山"(加入欧盟),又有所谓

---

① Jacque Rupnir, 1990, *L'autre Europe, crise et fin du communisme*, Edition Odile Jacob, Paris, p. 360.

"民族国家主权"（la souveraineté nationale）的内外政治格局，是这些国家所追求的真正目标；也可以说是几乎所有欧盟成员国中一些持保持"区别性"的欧洲一体化秩序而非"欧洲合众国"式欧洲观念的包括政治家、学者和民众在内的许多欧洲人士的真正目标。更为值得关注的是，即使在一些看起来早已"民主化"了的国家，这种观念也往往会衍生出一些极端民族主义思想。这些年来，无论在欧洲还是世界其他地方，这种极端民族主义的情绪几乎都在不同程度地爆发和持续着。在这里，我们不妨来看看约翰·史蒂文森先生在《欧洲史》（1848—2002）一书中的这样一段话："的确，欧洲的眼里不只有来自超级大国的压力，来自一些小国的压力也不小。那些冲着欧洲的财富和机会蜂拥而来的移民及随之而来的收容压力，足够让各国当局头疼。2002年第一轮的总统选举，法国让—马利·勒庞右翼集团的成功确实令人惊诧，他们的种族歧视冲击波传遍了整个自由民主的欧洲，获得共鸣。难道欧洲将又一次徘徊于危险的边缘吗？实际上，在第二轮竞选中，勒庞轻易就被击败，没有在法国内阁中获得议席之位。不过，千万不要沾沾自喜，形势越变越复杂，新的领袖们必须小心翼翼掌握平衡。"①

二、欧洲"宏伟蓝图"的文化排他性与理念包容性

如前所述，虽然欧洲内部已经有着许多的"区别"，也就是说有许多的差异，而且还有许多思想家、政治家甚至一般民众在"一"与"多"的天平上主要强调"多"但又积极地参与着欧洲一体化的事务或建设。与此同时，不仅主张欧洲经济的一体化，而且主张政治一体化者则主要强调"一"。在强调"一"的人们看来，不仅在地理上，而且在思想文化上，欧洲也是一个统一体：欧洲各国，欧洲的居民们拥有从根本上说是同样的宗教信仰，有着从根本上说是相同的文化追求，有着从根本上说是相同的思维方式，如此等等，使得欧洲人从古至今都有着各种各样的"一体化"梦想和憧憬。所以在这些蓝图中，无论主张在"区别性"基础上的一体化还是主张在"统一性"基础上的一体化的人

---

① 约翰·史蒂文森：《欧洲史》（1849—2002），董晓黎译，中国友谊出版公司2007年版，第569页。

们，在欧洲一体化建设的"封闭性"原则上却出奇的一致，如在是否接受土耳其为欧盟成员国的问题上，很少有毫无保留的赞成意见就是一个十分能说明问题的例子。而这个"统一性"，除了地理上的界限外，主要就在于欧洲在思想文化上的独特性。于是，欧洲成长史上的基督教文化和古希腊文化"奶妈"哺育下产生的"伦理理性"和"世俗理性"指导下产生的政治经济特色，就成为了欧洲建设中的排他性"律令"，也就是说，只要不符合欧洲人引以为自豪的"自由、平等、博爱"文化价值观，哪怕是在地理上完全处于欧洲，也可能会被毫不客气地排除在欧盟之外。

在欧洲一体化的各种"宏伟蓝图"中，我们可以看到各个时期各个领域林林总总的法律或条例规定的初步形式，其中就又有不少"排他性"的条文。比如在著名的法国国务活动家，法王亨利四世的欧洲一体化"大计划"具体设计者苏利公爵的笔下，这个联盟就是绝对地"极具基督性"的联盟；"土耳其人也可能被接受加入共和国，条件是他们必须皈依欧洲基督教三大教派之一：天主教、卡尔文教或路德教。如果他们拒绝皈依，那么他们就应该离开欧洲，必要时强制他们服从"[1]。所以，从欧洲联盟的初期形式直到现在，这个联盟的文化色彩都是相当浓厚的。虽然也有人认为土耳其是因为其领土的大部分处于亚洲，而只有极小的一部分位于欧洲，所以它的入盟申请遭到质疑。然而实际上，我们从苏利的"宏伟蓝图"就已经可以看出，其实土耳其加入欧盟努力的不断失败，除了区域划界原因外，另一个重要原因是，在许多欧洲普通居民的心目中，欧盟是一个以基督教文化为共同特征的欧洲文化特色影响下的共同体，而土耳其是不属于这个文化圈之列的"东方国家"，而且土耳其人绝大多数信仰伊斯兰教。虽然当代欧洲人在理性上（或表面上）主张或赞同宗教信仰自由，但是实际上，在他们的内心真实世界里（或"骨子"里），基督教文化圈以外的教派和民众仍然是受到排斥的。所以，虽然欧盟的大部分文件中都主张"一"与"多"的关系，尊重多样性，但所谓"多样统一"问题的提出，其着重点其实是在于"一致性"，因为且不说像苏利提出的"欧洲宏伟蓝图"那样的"极具基督性"的以欧洲基督教文化为其纽带的联盟，就连近日欧盟的许多文件中，都对这一点有过许多描述甚至强调。法国文化史学家 Edouards

---

① Bernard Voyenne, 1964, *Histoire de l'idée européenne*, Petite Bibliothèque Payot, p. 79.

Lourenc 就认为，如果欧盟不是在欧洲文化的基础上定义、建立和发展，那么它就是一个"没有灵魂和记忆的现实"[1]。所以，尽管土耳其不但在地理上与欧洲有着不可分割的联系，在相当长的历史过程中，也和欧洲有着千丝万缕的联系，但是在加入欧盟问题上却遭遇到许多困难。早在 1959 年，土耳其就开始申请加入欧洲经济共同体。1963 年，欧洲经济共同体才和土耳其签订了关税同盟协定，加入欧盟的申请一直得不到欧盟的同意，因为欧盟成员国在这个问题上也着相当大的分歧，德国、英国、西班牙等国基本持赞同态度，但法国、奥地利、荷兰等国则不甚支持；所以直到 1989 年，欧盟才勉强承认土耳其的"申请者资格"，但却迟迟不对土耳其的申请进行"评估"。原因就在于，在不少欧洲人看来，欧盟其实是一个"单一宗教信仰的俱乐部"。"欧洲的进一步扩大原则上将会按照既定方针来进行，首先向罗马帝国在欧洲的其余部分推进（还有 12 国，但大多是小国，目前基本已经在欧盟的影响之下，其中部分国家已经使用欧元），向过去的'东方集团'推进（还有一国）。目前面临现实入盟问题的至少还有 3 国：克罗地亚、马其顿和土耳其。克罗地亚、马其顿两国已分别在 2004 年和 2005 年被正式确定为入盟候选国；土耳其的入盟问题比较复杂，入盟谈判虽然早已开始，但至今尚无明确结果。但下列新情况值得注意：根据'欧洲晴雨表'（Eurobarometer）2006 年 3—5 月的特别调查，39% 的欧洲公民认为只要土耳其达到欧盟提出的条件就应该接纳其入盟，48% 的人反对。同 2005 年秋季的调查相比，赞成者提高了 8%，反对者降低了 7%。其中瑞典、荷兰和丹麦人赞成的占大多数，英国、西班牙、爱尔兰和葡萄牙人赞成的也占多数，但 81% 的奥地利人、69% 的德国人和卢森堡人反对，绝大多数法国、芬兰和比利时人以及多数意大利人也持反对意见。"[2] 早在 1989 年，土耳其就已成为欧盟成员候选国，但由于欧盟中一些影响相当大的国家如法国等国认为土耳其在政治、经济和文化等方面与欧盟有着很大的区别，所以总是在这个问题的种种方面拖延或反对。直到现在，土耳其加入欧盟的问题仍然是个难题。2004 年 8 月，土耳其驻中国大使在接受记者采访时表示，尽管欧盟一些国家"借口"文化差异来反对土耳其加入欧盟的举动实际上是出于经济上

---

① Bruno Bachini, Laurent Bouvet, Ariane Chebel d'appollonia, Muriel Rouyer, 2001, *Manuel de culture générale*, Achette, Paris, p. 277.

② 殷桐生：《欧盟是否还会扩大？》，载《欧洲研究》2008 年第 6 期，第 149—150 页。

的考虑，但他也不得不承认，在土耳其的现实中，无论是宗教还是经济方面仍然还有许多和欧洲不同的地方；虽然他说土耳其现在正在努力改变自己，以符合加入欧盟的条件，但他也承认，现在在土耳其的民间甚至许多政治和法律界的精英，仍然认为不能为迎合欧盟的要求而改变许多土耳其的特色，尤其是一些对土耳其来说十分重要的文化传统习俗等。因为这些传统习俗不仅仅是文化，而且是稳定社会秩序的十分有效的习惯法，是不能随便废除的。例如关于"通奸法"的法律条文，就有许多议员认为不能被废除。虽然这条法律最终没有写进土耳其现行法律，但大使本人也承认，这个问题引起了很激烈的争论。

2006 年 6 月，欧洲议会资深议员，法国著名政治经济学教授让路易·布尔朗热先生在笔者主编的《法国研究》杂志发表了一篇关于欧盟深层历史文化矛盾的文章，他在其中指出：欧盟面临着一个历史性难题：既要肯定欧洲共同的利益、文化和价值观，又要尊重各成员国的如民族、文化身份等特殊性。文章经过分析后认为，这种根本的矛盾性产生于历史发展过程中两大文化精神：一是，在古罗马帝国废墟上设想的联盟国家理念作为现代政治联盟理念，无视不同民族的文化精神；二是，18 世纪以来欧洲的种种分裂，特别是两次世界大战造成了欧洲本身和联盟国家理念之间不可调和的矛盾。所以法国的欧洲思想研究专家埃德加·莫兰在其《反思欧洲》一书中认为欧洲一体化面临一个难解的悖论，即欧洲有着共同的历史和文化，但在过去的许多个世纪里，欧洲各国之间却在大多数时间里"只有分裂和战争。欧洲的共同遗产就是相互的仇视"[1]。然而同时他又指出："我们的共同命运不是从历史中来。这一共同命运也几乎不是在当代显示出来的，其实是未来在向我们强加了一个共同的命运。但是，还从未有一个从将来即未到来的现实中产生出来的对共同命运的意识和感情。这就是欧洲统一认同的难以解决的悖论：正是造成文化多样性的分裂和冲突成了欧洲统一的建设性因素。"[2]

因此，布尔朗热先生认为，欧盟的建立，本来为的是要解决以下难题：一是，怎样在"欧洲文化身份"的基础上来尊重各成员国之间各不相同的特殊性？二是，怎样在各个成员国不同程度上都在否定、阻挠欧洲文化、政治、经

---

① 埃德加·莫兰：《反思欧洲》，康征、齐小曼译，三联书店 2005 年版，第 101 页。
② 埃德加·莫兰：《反思欧洲》，康征、齐小曼译，三联书店 2005 年版，第 101 页。

272

济、法律统一的情况下保证欧洲联盟的同一性？他认为，欧盟，或者说欧盟的缔造者们对于解决上述难题的答案不外乎就是：融合"一"与"多"。

这种设想或理论主要以两种方式来实现：一是承认所有成员国都是构成"一"的核心成分；二是将这些成员国同时置于唯一的一个法律之下。这个法律则应该能够融合所有成员国的能量，以制止他们走向相互使用暴力、相互讹诈、恐吓、甚至战争。总之，一方面尊重（容忍其单独存在的另一种说法）；另一方面又将其集中为"一"。

布尔朗热先生认为，这样的欧盟"一"与"多"的关系是有问题的。因为在这样的邦联形式下，各成员国共同来决定共同事务，实际上有可能什么也决定不了。欧盟不像美国那样的"合众国"，美国"合众国"的中央政府是一个实体性行政机构，中央政权可以决定集中那些东西，不集中那些东西（放宽那些东西）。而在欧盟，却至今并没有一个真正的中央行政机构，而只有一个由各成员国的国家或政府（总统或总理）组成的一个"欧洲理事会"（Conseil européen）。这个理事会其实是决定不了真正实质性大事的，因为各位成员来自各个政治经济利益并非一致的国家，他们考虑问题的出发点往往是他们各自国家的政治经济利益；而且更为重要的是，一些关乎欧洲经济、财政、科学技术发展等方面的大事，真正决定这些大事的仍然是各国的银行家，是他们在管理所谓的欧洲银行；在法律方面，真正决定欧洲法律的也是各国的法律工作者，是他们在决定欧洲的法律和各成员国的法律。这样就有可能造成十分混乱的局面，既有可能由于利益的不同或冲突而什么也决定不了，又有可能做出的决定根本就不是那么公平合理的，比如迎合某一些成员国的利益，违背另一些成员国的利益，等等。[①] 这样的所谓决议在付诸表决时所会遇到的困难就可想而知了。而反观"美利坚合众国"，它是一个真正的"联邦"而不是像欧盟那样的"邦联"形式的国家政权实体；美国是一个"在各邦之间没有国界的国家"，而欧盟各成员国之间的国界则仍然存在，即使有了像《申根条约》这样的淡化国家界线的约定，但那也只是在人员往来之通行证件层面，成员国之间法定的国界仍然存在，仍然是各国主权的重要标志；况且所谓《申根条约》也只是在几个欧盟国家之间签订的，仍有许多欧盟国家未签此条约，仍然在这一

---

① 让·路易·布尔朗热：《在南沙中欧论坛上的讲话》，载《法国研究》2006 年第 2 期，第 3 页。

领域"独立"于联盟的其他国家。总之，欧盟不像美国那样的"合众国"式联邦，美国的联邦制的权力是集中的，各个单独的邦是不能对整个联邦的决定构成影响的，而欧洲联盟由于没有集中的中央政权，由各成员国的国家或政府首脑构成的欧洲理事会很难真正集中所有欧洲国家，更不用说所有欧洲"公民"的利益和意见，其"集中程度"无疑是要打折扣的。所以实际上，这种方式仍然无法真正协调好"多"与"一"的关系。

我们认为，在"一"与"多"的关系上，欧洲一体化的未来可能（或应该）在"多"的基础上努力构建"一"。因为从欧洲社会文化、经济、政治、法律等领域发展的历史来看，"一"的体制往往或多或少带有集权制的痕迹和问题，也就是说它走向专制的、不符合人类发展本性的成分要大于比较而言更加合理的"多"的体制。而对"多"（宽容与民主）的重视，则可能更容易促成"一"（谅解与自律）。而欧洲所谓"现代"和"后现代"文化理论对于"多"的宽容，或者说对于"一"（不符合人类真正自由平等之"自然律令"的一切）的解构，反而有可能"生成"新的，合理的"一"。

三、欧洲后现代文化的"生成性"与欧洲一体化的现状及前景

在欧洲语言史（语言是思想的载体）上，"现代的"这个词最早出现在5—6世纪的拉丁语中："modernus"，（"现代的"）这个形容词源自名词"modo"，意思是"现在"、"目前"，"modo"一词和表示"今天"的另一个词"hodiernus"的后缀结合构成了形容词"modernus"。5—6世纪的欧洲出现了这个词，"说明正是这个时候，欧洲思想经历了深刻的和不可逆转的时期。这个时期是欧洲史上一个崭新的时期"①。在这个时期，欧洲经历了相当多的历史性变化：西罗马帝国灭亡，东罗马帝国的兴起，带来了东欧斯拉夫文化对罗马文化的影响，地中海沿岸的罗马化和欧洲大范围的基督化，旧的教育体制的逐渐式微，新的教育体制使得许多贵族摆脱了过去的"野蛮"状态，也和教士一样识文断句，成了有文化的人。就是说，世俗的权贵不再是文盲，于是逐渐

---

① Etienne Souriau, 1990, *Vocabulaire d'esthetique*, Presse Universitaire, Paris, p. 1016.

开始有了一个用大脑而不仅仅用臂力来行使统治的世俗权力集团；有了文化后，他们觉得一切都是新的，一切新的东西都是好的，因为以"文明"的眼光看起来它们和过去的不一样。所以，"虽然这些词最早是一些美学的词汇（文学美学，然后是造型美学，最后用于所有艺术的词汇），到了现当代，这个词被用在了社会的、政治的和科学技术领域"①。

由此可见，从古到今的所谓"现代的"、"现代性"、或"现代主义"之最根本的含义，就在于所表现内容的"当下性"。所以在"现代性"这个词出现以来就具有不同的带有时代特征的含义。在 17 世纪末的"古今之争"中，"现代性"是对 17 世纪古典主义中的崇古、惟古是从的文风进行的批判和反驳；在建筑风格方面，17、18 世纪的"现代"风格则是与"浪漫、神奇、粗犷、神秘"的哥特式风格相对立的；② 在 19 世纪以来的文学艺术中，"现代的"一词则常常是"作为内在的焦虑和不安来理解的"③。而焦虑与不安，则常常是改变的前奏。所以，法国当代著名美学家艾迪埃纳·苏里奥认为："这个理念常常是和'进步'联系在一起的。"④

所以"现代性"就成了在"个体层面上和社会层面上有了物质的人和精神的人之间的矛盾的说明"⑤。这就是说，在一个越来越"民主"和"一体化"或"全球化"的人类社会中，人们的价值观念越来越多样化，"古典的"，"传统的"东西越来越少地被作为"楷模"，无论是宗教的还是其他意识形态如基督教、各种"主义"等，在"现代"人们的意识中，都不应该成为人们"个性"即多样性得以展现的桎梏；但是，在"现代性"文化观念影响下，虽然个体的"当下"感受或价值观越来越容易得到表现，但与此同时，由于"当下"感受或价值观的多样性，人们在表现这些感受的时候，就像萨特存在主义哲学所指出的那样（人对人是"狼"，即人宿命地生活在他人的眼光下）产生焦虑感和宿命感。在当今的世界上，人们之间（个体的自然人、意识形态集团、种族、宗教体系之间等）一方面追求个性的张扬和"自由"，另一方面又深深地

① Etienne Souriau,1990,*Vocabulaire d'esthetique*,Presse Universitaire,Paris,p. 1017.
② Etienne Souriau,1990,*Vocabulaire d'esthetique*,Presse Universitaire,Paris,p. 1017.
③ Etienne Souriau,1990,*Vocabulaire d'esthetique*,Presse Universitaire,Paris,p. 1017.
④ Etienne Souriau,1990,*Vocabulaire d'esthetique*,Presse Universitaire,Paris,p. 1018.
⑤ Etienne Souriau,1990,*Vocabulaire d'esthetique*,Presse Universitaire,Paris,p. 1017.

感到必须团结在一起，才有可能应对来自大自然和人类自身的一些对于人类来说生死攸关的挑战。这样的"个体性"和由于其个体性而与其他个体性之间的宿命矛盾所产生的焦虑使得人们处于一种进退两难的境地。所以法国著名文学哲学理论家泰纳在《艺术哲学》一书中就指出："大家觉得道德、宗教、政治、无一不成问题，便在每一条道路上摸索，探求……作为思想上保险杠的一切障碍都推翻了，眼前展开一片苍茫无限制的发展，只顾扑向绝对的真理和无穷的幸福……因为得到的总嫌不够，享受也是空虚，反而把他没有节制的欲望刺激得更加烦躁，使他对着自己的幻灭灰心绝望；使他活动过度，疲劳困顿的幻想也形容不出他的一心向往的'远处'是怎样一个境界，得不到而'说不出的东西'究竟是什么。"①

如果说当代世界的人们面对一个多样的世界感到有诸多的焦虑，那么克服这种焦虑，也许就是所谓"后现代性"的发现者们"发现"了后现代性从而对人类做出的最大贡献。因为，包括萨特存在主义甚至 19 世纪法国文学大师——法国浪漫主义作家夏多布里昂式文学（消极浪漫主义文学）在内的现代性与后现代性之间，虽然他们对人类世界的感觉和评价中都有"偶然"、"虚无"、"荒诞"等概念，但是对于后现代主义理论家以及受其影响的其他各界人士而言，人与人之间（包括人类集团与集团之间）的差异性或"区别性"不应再使人类"焦虑"，因为这样的焦虑不但于事无补，而且有些焦虑或荒诞感只是一种感觉而已，是所谓"形而上"的，也就是说不是具体可见的，非实在的。但是，消除被认为是"宿命"的这些荒诞感，救治这些"现代病"却并不简单，需要在人类的精神文化上作出颠覆性的革命才有可能达到这个目的。这其实也就是所谓"后现代主义"者们的各种学说比较共同的特点，这就是：必须消除传统的一切带给人类的"偶然"、"虚无"感面前的任何的焦虑，也就是说"解构"过去的一切"清规戒律"，特别是一切"定见"。法国后现代主义哲学家德里达在《立场》一书中认为，要还事物本身"无中心"的本来面目，就必须解构先验价值观和所谓的语言符号逻格斯。因为亚里士多德以来的所谓"理性"的逻辑系统已经构成了一种话语"霸权"，这些话语造成的文化价值观和认知方法体系（逻格斯）将本质上千差万别的事物套入有限的几个逻辑公式

① 泰纳：《艺术哲学》，傅雷译，人民文学出版社 1983 年版，第 61 页。

中，无疑就会压抑人的"自由"的本性，"格式化"千差万别的事物。那么，解构这种逻格斯就是当今人类真正认识事物本质的最主要任务。这样，人类在面对事物的本来面目（"多样性"）时，就不会有一个既定的规则（逻格斯）随时在一旁对他进行种种限制；只要这种限制被消解，人的焦虑感就会自然消失。

后现代主义的解构理论不但在美学上将非逻辑、非功利的美重新还给了千差万别的人的感性，不但使人类文化史上一度行使的，现时也因后工业社会的出现和"全球化"浪潮而颇有市场的普同的、功利的价值观成了问题，因此也就有可能使千差万别的人类各种族群、阶层、各种宗教、意识形态影响下的人们能够在"同一片天"底下共同生活，使人类这个特殊的动物群体社会能够真正的"多样化"，"各有各的"、"各有所爱"，而且有权"爱其所爱"，从而使"各得其所"成为可能。

这就是所谓的多元文化社会结构的后现代理论基础——"或然性"的无所不在性。美国学者伊哈布·哈桑（Ihab Hassan）在《后现代转折》一书中给"后现代景观"中的多元性列出了11种特征，我们认为其中第1、3种即"不确定性"和"非法化"可以被看成是后现代主义多元世界观对世界的基本看法。

"不确定性（Indeterminacy）包括影响知识与社会的各种模糊性、断裂性和位移。我们会想到沃纳·卡尔·海森堡的不确定原则、科特·哥德尔德不完整性证明、托马斯·库恩的范式及保尔·费耶阿本德的科学达达主义……我们犹豫不决，只做相对考虑。不确定性确乎参透我们的行动和思想，它构成我们的世界。"[①] 我们可以看到，在传统理性主义者那里，世界上有一个绝对的真理，人们只要遵照"理性"的原则就可以发现真理而无往不胜。然而事实上，世界上的真理只是相对真理，传统理性所说的真理只是适用于我们已经认识到了的那个现象。但是在这个范围之外，我们还面临着可能越来越大的世界，因为在我们人类所认识到了的一切以外还有着无限的存在；这个无限大的存在中又有许多相互相关或不相关的存在，它们是什么？它们有什么特性？它们之间

---

① 伊哈布·哈桑：《后现代转折》第八章，转引自王岳川、尚水编：《后现代主义文化与美学》，北京大学出版社 1992 年版，第 127—128 页。

又是什么关系？就我们目前所掌握的知识来说，是无法确定这些的。维尔吉尔尼亚大学天文学教授特因·玄托在《混沌与和谐——真实的制造》一书中写道："在我们的日常生活中弄清一个物的位置是很容易的，比如看一下汽车的速度表或定位仪就行了……但这种能力在逊原子（subatomique）环境中就将丧失殆尽。"[①] 这就是说，人类现时以自身为坐标和主体建构起来的世界远非真实的那个世界。我们现在所说的"世界"是"一致的"，是因为人们必须为世界确定一种关系，是人为的而非必然如此。所以西文中"univers（宇宙）"一词的实际含义是"人类对围绕在其四周的物的命名"，即人化了的那个"世界"。实际上，人类周围，包括人居住的这个星球在内的真实的那个存在远远复杂于我们的地球"世界"及附近的一切。

伊哈布·哈桑所说的后现代性的第 3 个特点是"非法化"（Decanonization）。这个词是将 canon（法则、正典）加上否定性前缀 de（瓦解某事某物的性质或面目）而成；Decanonization 的意思就是说，世界上没有所谓"正典"或一成不变的法则，一切经典和规则都是相对（正确）的："从广义上来说，这一原则适用于所有的准则和权威的惯例。"[②] 在法国著名的后现代主义哲学家利奥塔那里，这种对于"一切经典和权威"的解构被称为"délégitimation"（非法化），就是说，将过去一切"既定的"、"被视为神圣不可侵犯的"准则和权威进行毁灭性的解构，使其失去神圣不可侵犯性，以达到取消文化的"霸权"地位，消除"知识"的"前定性"，"解放思维方式"[③]，使各种人类思想的自由真正地成为可能。在欧盟一体化建设的过程中，成员国之间之所以在政治、经济、社会、法律、军事、外交甚至文化本身的许多问题上存在许多分歧，就是因为欧洲从文艺复兴以来就已经不断得到加强的个体区别于他者的这种思想理论得到不断地深化，直至发展到上述后现代主义解构一切传统，使"既定"的一切非法化的思想观念深刻地植入了欧洲各国人民的心中。特别重要的是，这种消解一切传统的思想引导着欧洲人越来越严重的个人主义化和功

---

① Tnnh Xuan Thuanm,1998,*Le Chao et l'harmonie-la frabrication du Réel*,Librqirie Qrthème Fayard,p. 333.

② 伊哈布·哈桑：《后现代转折》第八章，转引自王岳川、尚水编：《后现代主义文化与美学》，北京大学出版社 1992 年版，第 126 页。

③ 弗朗索瓦·里奥塔：《非人——时间漫谈》，罗国祥译，商务印书馆 2000 年版，第 30 页。

利化，各种"个别的"经济的和文化利益考量主导着欧洲人在欧洲一体化建设问题上的原则立场，以至于尽管有不少精英在推动欧洲一体化，包括尽量将欧洲引向真正的"一"的许多尝试却不断地遭到各种阻挠和挫折。

但是与此同时，后现代主义这种使欧洲人永远是"个人主义"的欧洲文化价值和世界观十分令人惊讶地有着另一种与此完全相反的，至今尚未被普遍关注的功能。这就是后现代主义"构成性"（constructionisme）。

正因为世界的不确定性和"非法化"特性，所以世界的构成形式就不是一成不变的；从理论上说，一切都是可能的。那么，传统的、现存的各种国家政治形式当然也不是非其不可的。这样，"一"与"多"的关系就并非非此即彼，即是说，并不是"全球一致的"或者"绝对自由化"的。因此，建立一个各成员国之间既是一个整体又保持各自特色（区别性）的联盟并不是绝对不可能的设想。其实从欧洲一体化的理念出现以来，欧洲建设的总体构架就是这样一个既"一"亦"多"，既"多"亦"一"的较为松散的有条件合作性质的"协约"团体。虽然在其建设过程中，特别是当代欧洲一体化建设（至今最为稳定和完善的）中的各个阶段——从单纯的经济联合到政治、经济、社会、文化、法律、军事、外交等几乎涵盖了一切人类活动领域的合作；尽管总的看起来，其"一"的程度越来越高，但是一旦这个"一"触及到欧洲文化价值观中的"多"元的"区分性"及由此而来的个体主义价值观（包括物质和精神两方面的利益），包括精英和"草根"在内的许多欧洲人都会感到其利益受到侵害，从而生出反对"欧洲合众国"的心声。

我们可以看到，无论欧洲一体化的"一"化到达了何种程度，在文化价值观上，欧盟的各种条约文件也都在不同程度上坚持着对多样性的保护，也就是说，坚持着对从欧洲各成员国的"国家主权"特别是公民的个体自由权的较全面保护。我们认为，正是这种对多样性的承认、尊重和保护，欧洲才有可能在更高的程度上一体化。

总之，后现代主义的这种特性使欧洲一体化过程中各种关于"一"与"多"的争论有可能在未来得到较为圆满地解决。因为无论从历史上看还是从现实来看，欧洲既不可能不顾欧洲各国各民族实际上存在的各种"区别性"在不远的将来建成一个类似美利坚合众国那样的国家实体性质的欧洲"国家"，也不大可能再回到过去相互敌对的民族主义的大规模帝国混战的状态。

参 考 文 献

诺曼·戴维斯:《欧洲史》上卷,郭方、刘北成译,世界知识出版社2007年版。

兹拉特科夫斯卡娅:《欧洲文化的起源》,陈筠、沈澄译,生活·读书·新知三联书店1984年版。

何勤华等:《欧洲商法史》,北京大学出版社2007年版。

易继明:《司法精神和制度选举》,中国政法大学出版社2003年版。

谌兵、龚雪莲编著:《世界通史》,中国书籍出版社2004年版。

郑殿东、李保华:《走进巴比伦神话》,民主与建设出版社2001年版。

何勤华、张海斌主编:《西方宪法史》,北京大学出版社2006年版。

《马克思恩格斯选集》第三卷,人民出版社1975年版。

朱来常:《文化是明天的经济》,改革出版社1991年版。

柏拉图:《理想国》(英汉双译版),庞曦春译,九州出版社2007年版。

厄奈斯特·巴克:《希腊政治——柏拉图及其前人》,卢华平译,吉林人民出版社2003年版。

亚里士多德:《政治学》,吴寿彭译,商务印书馆2007年版。

宋瑞芝主编:《外国文化史》,湖北教育出版社1994年版。

《马克思恩格斯选集》第四卷,人民出版社1975年第4版。

孟罗·斯密:《欧陆法律发达史》,姚梅镇译,中国政法大学出版社1999年版。

伊·拉蒙德、W.坎宁安:《亨莱的田庄管理》,高小斯译,王翼龙校,商务印书馆1995年版。

基佐：《法国文明史》，沅芷、尹信译，商务印书馆 1999 年版。

尼科洛·马基雅弗利：《君主论》，李修建译，九州出版社 2007 年版。

卢梭：《社会契约论》，徐强译，九州出版社 2007 年版。

马克斯·韦伯：《新教伦理与资本主义精神》，四川人民出版社 1986 年版。

罗国林：《波斯人信札》，译林出版社 2000 年版。

孟德斯鸠：《论法的精神》，张雁审译，商务印书馆 1997 年第 9 版。

邓晓芒、赵林：《西方哲学史》，高等教育出版社 2005 年版。

皮埃尔·莫内：《自由主义思想文化史》，曹海军译，吉林人民出版社 2004 年版。

贝恩特·巴尔泽等编著：《德国史》，范大灿等译，北京大学出版社 1991 年版。

戴安康主编：《外国现当代文学概论》，华中理工大学出版社 1989 年版。

苏联科学院编：《德国近代文学史》下卷，人民文学出版社 1984 年版。

尼采：《反基督》，陈君华译，河北人民出版社 2003 年版。

赵明：《康德〈论永久和平〉的法哲学基础》，华东师范大学出版社 2006 年版。

康德：《论永久和平》，载《历史理性批判文集》，何兆武译，商务印书馆 2007 年版。

康德：《世界公民观点之下的历史观念》，载《历史理性批判文集》，何兆武译，商务印书馆 2006 年版。

黑格尔：《法哲学原理》，范杨、张企泰译，商务印书馆 1961 年版。

许光耀主编：《欧共体竞争立法》，武汉大学出版社 2006 年版。

法学教材编辑部：《国际关系史》上册，武汉大学出版社 1982 年版。

艾瑞克·霍布斯邦：《革命的年代》（1789—1948），王章辉等译，国际文化出版公司 2006 年版。

安东尼奥·德·巴克等：《法国文化史》Ⅲ "启蒙与自由：十八世纪和十九世纪"，朱静、许光华译，华东师范大学出版社 2006 年版。

安东尼·派格登：《西方帝国简史》，徐鹏博译，天津人民出版社 2007 年版。

叶胜年：《西方文化史鉴》，上海外语教育出版社 2002 年版。

齐世荣主编：《世界史》（当代卷），高等教育出版社 2006 年版。

恩格斯：《反杜林论》，人民出版社 1972 年版。

圣西门：《圣西门选集》（第一卷），王燕生等译，商务印书馆1979年版。

圣西门：《圣西门选集》（第二卷），王燕生等译，商务印书馆1979年版。

袁华音：《西方社会思想史》，南开大学出版社1988年版。

卢森贝：《政治经济学史》（第二卷），三联书店1958年版。

傅立叶：《傅立叶选集》（第一卷），赵俊欣等译，商务印书馆1997年版。

杰里·本特利、伯伯特·齐格特：《新全球史》（下），魏凤莲、张颖、白玉广译，北京大学出版社2007年版。

于硕主编：《欧罗巴并不遥远》（第一届欧洲论坛文集），中国戏剧出版社2007年版。

《诺贝尔文学奖全集》（卷7），广西人民出版社1988年版。

刘凯、李少鹏、李文凯、孙波涛等：《欧罗巴变奏》，中国人民大学出版社1997年版。

德尼·西蒙：《欧盟法律体系》，王玉芳、李滨、赵海峰译，北京大学出版社2007年版。

泰纳：《艺术哲学》，傅雷译，人民文学出版社1983年版。

王岳川、尚水编：《后现代主义文化与美学》，北京大学出版社1992年版。

弗朗索瓦·里奥他：《非人——时间漫谈》，罗国祥译，商务印书馆2000年版。

吕西安·戈德曼：《马克思主义与人文科学》，罗国祥译，安徽文艺出版社1989年版。

让—皮埃尔·里乌、让—弗朗索瓦·西里内利：《法国文化史》（从文艺复兴到启蒙前夜），傅绍梅、钱林森译，华东师范大学出版社2006年版。

刘达人、袁国钦：《国际法发达史》，胡娟勘校，中国方正出版社2007年版。

赵敦华：《基督教哲学1500年》，人民出版社2007年版。

胡斯都·L. 冈察雷斯：《基督教思想史》（第二卷），陈泽民等译，译林出版社2008年版。

谢大卫（David Lyle Jeffrey）：《圣书的子民——基督教的特质和文本传统》，李毅译，中国人民大学出版社2005年版。

徐国栋：《罗马法与现代意识形态》，北京大学出版社2008年版。

莱茵哈德·齐默曼、西蒙·惠特科：《欧洲合同法中的诚信原则》，丁广宇等译，法律出版社 2004 年版。

约翰·罗尔斯：《万民法——公共理性观念新论》，张晓辉等译，吉林人民出版社 2003 年版。

纳撒尼尔·哈里斯：《古罗马生活》，卢佩媛、赵国柱、冯秀云译，希望出版社 2007 年版。

埃德加·莫兰：《反思欧洲》，康征、齐小曼译，三联书店 2005 年版。

Bernard Voyenne, *Histoire de l'idée européenne*, Petite Bibliothèque Payot, 1964.

Pierre Calame, *Essai sur l'oeconomie*, Editions Charles Léopold Mayer, Paris, 2009.

Paul Petit, *La paix romaine* Presse universitaire de France, 1967.

Pour une gouvernance mondiale, Edition Charles Léopord Mayer, Paris, 2003.

Alain Beitone, *Sciences sociales*, Paris, 2002.

Fernando Savater, *Pour l'éducation*, Payot, 1998.

Tzvetan Todorov, *Les Abus de la mémoire*, Edition Grasset, 1995.

Jacques Chirac, *Une autre vision sur le XXI siècle* Le Monde. 16. 10. , 2001.

Tzvetan Todorov, *Mémoire du mal*, *tentation du bien*, Editions Robert Laffont, 2000.

Pierre Varrode, *L'Atlas géopolitiuque et culturel*, Dictionnaire le Robert, Paris, 2003.

H. Marrou, *Histoire de l'éducation dans l'Antiquité*.

Louis Cartou, Jean-Louis Clergerie, Annie Gruber Patrick Rambaud, *L'Union européenne*, Edition DALLOZ, Paris, 2000.

Malet-Isaac-Béjean, *Histoire* (*cours complet*) Librairie Hachette, 1950, Paris.

Jef Van Gerwen, *Des chrétiens pensent l'Europe*. Les editions Ouvrières, 1997.

Yves MarcAjchenbaum, *L' Europe 25 Pays une Histoire* Librio,

Paris, 2004.

Bruno Bachini, Laurent Bouvet, *Manuel de Culture générale*, Hachette, 2001.

Johann Gottlieb Fichte, *Reden an die deutsche Nation*, S. 53.

Bernard Bruneteau, *Histoire de l'unification européenne*, Armand Colin, 1996, Paris.

Pierre Miquel, *Histoire de la France Fayard*, 1976, Paris.

J. Lestocaquoy, *La vie religieuse en France du VIIe au XXe siècle*, Edition Albin Michel, 1964, Paris.

Vandal, *L'avènement de Bonaparte*, Paris, 1910.

Eric Hobbawm, *The Age of Empire*, *1875—1914*, London, *1987*.

Jean-Claude Zylberstein, *Traité de Maastrecht*, *mode d'emploi*, *1992*, Imprimé en France.

J.-F. Drevet, *La nouvelle identité de l'Europe*, Presses Universitaires de France, Paris, *1997*.

Louis Cartou, *L'Union européenne*, Edition Dalloz, *2000*.

Robert Toulemon, *La Construction européenne*, Edition de Fallois, Paris, *1994*.

Jacaue Rupnir, *L'autre Europe*, *crise et fin du communisme*; Edition Odile Jacob, *1990*, Paris.

Tnnh Xuan Thuanm, *Le Chao et l'harnonie-la frabrication du Réel*, Librqirie Qrthème Fayard, *1998*.

Etienne Souriau, *Vocabulaire d'esthetique*, Presse Universitaire, *1990*, Paris.

Pierre Abrahan Roland Desne, *Manuel d'histoire littéraire de la France*, Editions sociales, Paris, *1971*.

Mgr J. LESTOQUOY, *La vie religieuse en France du VII au Xxe siècle* Edition Albin Michel, Paris, *1964*.

后　记

　　《"一"与"多"——欧洲经济、政治、法律协调中的文化背景》一书系一国际合作研究项目成果。武汉大学外语学院刘四平副教授、杨廷芳博士，华中师范大学文学院聂珍钊教授，武汉科技大学外语学院刘再起教授，法国巴黎第三大学欧洲研究中心米歇尔·德·谢雪龙教授（Michael de Saint-Cheron），里尔第二大学 Michel Lemary 教授对此书部分内容提出过若干值得重视的意见。还有我的孩子罗斌博士几年来也在巴黎为此书收集了相关资料。在此我要特别感谢我的妻子田荆林；此书的写作过程其实也是在她患病进行手术化疗过程中完成的，当我在武汉大学中南医院她的病榻前写作的时候，我知道，有时候她很痛苦，但却总是强作笑脸安慰我，说："没事，没事，你写你的……"。在此我也要感谢中南医院妇瘤科的江大琼教授和其他医生护士们，有他们的精心治疗和护理，我才得以有时间冷静安心写作。谢谢他们！

2009 年 5 月 16 日

于武汉大学珞珈山麓

责任编辑:陈　登

图书在版编目(CIP)数据

"一"与"多"——欧洲经济、政治、法律协调中的文化背景研究/
罗国祥 著.-北京:人民出版社,2009.9
ISBN 978－7－01－008188－5

Ⅰ.一… Ⅱ.罗… Ⅲ.欧洲联盟-文化-研究 Ⅳ.G15

中国版本图书馆 CIP 数据核字(2009)第 157543 号

"一"与"多"
"YI"YU"DUO"
——欧洲经济、政治、法律协调中的文化背景研究

罗国祥　著

人民出版社 出版发行
(100706　北京朝阳门内大街 166 号)

北京新魏印刷厂印刷　　新华书店经销

2009 年 9 月第 1 版　2009 年 9 月北京第 1 次印刷
开本:710 毫米×1000 毫米 1/16　印张:18.25
字数:296 千字

ISBN 978－7－01－008188－5　　定价:36.00 元

邮购地址 100706　北京朝阳门内大街 166 号
人民东方图书销售中心　电话 (010)65250042　65289539